Capitalism, For and Against
자본주의와 페미니즘

자본주의와 페미니즘
두 페미니스트의 서로 다른 시선

초판 1쇄 인쇄일 2025년 3월 25일   초판 1쇄 발행일 2025년 3월 31일

지은이 앤 E. 커드 · 낸시 홈스트롬 | 옮긴이 성수진 · 장지은
펴낸이 박재환 | 편집 유은재 · 신기원 | 마케팅 박용민 | 관리 조영란
펴낸곳 에코리브르 | 주소 서울시 마포구 동교로15길 34 3층(04003) | 전화 702-2530 | 팩스 702-2532
이메일 ecolivres@hanmail.net | 블로그 http://blog.naver.com/ecolivres | 인스타그램 @ecolivres_official
출판등록 2001년 5월 7일 제2001-000092호
종이 세종페이퍼 | 인쇄 · 제본 상지사 P&B

ISBN 978-89-6263-305-4 03300
ISBN 978-89-6263-277-4 세트

책값은 뒤표지에 있습니다.   잘못된 책은 구입한 곳에서 바꿔드립니다.

자본주의와 페미니즘

● 계명대학교 여성학연구소 ● 전환의 시대와 젠더 번역총서 ● 2

두 페미니스트의 서로 다른 시선

앤 E. 커드 · 낸시 홈스트롬 지음 | 성수진 · 장지은 옮김

에코리브르

이 역서는 2022년 대한민국 교육부와 한국연구재단의 지원을 받아 수행된 연구임(NRF-2022S1A5C2A02090708).

차례

표와 그림 목록

―――――

감사의 글

우리가 가장 크게 감사드리는 분은 루이즈 앤터니(Louise Antony) 교수님입니다. 우선 2006년 12월 미국철학회 학회에서 '페미니즘과 자본주의'라는 주제로 토론회를 개최하고, 우리 둘을 초청해 발표 기회를 주어 우리를 서로에게 소개해주신 데에 감사드립니다. 또한 우리 발표에 대해 의견을 주시고, 이 책의 모든 과정에서 지원을 아끼지 않으셨습니다. 루이즈 교수님이 없었으면 이 책은 존재하지 않았을 것입니다. 또한 그 토론회에서 우리의 논평자를 맡은 크리스틴 코겔(Christine Koggel) 교수님의 아낌없고 유익한 조언에 감사드리며, 학회에 참석한 청중께도 감사드립니다. 앤 커드는 특히 학회 후 논문에 대해 깊이 논의해준 알마스 사예드(Almas Sayeed)에게 감사를 표합니다.

루이즈 교수님은 이후 우리 논쟁의 출판 방안을 모색하도록 설득했고, 그 결과 이 책을 케임브리지 대학 출판사에 제안하게 되었습니다. 우리는 편집자 힐러리 개스킨(Hilary Gaskin)과 익명의 여러 심사자가 제안서와 원고에 대해 전해준 의견·비판·제안에 감사드립니다. 책의 제안서를 다듬는 과정에서 해케트 북스(Hackett Books)의 철학자이자 출판

인인 제이 헐릿(Jay Hullitt)의 조언이 큰 도움이 되었으며, 그중에서도 특히 책 제목에 대한 아이디어를 주었습니다. 또한 제프 딘(Jeff Dean)이 원고에 대해 조언해주셨고, 조 브라운(Joe Braun)은 배경 조사를 도왔으며, 매트 월드슐레이글(Matt Waldschlagel)은 이 책의 색인을 작성해주었습니다. 이들에게도 감사의 뜻을 전합니다.

앤은 조 브라운, 핀페이 루(Pinfei Lu), 그리고 버틀러 대학과 볼링그린 주립대학, 그리고 대만의 국립칭화대 철학연구소의 청중뿐 아니라, 2009년 가을 책의 일부에 대해 유익한 토론을 해준 '사회과학의 철학' 세미나 학생들에게도 고마움을 전합니다. 또한 캔자스 대학의 연구 지원에 감사하며, 이 책 작업이나 하이킹, 또는 콜로라도에서 스키를 타는 동안 사무실에서 일을 대신해준 인문과학대학 학장실 동료들에게도 감사의 뜻을 전합니다(그들은 앤이 정확히 무엇을 하는지 항상 확신하지 못했습니다). 무엇보다도 이 프로젝트에 지적으로나 개인적으로나 많은 도움을 준 남편 닐 베커(Neal Becker)에게 깊이 감사드립니다.

낸시는 초고의 전문을 읽어준 거트루드 에조르스키(Gertrude Ezorsky), 샘 파버(Sam Farber), 밀턴 피스크(Milton Fisk), 리처드 스미스(Richard Smith), 지속적으로 정치적·개인적 지원을 해준 조해나 브레너(Johanna Brenner), 원고의 일부를 읽어준 2009년 봄 사회주의 페미니스트 철학자 모임(SOFPHIA) 참가자들—샌드라 바트키(Sandra Bartky), 사라 베거스(Sarah Begus), 앤 퍼거슨(Ann Ferguson), 애나 고틀립(Anna Gotlib), 잭 해먼드(Jack Hammond), 돈 하노버(Don Hanover), 마거릿 맥라렌(Margaret McLaren), 말리사 모셸라(Marlisa Moschella), 메케 나겔(Mecke Nagel), 캐시 러셀(Kathy Russell), 카스텐 스트럴(Karsten Struhl)—에게 감사드립니다. 특히 제시카 카일(Jessica Kyle)이 매우 상세한 의견을 남겨주어 깊은 감사를 전합니다. 자신의 업무에서 시간을 쪼개 도움을 준 리처드에게는 각별한 감사의 말을 전하고 싶습니다. 그를 위해 같은 마음으로 도움을 줄 날을 기대하고 있습니다.

마지막으로, 우리는 의견 차이에도 불구하고 함께 만들어낸 매우 협력적이고 생산적인 작업 관계에 대해 서로에게 감사를 표하고 싶습니다.

1부

Capitalism,
For and
Against

자본주의를 찬성하다

페미니스트의 이상과 현실로서

앤 E. 커드

1 서론

17세기 후반 유럽에서 태어난 여성의 기대수명은 30세도 채 되지 않았다.[1] 그녀는 일곱 명의 아이를 낳고 나무와 물을 모으고, 실을 뽑아 옷을 만들고, 음식을 준비하고, 아이들을 돌보며 하루하루 보냈을 것이다. 부유한 귀족 가문에서 태어났다면 주로 남성들이 주도하는 귀족 가문 간 외교전에서 장기판의 졸로 쓰이며 그중 가장 나이 많고 지배적인 가문의 이익에 기여했을 것이다. 태어날 때부터 몇 안 되는 왕족의 일원이 아니었다면 자신의 권력은커녕 정치적 발언권도 기대할 수 없었을 것이다. 농민 가정에서 태어났다면 문맹이었을 것이다. 그런 여성은 인생의 대부분을 고된 노동과 더럽고 비좁은 생활 환경에서 보냈으리라. 그녀가 낳을 아이의 수나 출생 시기에 대한 통제권이 거의 없었고,

출산 중 자신이 사망하기 전까지 대부분의 자녀를 먼저 떠나보냈을 수도 있다.

내 외할머니는 19세기 후반 미국 중서부에서 태어났다. 다섯 명의 자녀를 낳았고, 그중 넷은 성인이 될 때까지 살아남았다. 외할머니는 마지막까지 건강하게 80세까지 살았다. 그녀가 30대일 때 미국 헌법 제19차 개정안이 비준되었고 연방 선거에서 투표할 자격을 얻었지만, 자신의 주에서 주지사나 상원의원으로 선출되는 여성을 보지는 못했다. 외할머니는 고등학교 졸업 후 농부의 아내로 열심히 일하며 살았으나, 자녀들은 더 높은 교육을 받았고, 막내딸인 내 어머니는 석사 학위를 받고 전문 직업을 가질 수 있었다. 외할머니는 말이 끄는 마차가 다니던 시기에 태어났지만, 자동차를 타고 텔레비전을 보며 집에 전화기를 두는 시대까지 살았다.

오늘날 유럽이나 북미에서 태어난 소녀는 80대까지 살 수 있다.[2] 그녀는 어릴 때부터 글을 배우고 정보와 엔터테인먼트를 쉽게 접하는 환경에서 자란다. 주머니에 휴대전화를 가지고 다니며 지구상의 거의 모든 사람과 소통할 수 있다. 아이를 낳을지 여부와 그 시기, 친밀한 파트너의 젠더(gender)와 성별(sex)을 선택할 수 있다. 다양한 노력과 행운(출생시 인종과 계급 위치에 따라)을 통해 그녀의 남자 형제들처럼 직업 생활을 할 수 있다. 사회 및 정치 생활에 완전히 참여할 수 있으며, 남성 못지않게 실질적인 권력을 얻을 기회도 있다.

성인 여성과 소녀의 삶에서 일어난 이 거대한 변화는 주로 현재 전 세계에서 지배적인 경제 체제인 자본주의의 발전 덕분이다. 자본주의는 과학기술에서 마케팅까지, 도덕에서 정치까지 다양한 아이디어의 인큐베이터 역할을 해왔다. 이 글에서는 자본주의가 여성과 더 넓게는 사회의 발전에 주요한 힘이 되어왔으며, 앞으로도 전 세계 여성들에게 해방의 힘이 될 수 있다는 주장을 펼칠 것이다. 역사적 사례가 설득력 있어 보이지만(또한 내가 그렇게 주장할 테지만), 현재 세계와 다가올 미래에 자본주의의 긍정적 가치에 대한 회의론에도 나름의 이유들이 있다. 북미와 유럽 중산층과 상류층 여성과 소녀의 삶의 질은 거의 모든 측정 기준에서 그들의 조부모가 상상할 수도 없을 만큼 향상된 것이 분명하지만, 글로벌 사우스(global South)의 많은 여성과 소녀는 글로벌 노스(global North)의 동시대인들에 비해 훨씬 열악한 삶을 살고 있다.[3] 또한 자본주의는 전 세계적으로, 그리고 부유한 사회 내에서 거대한 부의 불평등을 만들어내고 유지하고 있다. 남성도 세계적인 빈곤과 불평등의 희생자지만, 여성은 이 두 가지 문제에 훨씬 더 취약하다. 또한 여성은 남성보다 훨씬 더 많이 인신매매의 희생자가 되며, 이러한 인신매매는 일정 부분 탐욕으로 촉발되고 이 세계에서 부의 불평등이 크기에 가능하다. 여성들은 한 집단으로서 모든 사회에서 여전히 남성들에게 지배당하고 있으며, 예외라 할 수 있는 스칸디나비아 국가들은 시장과 사회생활에서 중요한 민주적 정부 개입을 통해 자본주의의 작동을 조정해왔다. 이러한 사실에도 불구하고, 나는 여성들이 빈곤과 남성 지배로부터 해방될 최고의 기회는 계몽된 자본주의(enlightened capitalism)의 발전에 있다고 주장할 것이다.

자본주의 정의하기

자본주의를 옹호하려면 우선 '자본주의'라는 용어의 의미를 명확히 해 자본주의 사회 또는 자본주의가 가능한 사회를 분류하는 것으로 시작해야 한다. 자본주의 사회의 성과를 현실적으로 평가하는 동시에 더 계몽된 형태의 자본주의를 전망하기 위해, 나는 실제 세계에 적용할 수 있는 작동적 정의를 찾고자 한다. 이 정의를 통해 '자본주의'라고 적절히 부를 수 있는 경제를 구분할 수 있다. 이러한 작동적 정의를 바탕으로 자본주의가 지금까지 존재해온 방식에 대한 경험적·이론적 근거를 검토할 것이다. 그러나 미래 개선을 위한 합리적 희망을 제시하기 위해, 나는 자본주의의 규범적 이상 또한 제시할 것이다. 따라서 자본주의를 정의하는 일은 규범적이고 설명적인 과제다. 이는 또한 정치적 과제이기도 한데, 내가 정의하기로 선택한 자본주의 형태가 실존하는 대립 형태들에 맞서 실제로 방어 영역을 설정하기 때문이다.

자본주의의 정의적 조건

경제 활동은 인류 역사에서 크게 발전해왔으므로, 자본주의 경제가 어떻게 발전해왔는지를 구체적으로 규정하는 작동적 정의를 제공하는 것이 타당하다. 자본주의는 카를 마르크스가 만든 용어다. 마르크스가 말한 '자본주의'는 생산 수단, 즉 생산에 투입되는 자본의 사적 소유가 핵심이자 정의상의 특징인 경제 체제를 의미한다.

> 〔자본주의〕는 생산 수단과 생계 수단의 소유자가 자신의 노동력을 판매하는 자유 노동자와 시장에서 만나야만 발생할 수 있다. 그리고 이 하나의 역사적 조건이 세계의 역사를 구성한다. 따라서 자본은 그 첫 등장부터 사회적 생산 과정의 새로운 시대를 알린다.[4]

마르크스가 강조한 자본주의의 첫 번째 특징을 **자본의 사적 소유 조건**

이라 부르겠다. 소유권은 공동체 또는 국가 내에서 정의되기 때문에 경제는 그러한 권리가 확보되는 경계에 따라 구분된다. 나는 이러한 경계 단위를 경제라고 부를 것이다. 자본의 사적 소유가 가능한 경우, 개인의 선호도와/나 자본 투입의 초기 분배의 차이를 아주 최소한으로 가정하고 (소유권에 수반되는) 자발적 교환에 참여할 수 있는 자유가 주어지면 노동 시장을 포함한 시장이 발전할 것이다.[5] 마르크스가 자본주의에 대한 도덕적 비판의 초점을 맞춘 것은 자유 임금 노동에 의한 생산이었다.[6] 이 정의는 농업 농노 노동과 소수의 지주 계급이 특징이었던 유럽의 중세 말기와 다수의 노동자가 소수의 부유한 자본 소유자와 자유롭게 노동 서비스를 계약하는 산업 자본주의의 시작을 구분하는 데 큰 역할을 했다. 이를 **자유 임금 노동 조건**이라 부르겠다.

자본주의에 대한 마르크스의 정의를, 규범적 이상은 말할 것도 없고 작동적 정의로 받아들이는 데에는 몇 가지 문제가 있다. 첫째, 마르크스의 자본주의 정의는 더 이상 존재하지 않는 설명적 이상 유형에 대한 것이다. 자본에 대한 과세, 자본 사용에 대한 규제, 생산 능력에 대한 정부의 노골적인 소유권은 전 세계 모든 국가에서 자본에 대한 사적 소유를 어느 정도 제한한다. 그렇다고 해서 자본주의가 더 이상 존재하지 않는다고 말하고 싶지는 않다. 둘째, 마르크스 시대에는 산업 생산이 주요 생산 형태였고, 물질적 자원이 우리가 자본주의라고 부르는 경제에서 자본의 주요 형태였지만, 이제는 그렇지 않다. '생산 수단'은 구체적으로 노동이 아닌 물질적 투입물을 의미했다. 마르크스에게 자본주의 노동은 차별화되지 않은 노동력을 의미했다. 이제 금융 자본과 인적 자본은 전 세계에서 가치 생산에 훨씬 더 중요한 투입물이다. 셋째, 마르크스 시대에는 자본의 소유가 계급 간의 뚜렷한 구분을 의미했지만 지금은 그런 구분이 존재하지 않는다. 예를 들어, 오늘날 미국의 중산층 대부분은 퇴직연금과 기타 형태의 예금을 통해 많은 기업의 일부 소유주다. 그러나 그들을 마르크스가 상상한 자본가라고 보기는 어렵다. 마지막으로, 마르크스의 정의는 자본주의의 가장 매력적인 특징, 즉 중앙 계획자의 지도 없이도 소비자 선호도와 자본·노동·상품의 가용성 및 수요에 대한 정보를 종합하는 시장의 능력을 제대로 조명하지 못한다. 따라서 자본주의의 역사적 사례와 현대의 사례에 모두 부합하려면 자본주의에 대한 설명적이고 작동적인 정의를 변경해야 한다.

현대 신고전주의 경제학자 해럴드 뎀세츠(Harold Demsetz)는 자본주의에 대한 마르크스주의의 단순한 정의를 다음과 같이 새롭게 정의한다. "자원의 탈중앙화된 사적 소유와 개방 시장에 기반한 경제."[7] 뎀세츠의 정의는 생산 수단이 아닌 "자원"을 말하며, 금융 자본과 고도로 차별화된 인적 자본을 허용하고 "탈중앙화"와 "개방 시장"이라는 요소를 추가한다. 이 두 가지 아이디어는 모두 정부가 생산과 소비를 중앙에서 통제하는 것이 아니라, 정부의 제약으로부터 상대적으로 자유롭게 노동·자본·상품·서비스를 서로 사고팔 수 있는 계약을 맺는 개인들이 자유로운 사적 결정에 따라 결정한다는 것을 의미한다. 이를 **탈중앙화된 개방 시장 조건**이라 부르겠다. 하지만 뎀세츠의 정의는 마르크스가 주목한 중요한 측면인 상품 생산이 빠져 있다는 점에서 너무 포괄적이다. 그러나 상품은 자본주의의 핵심이다. 따라서 우리는 자본주의가 상품을 잘 생산하기 때문에 부분적으로 자본주의를 옹호할 수 있고, 우리가 얼마나 많은 물질을 가지고 있는지 너무 의식하게 만든다는 점에서 자본주의를 비판할 수 있다. 또한 이 정의는 허용되는 개입과 제약의 종류를 자세히 설명하지 못한다. "~에 기반한"이라는 문구를 얼마나 엄격하게 읽느냐에 따라 뎀세츠의 정의는 여전히 마르크스와 비슷한 결함을 가지는데, 앞서 언급했듯이 현실 세계에는 자원의 사적 소유가 완전한 국가도 없고 시장에 대한 정부 개입이 전혀 없는 국가도 존재하지 않기 때문이다. "~에 기반한"을 좀더 느슨하게 해석하면 자본주의의 작동적 정의의 방향으로 나아가는데, 이는 시장에 대한 정부의 부당한 개입이나 자원에 대한 사적 소유로부터 상대적으로 자유로운 경제를 필요로 한다.

작동적 정의를 위해 무엇을 정부의 부당한 개입으로 간주해야 할까? 이 질문에는 두 가지 차원이 있다. 설명적 차원에서 우리는 이렇게 물을 수 있다. (설명적인) 이상적 자본주의 유형에 대한 정부 개입의 한계는 무엇인가? 정부 개입이 너무 심해서 사회주의 또는 중앙계획 경제로 분류하는 편이 더 나은 경우는 언제인가? 규범적 차원에서 우리는 이렇게 물을 수 있다. 가장 훌륭하고 가장 계몽된 자본주의 형태는 무엇인가? 설명적 이상은 자유시장과 자유 임금 노동의 이상화를 포함해 시장 체제로서의 자본주의 경제 모델의 이상화다. 설명적 이상에 대한 단일한 척도는 없지만, 몇 가지 이상적 유형이 있다. 더 나은 설명적 이상론은 범주 간 명확하고 유용한 구분을 허용하는 방식으로 현상을 분류한다. 더 나은 설명 이론은 더 나은 예측을 하고 성공적인 공공정책 권장 사항(즉, 의도한 결과를 가져오는 권장 사항)을 더 잘 만들 수 있다. 물론 이는 규범적으로 부하가 걸린 측정치다. 설명적 이상은 또한 재산, 자유 교환, 자유 임금 노동이라는 사상을 구성하는 일련의 배경적 사회 조건을 가정한다. 따라서 설명적 이상조차도 규범적으로 정당한 가정을 내포한다.[8]

이러한 가정 중 하나는 성별, 인종, 성적 지향 또는 출신 국가와 같은 사회 집단 지위에 따라 개인을 차별하지 않는다는 의미에서 시장에서의 소유와 참여가 비차별적이어야 한다는 것이다. 내가 **비차별 제약**이라고 부르는 것에 대한 순전히 경제적인 근거는 각 개인을 그 사람의 다른 측면을 추상화한 자산과 선호도의 묶음으로 간주하는 것이 효율적이기 때문이다. 개인을 다르게 취급하는 것은 비효율적인데, 이는 모든 상품이나 거래 제안을 순수한 경제적 가치 이외의 추가적 기준, 즉 거래를 제안하는 개인의 속성적 지위(성별·인종 등)에 의해 식별해야 하기 때문이다. 이러한 비효율성은 부담할 필요가 없는 거래 비용이다. 대신, 개별 자산은 누가 소유하든 상관없이 그 자산의 가치에 따라 평가된다. 개인의 선호도에 따라 효용 함수가 정의되고, 자산의 가치에 따라 예산 제약이 결정된다. 시장에서 개인은 얼굴도 없고 배경도 없는 효용 함수, 예산 제약, 생산 함수의 존재다.

또한 비차별 제약의 규범적 근거는, 어떤 사람이 자신의 노동이나 재화에 대한 평가에 따라 시장에서 타인과 자유롭게 계약할 수 없다면 현실적으로 자유롭지 않다는 것이다. 오히려 자신이 통제할 수 없고 자신도 식별할 수 없는 배경적 특징에 의해 제약을 받는다. 자본주의는 차별 금지라는 제약 조건을 준수해야만 제약으로부터 최소한의 자유라는 자유의 설명적 이상을 충족할 수 있다. 이제 자본주의가 옹호하는 자유의 의미는 어떤 형태의 편견이나 선입견에 기반한 선호를 자유롭게 형성할 수 있어야 한다는 것에 반대할 수 있다. 이 깊은 우려에 대해서는 글의 마지막 부분에서 다루겠다. 지금은 현대 자본주의 사회에서 차별 금지라는 제약이, 차별로부터 개인을 보호하기 위한 정부의 개입이 시장에 대한 적절한 형태의 간섭으로 간주될 만큼 일반적으로 받아들여졌다는 역사적·우발적 사실에 의존하려 한다.[9]

내가 여기서 옹호할 자본주의의 설명적 이상은 자원을 비차별적으로 보호하고, 탈중앙화된 사적 소유를 법적으로 보호하며, 모든 시민을 위한 협력적이고 사회적인 생산을 보장하는 체제다. 또한 재화, 노동, 서비스, 물적 자본 및 금융 자본의 교환을 위한 자유롭고 개방된 경쟁 시장을 포함한 체제다. 이 정의는 사회적으로나 정부 차원에서나 승인된 체제임을 암시한다. 자유방임적 자본주의는 결코 실현할 수 없는 이상이며 실제로 존재할 수 없다. 자본주의가 존재하고 번영하기 위해서는 재산권을 입법 기관이 규정하고 경찰력이 이를 보호해야 하기 때문이다. 사람들이 재화에 대한 안전한 권리를 가지지 않는다면, 그들은 교환할 필요가 없으며, 그 대신 남에게서 빼앗을 수 있고, 자신이 가진 것도 쉽게 빼앗길 수 있다. 시장은 신뢰와 안전을 필요로 하며, 이는 비교적 복잡한 사회 체제만 제공할 수 있다.[10] 따라서 사회적·협력적 상호작용은 경제적 생산과 교환을 구성하는 사회적·법적 인프라의 구축에서나 생산과 교환 그 자체에서나 모두 체제의 핵심이다. 이 정의는 체제의 경쟁적 특성을 강조하며, 이는 인간의 행복에 긍정적 의미와 부정적 의미를 모두 내포한다. 자본주의는 협동적 경쟁의 한 형태이자 사회적으로 용인되는 일련의 규칙이며, 그 안에서 참여자는 최선의 이익을 추구한다. 사회 체제로서의 규범적 가치는 게임을 구분하는 규칙과 참여자가 최선의 이익으로 정의하는 가치에 따라 달라진다. 이 정의는 정부나 민간 자선단체가 생산과 교환의 결과를 재분배할 수 있지만 어느 정도까지만 가능하기에 자본주의가 자원 분배와 어떻게 관련되는지 구체적으로 설명하지 않는다. 사람들이 기업을 만들고 교환을 위해 생산할 수 있는 능력이나 동기를 제거하는 재화의 재분배는 자본주의와는 다른, 그리고 자본주의에 반대되는 체제를 만든다.

최근 아마르티아 센(Amartya Sen)은 전 세계 거의 모든 국가가 생산 수단에 대한 사적 소유를 어느 정도 허용하지만 시장에 대한 정부 개입도 상당하기 때문에 '자본주의'가 의미를 잃었다고 주장했다.[11] 첫째, 이 주장은 세계 무역에서 상당히 고립된 몇몇 경제가 있다는 점에서 완전히 정확하진 않다. 이런 고립된 경제는 실패한 국가이고 너무 가난해서 제대로 경제를 뒷받침할 수 없거나(예: 모리타니·콩고민주공화국·차드), 정치적으로 고립돼 자국 내에서 대규모 민간 기업을 허용하지 않을 정도로 엄격한 통치를 하기 때문이다(쿠바·북한·리비아). 둘째, '자본주의'라는 용어는 지지자와 반대자 모두에게 여전히 탐구할 가치가 있는 수사적 힘을 발휘하며, 심지어 현재 대부분의 세계가 자본주의 국가라는 점에서도 마찬가지다. 이것이 이 논쟁의 요점이다. 그러나 자본주의 내의 차이가 적어도 내가 자본주의로 분류하는 일부 국가와 그렇지 않은 국가 간의 차이보다 크다는 의미로 받아들인다면 센의 말은 틀림없이 옳다. 예를 들어, 막대한 석유 매장량을 가진 리비아보다 가난한 파라과이 같은 자본주의 국가도 있고, 쿠바에 비해 재산권 이외의 기본적인 소극적 자유(언론·집회·종교의 자유)를 더 제한하는 싱가포르 같은 자본주의 국가도 있다.[12] 따라서 자본주의의 종류를 구분해야 내가 옹호하는 것이 무엇인지, 자본주의에 부수적이면서 자본주의의 장점을 잃지 않고 바꿀 수 있는 것이 무엇인지 더 정확하게 알 수 있다.

자본주의의 유형

자본주의를 정의하는 세 가지 조건은 다음과 같다. 자본의 사적 소유, 탈중앙화된 개방 시장과 자유 임금 노동, 그리고 비차별 제약. 여기서 비차별 제약은 시장과 교환의 자유를 배제하지 않으면서도 이를 제공하고 보호하기 위한 정부 개입이 어느 정도 필요함을 의미한다. 즉, 정부 개입은 시장을 소멸시키지 않으면서 시장의 틀을 잡아야 한다. 우리는 실제 세계에서 자원과 시장의 소유와 통제에 대한 정부의 개입 수준을 다양하게 확인할 수 있다. 윌리엄 보몰(William Baumol), 로버트 라이턴(Robert Litan), 칼 슈램(Carl Schramm)은 이러한 차원에 따라 현대 자본주의를 네 가지 유형으로 구분한다.[13] 첫 번째 유형은 **국가 주도 자본주의**로, 정부가 어떤 산업과 기업이 성장할 것인지 결정하지만 재산권과 계약권을 인정하고 집행하며 시장이 상품과 서비스의 가격과 임금을 결정하고 적어도 일부 소규모 활동은 사적 영역에 맡기는 국가 경제 체제다. 반면, 정부의 금융 자본 통제와 은행을 통한 통제, 과학기술에 대한 통제와 지원에 초점을 맞추는 것도 고도로 발전한 산업 자본주의로 나아가는 길일 수 있다. 메건 그린(Megan Greene)은 "발전 국가"를 "능력주의적이고 효율적이며 지식이 풍부한 기술주의와 산업 및 사회와의 고도로 내재된 연계성을 제공하는 제도로 무장하고 민간 부문에 발전을 촉진하는 정책을 부과하는 강력하고 적극적인 국가"로 정의한다.[14] 대만은 과학기술에 대한 후원을 통해 급속한 산업화를 이룩하여 선진국에 필적하는 수준의 경제 발전을 달성함으로써 이러한 발전 국가 패러다임의 모범을 보여준다. 국가 주도의 자본주의 경제, 즉 발전 국가의 다른 예로는 소위 '아시아의 호랑이들'로 불리는 중국·인도·싱가포르·한국·일본이 있다. 이 자본주의 경제 개발 모델은 경쟁력 있는 제1세계 경제를 발전시키는 데 필요한 기술 노하우와 산업 인프라를 확보하는 데 매우 효과적임이 입증되었다. 그러나 이들 국가는 자본주의적 효율성을 일부 희생하여 결국 보호주의 정책을 점차 철폐할 때까지 침체와 불황을 겪게 된다.

보몰 등은 두 번째 유형의 자본주의를 **과두제 자본주의**로 규정하는데, 이는 생산 수단의 사적 소유가 있기 때문에 명목상 자본주의이지만 실제로는 그렇지 않다. 이러한 유형의 유사 자본주의에서는 시장이 완전히 자유롭지 않으며, 정부가 특정 엘리트나 가문에 유리한 규정을 만들어 외부인이 산업과 시장에 진입하기 어렵게 만든다. 따라서 이 유사 자본주의는 경제 이론이 말하는 자본주의의 많은 장점을 상실하게 된다. 예를 들어, 독점 또는 독점적 경쟁으로 인해 경쟁적 효율성을 잃고, 혁신에 대한 동기도 일정 부분 약화된다. 또한 자본주의가 제공해야 하는 정치적·사회적 자유, 가령 직업 선택의 자유나 노동 계층에서 벗어날 능력 같은 기회를 박탈한다. 결국 과두제 자본주의는 이상적이고 이론적인 자본주의가 능력이나 노력에 의해 불평등을 발생시키는 것과 달리, 가문이나 집단에 의해 불평등을 제도화한다. 과두제 자본주의의 예로는 라틴아메리카의 많은 국가, 구소련, 중동의 석유 수출국들, 그리고 아프리카의 많은 지역이 있다. 이러한 국가들은 대개 지니계수로 측정했을 때 가장 심각한 불평등 수준을 보이며, 더딘 성장이 특징이다.[15] 외부인이 공식적으로 사업을 시작하기 어려운 환경 때문에 비공식 경제가 성장하게 되고, 이는 사람들이 생산하거나 소비하는 제품을 위해 정부와 법적 제도를 피해야만 하는 비효율성과 불공정을 초래한다.

보몰 등이 **대기업 자본주의**라고 부르는 세 번째 유형의 자본주의는 대기업이 경제를 지배하고, 이들 기업의 창업주가 사망하거나 퇴임하여 기업이 기관 투자자의 소유로 넘어간 경우다. 이는 인구의 다수가 주요 생산자의 주식을 소유하는 성숙한 자본주의 체제다. 기업들은 규모가 크고 자체적으로 연구 개발 프로그램을 운영하는 경우가 많기 때문에 돈을 지불하는 소비자의 관점에서 점진적이고 의도적인 제품 개선이 이루어진다. 그러나 이 기업들은 이른바 주인-대리인 문제, 즉 회사의 투자자들(주인)이 자신들의 대리인(회사 경영진)의 조언에 의존하여 향후 리서치 및 투자에 대한 결정을 내려야 하는 문제를 안고 있다. 그러나 개별 경영진의 이익 극대화는, 이익을 어떻게 정의하든, 투자자의 주요 관심사인 회사 전체 이익의 극대화가 아닐 수도 있다. 내구재의 미래 성능에 대한 기업의 약속에 의존해야 하는 소비자에게도 비슷한 문제가 발생한다. 기업은 미래의 판매를 보장하기 위해 이러한 상품에 어느 정도 계획된 노후화를 구축하려는 동기가 있다.

보몰 등은 마지막 형태의 자본주의를 **기업가적 자본주의**라고 부르며 이를 높이 평가한다. 이 형태의 자본주의에서는 혁신을 시도하고 이를 상업화하려는 많은 사람(기업가들)이 존재한다. 이들은 사회가 물질적 진보를 이루는 주요 수단이 혁신이라고 주장한다. 이는 일련의 고정된 기술들로는 노동 생산성만 개선될 뿐이고, 자원을 생산에 투입할수록 자원은 점점 더 희소해지기 때문이다. 그러나 혁신은 새로운 기술과 자원을 활용할 수 있게 해주며, 성공적 혁신은 사물의 제조 방식, 정보의 전송 및 관리 방식, 사람들의 이동 방식, 그리고 전반적인 생활 방식에 큰 변화를 가져온다.

성공적 혁신은 막대한 부라는 거대한 보상뿐 아니라, 자기 자신의 주인이 되어 목표를 향해 도전하는 정신적 성취를 제공할 가능성을 열어준다. 이는 기업가들이 저비용 혁신가가 되는 이유다. 그들은 자신의 혁신이 기술적으로나 상업적으로 성공하지 못할 경우 시간과 자재를 버리게 되는데도 엄청난 보상을 기대할 수 있기 때문에 이러한 위험을 기꺼이 감수하며 시간과 자재를 투자하는 사람들이다. 기업이나 공공 사회 기관이 혁신을 지원할 때는 혁신가에게 매우 큰 보상을 약속하지 않기 때문에, 큰 보상만을 목적으로 혁신하려는 사람들은 이러한 제도적 매개를 통해 혁신할 동기를 느끼지 못한다. 단순히 발견의 기쁨을 위해 혁신하려는 사람들은 외부적 동기에는 별로 신경 쓰지 않을 것이다. 더 중요한 점은, 혁신가가 자신의 아이디어가 얼마나 뛰어난지 판단할 수 있는 최적의 위치에 있을 가능성이 크다는 것이다. 이것은 주인-대리인 문제[16]를 야기하는데, 선택의 여지가 있는 상황에서 자기 아이디어의 가치를 덜 확신하는 사람들만이 제도적 경로를 통해 혁신을 선택할 가능성이 높다는 점이다. 따라서 최고의 혁신가는 기업가가 될 가능성이 가장 크며, 독립적으로 나아갈 때 그럴 가능성이 더 커진다.

대기업은 혁신을 전염시키는 역할을 할 수 있다. 보몰 등은 그 예로 IBM 컴퓨터를 들며, 이 컴퓨터가 도입되어 많은 소비자에게 널리 알려지고 이용 가능해지자, 컴퓨터 시장이 급격히 커졌다고 설명한다. 이는 애플(Apple)과 델(Dell) 같은 신생 기업들의 등장으로 이어졌고, 이들 기업은 혁신을 통해 커져가는 컴퓨터 시장에서 점점 더 큰 점유율을 차지하게 되었다. 애플은 개인용 컴퓨터의 성능과 미적 매력에서 기술 혁신을 통해 경쟁했으며, 델은 각 소비자에게 맞춤형 컴퓨터를 저렴한 가격에 제공할 수 있는 능력으로 경쟁했다. 보몰 등은 이러한 급격하고 혁신적인 기술 혁신을 목격할 수 있는 유일한 체제가 자본주의라고 강조한다. 이러한 혁신은 단기간에 우리의 생활 방식을 바꿀 수 있는 종류의 혁신이다. "매우 드문 예외를 제외하고, 진정한 혁신가들은 자본주의 경제에서만 찾아볼 수 있다. 이 경제에서는 새로운 것을 시도하고 이를 실현하기 위해 시간과 돈을 투자하는 위험을 보상받을 수 있고, 그 보상도 안전하게 보호받을 수 있다."[17] 20세기 역사를 보면, 비자본주의 국가에서 이루어진 유의미한 기술 혁신은 대부분 정부 주도의 기업, 주로 군사 방위 분야에서 이루어졌다. 이러한 기업에만 혁신이 제한되면 전혀 새로운 유형의 기술을 개발할 가능성이 줄어든다. 이는 심지어 중앙계획 경제에서도 정부가 집중할 수 있는 영역이 민간 경제가 다양한 개인적 관심사로 이끄는 경제보다 적기 때문이다. 그렇다고 해서 비자본주의 사회가 기술적 효율성을 개선하지 않았다는 뜻은 아니다. 예를 들어, 파시즘 시기 이탈리아에서 기차가 정시에 운행했다는 것은 누구나 알고 있다. 하지만 비자본주의 경제에서 발생하는 기술 개선은 이와 같은 종류의 것이며, 기관차·전화·자동차·비행기·텔레비전·트랜지스터 또는 개인용 컴퓨터 개발과 같은 혁명적인 유형은 아니다.

성공적인 기업가형 경제는 변화를 수용하고 장려한다. 그러나 이는 경제적·사회적 문제를 야기한다. 이 글을 쓰는 지금 이 순간에도 가장 눈에 띄는 문제는 투자가 산업 생산 능력이나 소비자 수요를 초과하여 기업의 실질 가치에 대한 명목상 추정치를 부풀릴 때 발생하는 금융 위기이며, 이는 약간의 압력에도 터질 수 있는 금융 거품에 해당한다. 금융 거품은 기술 혁명과 동반하는 경향이 있는데, 많은 투자자가 이득을 얻고 싶어 하지만 대부분의 기업은 실패할 수밖에 없기 때문이다. 이는 금융 시장의 호황–불황 순환 속성으로 이어진다. 자금 조달이 어려워지면 소비와 생산이 둔화되고 근로자를 해고하며, 사람들은 기대치가 낮아지고 소비 수준이 감소하며 경우에 따라 빈곤에 시달린다.

모든 형태의 자본주의에서 근로자는 자신이 종사하는 산업이 잘 돌아가는 한 고용 안정, 복리후생, 퇴직금 측면에서 좋은 결과를 얻는다. 그러나 영원히 지속되는 산업은 없으며, 효과적인 경쟁 산업의 등장으로 인해 해당 기업이 사용하는 기술이 쓸모없어지면 경제는 파괴적인 구조조정을 겪는 경향이 있다. 이러한 상황에서 고령 근로자는 대량 해고와 혜택 감소를 겪게 된다. 젊은 근로자들은 일반적으로 새로운 일자리를 얻기 위해 직장을 옮기고 기술 재교육을 받아야 한다. 이는 이웃과 가족에게 혼란을 야기하고 소비 수준과 행복지수를 낮추는 결과를 초래할 수 있다. 영향을 받는 산업의 근로자와 영향을 받지 않는 기업의 소유주 및 관리자 간의 불평등이 증가한다. 따라서 자본주의 경제는 일반적으로 더 부유하고 개인 소득과 재화 소비 수준이 높지만, 호황과 불황의 변동으로 어려움을 겪기도 하다. 대공황 이후 자본주의 경제가 교훈을 얻은 것처럼 이러한 경기 변동은 정부 개입으로 완화할 수 있다. 방어 가능한 자본주의는 대공황과 같은 재앙을 피하기 위해 그러한 조치를 취해야 한다.

자본주의의 반대자들

다양한 자본주의 체제를 고려할 때, 자본주의로 분류되지 않는 경제 체제는 무엇일까? 구체적으로, 내가 자본주의를 옹호하는 논의에서 맞설 경쟁 상대는 어떤 것일까? 내가 반박의 대상으로 삼지 않을 허수아비 논리에 해당하는 체제는 노예제(합법적이든 불법적이든)나 채무 노동에 기반한 체제, 또는 법에 따라 통치할 수 없어 실패한 국가로 분류되는 사회들이다. 자본주의를 옹호하기 위해 내가 논리적으로 맞서야 할 두 가지 상대가 있다. 첫 번째는 마르크스가 자본주의의 후속 경제 시대로 상상했던 사회주의 경제다. 자본주의에 다양한 유형이 있듯이, 사회주의 경제에도 매우 민주적인 것부터 전체주의적인 것까지, 거의 모든 것을 집단 소유하는 것부터 대규모 생산 시설과 공공 설비만 집단 소유하는 것까지 여러 가지 형태가 존재한다. 사실 자본주의와 사회주의의 옹호자들 모두 스웨덴이나 덴마크 같은 나라들을 자신들이 지지하는 경제 체제의 성공 사례로 주장하고 싶어 할 것이다. 따라서 서로 불필요하게 논쟁하지 않으려면, 지지하지 않는 주변적 특성이나 극단적인 버전에 대해 논쟁하는 대신 최상의 사례에 대해선 합의할 수 있도록 명확한 구분이 필요하다. 내가 자본주의를 옹호하는 데 맞서게 될 사회주의 상대는 소련이나 마오쩌둥 시기 중국과 같은 중앙계획 사회주의 경제다. 이러한 사회는 자본의 사적 소유, 자유 임금 노동, 그리고 탈중앙화된 개방 시장이라는 조건을 위반한다. 반면 스웨덴과 덴마크 경제는 생산 수단의 사적 소유를 허용하며, 자유로운 노동 계약을 체결할 수 있다(외국인 노동자에 대한 이민 제한은 제외). 이들 나라는 부에 대해 중과세하고 여러 방식으로 소득을 재분배하지만, 시장은 모든 사람에게 개방돼 있다. 따라서 이들은 내가 정의한 자본주의 체제의 조건을 충족한다.

내 주장의 두 번째 상대는 보편적 소유권과 비교적 자유로운 시장이 아닌, 사회적 및 종교적 전통에 기반한 사회 체제다. 전통적 사회란 개인의 일이나 사회적 역할이 자신의 선택이나 선호로 결정되지 않고 성별, 세습된 계급, 카스트, 인종, 민족에 따라 결정되는 사회를 말한다. 예를 들어, 여성이 집에 머물러야만 하거나 여성의 일은 가사 노동 또는 집에서 할 수 있는 약간의 일로 한정되는 경우가 있다. 이러한 체제는 자본주의가 전제로 삼고 장려하는 자유롭고 개방된 경쟁이 부족하며, 자본주의의 비차별 제약을 위반한다. 그 예로는 보수적인 이슬람·불교·힌두교 사회, 탈레반이 통제하는 아프가니스탄, 그리고 심하진 않아도 어느 정도는 중부 유럽과 아프리카의 여러 국가를 포함한다. 이러한 국가들에 대해서도 내가 자본주의를 옹호하는 주장이 해당될까? 예를 들어, 대규모 글로벌 무역을 수행하는 석유 수출 이슬람 경제나 동남아시아의 글로벌 성 관광 산업이 존재하는 사회는 자본주의 국가들과 깊이 연관돼 있기 때문에 자본주의로 볼 수도 있다. 또는 사우디아라비아나 오만 같은 국가는 과두제 자본주의로 기술할 수 있는데, 나는 이러한 형태를 유사 자본주의로 설명한 바 있다. 이들을 자본주의로 분류하지 말아야 할 몇 가지 이유가 있다고 생각하는데, 이들은 자본주의 체제와의 무역에서 이득을 얻지만, 대부분의 노동에서 여성이 참여할 수 없게 하여 자유 임금 노동 조건을 위반하고 있다. 마지막으로, 통치 가문이 그 나라의 주요 무역 자원을 소유하는 경우처럼, 생산 수단의 사적 소유 조건을 위반하기도 한다. 따라서 사회주의 국가처럼 정부가 실질적으로 그 나라의 중요한 경제적 결정을 모두 내린다.

독자는 내가 제시한 자본주의의 대안도 허수아비 논리에 불과한지 궁금할지 모른다. 결국 소련은 붕괴했고, 중국은 더 이상 공산주의 국가가 아니며, 자유나 민주주의에 관심 있는 사람이라면 누구도 북한식 공산주의 전체주의를 지지하지 않을 것이다. 마찬가지로 소말리아나 아프가니스탄의 전통주의적 정권을 지지할 사람도 극히 드물 것이다. 하지만 쿠바의 경제 체제를 지지하는 사람은 분명히 있다. 쿠바는 생산 수단의 소유가 거의 없는 엄격하게 통제된 사회주의 경제 체제이지만, 기대수명이나 문해율 같은 일부 삶의 질 지표에서 높은 점수를 받는다. 또한 사우디아라비아나 오만 같은 사회의 전통주의가 보존할 가치가 있다고 주장하는 사람도 있다. 따라서 사회주의와 전통주의는 허수아비 논리가 아니다. 그것들은 자본주의의 장점을 볼 수 있고 그 단점을 탐구할 수 있는 대립점으로서 충분히 중요한 대안이 될 수 있다.

사실과 반대되는 평가: 자본주의의 대안

자본주의 비판자들은 자본주의의 헤게모니가 경제 체제의 공정한 비교를 방해한다고 주장한다. 이러한 비판자들은 내가 반대자로 삼은 사회주의와 전통 사회를 구제할 가치는 없다는 점에, 하지만 자본주의의 지배적 위치가 아니었다면 다른 가능성도 있을 수 있었다는 점에 동의할지도 모른다. 예를 들어, 쿠바 해안에서 약 100km 떨어진 세계 최대 자본주의 경제의 지배적 존재가 없었다면 쿠바는 어떤 나라가 되었을까? 나는 자본주의를 중앙계획 경제 및 전통 경제와 비교해왔다. 만약 자본주의가 지금처럼 세계를 지배하는 경제 체제가 아니라면 무엇이 그 자리를 차지했을 것이며, 그 체제는 현재 상황을 어떻게 변화시켰을까?

이러한 질문에 답하기 위해 우리는 글로벌 자본주의의 작동에 간섭받지 않는 다른 경제 체제가 어떻게 작동할지 알고자 한다. 현대 세계에서 자본주의를 지지하거나 반대하는 강력한 경험적 사례를 만들기 위해서는 가정하고 있는 반대 사실, 즉 이 체제가 없다면 실제 세계에는 무엇이 존재할 것인가, 또는 존재할 수 있는가라는 가정을 공식화할 필요가 있다.

이에 대한 답을 찾기 위해 자본주의의 네 가지 정의 기준을 상기해보자.

(1) 자본의 사적 소유 조건

(2) 자유롭고 개방적이며 탈중앙화된 시장 조건

(3) 자유 임금 노동 조건

(4) 비차별 제약

실제로 존재하는 자본주의에서는 이 조건들 중 어느 것도 완벽하게 충족되지 않는다. 하지만 이러한 조건들을 최소한 규범적 이상으로 유지해야만 그 체제를 자본주의로 분류할 수 있다. 앞서 언급했듯이, 과두제 자본주의는 비차별 제약과 자유롭고 개방된 시장 조건을 충족하지 않기 때문에 자본주의로 간주할 수 없다. 자본주의의 조건을 위반하는 또 다른 체제는 조건 (1)을 위반하는 '시장 사회주의'다. 시장 사회주의는 정부가 주요 산업을 소유하는 경우를 의미한다.[18] 이 체제는 정치 권력의 분배에 따라 경제적 재화의 분배가 결정되며, 이는 소득 분배를 더욱 평등하게 만들 수도 있지만, 정치 과정이 민주적이지 않을 경우 경제적 불평등을 심화할 수도 있다. 그런 경우 시장 사회주의는 과두제 자본주의와 유사해질 것이다.

시장 사회주의와 혼동해서는 안 되는 체제는 협동조합 또는 노동자의 기업 소유/통제다. 이는 자본주의의 한 유형일 뿐이며, 실제로 자본주의 체제 내에서 여러 가지 형태로 어느 정도 존재한다. 일부는 근로자가 기업의 경영 의사결정권을 소유하지만 반드시 통제하지는 않는 종업원 주식 소유 계획이다. 또 다른 유형은 직원들이 회사를 소유할 뿐만 아니라 경영 의사결정에도 참여하는 협동조합이다. 이러한 유형은 지분의 평등 여부와 새로운 조합원에 대한 회사의 개방성 정도에 따라 차이가 생길 수 있다. 이 모든 형태의 협동조합식 소유와 경영은 자본주의의 일반적인 법적 구조 내에서 가능하기 때문에 나는 이를 자본주의의 대안이 아니라 자본주의 내 다양한 형태의 협동적 상호작용으로 간주한다.

자유롭고 개방적인 탈중앙화된 시장 조건은 흥미로운 두 가지 방식으로 위반이 일어날 수 있다. 우리가 이미 살펴본 중앙 집중식 계획이 그런 한 가지 방식이다. 또 다른 위반은 탈중앙화되었지만 고도로 통제된 시장이다. 한 국가 내의 특정 엘리트에게 비차별적 근거 없이 산업 독점권을 부여한다면 이는 과두제 자본주의의 사례이며 진정한 자본주의 체제가 아니다.[19] 그러나 대부분의 자본주의 체제는 자유롭고 개방된 시장에 약간의 제한을 둔다. 예를 들어, 관세나 수입 제한으로 산업을 경쟁으로부터 보호하거나 수출 보조금으로 지원하는 경우, 해당 산업의 시장은 자유롭지 않다. 이는 전 세계적으로 매우 흔한 일로, 특정 산업을 보호하지 않는 나라는 없으며 대부분의 국가는 자국의 농업 생산자를 보호하려고 노력한다. 대부분의 국가는 적어도 일부 국가에 대해서는 무기 수출을 사전에 금지한다. 미국을 비롯한 많은 국가가 마약 수입을 막으려고 노력한다. 세계무역기구(WTO)와 그 전신인 '관세 및 무역에 관한 일반 협정(GATT)'은 이러한 제한의 수와 유형을 제한하여 국가들이 서로 새로운 제한으로 보복하는 '무역 전쟁'으로 이어지지 않도록 하기 위해 설립되었으며, 그 결과 세계 무역에 사실상 폐쇄적인 국제 체제를 구축하게 되었다. 나는 어떤 국가가 시장 제한을 WTO에서 본질적 이익의 정당한 보호로 인정하는 제한으로 한정하려 하고 일반적으로 WTO의 결정 내에서 활동하는 경우 자본주의로 분류할 것이다.[20] 그렇다면 자본주의의 대안에는 WTO 가입을 시도하거나 준수하지 않고 국제 무역보다 자립적 고립주의를 선호하는 국가가 포함될 것이다.

자본주의와 규제

내가 경제 체제를 구분하는 방식에 대한 또 다른 반대 의견은, 자본주의와 그 대안을 구분하는 기준이 정부 개입 정도에 달려 있어야 한다는 주장이다. 즉, 정부 규제가 강한 나라는 자본주의가 아니며, 규제가 약한 나라는 자본주의라는 것이다. 이런 논리에 따르면, 스웨덴과 덴마크는 자본주의가 아니라 사회주의로 분류될 수 있다. 그러나 내 생각에 이러한 구분은 잘못된 방향이며 실증적 근거도 부족하다. 애덤 스미스가 자본주의 초기부터 명확히 밝혔듯이, 그리고 내가 자본주의의 조건을 설정하면서 논의했듯이, 어떤 형태의 법적 규율이 있는 무역 체제에서는 항상 일정한 규제가 필수적이다. 미국·프랑스·오스트레일리아 같은 부유한 자본주의 국가들 중 규제가 거의 없는 경제는 존재하지 않는다. 따라서 규제(또는 그 부재) **자체**는 자본주의를 판단하는 시금석이 될 수 없으며, 강한 규제는 자본주의에 낯선 것도 본질적인 것도 아니다.

실제로 일부 사회학자는 자본주의가 항상 어느 정도 규제를 수반해왔지만, 가장 혁신적이고 성공적인 자본주의 사회의 규제 정도는 규제 자본주의라고 부르는 새로운 종류의 자본주의가 생길 정도로 성장했다고 주장한다.[21] 이들은 규제 완화가 신화에 불과하며 신자유주의는 아시아 금융 위기와 함께 사라졌다고 주장한다. 하지만 이러한 규제 체제가 모두 좋은 것만은 아니다. 자본주의 기업은 끊임없이 혁신하며, 그 혁신 방법 중 하나는 규제를 우회할 방법을 찾는 것이다. 이는 많은 경우 노력의 낭비를 초래하고 규제의 취지를 무색하게 만들기도 한다. 최근 전 세계 자본주의, 특히 영국과 미국 자본주의를 가장 먼저, 그리고 가장 심하게 강타한 금융 위기는 은행에 적용되는 초기 규제를 회피하도록 설계한 새로운 종류의 금융 상품에 대한 규제가 부족했기 때문에 발생했지만, 은행 역할을 효과적으로 수행할 수 있는 다른 기관에 대해서는 규제가 이루어지지 않았기 때문이다. 이 글을 쓰는 시점에서 이러한 회피를 방지하기 위해 많은 새로운 규제가 채택될 것이 분명해 보이지만, 새로운 회피 수단도 곧 뒤따를 것이다.

규제는 자본주의가 스스로를 고치려고 시도하는 수단이다. 회피를 통해 이득을 얻을 수 있는 기회를 더 많이 또는 더 적게 만드는 규제가 형성될 수 있다. 따라서 현재 자본주의 체제를 옹호하는 사람들의 임무는 이를 염두에 두고 규제 설계 방법을 결정하는 것이다. 규제를 행하는 것은 민간 또는 정부다. 규제가 시장 외부에서 적용되고 정부가 이를 부과할수록 시장, 노동자 또는 생산 수단의 소유자는 덜 자유로워진다. 정부가 가장 생산적으로 부과하는 규제는 자본주의의 조건을 한 사회에 정착시키거나 외부성을 내재화하는 데 도움이 되는 규제(즉, 외부인이 아닌 거래 당사자가 거래 비용을 부담하는 규제)라고 주장할 수 있다. 이는 성공적인 자본주의 체제의 일부가 될 것이다. 따라서 자본주의의 규범적 이상은 어떤 종류의 규제와 정부 개입을 어느 정도까지 추구할 것인지에 대한 문제를 다루게 된다.

자본주의의 전통적인 규범적 정당성은 자유에 대한 자유주의적 주장에서 비롯된다. 예를 들어, F. A. 하이에크(F. A. Hayek)는 자유를 근거로 자본주의를 옹호하며, 사회주의에 반대하는 논거를 제시했다.[22] 최근에 필리프 반 파레이스(Philippe Van Parijs)는 좌파 자유주의적 입장에서 자본주의가 기획의 측면에서 자유를 극대화한다고 주장하며 이는 모든 사람이 자신의 "자아"를 소유한다는 권리 구조의 제약하에서 이루어진다고 설명한다.[23] 그러나 자본주의의 모든 자유주의적 정당화가 자유주의적인 것은 아니다. 아마르티아 센도 자유의 문제라는 제한적 의미에서 자본주의를 옹호하는데, 여기서 자유는 개인의 자율성에 대한 다양한 지원을 포함하는 것으로 이해된다.[24] 이 논의는 자본주의의 설명적 사례를 분석하기 위해 경제를 분류하는 데 사용할 설명적 이상형을 개선한 계몽적 자본주의에 대한 나의 옹호로 나아간다. 이 설명적인 이상적 자본주의를 개선하기 위해, 나는 자유에 대한 적절한 페미니스트 개념을 감안할 때 이러한 자유주의 주장이 수반하는 체제를 설명할 것이다.[25]

이 책의 프로젝트는 자본주의가 특히 전 세계 여성뿐 아니라 모든 사람에게 좋은 것인지에 대한 질문에 답하고자 페미니스트 렌즈를 통해 자본주의를 바라보는 것이다. 여성은 돌봄과 이타주의 성향이 강하기 때문에 약탈에 더 취약한, 자본주의라는 지뢰밭의 카나리아 같은 존재다. 여성에게 좋은 경제 체제는 어떻게 만들어질까? 페미니스트들은 여성의 선에 관심을 가져왔으므로, 우리는 이렇게 물을 수 있다. 어떤 경제 체제를 평가하는 페미니스트적 이상은 무엇인가?

페미니스트적 이상

페미니즘은 사회적 평등과 자유를 추구하는 이념으로, 처음에는 남성에 대한 여성의 평등과 자유를 목표로 하지만, 더 나아가 다른 사회 집단에 대한 모든 사람의 평등과 자유를 포함한다. 여성은 이런 사회 집단 대부분의 일원이기 때문에, 여성의 사회적 평등 실현이 이상이라면 사회적 평등을 일반적 목표로 삼는 것이 논리적이다. 그렇지 않으면 그것은 특수한 주장, 위선, 또는 비합리적 태도일 수 있다. 하지만 페미니스트들은 여성들이 겪어왔고 여전히 겪고 있는 불평등·불공정·부자유를 고려하여 이상을 설정한다. 역사적으로 여성은 부, 정치적 권력, 목적을 이루기 위한 폭력 사용에서 결코 남성과 동등한 권리를 갖지 못했다. 그런데도 페미니스트인 인류학자·역사학자·사회학자는 다양한 사회나 같은 사회 내의 서로 다른 계층에서 여성들이 잘 눈에 띄지 않는 방식으로 저항하거나 권력을 행사해왔다는 점에 주목했다. 페미니스트적 이상은 여성들이 비공식적인 방식으로 권력을 얻고 행사하는 방법을 간과하지 않으면서 더 공식적이고 명확한 권력을 추구한다는 점이 중요하다. 이런 방식들 간에 절충이 이루어져야 하고 반드시 그래야 한다고 믿는다면, 그 절충이 무엇인지 분명히 인지할 필요가 있다.

페미니스트 정치 변혁

나의 주된 관심사는 자본주의가 미래를 위한 페미니스트적 이상이라고 주장하는 것이다. 즉, 자본주의는 과거의 억압적 가부장제로부터 사회를 변화시키는 페미니스트 정치 변혁(feminist political transformation)을 선도해왔으며, 지금도 이를 지속적으로 촉진하고 있다고 나는 생각한다. 이 과정은 남성과 여성 모두를 위한 계몽된 자유로 나아가는 데 기여한다. 페미니스트 정치 변혁이란 성별, 젠더, 인종 또는 기타 귀속된 지위에 관계 없이 모든 사람이 자신의 개성과 역량을 자유롭게 충분히 개발할 수 있도록 사회의 공식·비공식 사회 구조를 변화시킨다는 의미다. 공식 구조는 법률, 법적·시민적·종교적 조직 구조, 명시적인 제도적 규칙, 다소 명시적인 에티켓 및 사회적 예의 규칙을 포함한다. 비공식 구조는 암묵적이지만 아주 흔하며 사회적 상호작용이 의존하는 규범과 관행을 포함한다. 물론 다양한 페미니즘 이론이 존재하며, 모든 이론이 이러한 변혁을 목표로 하지만 해방의 모습과 그 목표를 어떻게 달성할 수 있는지 또는 달성해야 하는지에 대해서는 각기 다를 수 있다. 내가 지지하는 페미니스트 변혁의 형태는 내가 주장하는 자본주의 이상에 대체로 내포돼 있는 자유주의 페미니즘 노선을 따른다.

이 책에서 나와 토론하는 상대를 포함해 일부 페미니스트는 분명 내가 추구하는 자유주의 페미니즘의 이상을 깊은 차원에서 거부할 것이다. 그러나 우리가 뜻을 같이할 수 있는 부분도 많다. 페미니스트들은 모든 인종과 계층의 여성이 상대적인 사회적 위치에서 같은 처지의 남성에 비해 억압당해왔다는 데 동의한다. 성별과 젠더가 대체로 사회적으로 구성된 범주이며, 이 범주가 여성을 남성보다 하위에 위치시키는 역할을 한다는 데에도 동의한다. 모든 사회에서 노동과 소비의 분업이 남성에게는 물질적·사회적 지위 면에서 여성보다 훨씬 더 많은 혜택을 주었다는 데에도 동의한다. 또한 여성들이 경제적·심리적·폭력적 힘에 의해 남성에게 신체적·성적으로 지배당해왔다는 사실에도 동의한다.[26] 마지막으로, 이러한 성별 및 젠더에 기반한 불평등과 불의가 부당하며, 이를 규탄하고 극복해야 한다는 점에 대해서도 의견이 일치한다. 우리가 동의하지 않는 부분은 이러한 불의를 극복한 후, 자유롭고 평등한 사람들이 어떤 인간적 가치를 지지할 것인가 하는 문제다. 그럼에도 우리는 자본주의가 페미니스트 이상으로 작용할 수 있는지 여부를 두고 토론을 펼치기에 충분한 공통 기반이 있다고 믿는다. 우리 독자들은 우리가 지지하는 이상에 다다르는 데 자본주의나 사회주의가 과연 효율적인지, 그리고 그 이상이 궁극적으로 달성할 가치가 있는지 판단해야 할 것이다.

가부장제, 반(反)페미니즘

페미니즘의 이상에 대한 반대 입장을 더 구체화하려면, '가부장제'에 대한 개념 정의가 유용할 것이다. 내가 생각하는 가부장제란 제도화된 성차별 또는 성적 위계의 이념이자 그런 체제 자체다. 가부장제에서는 (일부) 남성이 사회의 주요 기관들을 통제하고, 모든 여성은 법적으로 또는 실질적으로 일부 남성에게 종속된다. 사회 체제로서 가부장제는 "남성이 여성을 착취할 수 있게 하는 상호 연관된 사회 구조의 체계"[27]다. 전통적 가부장제 사회는 젠더에 따른 사회적·경제적 역할을 종교적 규칙 및 젠더 행동 규범과 결합해 여성을 가정 내에 머물도록 제한하며, 이를 통해 남성은 여성의 행동을 통제하고, 가족 및 같은 종교나 민족 집단 내에서 노동과 재화의 분배를 통제하게 된다. 또한 가부장제는 일부 남성을 다른 남성들의 이익을 위해 착취하며, 대부분의 개인에게 해를 끼치는 고착화된 성 역할을 강요한다. 어린 남성은 같은 계층의 여성에게 접근하지 못하도록 금지되며, 이는 그 남성이 명예나 부와 같은 지위를 획득할 때까지 계속된다. 또한 하층 계급의 남성은 자신보다 높은 계급에 속하는 여성에게 접근하는 것이 금지된다. 이러한 규칙들은 명백히 여성보다 남성에게 이롭고 계급 및 카스트 차별을 강화하기 때문에, 나는 진정 그 이름에 걸맞은 페미니스트 정치 변혁이라면 가부장제 철폐를 요구하리라고 상정할 것이다.

가부장제는 자본주의나 사회주의 같은 어떤 경제 체제와도 최소한 부분적으로 평행한(즉, 교차하지 않는) 체제라는 것을 그 정의에서 분명히 알 수 있다. 가부장제는 사회주의나 자본주의의 존재를 배제하지 않는다. 그러나 자본주의는 가부장제를 수반하지 않으며, 더 중요하게는 자본주의가 사회주의보다 가부장제에 더 나은 터전을 제공하지 않는다는 사실도 밝혀져야 한다. 표면상 가부장제는 개인이 자본주의 체제가 권장하는 방식으로 행동하는 것을 제약하므로, 자본주의가 가부장제를 조장한다고 생각할 이유는 없어 보인다. 가부장제는 공동체 또는 집단주의 체제로, 친족 집단이나 적어도 가부장의 필요를 집단 내 개인의 필요보다 강조하기 때문이다. 페미니스트들 사이에서 악명 높은 자본주의는 적어도 이론적으로는 개인주의 체제다. 그러나 국가 주도이거나 과두제형 자본주의는 국가 또는 권력을 쥔 가족의 필요를 강조한다는 점에서 이론과 다르다. 따라서 개발 자본주의나 유사 자본주의는 정부 간섭이 많을 때 가부장제가 자리잡을 수 있다. 한편 사회주의는 공동체 집단에 초점을 맞추기 때문에 비슷하게 가부장적 목적에 이용될 가능성이 많다. 하지만 가부장제는 많은, 어쩌면 모든 전통 문화와 공존할 수 있다. 따라서 내 주장의 일부는 자본주의가 여성에게 가부장 및 전통 문화에서 벗어날 길을 제공함을 보여주려는 것이다.

자본주의는 여러 면에서 여성들이 전통·가정·부족의 속박에서 벗어나는 데 확실히 도움을 주었으며, 이는 2절에서 증명할 것이다. 3절에서는 자본주의가 왜 그렇게 자유를 확장하는 데 성공적인지 설명한다. 이어서 4절에서는 자본주의에 대한 가장 일반적인 비판들을 검토하고 반박할 것이다. 5절에서는 페미니즘 관점에서 자본주의에 대한 가장 강력한 비판을 구성한 후, 그 비판에 대한 나의 답변을 제시할 것이다. 마지막 절에서는 내가 주장하는 '계몽된 자본주의'의 이상을 제시하며, 이것은 페미니스트들에게 줄 것이 많다. 자유를 극대화하기 위해 신중하게 설계하고 통제해야겠지만, 계몽된 자본주의는 특히 여성들에게 진정 긍정적인 개입을 제공할 수 있는 체제로 구축될 수 있음을 보여줄 것이다.

2 실존하는 체제로서 자본주의의 경험적 사례

정치철학자들은 종종 경험적 데이터나 그 데이터를 분석하는 통계적 방법을 피하며, 일반적이고 이론적인 방식으로 규범적 주장을 전개하는 것을 선호한다. 철학자들은 데이터를 참조하지 않는 것을 오히려 자랑스럽게 여기며, 그것이 자신들의 작업을 더 순수하고 연역적으로 타당하게 만든다고 생각하기도 한다. 그러나 이러한 정치철학 방식은 잘못된 것이다. 이론적 모델은 정기적으로 엄격하게 데이터의 심판을 받지 않으면 너무 쉽게 완전히 무관하거나 그릇된 길로 빠질 수 있다. 예를 들어, 엘리자베스 앤더슨(Elizabeth Anderson)은 평등주의에 관한 문헌을 두고 마치 그것을 보수주의자들이 비밀리에 작성한 것이라 해도 진보주의자들에게 더 큰 당혹감을 줄 수 없을 정도라고 조롱한다.[28] 이론적으로 가능한 불평등한 분배 결과에만 초점을 맞추고, 이론을 구축하기 위해 상상할 수 있는 가장 극단적인 불운의 주장만을 고려함으로써, 많은 유명한 평등주의 이론가들은 부유하지만 지루한 플레이보이, 해변에서 빈둥거리는 사람, 값비싼 종교 의식을 수행해야 하는 시민들에 대한 논의를 중심으로 이론을 구성한다. 앤더슨은 이러한 결과로 인해 현대 자유주의 자본주의 사회에서 동등한 민주적 시민권을 요구하는 정당한 불만―예를 들어, 성소수자·장애인·여성 등의 요구―이 간과될 것이라고 주장한다. 만약 이러한 실제 세계의 문제들에서 출발한다면, 이론들이 그만큼 엇나갈 가능성은 적어진다.

경제 이론가들 또한 데이터를 고려하지 않고 이론의 추상적 영역에 머무르는 실수를 저질러왔지만, 경제학에서는 경제 데이터를 명시적으로 다루기 때문에 이런 일이 흔치는 않다. 경제학에서 한 가지 터무니

없는 사례는 래퍼곡선(Laffer curve)이다. 이 곡선은 소득세 수익을 세율에 따라 그래프로 나타냈을 때 옆으로 누운 포물선 형태를 이루며 어느 지점에서 최고점을 찍는다고 제시한다. 이 곡선은 처음에 한 경제학자가 워싱턴의 칵테일 파티에서 냅킨에 그렸다는 일화로 유명하다. 이 곡선은 세율이 너무 높다는 증거로 받아들여졌으며, 해당 경제학자는 이러한 해석을 막지 않고 갑작스러운 명성에 도취되었다. 이러한 극단적인 이론이 실질적인 적용 사례에만 한정된 것은 아니다. 독자들은 여기서 자신만의 사례를 쉽게 떠올릴 수 있을 것이며, 그러한 이론을 찾아내는 일반 공식은 질문에 대한 논리적 가능성이 무엇인지 자문해보는 것이다. 직관적으로 그럴듯한 가능성을 모두 제외하면, 가장 가능성이 낮지만 여전히 논리적으로 가능한 선택지를 골라 그 이론을 밀고 나가는 것이다. 물론 이는 경험적 증거가 복잡하고 평가하기 어려울 때 특히 효과적이다. 그러나 정치철학에서 진지한 진전을 이루려면, 이론을 구성하고 검증할 때 실제 세계의 데이터를 최대한 평가하려는 노력이 필요하다. 따라서 나는 실존하는 자본주의에 대한 평가로 시작한다.

다양한 사회 체제에서 인간 삶의 질 비교

자본주의의 실적을 평가하려면 체제 평가 기준을 제시해야 한다. 한 사회에서 인간 삶이 다른 사회에 비해 더 나은지, 또는 한 사회에서 여성의 삶이 다른 사회에 비해 더 나은지 어떻게 비교할 수 있을까? 이를 위해서는 우리가 사용할 수 있는 몇 가지 데이터를 바탕으로 폭넓게 비교해야 한다. 이 질문에 우리는 주관적으로 또는 객관적으로 답할 수 있다. 주관적으로는 사람들이 더 행복하거나 적어도 덜 불행한지, 그들이 삶을 더 충만하다고 느끼는지 물을 수 있다. 이러한 행복 연구는 주요 학문 분야로 자리잡았으며, 사회와 국가 간 행복을 비교하는 훌륭한 연구들이 많이 진행되고 있다.[29] 그러나 역사적 사례에서 이 질문에 대해 과학적 정밀성을 가지고 답하기는 매우 어렵다. 오래전 세대가 남긴 글이나 다른 유물을 살펴보면 당시 사람들이 지금보다 더 행복했는지 추정해볼 수 있겠지만, 과거에서 무시무시한 이야기나 감동적인 서사를 찾을 수 있는 것처럼 현대에도 그에 비견되는 끔찍하고 경이로운 이미지들을 얻을 수 있다. 장자크 루소의 《불평등 기원론》은 사유재산(자본주의가 등장하기 훨씬 이전부터 있었다)이 발명되기 전에 인간의 삶이 훨씬 더 행복하고 걱정이 없었다고 상상했지만, 이것은 성경의 에덴동산 이야기와 마찬가지로 사실이 아닌 신화에 불과하다. 주관적 복지에 대한 설명은 여러 이론적 문제를 안고 있지만, 이 맥락에서 그것을 배제하는 경험적 문제는 우리가 접근할 수 있는 주관적 복지나 효용에 대한 역사적 기록이 존재하지 않는다는 점이다.[30]

객관적으로 우리는 여러 경쟁적인 방식으로 인간 삶의 질을 측정할 수 있다. 다양한 방식과 그에 대한 찬반 논의를 모두 다루기보다는, 인간의 이해관계 목록을 제시한 뒤, 이 이해관계들이 우리가 비교할 사회들에서 얼마나 충족되고 있는지 측정할 방법을 탐구할 것이다. 특히 나는 인간이 최소한 다음과 같은 기본 이해관계를 가지고 있다고 주장한다.

- 수명: 다른 조건이 거의 동일하다면, 더 오래 살수록 좋다
- 폭력으로부터의 안전
- 양질의 음식과 물의 안정적이고 풍부한 공급

- 안전하고 건강한 거처
- 좋은 건강
- 가족과 친구, 공동체
- 자신이 속한 공동체의 복지에 기여할 수 있는 기회
- 이동·놀이·양심의 자유
- 사회에서 느끼는 기본적인 존엄성과 존중감
- 사랑하는 이들, 특히 자녀에 대해 위의 모든 조건을 충족하기[31]

이 이해관계 중 몇 가지는 사람들이 가지기 쉬운 다른 이해관계를 가리킨다. 가장 먼저 떠오르는 것은 교육에 대한 관심으로, 이는 공동체에 기여할 수 있는 능력을 함양하고 양심의 자유를 활용할 수 있게 해준다. 아울러 이러한 기초적 이해관계 외에 다른 이해관계도 있을 수 있다

이러한 각각의 이해관계는 사회가 구성원들의 이익을 얼마나 잘 보장하는지를 기준으로 비교 척도를 제시한다. 첫 번째는 출생 시점 및 다른 시점에서의 기대수명, 또는 그 대안으로 사망률 수치가 있다. 두 번째는 각종 범죄율 통계다. 세 번째는 평균 칼로리 섭취량과 음식과 물을 확보하는 데 소요되는 평균 시간을 측정할 수 있다. 기타 등등. 하지만 이 모든 것이 생각만큼 간단하거나 논란의 여지가 없는 것은 아니다. 첫째, 데이터 수집과 평가의 복잡성 때문에 간단하지 않다. 이 연구는 사회과학이 아닌 경험적 정치철학 연구이기 때문에 직접 데이터를 수집하고 만들어내지 않고, 가능한 최고의 사회과학 연구에 의존하여 이 문제를 해결할 최선의 방법을 찾으려 한다. 둘째, 측정 방법이 질문에 대한 답을 결정할 수 있기 때문에 논란의 여지가 있다. 한 가지 방

법은 이해관계를 충족하는 재화의 질이나 양을 강조하는 것이다. 예를 들어, 자본주의 이전 사회에서 음식이나 주거의 질이 더 좋았다고 주장할 수 있다. 또는 공동체가 상대적으로 폐쇄적이거나 고립돼 있거나 어떤 면에서 동질적인 경우 공동체의 질이 더 나은지를 두고 논쟁할 수도 있다.

이 문제를 깊이 있게, 하지만 관리 가능한 범위에서 다루기 위해 나는 여성이 이러한 기본 관심사들에서 얼마나 잘 해내는지와 관련하여 사회의 성과를 측정하는 몇 가지 주요 방법만 조사할 것이다. 특히 평균수명 연장, 출생률 및 아동 사망률, 성별 아동 노동 및 취학률, 여성의 정치 및 경제 참여도, 그리고 가장 중요한 전반적인 복지 측정 지표인 인간개발지수(HDI)와 유엔개발계획(UNDP)에서 산출하는 성별 관련 지수 등 다른 지표에 가장 큰 영향을 미치는 통계(가능한 경우)를 살펴볼 것이다.

자본주의의 역사적 사례

여기서는 페미니즘 관점에서 자본주의를 역사적으로 변호해보겠다. 이는 자본주의가 인류의 삶을 크게 향상시켰다는 주장에 대한 경험적 증거로 이루어진다. 이 논의는 기대수명 논의에서 시작해야 한다. 이제 누군가는 기대수명이 삶의 양만 측정할 뿐 삶의 질은 측정하지 못한다고 주장할 수 있다. 물론 삶과 죽음의 경계에서 질과 양 사이의 균형을 고려하는 것은 중요하지만, 지난 200년 동안 전 세계 대부분의 국가가 경험한 기대수명의 2.5배 증가를 이야기할 때는 그렇지 않다.[32] 또한 그 기간 동안 여성이 출산하는 자녀 수가 크게 감소하고 그에 따라 영아 사망률이 감소했다는 점도 고려해야 한다. 이러한 생명과 건강 문제에서는 자본주의와 자본주의 이전 사회 간 양적 차이의 크기에 따라 질과 양의 문제가 뒤섞여 있다. 다양한 유형의 자본주의 사회에 대한 질적 문제가 분명히 존재하지만, 전근대 사회와 근대 사회 간 양적 차이는 너무 커서 미묘한 차이에 대해 고려할 필요가 없다.

이러한 비교에서 논란이 되는 또 다른 특징은 사회 내 이해관계에 부합하는 재화의 분배에 관한 것이다. 재화의 분배가 매우 불평등하지만 재화의 평균 향유 수준이 높다면, 그 사회는 실제보다 더 나아 보일 수 있다. 이는 심각한 우려 사항이며, 평등 지표를 활용할 수 있는 범위 내에서 이를 검토해야 할 것이다. 그러나 질에 대한 문제와 마찬가지로, 역사적 사례에서는 평등에 대한 우려가 제기되지 않을 가능성이 크다. 시민적·정치적·사회적 권리와 재화의 관점에서 평등의 증가는 자본주의 시대에 시작된 과정이기 때문이다.

역사적 사례에는 몇 가지 추가 쟁점이 있다. 첫째, 자본주의가 인간의 삶을 개선했는지 판단하기 위해 비교할 적절한 시점과 공간은 무엇인가? 둘째, 결과의 차이를 설명하는 다른 어떤 차이가 아니라 자본주의라는 인과적 주장을 어떻게 평가할 수 있을까? 이 두 가지 쟁점은 서로 연관된 문제다. 자본주의가 시작되기 훨씬 이전 시기를 선택해 현대 자본주의 사회와 비교하면 자본주의가 측정치의 변화를 일으켰다는 주장이 성립하기 어렵다. 따라서 우리는 자본주의의 대략적인 시작 시점을 찾고 그 직전 시기를 선택해야 한다.

자본 축적을 대규모 사회적 생산의 시작을 위한 필수 조건으로 간주한다면 자본주의의 역사적 시작은 양떼 방목을 위해 토지에 울타리를 쳐 사유화하는 인클로저(enclosure), 농민의 토지 노동에 대한 봉건적 권리 철폐, 상인의 점진적 자본 축적이 일어나던 17세기 잉글랜드에서 찾을 수 있다.[33] 그러나 자본주의로 인한 1인당 소득의 증가는 세기가 바뀌고서야 나타났다. 실제 1인당 소득 증가는 먼저 잉글랜드와 웨일스에서 1783~1830년에 시작되었고, 스웨덴에서는 1868~1890년, 프랑스에서는 1830~1870년, 일본에서는 1885~1905년에 시작되었다.[34] 각국에서 이 시기 직후 기대수명이 급증하기 시작했으며, 이를 '건강 전환' 또는 '도약'이라 불렀다. 잉글랜드와 웨일스는 1871년, 스웨덴은 1875년, 프랑스는 1893년, 일본은 1923년이었다.[35] 경제적 도약 시기와 기대수명 도약 시기의 정확한 간격은 사례마다 다소 차이가 있지만, 그 시기의 근접성은 매우 시사적이다.[36]

기대수명의 증가

국가별 기대수명과 1인당 소득을 나타내는 그래프를 살펴보면 이 두 변수 사이에 분명한 양의 상관관계가 있음을 알 수 있으며, 이는 가장 오래된 데이터까지 거슬러올라가는 역사적 그래프에서도 확인할 수 있다.[37] 그림 1.1은 지난 두 세기 동안 미국의 이러한 관계를 나타낸 것이다.[38]

1800년 이후 인류가 기대수명에서 엄청난 진전을 이루고 세계의 많은 지역에서 엄청나게 부유해진 것은 분명하다. 그러나 기대수명과 소득 간의 실제 관계는 명확하게 규명하기 어려우며, 기대수명과 자본주의 사이의 인과관계를 밝혀내기는 더욱 어렵다. 여기서 나는 이러한 관계에 대한 주요 증거와 이론을 검토할 것이다. 개인이나 국가의 높은 소득이 기대수명에서 상당한 진전을 이루는 데 필수적이지 않다는 것은 명확하지만, 나는 자본주의의 등장이 지난 두 세기 동안 일어난 놀

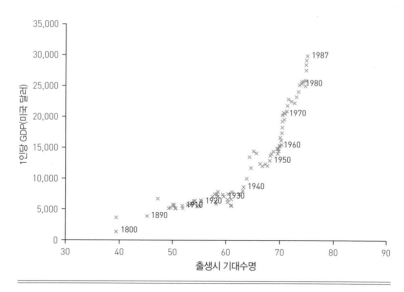

그림 1.1 기대수명과 소득 비교(미국 1800~1987년)

라운 건강 전환과 인과관계가 있다고 주장할 것이다.

내 궁극적 목표는 자본주의와 기대수명 증가 사이의 관계를 밝히는 것이지만, 자본주의는 특정 시점에 갑자기 나타나는 것이 아니라 시간이 지나면서 서서히 등장하는 과정이기 때문에 직접적으로 관찰할 수 있는 연결고리는 없다. 또한 자본주의는 건강에 서로 다른 영향을 미칠 수 있는 필수적이지도 충분하지도 않은 다양한 특성을 지닌다. 그러나 두드러진 공통 특징 중 하나는 자본주의 국가에서의 소득 증가다. 따라서 소득과 소득 증가는 자본주의의 존재를 나타내는 대리 지표로 사용될 수 있다. 높은 소득이나 소득 증가율은 대개 그 나라의 자본주의 체제가 성장하고 있음을 나타낸다.

두 가지 측면에서 소득 증가는 건강 개선의 원인이 된다. 첫째, 보통 소득과 상관관계가 있는 부는 개인이 음식, 더 나은 생활 환경, 교육,

의료 서비스를 구매할 수 있게 해준다. 즉, 돈이 있으면 질병을 어떻게 예방하고 치료하며 치유하는지 알 수 있고 이를 감당할 수 있다. 부유한 국가들은 깨끗한 물, 의약품, 위생 시설, 교육, 병원 또는 기타 보건 관련 시설을 제공하는 공중보건 조치를 시행할 수 있다. 둘째, 소득 증가는 빈곤을 줄이며, 이는 기대수명 증가에 기여하는 두 가지 주요 요인 중 하나인 영아 사망률 감소에 직접적인 영향을 미친다(또 다른 요인은 전염병 사망자 감소). 소득 증가는 세 번째 중요한 메커니즘을 통해 기대수명과 상관관계가 있는데, 소득이 높은 국가들은 보통 시민들에게 더 큰 정치적·시민적 자유를 허용하며, 대체로 시민들은 더 나은 위생 조건과 의료 서비스를 요구함으로써 소득 및 기대수명 증가를 촉진하는 경향이 있다.[39]

높은 소득이 기대수명 향상의 필수 조건은 아니다. 소득 대비 기대수명이 예상보다 낮거나 높았던 사례들이 있다. 일본과 스웨덴은 역사적으로 1인당 소득에 비해 기대수명이 예상보다 높았고, 미국은 1인당 소득에 비해 기대수명이 꾸준히 낮았다. 국가마다 건강 전환을 달성하는 방식은 매우 다양하며, 그중 일부는 다른 국가보다 비용이 더 많이 들기도 한다. 내 주장에서 가장 중요한 점은 다음 두 가지다. 첫째, 모든 국가의 건강 전환은 세계의 일부 지역에서 자본주의가 시작된 이후 이루어졌다는 점이다. 따라서 자본주의는 중요한 인과적 선행 요인이 될 수 있으며, 건강 전환을 달성하는 데 부와 소득이 유용함을 고려할 때 인과적 연관성이 있어 보인다. 둘째, 성취도가 높은 사람들이 건강 전환을 이루는 가장 흔한 두 가지 방법은 기술 발전과 여성의 교육 및 소득이다.[40] 자본주의는 이 두 가지 모두와 관련 있다. 자본주의적 경쟁과 새로운 제품 및 서비스에서 소득과 부를 창출할 가능성은 혁신을 이루기 위한 동기를 부여한다. 또한 자본주의가 장려하는 소득과 부의 축적은 기술 혁신을 이루기 위해 교육과 장비에 투자하는 데 필요한 자본을 제공한다. 자본주의는 여성 교육에 직접적으로도 알게 모르게 간접적으로도 영향을 미친다. 자본주의는 남성에게 교육을 제공하듯 교육에 투자할 유인을 제공한다. 그러나 자본주의는 여성에게도 남성 친척에게 의존하지 않는 소득 기회를 제공함으로써, 스스로 여성 교육을 주창하거나 자신과 딸의 교육에 직접 투자할 수 있는 능력을 부여한다.

리처드 이스털린(Richard Easterlin)은 소득과 부의 증가도 자본주의의 발전도 건강 전환을 가져오진 않았다고 주장한다.[41] 오히려 그는 기대수명을 연장한 주요 요인은 전염병 통제였다고 말한다. 이 전염병 통제는 자본주의 시장 때문이 아니라, 질병 전파를 억제하는 공중보건의 발전, 질병의 원인과 확산에 대한 과학적 이해의 진전, 그리고 최근에는 백신과 항미생물제 개발 덕분에 가능했다. 또한 이러한 발전에 자본주의적 부의 축적은 필요하지 않았으며, 경제적 도약과 건강의 도약은 인과적으로 별개 과정이었다고 주장한다. 따라서 이 주장은 여기서 내가 제기한 논제에 심각한 위협을 가하기에 면밀한 검토가 필요하다.

이스털린은 경제 성장이 건강 전환의 주요 원인이라는 생각을 거부하고, 건강 전환의 원인이 부와 소득 증가에 따른 더 나은 영양 섭취라는 맥커운 가설(McKeown hypothesis)을 검증한다.[42] 이스털린은 이 가설이 성립한다면, 소득 수준 상승과 기대수명 증가 사이에 긴밀한 연관성이 관찰되어야 한다고 주장한다. 둘 사이에는 짧은 시차(time lag)가 있어야 하며, 그 시차는 대체로 동일해야 한다. 하지만 데이터는 이를 보여주지 않고, 오히려 잉글랜드와 웨일스에서는 기대수명이 증가하는 데 수십 년 걸린 반면, 스웨덴에서는 자본주의가 도래했다는 신호인 소득 상승과 함께 기대수명이 매우 빠르게 증가했음을 보여준다. 이 데이터는 이스털린이 주장하고자 하는 것, 즉 경제 성장이 세계 대부분에서 일어난 역사적 건강 전환에 인과적으로 책임이 없음을 입증하는가? 나는 그렇지 않다고 생각한다. 이 사례들 사이에는 다른 중요한 차이가 있다. 이스털린도 인정하듯이 잉글랜드는 매우 도시화되어 있었고, 이는 전염병이 크게 확산되는 여건이 되었다. 그러나 이것은 부의 효과가 극복해야 할 장벽이 더 높았다는 의미일 뿐, 부의 효과가 없었다는 의미는 아니다. 따라서 나는 이스털린이 맥커운 가설을 너무 성급하게 기각했다고 생각한다. 더 나아가 스웨덴의 자본주의 전환이 늦었다는 사실은 건강 개선 기술을 잉글랜드에서 배울 수 있었다는 점에서 이점을 제공했다. 이스털린의 대안 가설은 두 사례에서 기대수명의 진전이 천연두 백신 도입 덕분이라는 것이다. 그러나 이 대안에는 두 가지 주목할 점이 있다. 첫째, 이 건강 전환의 주요 원인이 천연두 백신이라 해도, 백신의 광범위한 접종—백신 생산과 보급, 그 사용과 효과에 대한 정보 전달, 그리고 시민 요구에 대한 공중보건 기관의 적극적 대응—은 적어도 일정 부분 자본주의가 만들어낸 조건들, 즉 더 많은 부와 소득, 높은 교육 수준, 법과 공공 인프라 확대 덕분일 것이다. 조너선 터커(Jonathan Tucker)에 따르면, "산업화된 국가에서 천연두 통제의 중요한 돌파구는 냉장고의 발명으로, 이를 통해 천연두 백신을 냉장 보관하여 오랜 기간 효능을 유지할 수 있었다."[43] 둘째, 천연두 백신만 언급하는 것은 여성 기대수명 증가에 기여한 또 다른 중요한 요소, 즉 출생률 감소를 간과하는 것이다. 나는 자본주의가 출생률 감소를 장려하고 촉진하는 데 중요한 역할을 했으며, 이는 결과적으로 산모와 유아 생존율을 높였다고 주장할 것이다.

공정하게 말하자면, 이스털린은 자본주의 시장이 혁신을 추진함으로써 건강 전환에 영향을 미쳤는지 고찰한다. 그는 수요와 공급 측면 모두를 검토하는데, 수요 측면 요인은 예방접종, 의약품, 건강 클리닉 등 건강 관리 수요 증가와 깨끗한 물, 건강과 위생에 관한 공교육, 위생 시설 등 건강을 증진하는 환경 조건을 포함한다. 공급 측면 요인에는 질병 전파 과학과 생물의학적 개입을 포함해 기술 변화에 필요한 투자와 혁신이 있다. 이스털린은 시장이 건강 관리 수요나 기대수명 증가에 대응해 해결책을 제공했을 가능성을 배제한다. 건강 관리나 공중보건 개선을 시장이 효과적으로 제공하기에는 시장 실패가 너무 많기 때문이다. 공중보건 개선은 비경합적(한 사람이 이 재화를 누린다고 해서 다른 사람이 이를 누리지 못하는 것이 아님)이고 비배제적(다른 사람이 누리고 있다면 누구도 배제할 수 없음)이라는 점에서 전형적인 공공재이며, 공공재는 시장에서 충분히 공급되지 않는 것으로 잘 알려져 있다. 게다가 건강 관리에는 여러 가지 주인-대리인 문제가 존재하며 정부 개입 없이는 관리가 형편없거나 비효율적일 가능성이 크다. 이스털린은 공중보건과 건강 관리 개선은 모두 정부 개입이 필요했다고 결론짓는다. 그러나 이는 정부가 필요한 투자를 하기 위해서는 소득과 부의 증가가 필요했다는 주장을 배제하지 않는다. 정부가 이용할 수 있는 과학과 기술 노하우가 존재했다고 전제하더라도, 그러한 변화 자체에는 비용이 많이 들기 때문이다.

예를 들어, 19세기 공중보건의 주요 장애물 중 하나는 오물더미와 개방 하수였으며, 거기서 (특히 그곳에서 먹이를 찾는 파리로 인해) 전염병이 퍼졌다. 오물더미는 동물과 인간의 배설물로 이루어졌고, 이를 비료로 사용하는 사람들이 농지와 정원으로 배설물을 운반해 판매하면서 유지되었다. 산업화가 진행됨에 따라 도시가 커지면서 오물더미도 함께 증가했다. 오물더미를 제거하려면 변소나 하수도 건설뿐 아니라, 가능한 한 오물의 근원을 줄이는 조치도 필요했다. 19세기 중반에 기차가 등장하면서 마차 운송에서 벗어나기 시작했지만, 자전거와 자동차가 보편화된 20세기까지 이 전환은 완료되지 않았다. 영국에서는 1830년대에 철도 노선이 급증했으며, 1843년까지 영국의 주요 도시(city)·타운(town)·마을(village)은 대부분 철도로 연결되었다.[44] 이는 도시에서 오물을 제거하기 위해 필요한 여러 발전 중 하나에 불과했다. 오물이 건강 문제라는 사실을 인식했다고 해서 오물이 사라질 리는 없었고, 그 끔찍한 악취는 말할 것도 없었다. 수로를 피해 변소를 짓고 이후에 폐쇄형 하수도를 설치하며, 쓰레기를 도시에서 제거하고 보건소를 건설하는 일은 모두 엄청난 자본 투자가 필요했으며, 그러려면 먼저 부를 축적해야 했다. 이스털린은 백신의 생산 및 배포뿐 아니라 식품 및 우유 공급을 점검하고 규제할 수 있는 지역 보건 위원회 네트워크의 발전, 검사를 위한 박테리아 실험실을 건강 전환의 중요한 요소로 언급한다.[45] 이러한 것들에도 사회가 막대한 부를 지출해야 하며, 특히 공중보건 인력 양성에 드는 기회비용을 고려할 때 더욱 그렇다. 사람들이 기본적인 식량·주거·의복을 제공하는 데 국한되지 않는 이러한 활동에 종사하려면 교육을 받고 시간을 투자할 만큼 충분히 부유해야 했다. 따라서 이 시기에 자본주의로 가능해진 부의 축적이 건강 전환에도 필요했으며, 이 부를 정부가 공중보건 전환을 실현하는 데 사용해야 했다는 사실과는 상관없이 자본주의는 필수적이었다.

마찬가지로 과학 발전에는 많은 부의 투자가 필요하다. 이스털린은 과학 혁신이 자본주의 시장을 필요로 하는 것이 아니라 과학의 진화에 내재한 요인에 기인한다고 주장한다. 그는 "역학(疫學) 연구에서 원인 및 메커니즘 규명에 이르는 기초 생물의학 과학의 진화 과정은 수요 조건이 아니라 주요 전염병 통제에 대한 발전의 연대기를 주로 설명한다고 생각한다"고 쓴다.[46] 그러나 그는 생물의학 과학의 발전에 필요한 막대한 부의 축적, 즉 교육 인프라, 실험실, 그리고 식량과 거처를 조달하는 대신 과학에 시간을 들이는 기회비용에 대해서는 언급하지 않았다. 이러한 과학적 진보에 부를 투자할 수 있도록 정부나 다른 집단 주체들이 역할을 해야 했지만, 그렇게 투자할 부는 있어야 했다. 유럽과 북미 사회가 경제적으로 도약한 직후에 생물의학이 비약적으로 발전한 것은 우연이 아니다. 동시에 건강의 도약은 초기 자본주의에서 부의 축적을 더욱 촉진했을 것이다. 생물의학 지식의 성장과 자본 축적의 성장이라는 두 가지 과정은 별개로 일어날 수 없었다. 또한 자본주의 기업들이 디프테리아와 다른 전염성 질병들에 대한 혈청을 만들고 백신, 진통제, 매독 치료제를 개발하는 등 당대의 시급한 보건 문제를 해결하기 위해 생물학·화학 연구에 투자했다는 긍정적인 증거도 많다.[47]

이것은 "사망률의 역사는 집단행동의 중대한 필요성에 대한 증거"라는 이스털린의 결론을 부정하는 것이 아니다.[48] 모든 국가의 보건 전환에는 집단행동이 필요하며, 그중 대부분은 세금 부과, 규제 시행, 교육 및 의료 서비스 공급을 위한 정부의 조율로 이루어진다. 이러한 일들을 민간에서 제공하는 것은 시장 실패와 그에 따른 낭비 및 비효율성(빈곤층에 대한 의료 서비스의 공급 부족과 부유층에 대한 공급 과잉을 모두 포함)을 초래할 수밖에 없다. 이러한 시장의 비효율성을 감안할 때, 계몽된 자본주의는 정부 권한을 사용하여 집단행동을 통해 의료 서비스를 제공하고 공중보건을 규제하지만, 이는 특정 종류의 건강 재화에 대한 시민의 욕구를 드러내는 시장의 힘을 일부 상실하는 효과도 있다. 이 이야기는 글의 마지막 부분에서 계몽된 자본주의를 논할 때 다시 다루겠다.

영아 사망률 감소와 출생률 저하

기대수명의 증가는 주로 영아 사망률이 낮아지면서 시작된다. 영아 사망률은 전 세계적으로 1900년까지 높게 유지되었으며(태어난 지 1년 이내에 사망하는 유아가 20~30퍼센트에 달함),[49] 이후 서구 국가들에서 빠르게 급감했다. 예를 들어, 프랑스의 영아 사망률은 19세기 동안 1000명당 200명 이상이었으나, 1930~1932년에는 1000명당 77명으로 감소했고, 1997년에는 1000명당 5명으로 줄어들었다.[50] 유아는 감염에 매우 취약하며, 특히 모유 수유를 하지 않을 경우 그 위험이 커지고, 경미한 설사병으로도 쉽게 탈수 상태가 된다. 또한 출산시 특별한 관리 없이 사망할 수 있으며, 임산부에 대한 산전 관리는 위험한 조산을 예방한다. "영아 사망률 감소의 주요 요인에는 우유 저온 살균, 무균 분만, 산모와 유아를 위한 예방적 건강 관리, 그리고 소아과 전문 지식의 발전이 있다."[51] 20세기에는 이러한 교훈을 적용하는 방법을 많이 배웠지만, 이는 사회 전체적으로나 개인적으로나 소득과 매우 밀접한 연관이 있다.

영아 사망률 감소는 여성에게 세 가지 면에서 특히 중요하다. 첫째, 여성은 대체로 자신의 아이가 죽는 것을 원치 않는다. 이는 자신이 생산한 것과의 소외 가운데 가장 끔찍한 형태가 아닐 수 없다. 둘째, 영아 사망률 감소의 주요 원인 중 하나는 출산 전, 출산 중, 출산 후 산모에 대한 더 나은 관리다. 어머니가 건강하고 아이에게 모유 수유를 할 수 있을 때 아이는 더 잘 자라며, 당연히 여성은 독립적으로도 자기 건강에 관심을 가진다. 셋째, 아기들이 살아남으면 여성들은 더 적게 출산

표 1.1 출생률 전환*

	1700년대	1894–1900	1950	1970	2000
미국	7.04 (1800)	3.8	3.446	2.016	2.038
일본		5.4	2.75	2.07	1.291
영국		3.5 (1900)	2.18	2.04	1.695
프랑스	7.3–6.2 (1747)		2.726	2.31	1.8833
러시아/소련		7.1	2.85	2.03	1.298
중국		5.5	6.22	4.86	1.7
인도		5.8	5.9136	5.264	3.1132
나이지리아			6.9	6.9	5.845

*1950년, 1970년, 2000년의 통계는 Gapminder.org에서 가져왔으며, UN 데이터(http://data.un.org)에서 찾았다. 18세기 프랑스의 통계는 1747년 로즈니수부아(Rosny–Sous–Bois) 지역 세금 기록에 기반한 최하위 및 최상위 사회경제 계층에 대한 자료로, David R. Weir, "Family Income, Mortality, and Fertility on the Eve of the Demographic Transition: A Case Study of Rosny–Sous–Bois," *Journal of Economic History* 55(1995): 1–26, 15 참조. 18세기 미국에 대한 수치는 다음 글에서 1800년 백인 인구에 대한 자료 사용. M. Haines, "Fertility and Mortality in the United States," http://eh.net/encyclopedia/article/haines.demography(2010년 2월 4일 검색). 1894~1900년의 모든 수치는 특별한 언급이 없는 한 Gorän Therborn, *Between Sex and Power* (London: Routledge, 2004), 293. 영국 통계는 Joe Hicks and Grahame Allan, "A Century of Change: Trends in the UK Statistics since 1900," House of Commons Library Research Paper 99/111, 1999의 자료 사용.

한다. 여성들이 아이를 적게 낳으면 여성들(과 그 아이들)은 더 건강해지고 기대수명이 증가하며, 자기 자신과 자녀 교육, 또는 재산 증식이나 공동체 형성 같은 생산적인 활동 등 삶의 다른 부분에 더 집중할 수 있다. 출생률 감소와 그에 수반되는 영아 사망률 감소는 어쩌면 인류 역사상 여성의 삶에서 가장 큰 개선이다.[52] 만약 자본주의가 이를 실현하는 데 중요한 역할을 했다는 것을 입증할 수 있다면, 자본주의가 여성에게 긍정적 발전을 가져왔다는 강력한 역사적 근거가 될 것이다.

기대수명 증가와 마찬가지로, 소득 증가와 출생률 감소 사이에도 강한 상관관계가 있다. 역사적으로 출생률 통계를 얻기는 어렵지만, 공식 통계가 없는 시기라도 세금 기록이나 출생 기록이 남아 있는 경우 이를 재구성할 수 있다. 표 1.1은 소득 전환을 경험한 국가들(미국·일본·영국·프랑스·러시아·중국)의 해당 시기 출생률 감소 기록이다. 인도는 이제 본격적으로 출생률 전환을 시작하고 있으며, 나이지리아는 아직 그러지 못한다.

자본주의는 적어도 세 가지 측면에서 영아 사망률 및 출생률 감소와 인과관계가 있다. 첫째, 기대수명 증가와 같은 방식이다. 자본주의는 초기에 부의 축적을 가져왔으며, 이 부는 공중보건과 전염병 통제를 통해 영아 사망률을 낮추는 데 필요했다. 이러한 건강 개입 외에도 19세기에 콘돔 개발로 처음 현대식 피임 방법이 등장해 출생률을 훨씬 더 잘 조절하게 되었다.[53] 피임은 공중보건이나 예방접종과 달리 다른 사람들도 피임을 해야 효과가 있는 것이 아니기 때문에 집단행동의 문제가 덜 발생한다. 반면에 남성은 콘돔 사용에 동의해야 하지만, 콘돔 사용으로 가장 예민하고 즉각적인 영향을 받는 것은 여성 파트너라는 사실 때문에 특별한 문제가 발생한다. (호르몬 피임법은 여성이 파트너의 동의 없이도 자유롭게 사용할 수 있는 한 이런 문제가 발생하지 않는다.) 둘째, 소득과 부를 창출하는 방식 때문에 자본주의는 양쪽 부모의 자녀에 대한 수요를 감소시킨다. 셋째, 자본주의는 여성에게 자녀를 적게 낳거나 아예 낳지 않음으로써 전통적 모성 역할에서 벗어날 기회를 제공한다.

뒤의 두 가지 측면에 대해 더 자세히 설명하겠다. 해럴드 뎀세츠는 사람들이 소득을 얻고 부를 축적하려는 방식 때문에, 그리고 이것이 아이를 적게 낳는 유인이 되기 때문에 자본주의가 저출산을 야기한다고 주장한다.[54] 우선 자본주의는 부를 얻고 소유하는 방식에 영향을 미쳤다. 산업화와 함께 누가 무엇을 소유하는지 결정하는 법적 구조와 이러한 재산권을 행사할 수 있는 신뢰할 만한 수단이 증가했다. 신뢰할 수 있는 사유재산권은 도난이나 몰수 같은 심각한 위협 없이 노동, 사업, 운으로 부를 축적할 수 있다는 의미였다. 또한 농업 노동의 감소와 공장에서의 아동 노동법 시행은 더 이상 아이들이 가족 소득에 기여하지 못한다는 의미였다. 자녀 한 명을 추가로 키우는 데 드는 의식주 및 교육에 드는 한계(예상) 비용이 그 자녀로부터 얻을 수 있는 한계(예상) 편익과 같아질 때까지 최적의 가족 규모가 감소했다. 따라서 자본주의의 출현과 그에 따른 자유 재산권의 발전은 자녀를 너무 많이 낳는 사람들에게 간접적으로 벌칙을 부과하는 역할을 했다. 뎀세츠는 "총인구 증가율 감소의 열쇠는 가족 규모 감소에 있으며, 가족 규모 감소의 열쇠는 자본주의가 입법에 미치는 영향에 있다"고 쓴다.[55]

뎀세츠는 서구에서 출생률이 감소한 이유에 대한 다른 가설들을 반박한다. 그는 출생률 감소가 현대적 피임법 때문이 아니라고 주장하는데, 그 이유는 현대적 피임법이 나오기 전에 출생률 감소가 일어났으며, 오랫동안 알려진 다른 피임법들이 있었기 때문이다. 그러나 완전히 정확한 설명은 아니다. 고무 콘돔은 1840년에 도입되었고, 자본주의 국가들에서 19세기 내내 출생률이 감소했지만(표 1.1 참조), 대규모 출생률 감소(출생률 전환)는 20세기에 들어서야 발생했다. 대규모 공공 인구 조절 운동은 영국에서 1877년 맬서스연맹(Malthusian League)과 함께, 미국에서는 1920년대 마거릿 생거(Margaret Sanger)가 미국산아제한연맹(American Birth Control League)을 출범했을 때 비로소 시작되었으며, 이 단체는 나중에 가족계획연맹(Planned Parenthood)으로 이름이 바뀌었다.[56]

뎀세츠는 출생률 조절에 대한 여성들의 요구가 기여한 바를 대체로 과소평가한다. 그럼에도 여성들이 출생률을 조절하려고 본격적으로 행동에 나선 시기는 자본주의와 자유주의가 중요한 인과적 역할을 했음을 보여준다. 뎀세츠는 이렇게 결론짓는다. "자본주의는 맬서스의 인구 함정에서 사람들을 해방시키는 데 두 가지 방식으로 관여했다. 생산성 상승을 가져왔고 가족 규모를 억제하는 유인을 제공했다."[57]

출생률 감소에 관한 표준 인구학 문헌은 유럽의 출생률 감소에 대한 세 가지 경쟁 이론을 제시하는데, 그중 하나는 주로 경제적 요인이고 다른 두 가지는 주로 사회학적·문화적 요인이다.[58] 주로 경제적 모델인 이른바 인구 전환 모델은 출생률 감소를 산업화와 부의 증가가 야기한 직접적 결과로 설명한다. 산업화로 많은 인구가 도시로 이주하면서 자녀는 더 이상 저숙련 농사일을 하지 않아도 되었기에 가족에게 덜 유익한 존재가 되었다. 한편, 부의 증가와 더 많은 기술에 대한 수요로 인해 부모들은 비용이 많이 드는 학교 교육에 투자하게 되었고, 이로 인해 자녀들은 일에서 멀어졌다. 따라서 출생률 전환은 이 모델에서 산업화로 인해 발생한다. 조지 올터(George Alter)는 이 문헌을 검토하면서 경제 이론(인구 전환 모델)이 시대에 뒤떨어졌다고 주장한다. 그는 유럽 특정 지역에서 출생률 전환에 대한 상세한 역사적 기록을 제시하며, 출산 조절에 대한 지식과 수용이 한편으로는 세대 간 부의 흐름 변화에서, 다른 한편으로는 같은 언어 사용자들 간의 지식 공유와 공통된 사회 규범에서 비롯된다고 지적한다. 이 글은 이 시기의 비경제적 인구 동향에 관한 문헌에서 흔히 저지르는 오류를 범한다. 즉, 소득이나 부의 차이가 직접적 원인이 아니라면 경제적 원인이 없다고 가정하는 것이다. 예를 들어, 인구 전환 모델을 거부하는 주요 이유는 유럽 지역의 출생률 변화가 부의 패턴보다는 언어적 패턴 변화를 더 정확하게 따랐기 때문이다. 하지만 여기서는 대규모의 사회경제적 변화를 충분히 고려하지 않고 날짜에 너무 집중하는 것처럼 보인다. 출산 조절 방법을 터득한 사람들과 같은 언어를 사용해야만 그것을 받아들일 수 있다고 하더라도, 그렇다고 해서 경제적 상황이 가족 규모를 변화시킬 동기를 부여했다는 가설이 부정되는 것은 아니다. 인구 전환 모델이든 뎀세츠의 동기 변화에 대한 주장이든 간에, 이러한 세부적인 역사적 사실들로 인해 이를 부정할 수 없으며, 이러한 사실들만으로는 동기 변화 자체를 설명할 수 없다. 또한 올터가 인정하듯, 경제 모델이 갖는 강점은 부의 도약을 겪은 모든 사회가 출생률 전환을 경험했다는 사실을 설명할 수 있다는 점이다. 표 1.1이 이를 보여준다.

출생률 감소에 대한 여성의 이해관계를 구체적으로 고찰하는 것도 경제 모델을 뒷받침한다. 올터도 뎀세츠도 여성의 동기를 남성과 분리하여 다루지는 않지만, 출생률 감소의 원인을 자본주의에 돌리는 경제 모델은 이를 고려하도록 쉽게 수정할 수 있다. 뎀세츠는 여성의 직업 기회 개화가 가족 규모 축소로 이어질 것이라고 지적한다. 그의 주장에 따르면, 여성 취업을 방해하거나 억제하는 추가 자녀의 경우 그 비용 때문에 추가 자녀에 대한 가족 수요가 줄어드는 경향이 있다. 그러나 이는 가족 규모를 적어도 부분적으로는 여성의 개인적 결정이 아닌 가족 또는 가정의 결정으로 간주하려는 여성의 의도가 기여하는 바를 과소평가한 것이다. 또한 남성과 여성의 상충하는 이해관계가 결혼 결정에 어떻게 끼어드는지 고려하지 않으면 중요한 반대 요인을 놓치게 된다. 여성의 이해관계는 자신의 건강과 자녀로부터의 독립, 가사 노동 부담 경감, 교육 및 외부 취업 기회에 대한 비용 절감 등이다. 남성은 이러한 이익 실현의 간접 수혜자에 불과하기 때문에 이러한 이익에 대한 관심이 적고, 가정과 공적 영역에서 자신의 지배력을 유지하는 데 더 큰 관심이 있다. 이는 분명 피임에 대한 남성의 더 큰 저항을, 따라서 대부분의 국가에서 건강 전환과 출생률 전환 간 지체 현상을 설명해 준다.[59]

자본주의하에서 변화하는 삶의 질

지난 100년 동안 인류, 특히 여성과 아동의 평균 삶의 질은 향상되었으며, 이러한 발전의 대부분은 자본주의와 인과관계가 있다. 객관적인 삶의 질 개선에는 물질적 범주, 도덕적 범주, 정치적 범주가 있다. 물질적 개선은 육체노동의 양과 강도의 변화, 식량, 깨끗한 물, 적절한 거처의 가용성, 폭력 피해 정도, 질병 부담 등 삶과 일의 물리적 변화를 포함한다. 도덕적 발전이란 인간 개개인이 존엄하고 품위 있는 방식으로, 그 자체로 존중받을 가치가 있는 존재로, 책임감 있고 자율적인 자기 소유자로서 대우받는 정도를 의미한다. 정치적 발전이란 개인이 지역사회와 국가의 통치에서 발언권을 갖는 정도를 의미한다. 이 세 가지 범주는 내가 모든 인간이 가지고 있다고 주장하는 객관적인 이해관계 목록을 포괄한다. 각 범주를 정량화하거나 측정하기는 불가능하지만, 20세기 동안 삶의 질이 얼마나 나아졌는지에 대해서는 어느 정도 일반화할 수 있다. 거의 모든 이해관계에서 삶의 질은 자본주의하에서 개선되었다.

가장 중요한 물질적 진보는 기대수명 연장, 출생률 감소, 영아 사망률 감소이며, 이는 모두 자본주의와 관련 있음을 앞서 자료로 입증한 바 있다. 아마도 그다음 중요한 물질적 진보는 근무일과 노동 시간 단축일 것이다. 중세 시대 사람들은 오늘날보다 훨씬 더 많은 시간을 '일'하지는 않았으나, 그들의 노동 시간은 주로 낮의 밝기와 계절 농업 패턴에 의해 제한되었다. 그러나 그들은 일하지 않을 때에도 종종 이런저런 생산적 활동에 종사했다. 일과 여가 사이에 명확한 구분은 없었다. 특히 여성은 기본적으로 육아, 옷 만들기, 물과 연료 조달, 음식 준비 등 끊임없이 일을 했다. 18~19세기 산업화와 함께 유급 노동이 크게 증가했으며, 1850년 미국에서는 연간 3150시간으로 정점에 달했다.[60] 그러나 자본주의 발전 과정에서 노동 시간은 급격히 감소했다. 1820년과 2001년 사이에 일본의 노동 시간은 45퍼센트, 영국은 40퍼센트, 미국은 20퍼센트 감소했다.[61] 2002년 미국의 모든 고용 노동자는 연평균 1815시간 일했고, 영국은 1707시간, 네덜란드는 1340시간을 기록했으며, OECD 국가 중 연간 2000시간을 넘는 국가는 없었다.[62] 노동 시간 감소는 기계화와 기타 기술 발전으로 인한 노동자의 생산성 향상에 기인한다. 또한 노동조합 결성과 법적 통제를 통해 노동 시간을 줄이려는 집단적 투쟁의 결과이기도 하다.

기술 진보는 유급 노동 시간을 줄였을 뿐만 아니라 일상생활의 편의성과 안락함도 향상시켰다. 이는 남성보다 여성에게 더 해당하는데, 보통 여성이 가사 노동을 책임지기 때문이다. 가전제품의 발명과 보급은 깨끗하고 건강한 집을 유지하고, 세탁을 하고, 음식을 준비하는 데 필요한 총 시간을 줄였다. 미국에서는 20세기 동안 모든 여성의 가사 노동 시간이 주당 46.8시간에서 29.3시간으로 감소했다.[63] 그러나 이는 어느 정도 삶의 질 향상을 과소평가하는 측면이 있다. 지금의 가정은 이전보다 더 커졌으며, 이에 따라 더 안락해지고 가구 구성원 각자가 개인적인 공간과 여가를 더 많이 누리게 되었다. 또한 여성들은 청소를 가장 싫어하는 활동으로, 요리와 육아를 가장 선호하는 가사 활동으로 꾸준히 보고했다. 이 기간 동안 여성들이 선호하는 활동에 할애하는 시간 비율이 증가했다.[64] 자본주의는 이러한 여성의 삶의 질 향상을 가져온 기술 개선에 공헌했다고 할 수 있다. 그러나 자본주의는 또한 여성이 집안일을 하는 기회비용을 증가시켜 남녀 모두가 여성의 가사 노동시간을 줄이려는 유인을 제공한다. 이 점을 뒷받침하는 증거는 미취업여성이 취업 여성보다 훨씬 더 많은 시간을 무급 가사 노동에 사용한다는 사실이다. 영국에서는 미취업 여성이 취업 여성보다 최대 세 배 더많은 시간을 청소에, 두 배 더 많은 시간을 요리 준비에 사용한다.[65] 따라서 자본주의는 가정생활의 질을 개선하여 더 깨끗하고 안락하게 만들었으며, 가정의 유지와 재생산에 걸리는 시간도 줄였다.

성별, 인종, 민족, 종교 및 생물학적·사회적 성 정체성 등 귀속 지위와 관계없이 개인이 존엄과 존중을 받는 정도를 한 사회의 도덕적 척도로 삼는다면 지난 150년 동안 엄청난 도덕적 발전이 있었다. 이는 도덕적 진보에 대한 자유주의적 기준이다. 집단이 개인보다 도덕적으로 더 중요하다고 보는 사람들에게 이 글은 제공할 것이 거의 없다. 이 기간 동안 전 세계에서 (전통주의 국가인 모리타니를 제외하면) 법적 노예제도는 종식되었다. 법적 인종차별과 법적 카스트 제도도 종식되었다. 이제 전세계 대부분의 국가에서 인종차별, 성차별, 심지어 동성애 혐오의 도덕성에 의문을 제기하는 것은 흔한 일이다. 대부분의 선진 자본주의 경제에서 차별이나 분리에는 정당한 이유가 필요하며, 이러한 악습이 계속되더라도 이에 이의를 제기하고 배상을 요구할 법적 구제책이 마련돼있다.

전 세계적으로 많은 나라에서 아이들은 이제 소중한 개인으로 대우

받으며, 그렇지 않은 나라들은 비판을 받는다. 아이들은 세계 곳곳에서 일을 해왔고 지금도 그렇지만, 20세기 초부터 너무 과도하고 위험한 노동이 아이들에게 미치는 해로운 영향이 전 세계적으로 인식되었고, 그러한 노동을 중단하거나 시간과 강도를 줄여야 한다는 국제적 합의가 점차 커지고 있다. 아이들이 얼마만큼의 노동을 할 수 있으며, 얼마나 위험한 노동을 허용하는지는 국가별로, 그리고 아이의 나이에 따라 다소 차이가 있다. 유엔아동권리협약(1989)과 국제노동기구(ILO) 회원국들이 체결한 여러 협약은 일부 국제 기준을 제시한다. 14세 미만 아동은 산업 현장에서 일해서는 안 된다. 어떠한 아동도 극도로 위험하고, 유해하거나 불법이거나 굴욕적인(성 노동) 직종에서 일해서는 안 된다. 아이들은 신체 상해 위협이 있는 상태에서 강제로 일해서는 안 되며, 채무 노예로 묶이거나 인신매매 또는 노예화해서는 안 된다. 또한 아이들은 노동 때문에 자신이 속한 사회가 제공하는 교육제도를 이용할 수 없는 상황에 처해서도 안 된다.

아동 노동에 관한 연구는 주로 부모의 빈곤이 그 원인임을 보여주며, 부모의 소득이 증가하면 아동 노동이 줄거나 없어지고 아동의 교육 수준이 향상된다는 사실을 밝혀냈다. 산업화가 진행중인 국가들에서는 산업화 초기 아동 노동이 만연하지만, 국가가 부유해질수록 아이들은 노동 시장에서 학교로 옮겨간다. 예를 들어, 18세기 영국에서 산업화가 시작될 당시 가난한 계층과 노동 계층의 많은 아이가 저임금으로 노동했지만, 1870년대에는 경제 주변부에서 소수의 아동 노동자만 남았다.[66] 따라서 자본주의는 초기에 아동 노동을 증가시키지만, 국가가 발전하면서 아동 노동 없이 아이들을 부양할 수 있을 정도로 부유해진다. 자본주의 체제의 성인 노동자들은 도덕적 이유 외에도 일자리 경쟁을 줄이고 임금을 올리기 위해 아동 노동을 줄이고자 하는 경제적 동기를 가진다. 민주주의 국가에서는 자녀가 임금 노동을 하지 않아도 자녀를 부양할 수 있는 성인 노동자들이 정부에 아동 노동 금지 법을 요구할 수 있다. 또한 기술적으로 발전한 사회에서는 아동이 중요한 인적 자본으로 간주되며, 아이들을 교육하고 자립적 개인으로 키우려는 동기가 커진다. 창의성과 혁신 능력이 더욱 가치 있는 기업가적 사회로 발전할수록 아동 노동은 감소하고, 아동에 대한 교육 및 건강 투자는 증가할 것으로 예상된다.

　마지막으로, 자본주의 역사는 여성과 소수자를 위한 정치적 진보의 역사와 맞물려 있다. 여성은 지난 한 세기 반 동안에야 전 세계 모든 민주주의 국가에서 투표권을 얻었다. 이 시기는 민주주의가 증가하고 제국주의와 식민주의가 감소하는 시기와 일치했다. 자본주의가 이러한 발전에 아주 많이 기여했다고 할 수는 없지만, 그렇다고 이에 적대적이지는 않다. 그러나 여성의 자본주의 노동력 진출은 세계 민주주의에서 여성의 대표성을 높이는 데 도움이 되었다.

현대 자본주의 사회와 비자본주의 사회 비교

지금까지 나는 실존하는 자본주의에 대해 역사적 관점에서 논증했다. 즉, 자본주의가 물질적·도덕적·정치적 발전을 이끌어냈다는 점을 보여주었다. 내가 다룬 역사적 범위는 18세기 중반부터 20세기 후반까지이며, 현재 상황에 대한 언급은 얼마 없었다. 그렇다면 오늘날은 어떠한가? 또는 자본주의 이외의 다른 경제 생산 방식을 통해 건강·도덕·복지 향상을 이루려는 실질적 대안들이 존재한 이후는 어떠한가? 2008년

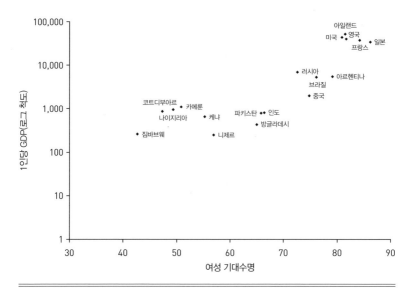

그림 1.2 여성 기대수명과 1인당 소득 비교

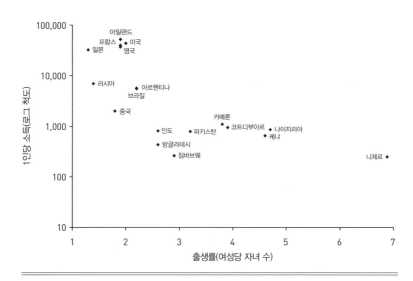

그림 1.3 출생률과 1인당 소득 비교

기준으로 다양한 국가의 1인당 소득과 기대수명을 비교하면, 기대수명이 소득과 꽤나 상관관계를 이루는 그림 1.1과 비슷한 그래프가 나온다. 그림 1.2는 주요 경쟁 경제 체제와 자본주의 국가들을 비교한 것으로, 기대수명과 1인당 소득 측면에서 자본주의 경제가 다른 체제들보다 비교 우위에 있다는 점이 분명히 드러난다.

현대 자본주의 국가에서의 삶이 비자본주의 국가보다 더 나은 이유를 증명할 수 있는 다른 방법도 있다. 인간개발지수(HDI)는 유엔개발계획(UNDP)이 각 국가와 전 세계의 개발 수준을 측정하고 평가하기 위해 사용하는 지표이자 순위 체계다. HDI는 세 가지 기본 영역, 즉 건강하고 긴 수명, 교육, 그리고 생활 수준을 평가하려고 한다. 이 지수는 출생시 기대수명, 문해율, 초등·중등·고등 교육 단계의 학교 등록률, 그리고 1인당 국내총생산(GDP)의 자연 로그값을 가중 평균해 0에서 1 사이의 지수로 만들어지며, 1이 가장 높은 수치다. 표 1.2는 원점수가 아닌 순위를 보고한다. 성별개발지수(gender-related development index, GDI)는 HDI와 동일한 기본 통계를 사용하지만, 해당 통계에서 나타나는 성별 불평등을 반영해 점수를 조정한다. 성평등지수(gender empowerment measure, GEM)는 정치 및 경제 분야에서 여성의 발전 정도를 평가하며, 이때 의회에서의 남녀 비율, 법률가와 고위 공무원, 관리자, 기술직 및 전문직의 남녀 비율, 그리고 예상 소득의 남녀 차이를 고려한다.[67] 두 가지 지수에 대한 UNDP의 자체 설명에 따르면, "GDI는 역량 확장에 초점을 맞추는 반면, GEM은 삶의 기회를 활용하기 위해 이러한 역량을 사용하는 데 관심이 있다."[68] 표 1.2는 일부 자본주의 국가와 반자본주의 국가를 대상으로 이 세 가지 척도의 순위를 보여준다.

표 1.2에서 명확히 드러나듯이, 자본주의 국가들은 세 가지 순위 모

표 1.2   선별한 국가들의 2008년 HDI, GDI, GEM 순위

국가	HDI 순위	GDI 순위	GEM 순위
노르웨이[b]	2	3	1
캐나다[b]	3	4	10
스웨덴[b]	7	5	2
일본[b]	8	13	54
덴마크[b]	13	11	4
미국[b]	15	16	15
영국[b]	21	10	14
독일[b]	23	20	9
대한민국[b]	25	26	64
싱가포르[c]	28	26	16
쿠바[a]	48	49	26
오만[c]	53	67	80
사우디아라비아[c]	55	70	92
중국[b]	94	73	57
인도[b]	132	113	−
수단[c]	146	131	−
세네갈[c]	153	135	−
니제르[c]	174	155	−
아프가니스탄[c]	−	−	−
북한[a]	−	−	−
소말리아[c]	−	−	−

a 사회주의 국가.
b 자본주의 국가.
c 전통주의 국가.
＊UNDP, Human Development Reports 2009, http://hdr.undp.org/en, 2009년 9월 5일 검색.

두에서 더 좋은 성과를 보인다. 사회주의 국가인 쿠바는 소득 수준에 비해 뛰어난 의료 및 교육 체계 덕분에 매우 좋은 성과를 내고 있지만, 집회와 언론의 자유, 재산권 등 소극적 자유 측면에서 인권 기록이 매우 열악하다는 점도 기억해야 한다.[69] 혁명 후 50년이 넘은 오늘날에도 많은 사람이 목숨을 걸고 쿠바를 탈출하려 한다는 사실은, 훌륭한 의료와 교육만으로는 많은 사람에게 좋은 삶을 보장하기에 부족하다는 명백한 증거다. 일본은 성평등지수에서 놀랍게도 낮은 성과를 보이는데, 이는 국가 주도의 자본주의 형태가 봉건 시대의 가부장제를 고착화했기 때문이다. 한국도 비슷한 상황이다. 일부 국가에 대한 데이터는 이용할 수 없는데, 이는 해당 정부가 데이터를 수집할 능력이 없거나 유엔과 공유할 의사가 없다는 점에서 그 자체로 비판받을 만하다. 성평등지수에서 인도의 기록을 제외하면, 데이터가 없는 자본주의 국가는 없다. 데이터를 더 깊이 살펴보면, 학교 등록률이 잘 기록되지 않았으며, 특히 고등 교육 수준에서 유네스코 추정치는 비교적 낮은 것으로 나타난다. 그러나 인도는 빠르게 개선되고 있으며, 1990년대까지 사회주의 국가였다. 마찬가지로 중국도 대부분의 자본주의 국가보다 낮은 성과를 보이지만, 1990년대까지 시장 활동을 허용하지 않았던 사회주의 정부의 영향 아래 있었으며, 여전히 다른 자본주의 국가들보다 더 많은 삶의 측면을 통제하고 있다.

현대 자본주의에 대한 가장 첨예한 비판 중 하나는 아동 노동을 지원한다는 것이다. 앞에서 언급했듯이 19세기 이후 일하는 아동의 수는 감소했으며, 최근 수십 년 동안 아동 노동법과 아동 노동에 대한 국제 기준이 발전했다. 대부분의 국가에는 이러한 기준을 대략적으로 반영하는 법률이 있지만, 대부분의 국가가 가사 및 농업 고용을 이러한 제한에서 제외해 일부 아동 노동을 법적으로 허용한다. 또한 많은 빈곤 국가는 아동 노동법을 전혀 시행하지 않는다.

전 세계적으로 약 2억 5천만 명의 5~14세 아동이 경제활동에 참여하며, 그중 절반 가까이가 풀타임으로 일한다. (보통은 14세를 '아동' 노동자의 노동 가능 연령으로 간주한다.) 전 세계적으로 아동 노동의 약 75퍼센트가 농업에 종사하며, 10퍼센트 미만이 비농업 상품 생산 및 관련 업무에 종사한다. 일하는 아동은 아시아에 가장 많으며(61퍼센트), 아프리카에 32퍼센트, 라틴아메리카와 카리브해에 7퍼센트가 거주한다. 그러나 노동 참여율은 아프리카가 41퍼센트로 가장 높은 반면, 아시아는 22퍼센트, 라틴아메리카 17퍼센트, 오세아니아 29퍼센트다. 여아보다 남아가 더 많이 일한다고 응답했지만, 이는 ILO에서 사용하는 노동의 정의에서 가사 노동을 제외했기 때문이다. 학교에 다니지 않는 여아의 약 3분의 1은 집안일을 하기 위해 집에 머물러야 하며, 종종 다른 가족 구성원을 돌봐야 한다고 답했다. 집안일을 포함하면 남아보다 여아가 더 많이 일할 가능성이 높으므로 전 세계 일하는 아동 수 추정치를 늘려야 한다.[70] 세계은행과 다른 출처들은 북미와 유럽에 풀타임 아동 노동이 없다고 주장하지만, 농업과 가사일, 그리고 성 노동자로 거리에서 일하는 아이들이 분명히 존재한다. 이곳에서도 세계 다른 지역과 마찬가지로 통계를 구하기 어려우며, 아동 노동자의 수는 분명 과소 집계된다. 그러나 여기에는 정의의 문제도 존재한다. ILO와 유니세프가 아동 노동으로 간주하는 것은 이른바 '나쁜' 아동 노동, 즉 아이들을 학교에 가지 못하게 하거나 위험하거나 유해한 노동이다. 이 정의에 따르면, 북미와 유럽에서의 아동 노동이 거의 0에 가까운 것은 사실일지 모른다. 그러나 이러한 통계에 대해 어느 정도 회의적인 태도를 유지해야 한다.

미국 농장노동자연합(United Farm Workers)은 미국에서 18세 미만의 농업 노동자가 80만 명에 달한다고 추정한다.[71] 농업 노동은 광업 다음으로 가장 위험한 직업으로 간주된다. 따라서 나는 ILO가 '아동 노동'에 대해 설정한 기준으로 보더라도 미국에는 실제로 일부 아동 노동이 존재한다고 본다.

이 통계는 대부분의 노동이 국제 시장을 위한 것이 아닌 국내(국가 내) 생산이라는 점을 보여준다. 실제로 세계은행은 "아마도 아동 노동자의 5퍼센트 미만이 수출 제조업이나 광업 부문에서 일하며, 1~2퍼센트만이 수출 지향적인 농업 부문에서 일한다"고 추정한다.[72] 어떤 경우에는 국내 산업이 국제적으로 생산된 상품과 경쟁하거나, 그 산업이나 부문이 세계화의 기회가 없었다면 존재하지 않았을 것이기 때문에 이것이 여전히 자본주의의 세계적 확산의 일환이라고 주장할 수 있다. 하지만 많은 아동 노동은 세계 자본주의의 영향 없이도 존재했을 노동이다. 수출 시장을 위해 상품을 생산하는 아동 노동자 수는 절대적인 숫자로는 의미가 있으며, 어떤 아동 노동도 불행한 일임은 분명하다. 그러나 이는 세계 자본주의의 결과라기보다는 부모가 가난한 결과라고 할 수 있다. 이는 아동 노동을 종식시키는 가장 좋은 방법이 부모의 소득과 재산을 증가시키는 것임을 시사하며, 이는 더 많은 자본주의 발전이 가장 좋은 경로임을 의미한다. 이러한 발전 없이 아동 노동을 불법화할 경우 오히려 아동 노동을 지하로 보내거나 불법 경제로 흘러들게 할 가능성이 크다. 왜냐하면 아이들과 그 가족은 생계를 유지하기 위해 여전히 소득이 필요하기 때문이다. 물론 그사이에 대규모 자선 활동은 유용할 수 있다. 예를 들어, 부유한 국가나 개인이 가난한 부모들에게 자녀를 학교에 보내도록 재정 지원을 할 수 있을 것이다. 자선은 덕목 또는 불완전한 의무로서 옹호될 수 있으며, 부유한 사람들이 미래의 불안정성과 사회 불안을 방지하기 위한 합리적 수단으로도 옹호될 수 있다. 그러나 유일하게 지속 가능한 장기적 해결책은 가난한 국가들이 발전해 부모가 자녀 교육과 건강에 투자할 소득을 얻게 하는 것이다. 자본주의는 교육을 통해 더 높은 소득을 얻을 수 있는 길을 제공함으로써 부모에게 동기를 부여한다.

개발과 건강 결과에 관한 문헌에서 흔히 오해하는 것은 부와 자본 축적 없이도 긍정적인 공중보건 결과를 얻을 수 있다면, 그러한 개발, 특히 자본주의가 건강 개선에 기여하지 못한다는 것이다.[73] 그러나 이것은 역사적 사례나 현대 사례 모두에 해당되지 않는다. 나는 방금 역사적 사례에 대해 논증했다. 생명을 구하고 삶을 개선하는 의학 발전의 현대적 사례 두 가지를 생각해보자. 에이즈 퇴치를 위한 항레트로바이러스 약물의 개발에는 엄청난 비용이 들었지만, 오늘날에는 약품 자체의 가격이 비싸지 않아 많은 개발도상국에서 매우 저렴한 가격으로 배포된다. 이 약들은 많은 생명을 구하고 있다. 하지만 선진 자본주의 국가의 막대한 자본 투자와 학계의 과학적 전문성이 없었다면 이러한 약들은 존재하지 않았을 것이다. 자본주의는 이를 가능하게 한 부의 축적을 제공했지만, 주로 비자본주의 국가인 가난한 나라에 의약품을 공급할 수 있게 한 것은 의약품 개발에 자금을 할당하는 정부와 국제 보건 기구의 집단적 행동이었다. 많은 미숙아의 건강을 구하거나 개선할 수 있는 또 다른 생물의학 발전은 액티파이어(Actifier)의 개발이다. 미숙아는 젖을 빨고 삼키고 호흡하는 근육의 협응력이 많이 필요한 젖 먹기를 익히는 데 어려움을 겪는 경우가 많다. 액티파이어는 영아에게 즉각적인 피드백을 제공해 적절히 젖을 빠는 방법을 가르쳐주는 간단하고 저렴한 장치로, 종종 몇 번의 세션만으로도 효과를 발휘한다. 근육을 조정하는 이 학습은 영아가 성공적이고 풍요로운 삶에 필요한 인지적 기술을 습득하는 첫 단계다. 이 장치는 영아가 모유 수유를 할 수 있게 도와주며, 특히 수질이 의심스럽거나 영아의 면역 체계를 위협하는 요인이 많은 지역에서 매우 중요하다. 이 장치는 저렴한 비용으로 개발도상국에서 많은 생명을 구할 것이다. 그러나 이 장치를 개발하는 데는 과학에 대한 대규모 투자가 필요했다. 주 개발자는 100만 달러 규모의 실험실을 운영하며, 많은 박사후연구원들이 그를 위해 일하고 있다. 또한 혁신이 성공하기까지 겪었던 수많은 실수와 잘못된 방향은 언급하지 않고 넘어간다. 하나의 성공적인 생물의학 장치나 약물은 수많은 시행착오에서 비롯되며, 대부분 비용이 많이 들지만 그 비용을 직접적으로 회수하지 못한다.

자본주의의 경험적 사례 요약

이 글에서 나는 인류 일반의 기본적이고 공통적인 이익과 여성의 특별한 이익을 고려하여 자본주의가 인류의 삶의 질을 크게 향상시켰다고 주장했다. 나는 자본주의의 출현으로 인류는 삶의 길이와 질이 향상되는 길을 걷기 시작했다는 역사적 주장에 대한 실증적 사례를 제시하는 것으로 시작했다. 여기서 자본주의는 기대수명의 극적인 변화를 가져와 고도로 발달한 자본주의 사회에서 개인의 수명을 평균 한 세대에서 두 세대까지 더 연장하는 데 기여했다. 또한 자본주의는 영아와 임산부를 위한 의료 기술과 건강 관리 개선을 통해 영아 사망률을 낮추고 출생률을 여성 1인당 약 7명에서 2명으로 낮추는 데도 기여했다. 이러한 출생률 변화는 역사상 여성의 삶을 가장 크게 개선한 것으로 볼 수 있으며, 다른 모든 사회적·정치적 맥락에서 여성 권한 부여의 핵심이다. 또한 자본주의는 위생과 안락함을 개선하고 여성의 가사 노동을 줄였으며 남성과 여성 모두의 노동 시간을 전반적으로 줄임으로써 인간 삶의 질을 물질적으로 향상시켰다. 자본주의는 또한 도덕적·정치적 개선을 가져왔거나 적어도 그에 준하는 결과를 가져왔다. 그중 가장 중요한 것은 자율적 존재로서 각 개인의 근본적인 도덕적 중요성을 옹호하는 자유주의 이데올로기의 발전이다. 여성의 권리와 권한 부여는 자본주의가 발전하는 동안 자유주의적 자본주의 사회에서 현저하게 발전해왔다.

이어 자본주의 사회가 삶의 질을 측정하는 대부분의 주요 기준에서 비자본주의 사회를 능가한다는 주장에 대한 현대적 사례를 논의했다. 대부분의 자본주의 사회는 대부분의 비자본주의 사회보다 기대수명이 길고 출생률이 낮다. 대부분의 자본주의 사회는 HDI, GDI, GEM에서도 비자본주의 사회보다 높은 성과를 보인다. 주요 반례로는 많은 시민이 목숨을 걸고 탈출을 시도하는 쿠바, 오랜 사회주의 중앙계획 경제 이후 최근에야 자본주의 체제로 전환한 중국과 인도가 있다. 그다음 세계 아동 노동의 끔찍한 문제를 논의하면서, 이는 주로 국가 내부 문제이지 글로벌 자본주의 문제는 아니며, 부모의 빈곤이 원인이라고 주장했다. 이러한 사실은 아동 노동 문제를 해결하기 위해서는 부모의 빈곤을 해결해야 하며, 이는 발전된 자본주의 사회에서 가장 잘 이루어진다.

요약하자면, 경험적 사례는 인류가 발전시켜온 최고의 경제 체제가 자본주의라는 점을 분명히 보여주는 듯하다. 내가 앞으로 살펴보고 토론 상대가 강력하게 설명하겠지만, 자본주의에 문제나 비판할 점이 없지는 않다. 그러나 이러한 비판을 살펴보기 전에 자본주의가 이전과 현재의 대안 경제 체제보다 훨씬 더 길고 더 나은 인간 삶을 가져오는 데 성공한 이유를 살펴보고 자본주의를 개선할 방법을 계속 탐구하는 것이 중요하다.

3 자본주의의 성공에 대한 이론적 설명

자본주의가 인간 삶의 질과 인간의 자유를 이렇게 크게 향상시키는 데 효과적인 이유는 무엇일까? 애덤 스미스부터 하이에크, 밀턴 프리드먼(Milton Friedman)까지 자본주의에 대한 전통적인 변호는 자본주의가 물질적 번영과 자유를 모두 제공한다는 것이며, 이는 자본주의와 번영·자유의 연관성을 이론적으로 설명한다. 자본주의는 두 가지 방식으로 물질적 번영을 제공한다. 분산된 공개 시장을 통해 재화를 효율적으로 분배함으로써, 그리고 기존 시장과 새로운 시장에 추가 재화를 제공하기 위해 개인이 효율적으로 생산하도록 동기를 부여함으로써 그렇게 한다. 자본주의의 성공에 대한 네 가지 이론적 논거를 제시할 수 있다. 그중 첫 번째와 두 번째 주장은 자본주의 시장이 효율적으로 재화를 분배하고 효율적으로 생산할 유인을 제공한다는 것으로, 재화의 소비와 생산에 대한 시장 설명 모델을 통해 이를 분석적으로 보여준다. 또한 자본주의의 탈중앙화된 시장 체제가 중앙계획적 사회주의 체제보다 번영을 이루는 데 더 나은 이유는 정보의 효율적 집적 때문이라는 것을 보여줄 수 있다. 셋째, 자본주의가 개인에게 새로운 시장을 개척하도록 이끄는 이유에 대한 설명도 자본주의의 본질과 합리적 행동을 연결하는 이론적 논거로 제시할 수 있다. 마지막으로, 정치철학자들이 제시한 자유의 규범적 모델을 통해 자본주의의 자유롭고 개방적이며 비차별적인 시장과 자유를 제공하는 능력을 서로 연결할 수 있다.

경제학자들은 자유롭고 개방된 시장이라는 이상적 모델을 통해 자유 시장이 경제적 효율성과 제한된 형평성을 제공한다는 것을 분석적으로 증명하려고 노력해왔다. 물론 이 주장이 완전 경쟁 시장(perfectly competitive market, PCM)의 이상에 적용된다는 점은 인정한다. 이런 시장은 내가 옹호하는 자본주의 시장 체제와 닮았을 뿐이다. 이 책에서 내가 사용하는 자본주의의 정의에 따르면, 자원의 분산과 사적 소유, 모든 시민을 위한 협동적·사회적 생산, 상품·노동·서비스, 물적 자본 및 금융 자본의 교환을 위한 자유롭고 개방적인 경쟁 시장을 차별 없이 법적으로 보호하는 체제만이 자본주의 체제다. 이는 경제학자들이 생각하는 완전 경쟁의 이상과는 크게 다르지만, 나는 이 글에서 자본주의가 인간의 삶을 개선하는 데 왜 그렇게 효과적인지에 대한 질문에 답하기 위해 그 체제의 적절성에 대한 논증부터 시작하겠다.

경쟁 시장, 경제적 효율성, 형평성

파레토 최적(Pareto optimality) 또는 파레토 효율 개념은 19세기 초 이탈리아 경제학자 빌프레도 파레토(Vilfredo Pareto)가 공리주의에서 요구하는 대인 간 효용 비교를 하지 않고 상황을 비교하는 방법으로 고안한 개념이다.[74] 복지경제학자들은 효용이 본질적으로 사적인 것이라고 주장하기 때문에 효용의 개인 간 비교를 피한다. 따라서 그들은 사회의 총효용이나 평균 효용에 대한 주장을 피하는데, 이는 무의미한 합계가 될까 우려하기 때문이다. 사회를 비교하는 방법으로서 총효용을 피해야 하는 규범적 이유는 충분하다. 공리주의에 대한 반론은 도덕철학자들의 오랜 논쟁이었는데, 내가 보기에 충분히 설득력 있다고 생각되는 두 가지 주장만 소개하겠다. 첫째, 전체 공리주의는 더 많은 효용을 추구하는 사람이 있을수록 더 좋다고 제안하며, 이는 데릭 파핏(Derek Parfit)이 말하는 '꺼림칙한 결론'을 초래한다. 즉, 소수의 매우 행복한 사람들이 사는 세상보다, 대다수가 겨우 살 만한 삶을 사는 세상이 더 낫다는 결론이다.[75] 이러한 결론을 피하기 위해 모든 사람의 평균 효용을 고려한다면, 우리는 존 롤스(John Rawls)가 제기한 두 번째 문제, 즉 공리주의는 사람 사이의 차이를 심각하게 고려하지 않는다는 문제에 직면한다.[76] 다시 말해, 공리주의는 사람을 불침투성의 뚜렷한 경계를 가진 인격체가 아니라 레고 조각처럼 끼워맞추거나 떼어낼 수 있는 단순한 효용 창출자로 취급한다. 인간의 삶은 타인의 프로젝트와 한순간에 맞바꿀 수 없는 프로젝트의 연속이지만, 평균적 공리주의는 그것이 누구의 프로젝트이든 상관없이 현재(또는 장기적으로) 효용을 높이는 활동에 참여해야 한다고 제안한다. 이는 또 다른 혐오스러운 결론처럼 들리며, 인권이나 존엄성과 양립할 수 없는 결론이다. 공리주의자들은 보통 억압의 조건에서 형성된 선호의 문제에 관심을 두지 않기 때문에 페미니스트의 관점에서 자본주의를 옹호하는 과제에는 특히 적합하지 않은 것 같다. 하지만 공리주의가 올바른 도덕 이론이든 아니든 나와 비슷한 노선에서 자본주의를 옹호할 수 있기 때문에 공리주의를 전면적으로 비판하지는 않겠다. 사실 분배 문제를 직접 고려할 필요가 없다면 자본주의를 옹호하는 편이 훨씬 더 쉽다고 주장할 수도 있다. 나는 총효용이나 평균 효용의 관점에서 자본주의를 긍정적인 페미니즘적 변화로 옹호하는 프로젝트를 지향하지는 않을 것이다.

하지만 복지경제학자는 여전히 효용이나 복지를 사람별로 합산하지 않고도 여기에 관심을 기울인다. 파레토 최적은 다른 사람을 더 나쁘게 만들지 않으면서도 누구도 더 잘 살 수 있는 거래를 할 수 없을 때 재화의 분배를 특징짓는다. 파레토 기준은 정의 이론에서 총효용 또는 평균 효용의 최대화에 비해 세 가지 장점이 있다. 첫째, 개인 간 효용을 비교하지 않고도 어떤 상태가 파레토 최적 상태인지 판단할 수 있다. 파레토 최적에 대한 판단에서 중요한 것은 다양한 사회 상태에 대한 개인의 선호도뿐이다. 둘째, 파레토 최적은 총효용이나 평균 효용의 최대화보다 약한 기준이며, 이러한 기준과 달리 일반적으로 고유한 이상적 분포를 제공하지 않는다. 다양한 분포가 파레토 최적을 만족시킬 수 있기 때문에 파레토 최적을 정의(正義)의 기준으로 삼는다 해서 복지주의적 정의 개념을 가지고 있다고 볼 필요는 없으며, 복지주의가 아닌 다른 기준을 똑같이 필요로 하는 관점에서도 파레토 최적은 정의의 필수 기준이 될 수 있다.[77] 셋째, 경제학자들은 명시적으로 윤리적 판단을 내리는 것을 피하기 때문에 파레토 최적 및 관련 기준은 복지경제학자들이 비교 관점의 사회 정책을 판단할 수 있는 유일한 근거다.[78] 파레토 최적 상태는 보통 주어진 재화의 집합에 고유한 것이 아니기 때문에, 윤리학자와 정치인이 정책을 결정할 때 할 일은 여전히 많다.

그러나 복지경제학은 이러한 취약한 기준을 가지고도 괄목할 만한 발전을 이루었다. 복지경제학의 가장 중요한 두 가지 결과는 완전 경쟁 시장(PCM)이라는 이상화된 시장 모델에 관한 것이다. PCM은 다음과 같은 조건이 특징이다.

C1 자원을 사적으로 소유하고 사적으로 소비한다.

C2 강압과 사기가 없다.

C3 구매자와 판매자가 많고 시장 진입과 퇴출이 자유롭기 때문에 누구도
일방적으로 또는 담합으로 가격에 영향을 미치는 행위를 할 수 없다.

C4 거래(예: 교환·배송·소비 준비를 위한 상품에 대한 홍보 또는 정보 수집)에
비용이 들지 않는다.

C5 개인의 효용 함수는 안정적이고 단조로우며(즉, 어떤 재화의 양이 개인의
효용을 높인다면, 재화의 양이 아무리 많아져도 효용이 낮아지지 않음), 선호
순서의 전환을 반영한다.

C6 외부효과, 즉 재화의 생산 또는 소비에 따른 모든 비용과 편익에서 재
화의 소유자가 부담하는 외부효과가 없다.

C7 균형에서 벗어난 거래는 일어나지 않는다.[79]

물론 PCM 모델은 이러한 조건 각각에서 현실로부터 추상화한 것이
다. 재화를 사적으로 소유하고 소비한다는 조건은 아무도 타인의 이익
을 자신의 이익으로 간주하지 않도록 보장하며, 각자는 자신의 이익을
위해 행동한다. 이 조건은 이타주의뿐 아니라 아마 더 중요하게는 시기
심도 개인 행동의 동기에서 배제됨을 의미하는 듯하다. 아마르티아 센
은 사실상 선호의 배경에 특정한 동기가 있다고 가정하지 않고도 PCM
의 중요한 효율성 결과를 도출할 수 있으며, 심지어 도덕적 가치와 의
무가 개인의 선호를 결정하는 데 일정한 역할을 할 수 있음을 보여주었
다.[80] 효용 함수가 단조롭다는 요구 조건은 대부분의 재화, 특히 재판매
시장이 있는 경우에는 상당히 정확하다. 그러나 개인의 선호도가 전환
하지 않는 경우가 많다는 것은 잘 알려져 있다.[81] 거의 모든 경제 활동

에는 외부효과가 존재하며, 이러한 외부효과는 무임승차, 공공재, 정치적 가식, 소송을 유발한다. 이상적으로는 사회가 이러한 많은 외부효과를 내재화할 수 있지만, 항상 일부 외부효과는 존재한다. 존 스튜어트 밀은 어떤 행동도 완전히 이기적이라고 말할 수 없으며, 대신 자유주의 사회에서 살기 위해서는 개인이 불쾌하다고 생각하는 일부 상황, 즉 타인의 행동으로 인한 외부효과를 참아내야 한다고 주장했다.[82] 마지막으로, C7에서는 모든 사람이 균형 가격을 알고 있어야 하며, 균형 가격보다 낮은 가격은 판매자가 거부하고, 그 이상의 가격은 구매자가 거부해야 한다. 하지만 인터넷, 이베이(eBay), 크레이그리스트(Craig's List)가 많은 시장과 많은 개인에게 이러한 이상향을 현실화해주지만, 이러한 종류의 지식은 분명히 존재하지 않는다.

PCM의 나머지 세 가지 조건은 시장 내 다른 개인들을 속이거나 혼란스럽게 하는 전략적 행동을 배제한다. 강제와 사기를 금지함으로써, PCM은 시장을 더 큰 게임으로 간주하지 못하게 한다. 여기서 시장을 벗어난 불법적 행동을 가능한 전략으로 고려하며, 큰 위험과 큰 잠재적 보상을 수반하는 합리적인 자기 이익의 관점에서 그렇다. 만약 거래 비용이 발생한다면, 일부 유리한 거래가 이루어지지 않도록 정보를 지연하거나 숨기는 것이 이로울 수 있다. 마지막으로, 아무도 가격에 영향을 미칠 수 없다는 조건은 독점과 과점 발생을 방지하며, 소규모 연합체가 협력할 동기를 제거한다. PCM에서는 각 개인이 자기 자신을 위해 행동한다.

PCM에서 개인은 구매자와 판매자 모두 모든 거래에 만족할 때까지 거래하며, 거래에는 비용이 들지 않고 거래를 통해 원하는 것을 더 잘 얻을 수 있으며 사기를 걱정할 필요도 없다. 복지경제학의 첫 번째 기본 정리는 PCM에서 개인이 자신의 이익을 추구하는 경우 파레토 최적 결과에 도달한다는 것을 알려준다.[83]

WE(복지경제학)1: PCM에서 자유 무역의 결과는 파레토 최적이다.

그 결과가 파레토 최적이 아니라고 가정함으로써 이를 비공식적으로 증명할 수 있다. 그렇다면 최소한 한 명은 다른 사람을 더 나쁘게 만들지 않고 더 나은 상태로 만들 수 있다. 그 사람이 에드(Ed)라고 가정하고, 에드가 자신의 오렌지 두 개를 에블린(Evelyn)의 사과 한 개와 교환함으로써 더 나아질 수 있으며, 이 교환이 에블린에게 나쁜 영향을 주지 않는다고 가정해보자. 그러면 (외부효과가 없다는 전제하에) 이 교환을 통해 그들은 파레토 개선을 이루게 된다. 즉, 누구의 효용도 감소하지 않으면서 누군가의 효용을 증가시키는 것이며, 둘 다 이 교환을 하지 않을 이유는 없을 것이다.[84] 만약 다른 잠재적인 파레토 개선이 있다면, 그것도 동일한 논리에 따라 이루어진다. 그렇지 않다면 다른 사람을 더 나쁘게 만들지 않고는 누구도 더 나아지게 할 수 없으므로, 그 상황은 파레토 최적 상태다. 파레토 최적 상태란 재화의 분배가 전체 복지를 가능한 한 증대시키는 방식으로 효과적으로 사용되는 상태를 말하며, PCM에서는 누구에게서 강제로 무엇을 빼앗지 않고 이 상태가 이루어진다. 이러한 결과들 중 많은 경우를 우리는 정의롭다고 하지 않을 수 있다. 특히 거래의 출발점이 불공정하거나 강제적이라면 그렇다. 그럼에도 자유를 정의의 한 요소로 여기는 사람들에게는 정의와의 연관성이 존재한다. 즉, 완전 경쟁 시장에서 강제와 사기, 정부의 강압이 없을 때 파레토 최적이 그 부산물로 나타난다는 의미에서 WE1은 이를 시사한다.[85]

복지경제학의 두 번째 기본 정리는 정의의 문제에 대한 파레토 최적의 중요성을 확장한다.

WE2: 모든 파레토 최적 결과는 재화의 초기 배분에서 PCM을 통해 달성할 수 있다.

달리 말해서, 형평성 등의 이유로 특정 파레토 최적 배분을 선택한다면, 일괄 세금과 강제 이전을 통해 도달할 수 있는 특정 초기 배분에서 자유 거래로 도달할 수 있다. 공정한 초기 재화 배분에서 출발하는 PCM은 대리인들이 자유로운 거래를 통해 모두가 더 선호하는 새로운 배분에 도달할 수 있도록 하며, 이를 통해 출발점에서 달성할 수 있는 사회적 후생을 극대화한다. WE2는 자유시장의 자유를 통해 파레토 최적 최종 상태 배분이 이루어질 수 있다는 것을 허용하기 때문에, 복지경제학자들은 파레토 최적이 적어도 정의의 약한 기준이며 시장을 오직 정의로운 배분 메커니즘으로만 정당화한다고 주장한다. 핼 배리언 (Hal Varian)은 "복지경제학의 흥미로운 결과는 정의의 최종 상태 원칙인 최대 '사회복지'를 배분 절차, 즉 시장 메커니즘과 연관시킬 수 있다는 것"이라고 말한다.[86] 이 사실은 현실 세계에서 자유시장을 정당화하기 위해 논란의 여지가 있지만 종종 활용돼왔다. 어떤 파레토 최적 결과도 **달성될 수 있었다**고 말하는 것과 현실 세계에서 가장 **공정하거나 정의로운** 결과가 달성되기는커녕 약간의 파레토 최적 결과**가** 달성된다고 주장하는 것은 또 다른 문제이기 때문에 논란이 된다. 다른 결과를 얻기 위한 유일한 방법은 재화의 분배를 변경하는 것이지만, 이러한 재분배는 정치적으로 실현 불가능하다.

많은 복지경제학자들의 견해는 형평성이나 다른 분배 문제를 희생하지 않고도 파레토 최적을 달성할 수 있기 때문에 이를 받아들이지 않는 것은 어리석은 일이라는 것이다. 파레토 개선에 대해 누가 불평할 수 있을까? 이는 강력한 호소력을 지닌 것처럼 보이지만 몇 가지 주요 반대에 직면해 있다. 첫째, WE2의 형평성을 제공하는 파레토 최적 주장은 PCM의 한계를 넘어서지 못한다. 현실 세계에서는 PCM의 조건이 존재하지 않으며, WEI나 WE2도 성립하지 않는다. 현실에서 가장 중요한 두 가지 추상화는 외부효과의 존재와 거래 비용이 없다는 가정, 특히 정보 수집에 비용이 들지 않는다는 가정이다. 외부효과가 존재한다는 것은 거래가 이루어지지 않는 유익한 거래와 거래 당사자가 아닌 사람에게 부과되는 비용이 존재한다는 의미다.[87] 외부효과의 대표적인 예는 등대의 불빛과 오염이다. 등대는 선박 항해사에게 귀중한 서비스를 제공하며, 항해사들은 등대를 이용할 수 있는 유일한 방법이라면 기꺼이 비용을 지불할 것이다. 하지만 등대가 보내는 빛줄기는 등대를 보는 모든 사람이 무료로 사용할 수 있기 때문에 당연히 화주들은 비용을 지불하지 않고 등대를 이용하려 할 것이다. 이 사실을 알기 때문에 등대를 민간 자유시장에 건설하려는 사람은 거의 없다. 대부분의 등대는 재정적 손실을 가져올 것이기 때문이다.[88] 따라서 자유시장에서는 등대 공급이 부족할 것이다. 반대로 오염은 너무 많이 발생한다. 예를 들어, 강을 오염시키는 기업은 처리 비용이 많이 드는 폐기물을 다른 누군가의 비용으로 처리할 수 있는 하천에 공짜로 흘려보낼 수 있다. 그러면 기업은 그 비용을 고려하지 않고 제품을 판매할 수 있고, 제품을 소비하는 소비자들은 그 비용을 지불하지 않고도 제품을 소비하게 된다. 일부 소비자는 폐기물 처리를 포함한 높은 비용을 지불하지 않을 것이기 때문에 폐기물 처리 비용을 내재화할 때보다 더 많은 양의 제품이 생산되고, 따라서 더 많은 오염이 발생한다. 외부효과의 결과는 자유시장이 파레토 최적으로 이어지지 않는다는 것이다. 비용을 지불할 화주가 충분하다면, 비용을 지불하지 않는 소비를 막을 수 있다면 누구도 더 나빠지지 않고 모두가 더 나아질 수 있는 등대를 건설할 수 있다. 그리고 오염으로 인해 하류의 이웃 주민들에게 비용이 많이 든다면, 기업이 강을 자유롭게 사용하지 못하도록 막을 수 있다면 모두에게 비용과 편익을 반영하는 오염 수준을 선택할 수 있다. 그러나 세상에는 외부효과가 존재하고 그중 일부는 내재화할 수 없기 때문에 PCM의 자유와 파레토 최적 사이의 연결고리가 끊어진다.[89] 또한 WE2는 외부효과가 존재할 때 유지되지 않기 때문에 형평성을 희생하지 않고 항상 파레토 최적을 가질 수 있다는 증거는 없다.

외부효과의 보편화는 효율적인 결과에 도달하기 위해 정부가 자유시장에 개입할 수 있는 역할을 의미한다. 정부는 등대 사용자에게 세금을 부과해 등대가 충분히 공급되도록 할 수 있고, 오염 유발자에게 세금을 부과해 오염을 줄이려는 유인을 제공할 수 있다. 하지만 이러한 정부 차원의 해결책에는 나름의 문제가 있다. 첫째, 정부는 정부나 국민 전체와는 다른 동기를 가진 대리인들로 구성되기 때문에 세금을 결정하는 대리인들은 자신의 이익이나 의견을 추구할 수 있다. 이들은 등대나 오염을 전체 인구와 다르게 평가해 공급 부족 또는 공급 과잉을 초래할 수도 있다. 그들은 동기 구조를 바꾸기 위해 오염원이나 등대 사용자로부터 부수적인 대가(뇌물 또는 기타 호의)를 받을 수도 있다. 둘째, 정직하게 전체 이익을 대변하고자 해도 최적의 등대 수나 오염 수준을 정확하게 결정하지 못할 수 있다. PCM에서 최적 수준은 결과와 별도로 결정될 필요가 없으며, 누구도 자신의 이익을 추구하는 것 외에 어떤 정보 수집이나 판단을 할 필요 없이 '보이지 않는 손처럼' 프로세스가 최적의 결과를 이끌어낸다.

그러나 WEI의 기본 논증 전략은 재화를 배제할 수 있고 외부효과를 내재화할 수 있는 비교적 자유롭고 개방된 시장에서 여전히 유효하다. 지난 150년 동안 우리의 삶을 개선한 많은 재화(자동차·기차·화장실·텔레비전)가 바로 이런 유형이다. 그리고 이 유형에 속하지 않는 많은 재화(교육·하수도·도로·예방접종)는 시장 실패를 인정하고 부분적으로는 시장성 있는 재화와의 연관성 때문에 정부가 제공해왔다. 자본주의가 시간이 지나면서 경제적 불평등을 크게 줄이지 못했고, 이 점에서 중앙계획 경제보다 우위에 있지 않다는 점에서 WE2가 외부효과 문제에 덜 견고하다는 것은 놀라운 일이 아니다. 내가 복지경제학에서 얻은 기본 교훈은 자본주의는 매우 효율적이며, 외부효과를 내재화할 수 있는 적절한 정부 개입을 통해 더욱 효율성이 높아진다는 것이다. 이는 부분적으로 부와 복지의 증가를 창출하는 자본주의의 성공을 설명한다. 복지경제학은 또한 자본주의 경제가 실제보다 더 공평할 수 있다고 제안하지만, 이를 위해서는 정치적으로 실행 가능할 수도 있고 그렇지 않을 수도 있는 재화의 재분배가 필요하다.

정보의 집합체로서 자본주의 시장

자본주의 시장은 정보, 특히 선호도·비용·편익에 관한 정보의 효율적인 집합체라는 근거로 옹호될 수도 있다. 시장은 누가 무엇을 원하고 필요로 하는지, 그리고 그 필요를 충족하는 데 가장 비용이 적게 드는 방법은 무엇인지 알아내는 대신 소비자의 수요를 충족하기 위해 자원을 이동시킨다. 시장은 실상 다음 질문에 대한 아날로그식 대답 생성기인 셈이다. 현재 상품·자원·자본·노동에 대한 권리가 나뉘어 있고, 판매 제안과 구매 입찰에 대한 완벽한 정보를 가지고 자유롭게 거래할 권리가 주어졌을 때 최적의 분배란 무엇인가? 앞에서 언급했듯이 PCM은 파레토 최적 결과, 즉 다른 사람을 더 나쁘게 만들지 않으면서도 어느 한 사람을 위해 개선할 수 없는 재화의 분배를 가져온다. 그러나 이 모델에는 특히 이용 가능한 정보와 관련하여 많은 영웅적 가정이 있다. 이러한 정보에는 오퍼와 입찰뿐 아니라 상품의 품질, 다른 대체품의 존재 여부도 포함된다. 이러한 정보는 실제로 수집하거나 배포하는 데 비용이 들지 않는다.

경제 이론이 발전하던 초기에는 경제학자들이 정보를 단순히 시장에서 거래되고 균형 가격을 가지는 또 다른 재화처럼 다룰 수 있다고 생각했다. 그러나 정보는 단순히 다른 재화와 같지 않음이 드러난다. 다른 일부 재화와 마찬가지로, 정보는 경제학자들이 말하는 '경합성'이 없다. 즉, 한 사람이 정보를 가지고 있다 해서 다른 사람이 가질 수 없는 것은 아니다. 그러나 정보는 다른 비경합성 재화와는 달리 조작의 대상이 될 수 있다. 정보는 주인-대리인 문제의 영향을 받는다. 정보를 가진 사람이 그것을 공유하는 척하면서, 실제로는 진실을 흐리거나 숨기는 방식으로 전달할 수 있기 때문이다. '외과의사를 찾아가면 수술 권유를 받을 가능성이 높다'는 속설을 생각해보라. 이 경우 외과의사는 수술을 시행함으로써 생계를 유지하고, 수술은 그들이 질병을 치료하는 방법 중 가장 잘 아는 것이다. 외과의사의 조언은 '모든 것을 고려한' 관점이 아니라 특정한 주관적 이해관계를 가진 특정한 관점에서 나온 것이다. 정보 교환은 이러한 편견들로 흐려지는 경우가 많으며, 이는 정보 시장에 특별한 문제를 야기한다.

정보는 비대칭적으로 분배되며, 정보가 있으면 경제학자들이 말하는

'지대', 즉 PCM에서 기대할 수 있는 것 이상의 이익을 뽑아낼 수 있다. 지난 40년 동안 시장에 관한 많은 경제학 문헌은 정보의 실패와 불평등이 어떻게 비효율성, 즉 파레토 결과를 달성하지 못하거나 정보를 조작할 수 있는 사람들에게 유리한 심각한 불평등을 초래할 수 있는지에 초점을 맞춰왔다. 정보경제학에 기여한 공로로 노벨 경제학상을 수상한 경제학자 조지프 스티글리츠(Joseph Stiglitz)는 정보 비대칭성의 유형을 설명하면서 정보경제학이 탐구한 결과를 조사했다.[90] 도덕적 해이 문제는 나쁜 결과에 대비해 보험에 가입한 후 나쁜 결과를 초래하지 않도록 주의를 기울이지 않을 때 발생한다. 주인-대리인 문제는 주인에게 상품이나 서비스를 판매하는 대리인이 해당 상품이나 서비스를 더 높은 가격에 판매하기 위해 주인에게 정보를 감추거나 숨기려는 동기를 가질 때 발생한다. 불리한 선택 문제는 상품의 품질이 다르고 상품 소유자가 해당 품질에 대한 정보를 사적으로 보유하고 있을 때 발생한다. 보험 시장에서는 보험에 가입하는 사람은 보험이 보장하는 재난에 가장 취약한 사람일 가능성이 높으며, 이것이 사적인 정보라면 보험 판매자는 정보가 공개적으로 알려진 경우보다 더 높은 가격을 책정해야 한다. 중고차 시장에서는 자동차 판매자가 어떤 자동차에 문제가 있는지 알며, 그 결과 모든 중고차에 대한 일반적인 불신을 초래할 수 있다. 이러한 정보 문제는 자본주의 시장에만 국한되지 않고 교환의 형태를 취하는 모든 종류의 상호작용에서 발생할 수 있지만, 이러한 문제는 PCM과 같이 정보 비대칭성을 추상화한 모델의 적절성에 심각한 결과를 초래한다. 외부효과와 마찬가지로 정보 비대칭성은 정부가 개입해 정보를 개선하거나 인증함으로써 파레토 개선으로 이어질 수 있음을 의미한다. 건강 보험의 경우 보험 시장의 불가피한 실패로 인해 많은 사람은 건강 상태에 관계없이 모든 사람을 보장하는 사회보험보다 민간 보험이 필연적으로 더 비싸고 더 적은 의료 서비스를 제공할 것이라고 주장한다.

정보 비대칭성은 외부 개입 없이 시장에서 파레토 최적이 이루어진다는 주장인 WEI뿐만 아니라, 공정하게 출발하면 형평성과 효율성이 일치할 수 있다는 주장인 WE2에도 문제를 제기한다. 스티글리츠는 정보 비대칭성으로 인해 발생하는 불평등의 몇 가지 예를 제시한다. 예를 들어, 부자일수록 처음에는 저임금으로 일하다가 높은 능력이 드러나면 성과급을 조건으로 일할 수 있고, 부자일수록 손실을 흡수하거나 담보를 제공함으로써 자신의 행동에 따른 결과를 더 많이 내면화할 수 있으며, 부자일수록—일종의 인질처럼—담보를 제공함으로써 기회주의의 범위를 완화할 수 있다는 것이다.[91] 그는 "정보경제학의 결과는 불완전한 정보를 가진 경제가 완벽한 정보를 가진 경제와 유사할 것이라는 오랜 가설이—적어도 정보 불완전성이 너무 크지 않는 한—이론적 근거가 없음을 강력하게 보여준다"고 결론지었다.[92]

이러한 문제들을 고려할 때, 정보 집합 측면에서 자본주의가 사회주의에 비해 어떤 이점을 가진다고 합리적으로 주장할 수 있을까? 그렇다. 우리는 여전히 이렇게 주장할 수 있지만, 정보 문제가 중앙계획자나 관료(심지어 민주적으로 선출된 정부에 고용된 경우에도)에게 더 심각함을 보여줌으로써 이를 논증해야 한다. 경제적 결정을 내리기 위해 관료가 수집해야 할 정보의 종류를 살펴보자. 이 정보는 개인의 필요, 욕구, 취향, 능력, 신체 상태, 재능, 제조업체의 투입 필요량, 생산량 및 품질, 그리고 제조에 대한 다른 잠재적 기법들을 포함한다. 분명히 알아야 할 다른 사항도 많지만, 이 목록이면 내 논지에는 충분할 것이다.

탈중앙화된 시장 체제가 정보 흐름 측면에서 중앙계획식 유통 체제보다 낫다고 생각하는 이유는 다음 네 가지다. 첫째, 관료들은 여전히 동일한 정보 비대칭 문제를 안고 있으며, 개인과 제조업체는 관료들에게 정보를 공개하거나 숨기려는 동기가 여전히 다를 것이다. 이러한 비대칭성은 개인과 신념의 분리, 이해관계, 편견, 영향력, 지식 및 학습 능력의 차이 등 다양한 원인에서 발생한다. 시장 기반 체제의 일부 시장에서 발생하는 문제는 잠재적으로 중앙계획 체제의 모든 분배 계획에서 발생할 수 있다.

둘째, 탈중앙화된 시장은 이용 가능한 정보를 수집하는 데 드는 노력과 비용을 절감한다. 중앙계획자들은 정보를 집계하거나 평가하기 위해 누군가에게 돈을 지불해야 하지만, 탈중앙화된 시장은 앞서 말했듯이 일종의 아날로그 장치처럼 이를 수행한다. 정보는 디지털 형태가 아닐 수 있지만, 그럼에도 소비자와 기업은 이를 효과적으로 활용한다. 비대칭성 때문에 정부 개입이 필요한 시장에서는 비효율성이나 불평등을 시정하는 데 필요한 정보만 수집하는 것을 목표로 개입이 이루어질 수 있다. 따라서 탈중앙화된 시장에서 정부 개입은 더 적은 비용으로 더 좁은 범위에서 이루어질 수 있다.

셋째, 관료를 도입하면 새로운 정보 비대칭이 발생한다는 점도 인식해야 한다. 정책을 규제하고 집행하는 사람은 자신만의 동기와 신념을 가지고 있으며, 그들의 정보를 사용해 결정을 내리려면 이를 다른 사람들에게 전달해야 한다. 이 사람은 편견·이해관계·신념을 가진 개인이기 때문에, 자신의 결정을 지지하는 방식으로 정보를 구성할 것이다. 하지만 이것은 새로운 주인-대리인 문제를 일으키는데, 여기서 관료는 대리인이며, 국민과 정부, 또는 단순히 관료의 상사가 주인이 된다. 또한 소비자·시민·제조업체에게 정보를 요청해야 한다면 또 다른 층위의 주인-대리인 문제가 발생한다. 이러한 다중의 주인-대리인 문제가 서로 상쇄된다고 생각하지 않는 한(그리고 그런 이유는 떠오르지 않는다), 중앙계획은 정보 비대칭을 증폭시키는 것으로 보인다.

넷째, 그리고 아마도 가장 근본적인 문제는, 가격이 없을 경우 관료들이 무엇을 기준으로 삼아야 하는가라는 질문을 던져야 한다는 것이다. 가격 체계는 재화에 대해 돈을 지불할 의사가 가장 큰 사람에게 재화를 배분한다. 이 체계에는 문제가 있지만(뒤에서 다룰 것이다), 분배 문제에 대해 실현 가능하고 다루기 쉬운 해결책을 제공한다. 이 해결책은 명시적으로 평가할 필요가 없기 때문에 다루기 쉬우며, 시장 체제 내에서 암묵적으로 해결이 이루어진다. 그렇다면 중앙계획 체제는 어떤 대안을 선택할 수 있을까? 여기서는 문제를 더 정확하게 규정해야 한다. 가용 자원으로 제공할 수 있는 (기술적으로) 가능한 재화와 서비스가 주어졌을 때, 무엇을 얼마나 생산해야 하며, 그것을 어떻게 배분할 것인가? 이 문제는 가능한 재화와 서비스, 사용 가능한 자원, 가능한 대체 분배 결과에 대한 평가를 필요로 한다. 중앙계획은 분배 정의의 원칙에서 시작해 기여와 생산에 대한 질문에 답을 제시하기 때문에 매력적으로 보인다. 예를 들어, 공리주의적 중앙계획자는 효용을 극대화하는 것이 무엇인지에 따라 개인에게 분배하고 생산하며 기여를 요구할 것이다. 이러한 계획자는 개인의 효용 함수에 대한 정보를 필요로 한다. 하지만 탈중앙화된 시장 과정을 통하지 않고서는 효용 함수 정보를 어떻게 얻을지 알기 어렵다. 모든 사람을 대상으로 가능한 모든 재화와 가능한 모든 작업을 평가하고 비교하도록 요청하는 설문조사가 필요할까? 여기에 필요한 정보가 거의 무한대라고 생각하면 머리가 아찔해진다. 게다가 사람들은 모든 경우에 자신의 선호도를 드러내지 않으려는 동기가 있을 것이다. 마르크스주의 중앙계획자는 "각자의 필요에 따라, 각자의 능력에 따라"라는 격언에 따라 분배하고 생산한다고 가정하는 것이 더 그럴듯할 수 있다. 이 중앙계획자를 위해 관료는 필요와 능력을 평가해야 한다. 인간다운 삶을 위한 요건과 이를 달성하는 데 필요한 물질적 재화를 평가하는 영양학자·심리학자·사회학자는 필요를 평가할 수 있다. 플라톤이 상상한 후견인처럼 각 시민의 능력을 평가하여 능력 수준에 맞는 적절한 학교에 배치할 수 있는 교육자나 심리학자는 능력을 평가할 수 있다. 하지만 이 시나리오는 탈중앙화된 시장 대안과 비교할 때 세 가지 문제가 발생한다. 첫째, 다시 말하지만 사람들에게 자신의 진정한 욕구와 능력을 정직하게 밝히지 않거나 심지어 숨기려는 동기가 생길 것이다. 즉, 이러한 체제는 체제를 악용하려는 동기를 만들어내며, 사람들에게 이를 하지 않도록 교육하는 것은 물질적 비용과 자유의 측면에서 매우 많은 비용이 들고, 완전히 불가능하진 않으나 적어도 매우 어렵다. 둘째는 정체, 즉 혁신하거나 변화를 꾀할 동기 부족의 문제다. 마지막으로, 중앙계획자가 각자의 욕구와 능력을 외부적으로 평가해 노동 기여와 재화 분배를 할당한다면, 그로 인해 자유가 완전히 박탈될 것이다. 다음 두 소절에서는 이러한 문제들, 즉 혁신의 동기와 자유에 대해 논의하겠다.

자본주의, 생산 효율성, 혁신

인간 삶의 질을 크게 향상시키는 자본주의의 성공에 대한 두 번째 설명은 생산자들이 점차 더 나은, 더 저렴한 상품을 만들도록 제공하는 동기에서 비롯된다. 물론 자본주의의 생산적 측면은 널리 인정되고 있지만, 자본주의가 어떻게 생산적 효율성을 창출하는지에 대한 설명을 되짚어볼 가치가 있다. 표준 신고전주의 경제 이론에 따르면, 경쟁 산업의 기업들은 한계 비용이 한계 수익과 같아질 때까지, 즉 마지막 생산물의 비용이 그것을 판매할 수 있는 가격과 같아질 때까지 생산한다. 이는 또한 누군가 더 저렴하게 생산할 수 있는 방법을 찾으면 더 많은 상품을 판매하고 더 많은 이윤을 창출할 수 있음을 의미한다(다만 이 이론에 따르면 시장이 완전히 포화되면 '경제적 이윤'은 없고, 단지 자본과 노동에 대한 정상적 수익만 남는다). 따라서 기업들은 점점 더 저렴하고 더 많은 양의 상품을 생산하려는 동기를 갖는다. 이에 대해 자본주의의 문제는 오히려 너무 효율적이라는 점이라는 반론이 있을 수 있다. 이 반론은 두 가지 형태로 제기된다. 첫째, 생산 비용을 줄이려는 과정에서 노동자에게 지불하는 임금이 점점 낮아질 것이다. 이것이 빈곤화 반론이다. 둘째, 아무도 실제로 필요로 하지 않는 상품이 생산될 것이다. 이를 폐품처리장 반론이라 부를 수 있다.

빈곤화 반론은 자본이 점점 더 저렴한 노동을 찾아내 고용하려 하며, 이로 인해 노동자들이 점점 더 낮은 임금을 받아들이도록 경쟁하게 만드는 '하향 경쟁(race of the bottom)'이 일어난다고 주장한다. 이 주장은 실업 상태에 있는, 상호 교환 가능한 노동력이 대량으로 존재하며, 자본이 이 노동력을 마음대로 착취할 수 있다는 가정에 기반한다. 그러나 실제로는 이러한 상황이 정확히 벌어지진 않는다. 다만 여성과 아동이 종종 이러한 방식으로 착취당한다는 점에서 이는 자본주의에 대한 페미니스트 반론의 핵심에 해당한다. 노동자들이 자신의 생활 방식이 부과하는 다른 제약 내에서 가능한 한 가장 높은 임금을 추구한다는 것은 확실히 사실이다. 자본은 다른 기업들과 노동력을 놓고 경쟁해야 하며,

따라서 적정 임금은 다른 기업들이 얼마나 존재하는지, 그리고 제시된 임금을 받지 않으려는 사람들이 사회에서 어떤 다른 선택지를 가질 수 있는지에 달려 있다. 외부 선택지가 더 좋을수록 노동자는 더 나은 위치에서 더 높은 임금을 요구할 수 있다. 반대로 자본의 이동성이 더 높을수록, 외부 선택지가 더 나쁘고 임금 요구가 더 낮은 지역의 노동자를 찾아내는 능력도 더 커진다. 결국 낮은 임금을 기꺼이 받아들이려는 실업자들은 그 낮은 임금을 벌 때가 아무것도 벌지 못할 때보다 더 낫다고 추정한다. 따라서 이 문제를 어떻게 해결하는지는 이론적으로 분석할 수 없고 경험적으로 결정해야 한다. 그렇기에 진정한 도덕적 질문은 이것이다. 자본주의는 가장 취약한 여성과 아동에게 더 나은 선택지를 제공하는가? 국제 무역 경제학자들의 주요 연구 결과 중 하나는, 새로운 국제 기업이 개발도상국 시장에 진입할 때 해당 지역 전체의 임금이 상승한다는 것이다.[93] 이는 더 많은 자본주의적 무역과 생산이 임금 상승을 가져온다는 것을 시사한다. 경우에 따라 정부는 노조를 불법화하거나 파업을 금지하는 등 자유시장이 지원하지 않는 방식으로 인위적으로 임금을 낮추고 생산 수준을 높이기 위해 개입할 수 있다. 이는 의심할 여지 없이 세계 여러 곳에서 일어나지만, 이는 정부의 정치적·사회적 억압의 결과이며 자본주의 체제 **자체**를 비난하기는 어렵다. 비유하자면 공산주의 지도자들의 정치적 억압을 사회주의 경제 체제 탓으로 돌리는 것과 같다. 모든 경제 체제는 부도덕하지만 강력한 지도자가 체제를 악용하고 국민을 억압할 가능성을 열어둔다. 반면에 정부는 기업에 세금 감면이나 기타 국내 유치를 위한 인센티브 제공 등 임금을 인상하는 방식으로 상호작용할 수 있다. 사회주의 체제든 자본주의 체제든 정부는 국민에게 반응해야 하며, 어떤 경제 체제를 감독하든 많은 이익을 창출할 수도 많은 해를 끼칠 수도 있다.

폐품처리장 반론은 자본주의가 쓸모없는 쓰레기를 많이 만들어 지구를 엉망으로 만들며 물질주의적이고 영혼 없는 사람과 문화를 만든다고 주장한다.[94] 나는 이러한 우려에 공감하며, 상품 물신주의 관련 비판은 뒤에서 더 자세히 논의하겠다. 그러나 나는 이 반대 의견이 취할 수 있는 두 가지 형태를 구분해, 하나는 심각하지만 제대로 계몽된 자본주의라면 대답할 수 있고, 다른 하나는 거부할 수 있다고 보고 이에 대응하고자 한다. 첫째, 환경 문제는 많은 상품이 노후화될 때 부정적 외부효과를 발생시키기 때문에 생긴다. 이러한 외부효과는 상품 폐기 후 재활용 및 정화에 대한 세금을 통해 어느 정도 내재화할 수 있다. 소비자에게 청소 비용을 세금으로 부과하면 재화의 진정한 사회적 비용이 가격에 드러나고 생산량 및 판매량이 줄어든다. 그러면서 더 많은 자원이 재사용 및 재활용 노력에 투입될 것이다. 기업들은 더 깨끗하고 저렴한 재활용 제품을 만들고, 다른 기업들은 다른 방식으로 제품을 재사용하는 데 특화하도록 인센티브를 제공받을 것이다. 요컨대 부정적 외부효과로 인한 비용을 거래 당사자가 아닌 사람들이 부담하는 것을 방지하는 법률 및 규제와 함께 시장 메커니즘을 통해 많은 일을 할 수 있다. 둘째, 폐품처리장 반론은 부분적으로 미학적 반대이기도 한데, 나는 여기에 공감하지 않는다. 사람들은 보통 자신이 아닌 다른 사람들이 너무 많은 물건을 가지고 있다고 생각한다. 그러나 자유주의자가 된다는 것은 일정 부분 다른 사람의 불쾌한 행동과 삶의 방식을 용인하는 대가로 자신의 그런 면도 용인하는 것이다. 결국 한 사람의 폐품처리장은 다른 사람의 수집품 대상이다.

그러나 생산적 효율성보다 더 중요한 것은, 내가 기업가적 자본주의를 설명할 때 주장했듯이, 올바른 조건하에서 자본주의는 완전히 새로운 방식으로 문제를 혁신하고 해결할 동기를 제공한다는 점이다. 진정한 혁신은 위험 감수를 수반하는데, 그 정의상 혁신은 예상을 뛰어넘는 완전히 새로운 것을 시도하는 것이며 조롱받거나 무시당할 수도 있기 때문이다. 일련의 성공적인 혁신을 위해 비판적인 대중으로부터 이러한 종류의 위험 감수를 이끌어내려면 동기가 필요하다. 자본주의는 엄청난 부의 가능성을 동기로 제공한다. 다른 체제에서는 명예나 지위 같은 다른 동기를 제공할 수도 있지만, 이는 가시적이지 않고 많은 위험을 감수하는 사람들을 끌어내는 데 효과적이지 않을 수 있다. 또한 어느 정도 성공한 혁신이나 작은 개선으로 입증된 혁신은 적어도 부분적인 보상을 얻을 수 있다.

기업가적 자본주의에 대해 두 가지 반론이 제기될 수 있다. 첫째, 부의 불평등을 심화시킨다는 점, 둘째, 새로운 혁신으로 인해 기업이 도태될 때 불안정성을 초래한다는 점이다. 각각에 대해 차례로 설명하겠다. 첫째, 기업가적 자본주의 국가에서 부의 불평등이 매우 높은 것은 사실이지만, 현재 이들 국가의 소득 불평등이 가장 높은 것은 아니라는 점에 주목할 필요가 있다. 앞서 언급했듯이 소득 불평등이 가장 높은 국가는 나미비아나 시에라리온 같은 매우 가난한 국가들이다. 대부분의 선진 자본주의 국가는 지니계수가 훨씬 낮다. 그러나 자본주의 국가 중 지니계수가 가장 높은 국가는 미국·싱가포르·홍콩으로 기업 활동에 가장 우호적인 곳들이다. 둘째, 부의 불평등은 빌 게이츠(Bill Gates)와 J. K. 롤링(J. K. Rowling)을 고려할 때 실제로 매우 크지만, 이런 이들은 극소수이며, 그들의 큰 재산이 다른 사람을 더 가난하게 만드는 일은 거의 없다. 실제로 빌 게이츠와 멜린다 게이츠(Melinda Gates)의 재단처럼 자선 활동을 하는 사람들은 자신의 부를 활용하여 전 세계 빈곤층의 복지에 큰 기여를 한다. 국가 내 및 국가 간 평균 가계 자산을 고려할 때, 부의 불평등이 가장 높은 곳은 국가 내, 즉 다양한 경제 체제 안이다.[95] 이는 그 근원이 무엇이든 정치 권력이 한 사회의 소득 및 부의 불평등을 야기하는 원인 중 큰 부분을 차지하며, 그것이 문제인 한 정치적 해결책이 필요함을 시사한다. 마지막으로, 부의 불평등이 사회적 불안정을 야기할 수 있지만, 실제로는 빈곤이 근본 문제다. 내가 주장한 것처럼 자본주의 발전이 빈곤에 대한 해결책을 제공한다면, 그것은 사회적 불안정과 인간의 비참함을 초래하는 많은 문제(열악한 건강, 부적절한 교육, 실업)의 근본을 공격하는 것이다.

기업가적 자본주의는 새로운 기술이 도입되고 그 기술을 활용하는 기업이 기존 기술을 바꾸지 못한 기업을 대체할 때 특유의 불안정을 만들어낸다. 기존 기업들이 사업을 정리하고 노동자를 해고하며 제조 공장을 가동 중지하고 더 이상 수요가 없는 상품을 계속 생산할 때, 체제는 기존 자원을 최적으로 활용하지 않거나 파레토 효율의 방식으로 배분하지 않기 때문에 정적 관점에서 비효율적이다. 또 다른 효율성의 개념인 동적 효율성은 새로운 재화와 서비스를 최적으로 창출하는 것을 의미한다.[96] 새로운 종류의 재화, 생산 기술, 서비스는 기존 기술에 자원을 투입할 필요를 없애고 더 나은 수단을 제공한다. 개인용 컴퓨터는 타자기의 필요를 없앴을 뿐만 아니라 정보 기록, 복제, 분석, 커뮤니케이션, 그리고 타자기로는 할 수 없거나 매우 부실하게 수행했던 다양한 작업을 훨씬 개선된 방식으로 수행할 수 있게 했다. (나는 한 문서를 겨우 40~50부 복사할 수 있었던 등사기 냄새를 아직도 기억한다.) 기업가적 자본주의는 혁신을 촉진함으로써 역동적 효율성을 강화한다.

자본주의 시장과 자유

자유는 자본주의 최고의 매력이다. 애덤 스미스 같은 자본주의의 초기 지지자들뿐만 아니라 밀턴 프리드먼과 아마르티아 센처럼 다양한 정치적 동기를 가진 현대 경제학자들 역시 이러한 이유로 자본주의를 옹호해왔다. 효율성 및 생활 수준을 향상시키는 능력은 자유시장을 유지해야 하는 중요한 이유이며, 이는 센이 찬미하는 자유의 한 측면이지만, 자본주의가 제공하는 자유는 고유한 가치가 있으며 자유를 구성하는 일부다. 센의 주장에 따르면, 시장의 효율성과 상관없이 "시장 거래의 자유에 대한 보다 직접적인 근거는 그 자유 자체의 기본적 중요성에 있다."[97] 이러한 자유를 확보하는 것이 제1세계의 중상층 남성에게는 단순하고 간단한 일이지만, 전통적 규범에 억압받는 여성과 기타 사람들에게는 시장에서 거래할 자유가 훨씬 더 넓은 범위에서 해방적일 수 있다. 따라서 나 또한 자본주의가 여성의 자유를 증진한다고 주장할 것이다.

자본주의의 자유시장 체제는 세 가지 방식으로 자유를 증진한다. 전통적으로 교환의 자유는 자유의 기본 형태로 간주되었으며, 간섭을 잘못으로 본다. 이러한 의미에서 교환의 자유는 표현·집회·언론·양심의 자유처럼 기본적이고 소극적인 자유다. 시장의 도덕성을 옹호하는 자유주의자 제럴드 가우스(Gerald Gaus)는 자본주의에서 자유주의적 자유의 사례를 다음과 같이 요약한다. "고전적 자유주의가 시장 관계를 포용하는 이유는 (1) 본질적으로 자유롭고 (2) 개인의 실제 선택을 존중하며 (3) 경쟁하는 목적·상품·가치 사이의 적절한 선택에 대한 다양한 개인의 합리적 결정을 정당하게 표현하기 때문이다(물론 이런 이유 때문만은 아니다)."[98] 시장의 자유는 밀의 유명한 말처럼 개인을 자유로운 선택자이자 자신의 '삶의 실험'을 설계하는 사람으로 존중하는 데 필요하다.[99] 그러나 자유시장은 사람들이 가치 있는 것을 선택할 수 있도록 물질적 부를 증가시켜 기회를 제공한다는 긍정적 측면도 있다. 시장이 촉진하는 적극적 자유의 또 다른 측면은 사람들이 의사결정자로서 자율성을 개발하고 억압적인 전통적 역할에서 벗어날 기회를 찾을 수 있다는 점이다. 또한 시장은 사람들이 서로를 모르거나 상대방을 배려할 다른 전통적 이유가 없는 경우에도 상호 이익이 되는 방식으로 상호작용할 수 있게 해준다는 점에서 논란의 여지가 있는 세 번째 자유를 촉진한다. 나는 이러한 의미의 자유를 '사회적 자유'라고 부른다. 소극적이든 적극적이든 사회적이든 각각의 방식에서 시장은 여성에게 많은 것을, 경우에 따라서는 훨씬 더 많은 것을 제공한다. 여성은 전통적 역할로 인해 제한된 가족 생활에 갇혀 있고, 가족 생활의 혜택과 부담을 공정하게 분배받지 못하며, 지역사회에서 이등 시민으로 취급받아왔기 때문이다. 앞서 살펴본 것처럼 자본주의는 이미 소극적 자유와 적극적 자유의 영역에서 큰 발전을 가져왔지만, 낡은 것을 파괴하고 새로운 형태의 공동체를 창조하는 자본주의의 능력은 아직 실현되지 않은 자유의 비전을 제시한다. 이어서 나는 세 가지 의미의 자유를 각각 살펴보고 자본주의가 자유의 실현과 어떻게 연관되는지 살펴보겠다.

소극적 자유는 간섭받지 않을 자유이며, 이러한 자유에는 일반적으로 시민적·정치적 자유뿐만 아니라 시장 거래에 참여할 수 있는 경제적 자유와 합법적으로 소유한 재산을 사용하거나 이익을 얻을 수 있는 자유도 포함된다. 내가 자본의 사적 소유, 자유 임금 노동, 개방 시장 조건이라는 측면에서 자본주의의 특징을 정의할 때, 뒤의 두 자유—교환의 자유와 자신의 재산을 사용하거나 이익을 얻을 수 있는 자유―는 자본주의의 특징적 자유에 속한다고 할 수 있다. 또한 나는 소극적 자유의 또 다른 측면인 차별의 제약으로부터의 자유도 추가했다. 이 글의 서두에서 논의한 어떤 형태든 내가 옹호하는 계몽된 형태든 자본주의 체제는 거래에 제약을 가한다. 시장이 효율적으로 제공하지 못하는 공공재를 제공하기 위해 정부가 세금을 부과하거나, 거래 당사자들이 무시하여 방관자들에게 손해를 끼치는 부정적 외부효과를 내재화하기 위해 세금을 부과하는 것은 거래에 대한 합법적 제약이다. 일부 상품의 품질을 인증하기 위해 고안한 합리적인 거래 제한도 마찬가지다. 그러나 자본주의는 정의상 사업을 시작하거나 닫을 자유, 최고 입찰자와 노동력을 계약할 자유, 거래 상대방의 사회적 지위를 고려하지 않고 상품을 교환할 수 있는 기본적 자유를 옹호한다. 농노·노비·노예의 소극적 자유는 관습이나 법률에 방해받지 않고 주인을 떠나 자유롭게 임금 노동에 종사할 수 있는 자유다. 비차별 제약도 이러한 자유에 포함되며, 태어날 때 정해지고 자신의 재능이나 능력과는 무관한 신체적 특징으로 인해 제약받지 않을 자유다.

센의 설명에 따르면, 소극적 자유를 지키기 위해, 다시 말해 폭정과 노예제도에 저항하기 위해 현재 자유시장에 필요한 네 가지 방법이 있다.[100] 첫째, 전통적인 윗사람한테서 벗어나 임금 일자리를 구할 수 있어 전통적인 노동의 속박에서 벗어날 수 있다. 많은 농촌 지역에서 사람들은 전통적인 지주를 위해 땅을 경작하지만, 노동력 시장은 이러한 속박에서 벗어날 수 있게 해준다. 자본주의가 제공하는 이 자유는 마르크스도 봉건제에 비해 개선된 것으로 인정한 자유다. 봉건제에서 농노는 자신의 처지와 삶의 방식에 대해 선택의 여지가 없었다. 둘째, 동유럽과 구소련의 공산주의, 그리고 북한과 쿠바에 여전히 존재하는 공산주의는 교환에 참여하거나 거주지를 선택할 자유를 부정했다. 이러한 자유들이 이제는 덜 제한되었다고 해서, 그것들이 자본주의가 보장하는 중요한 소극적 자유임을 인식하는 것이 덜 중요해지는 것은 아니다. 셋째, 자유시장은 아동을 강제 노동에서 해방시키는 데 도움이 된다. 남아시아 일부 지역의 아동은 더 높은 신분의 남성에게 속박되어 부모에게 지불된 아주 적은 돈 때문에 카펫이나 벽돌을 만드는 일을 강요당하기 쉽다. 아동 노동의 주된 이유는 부모의 빈곤이다. 부모가 노동으로 더 많은 돈을 벌 수 있는 곳에서는 자녀를 학교에 보낸다. 부모가 여전히 너무 가난하거나 근시안적이거나 학교가 부족하더라도 자녀가 노동으로 임금을 벌 수 있다면 수입도 없고 가혹하고 폭력적인 대우에 저항할 능력도 없는 예속 상태보다 나을 수 있다. 넷째, 여성의 시장 고용은 여성의 경제적 자립과 가정 내 분배를 개선하는 데 결정적으로 중요하다. 외부 고용은 여성이 남성들에게 직접적으로 얽매이지 않을 기회를 제공한다. 그 덕분에 여성들은 가족 재산과 수입의 더 나은 분배를 위해 협상할 수 있을 뿐 아니라 집안일 부담을 줄이거나 다른 사람에게 돈을 주고 일부 일을 맡길 수 있다. 남성과 같은 직종에서 일할 수 있는 기회는 결국 성별 구분을 없애거나 성별 구분을 줄여 지위 면에서 더 평등하게 만든다. 이런 식으로 여성의 소극적 자유를 확대하면 적극적 자유도 확대되는 경향이 있다.

적극적 자유는 두 가지 다른 방식으로 정의된다. 하나는 단순히 개인이 자유라는 이름에 걸맞게 충분히 좋은 선택을 하며 삶을 살아가는 데 필요한 긍정적 지원으로, 다른 하나는 자율적이거나 스스로 법을 만들 수 있는 인격의 내적 자질도 포함하는 것으로 정의할 수 있다. 먹을 것이 충분하지 않거나 신체적 건강과 안전을 걱정해야 하는 경우, 또는 적절한 교육을 받지 못한 경우 일반적으로 자신의 삶을 계획하거나 원칙에 따라 생활할 수 있는 역량을 개발하기 어렵다는 점에서 이 두 가지는 서로 연결돼 있다. 자율성의 의미에서 적극적 자유는 완전히 제약받지 않는 행동이 반드시 자신의 욕구가 촉발한 행동은 아니라는 점을 인정한다. 그리고 사회적 지원의 의미에서 적극적 자유는 자신의 욕망에 따라 행동할 수 있는 (물질적·심리적) 기반이 없으면 자유가 있을 수 없음을 인정한다. 센은 이것을 자유의 과정과 기회 측면이라고 언급한다.[101] 이 책에서 나는 어느 쪽이 더 제대로 된 적극적 자유인지에 대해 특정한 입장을 취하지 않으며, 두 가지 모두 분명히 바람직하다고 설명한다. 대신 나는 자본주의가 두 가지 의미의 적극적 자유를 모두 지원하지만 반드시 보장하지는 않는다고 주장한다. 첫 번째 의미에서 자본주의는 사람들이 자신의 생계와 물질적 안녕을 확보할 수 있는 능력을 지원하지만 보장하지는 않는다. 앞서 살펴본 바와 같이 자본주의는 평균 수명을 늘리고 건강을 개선하며 출생률과 아동 사망률을 감소시켰다. 부의 증가는 교육 수준의 증가와도 상관관계가 있으며, 출생률 감소는 특히 여성 교육의 증가와 상관관계가 있다.[102] 고도로 협력적이고 사회적인 생산 형태인 자본주의는 사회적으로 조율되고 규제된 노력을 필요로 하다. 따라서 자본주의는 결과뿐만 아니라 설계에 있어서도 분명히 사회적 제공의 한 형태. 자본주의는 특정 개인이 자율성을 개발하거나 행사할 수 있도록 보장하는 것이 아니라, 자신의 물질적 행복 수준을 계획하고 높일 수 있는 기회를 제공함으로써 자율성을 위한 외부적 지원을 제공한다. 특히 자본주의는 개인이 자율적 욕망을 발전시킬 것이라고 보장하지 않으며, 어떤 면에서는 비자율적 욕망 또는 칸트가 이타적 욕망이라 불렀던 것을 장려한다고 볼 수 있는데, 이 점은 6절에서 다시 다룰 것이다.

그러나 자본주의에 대한 가장 중요한 반론은 자본주의가 부와 소득의 극심한 불평등을 초래한다는 점이다. 이러한 불평등이 절대적 빈곤을 동반하여 사람들이 제대로 된 삶의 방식을 선택할 수 없게 한다면, 이는 분명히 실패한 것이다. 하지만 자본주의는 사회 내 물질적 부의 전반적인 수준을 높여 이러한 극빈 문제를 해결할 가능성을 열어준다. 시장 상호작용이 불평등을 초래한다는 사실 자체는 자유를 부정하는 것이 아니다. 그러나 이는 권력의 불평등으로 이어져 적극적이고 사회적인 비자유를 초래할 가능성을 제기하며, 실제 세계에서는 다양한 방식으로 이러한 문제가 나타난다. 아마도 가장 심각한 형태는 명목상 민주주의 국가에서 부가 정치적 영향력을 사들이는 경우일 것이다.

불평등에 대한 주제를 떠나기 전에, 자본주의만이 극심한 불평등을 초래하는 유일한 체제가 아님을 지적하는 것이 중요하다. 자본주의가 그렇게 하는 방식은 다른 체제에서는 받아들일 수 없는 방식이다. 북한과 같은 사회주의 전체주의 체제는 자원을 통제하는 정치 권력을 통해 극심한 부의 불평등을 만들어낸다. 지도자와 그 측근들은 막대한 부를 누리지만, 대부분의 국민은 기아의 위기에 처해 있다. 소련과 중국의 공산주의 체제 역시 일반 시민과 비교할 때 지도자들의 과도한 소비와 사치로 악명 높았으며, 소련에서는 자동차를 소유하려면 반드시 당원이 되어야 했다. 전통 사회들도 그다지 다르지 않다. 많은 전통 사회에서 가부장들은 부유하지만 젊은이들과 권력이 미약한 이들은 훨씬 적은 대가를 위해 노동한다. 그러나 이 모든 경우에서 부는 생산적 노력으로 얻어진 것이 아니라 정치적 통제, 그리고 때로는 상속을 통해 이루어진다. 북한의 지도자가 단순히 이전 지도자의 아들이라는 이유로 권력을 잡고 있는 반면, 세계에서 가장 부유한 자본가들은 이전 세대의 부유한 계층에서 태어난 것이 아니다. 빌 게이츠와 워런 버핏(Warren Buffet)이 중상층 가정에서 태어난 것은 사실이지만, 그들의 막대한 부는 상속이 아닌 혁신·기술·재능으로 얻은 것이다. 이는 부의 불평등이 문제가 아니라는 뜻도 아니고, 자본주의에서 큰 부를 성취할 기회가 공정하게 분배된다는 뜻도 아니다. 실제로 공정하지 않으며, 이것은 심각한 도덕적 문제다. 하지만 사회주의와 전통 사회도 적어도 부와 권력의 불평등 측면에서 똑같이 어려운 문제에 직면해 있다는 점을 지적하려는 것이다. 이 글의 마지막 절에서는, 계몽된 자본주의가 절대적 빈곤에 이르는 불평등이나 정치적·사회적 불평등을 초래하여 자유를 부정하는 불평등을 더 잘 해결해야 한다고 주장할 것이다. 또한 삶의 좋은 선택지를 배제하지 않는 불평등이 개인의 적극적 자유를 심각하게 방해하지 않는다는 점도 중요하다. 무엇보다 자신의 프로젝트를 추구할 만큼 충분히 자유롭기 위해 모든 가능한 세상 중 최고의 세상에 살 필요는 없다.

자율성으로서 적극적 자유는 자신이 살고 있는 사회 구조에 조종당하지 않아야 한다. 자신의 욕망은 자신의 것이어야 하고 자신의 신념은 합리적으로 생성된 것이어야 온전히 자율적인 행동이 될 수 있다. 이런 방식으로 소극적 자유와 적극적 자유를 구분한 이사야 벌린(Isaiah Berlin)은 궁극적으로 적극적 자유의 개념을 거부하는데, 그 이유는 적극적 자유의 위반을 주장하려면 개인이 인정하지 않는 욕망을 개인에게 강요해야 하기 때문이라고 그는 주장한다.[103] 정부가 적극적 자유를 보장하기 위해서는 시민들에게 선을 제시하고 그것을 추구하도록 유도해야 하며, 장자크 루소의 유명한 표현을 빌리자면 시민이 자유로워지도록 강요해야 한다. 자유주의자인 벌린은 자유란 단순히 개인의 주어진 선호에 아무런 장애를 주지 않는 것이라고 주장한다. 벌린은 적극적 자유가 전체주의적 위협을 내포한다고 결론지었다.

벌린의 주장은 자본주의를 옹호하는 사람들이 흔히 인용하는 자유주의적 주장이지만, 나는 벌린의 적극적 자유와 소극적 자유의 구분이 잘못되었으며 자율성의 의미에서 적극적 자유는 자본주의에 적대적이지 않다고 주장하고 싶다. 특히 여성과 기타 억압받는 집단은 자신이 할수 있고 될 수 있는 것에 대한 사회적 제약으로 인해 발생하는 자유에 대한 내적·심리적 장애에 주목하는 것이 중요하다. 소극적 자유와 적극적 자유는 두 가지 이유로 쉽게 구분할 수 없다. 첫째, 한 사회 집단에 소극적 자유가 지속적으로 부족하면 그 집단에 속한 개인이 심리적으로 해를 입어 적극적 자유가 부족해진다. 둘째, 정부가 개인의 이익을 대변할 수 있다는 생각은 전체주의의 유령을 떠올리게 하지만, 그 사실이 실행 가능한 대안에 대한 비전 부족으로 개인의 자유가 침해될수 있다는 주장을 무효화하지는 못한다. 미래에 자유를 얻을 수 있는 명확한 방법이 없다면 자유가 부족할 수 있다. 소극적 자유의 침해는 적극적 자유의 침해가 수반하는 종류의 피해로 넘어가는 더 깊은 피해를 초래하는 것으로 밝혀졌다.

억압의 피해자들, 특히 여성의 경우가 그렇다.[104] 여성은 인종, 계급, 문화, 시대적 배경 등 남성은 고려할 필요가 없는 다양한 사회적 규범·기대·동기의 제약 속에서 살아가야 한다고 확신하는 경우가 많다. 허위의식·수치심·고정관념 때문이건 트라우마 때문이건, 이런 종류의 내부적 제약은 페미니스트들이 가장 우려해야 할 적극적 자유에 대한 침해다. 자본주의는 독립과 사회적 권력을 위해 친족과 전통적인 공동체 규범을 벗어나는 선택지를 제공함으로써 여성이 이러한 제약에서 벗어날 길을 열어준다. 특정 여성이 가정 밖에서 일하거나 기업가로서 시장에서 경쟁하는 것을 선택하지 않더라도, 자본주의하에서 여성에게 이러한 선택권이 있다는 사실은 모든 여성의 자유를 증진한다. 여성이 할 수 있다고 여겨지는 일의 범위가 넓어지면 여성이 열등하다는 느낌을 줄일 수 있으며, 이는 더 넓은 사회적 환경에서 여성의 자신감을 높일 수 있다. 이는 여성들이 무능력하다는 생각이 거짓임을 드러내며, 여성들이 부당한 대우와 폭력에 맞설 수 있도록 돕는다.

많은 철학자가 소극적 자유와 적극적 자유를 매우 유사한 방식으로 인식하지만, 세 번째 자유 개념은 여러 철학자가 전혀 다른 방식으로 제시했다. 퀜틴 스키너(Quentin Skinner)의 세 번째 자유 개념은 생각과 표현의 자유에 대한 지속적인 위협이 없는 것이다.[105] 스키너는 이를 위해서는 강압적이지 않은 정부가 존재하거나 정부에 의한 지배 위협이 없어야 한다고 주장한다. 그러나 이러한 형태는 합법적 형태의 강압을 의미하는 한 정부 간섭으로부터의 소극적 자유로 축소될 수 있다. 합법적 정부는 전체 이익을 보장하거나 그러한 보호에 대한 정당한 권리를 가진 타인의 보호를 위해 합법적으로 강압적인 조치를 적용할 수 있다. 토머스 스캔론(Thomas Scanlon)의 표현대로 합리적인 사람은 누구도 거부할 수 없는 조치라면 말이다. 스키너는 이를 배제하려는 것이 아니라 부당한 강압을 배제하려는 의도가 분명하다. 그러나 이는 이미 소극적 자유의 개념에서 다루고 있는 것으로, 정부에 의해 강압적으로 지배당하는 사람은 부정적 의미에서 자유롭지 못하다. 그러나 강압적인 정부의 지배에 위협받는다고 해서 자유롭지 않다고 말하는 것은 지나치다고 할 수 있다. 이런 의미에서 스키너의 세 번째 자유 개념은 자유를 비지배로 보는 필립 페팃(Philip Pettit)의 견해와 유사하다. 둘 다 위협을 가할 수 있는 (암묵적인) 능력을 강압적인 위협과 같은 것으로 간주하는 오류를 범하고 있다.

이 세 번째 의미의 자유가 강압이나 지배의 위협으로 손상된다면 자유시장은 이런 의미에서 자유롭지 않다. 그러나 스키너와 페팃은 자유의 개념에 대해 너무 많은 것을 주장한다. 가우스에 따르면, 그것은 '~할 수 있는 힘(power to)'과 '지배하는 힘(power over)'을 구별하지 못한다.[106] 부는 많은 거래를 할 수 있는 힘을 주지만, 다른 사람이 원하지 않는 거래를 강요하여 그 사람의 자유를 제한함으로써 다른 사람에게 지배력을 행사할 능력을 주지는 않는다. 고전적 자유주의자들은 강제, 사기, 강압적 위협이 없는 한 시장 거래는 자유롭다고 주장하지만, 페팃은 자유에는 비지배가 필요하며 (재정적 영향력, 기술적 우위, 정치적 권력 등) 다른 사람에게 권력을 행사할 능력이 있으면 다른 사람을 지배한다는 주장으로 이를 부정한다. 지배를 피하려면 반(反)권력을 가져야 한다는 것이다. 법치주의는 반권력을 제공한다. 가우스에 따르면, 시장은 필연적으로 부와 소득의 불평등을 초래할 것이고, 더 큰 성공은 잠재적으로 다른 사람에게 권력을 행사할 수 있게 하기 때문에 페팃이 이해하는 시장에는 항상 지배가 수반되므로 그의 견해는 심오하게 반시장적이다. 따라서 시장은 지배의 관계로 가득 차 있다. 결국 이 분석에 따르면 빌 게이츠를 제외한 모든 사람이 지배를 받고 있다. 또한 동등한 사람들은 서로를 공격할 능력이 동등하기 때문에, 우리 모두가 목적을 달성할 수 있는 동등한 힘을 가졌다면 우리 모두는 자유롭지 않을 것이다. 이러한 분석은 지배 개념을 사소화한다. 스키너나 페팃이 자유를 단순히 적극적 위협이나 지배가 없어야 한다는 의미로 이해한다면, 적극적 위협이나 지배는 개인의 기본권인 시민적·정치적 권리와 재산권에 대한 직접적 제약이므로 이러한 요건은 이미 소극적 자유에 수반한다고 볼 수 있다. 그러나 스키너나 페팃의 견해를 잠재적 위협이 있을 수 없다는 의미로 받아들인다면, 그들의 자유 개념은 이러한 사소성 반대의 희생양이 될 수 있다. 그리고 이러한 개념이 적극적 개념이라면, 즉 개인이 사회적 협력에 충분히 참여할 수 있도록 사회적 지원이 필요하다면, 이러한 개념은 적극적 자유로 환원될 수 있다.

벌린은 자신이 식민지의 억압받는 사람들의 주장에서 발견한 제3의 자유에 대해 논의하고 이를 거부했다. 이 제3의 자유는 장폴 사르트르와 프란츠 파농(Frantz Fanon)과 같이 식민지 억압에 대해 글을 쓴 철학자들의 글에서도 나타났다. 억압에서 자유로워지기 위해서는 항의의 자유와 같은 소극적 자유들과 적극적 자유가 필요하다. 진보주의자들은 "소극적 자유란 정체성을 불안정하게 하고 규범을 차단할 수 있는 능력"이라고 말한다.[107] 신시아 윌렛(Cynthia Willett)의 《제국 시대의 아이러니(Irony in the Age of Empire)》에서 옹호한 이 형태의 자유는 자신이 속한 집단 내에서 사회성과 소속감을 추구하고, 외부인으로부터 자신이 속한 사회 집단과 그 독특한 가치와 규범을 인정받고자 하는 욕구다. 그녀는 이 세 번째 형태의 자유를 '연대'라고 부른다. 하지만 윌렛이 말하는 세 번째 자유인 연대는 이전 두 개념보다 더 많은 것을 필요로 한다. 특히 개인이 저항하고 스스로를 자유롭게 할 수 있는 능력을 넘어서는 사회적 유대가 존재해야 한다는 것이다. 나는 사회적 유대가 아무리 좋게 느껴지더라도 이것이 자유의 한 형태라는 생각에 저항하고 싶다. 왜냐하면 많은 경우 사회적 유대는 자유를 억압하는 바로 그 힘이기 때문이다. 연대의 유대는 할 수 있게도 하고 못 하게도 한다. 첫 번째인 할 수 있게 함은 진정 자유이지만, 두 번째인 제약은 자유가 아니다. 그것은 연대의 어둡고 배타적인 측면이다. 윌렛은 사회적 연대가 형성될 수 있는 특정 조건을 받아들이지 않는다. 코넬 웨스트(Cornel West)가 제3의 자유의 한 형태로서 핵가족 규범에 호소하는 것은 윌넷에게 의심을 불러일으킨다. 그녀는 "희생의 미덕에 대한 웨스트의 호소는 여성을 가부장적 통제에 종속시키지는 않겠지만 우리가 원하는 해방의 구호처럼 들리지는 않는다"고 말한다.[108] 그러나 여기서 그녀의 의심은 왜 그녀가 사회적 유대를 자유와 일치시키려 하는지에 대해 의문이 들게 한다. 자유의 개념이 불안의 원천에서 비롯된 것이라면, 특정 공동체의 규범을 따라야 한다는 요구보다 더 불안감을 유발하는 것은 없고, 그 공동체에서 탈퇴할 기회도 거의 없다.

나는 사회적 유대를 추구하거나 거부할 자유를 원하지, 이를 추구하거나 상상하는 것을 방해하는 타인에게 지배당하거나 제약되는 위험을 원하지 않는다. 이는 여성처럼 여러 세대에 걸쳐 억압받아온 사회 집단의 구성원에게 무척 중요하다. 이러한 사람들은 자신에게 가능한 것에 대해 제한된 비전을 가지며, 다른 사람들이 세웠지만 내부적으로 강화된 이러한 제약을 넘어서는 것을 볼 수 있어야 한다. 그럼에도 적절한 상황, 즉 각 개인의 자율성을 허용하고 지지하는 사회적 조건이 조성되면 세 번째 형태의 자유가 나타날 수 있는데, 이를 나는 '사회적 자유'라고 부른다. 사회적 자유는 한 번에 한 명씩만 고려하는 것이 아니라 각 개인의 필요를 고려함으로써 적극적 자유를 초월한다. 자율성을 위해서는 자유로운 자아 개발을 방해하는 억압적인 사회적 제약이 없어야 한다. 체계적 폭력, 경제적 차별과 분리, 사회적 수치심, 악의적 고

정관념은 자율성을 가장 저해하는 힘들이다. 사회적 자유는 다음 세대를 교육해야 할 집단적 의무를 제기하는데, 이는 그들이 마치 우리 소유이거나 우리의 개인적·유전적·재산적 유산인 것처럼 '우리의 아이들'이기 때문이 아니라 아이들이 자율적인 어른이 되기 위해 자신의 역량을 개발하도록 가르쳐야 하는 단계에 있기 때문이다. 밀은 이러한 방식으로 더 많은 양질의 쾌락을 창출한다는 공리주의적 근거를 들어 이를 주장했다.[109] 다른 도덕 및 정치 이론들도 이 의무를 생성할 수 있다. 예를 들어, 계약론자는 아이들을 이렇게 교육함으로써 상호 이익을 위한 협력의 더 많고 더 나은 기회를 제공한다고 주장할 수 있다. 칸트주의자는 단순히 그것이 아이들을 그 자체의 목적으로 대하는 유일한 방법이라고 주장할 수 있다. 사회적 자유는 롤스식의 '사회적 연합들의 연합(union of social unions)'으로 설명될 수 있으며, 이는 그의 정의의 두 원칙에 따라 구조화된 사회에서 발생한다고 롤스는 주장한다. 또한 이는 각자가 다른 사람들의 성취와 번영을 기뻐하는 것을 포함한다. 나는 이것이 자유로운 개인들의 사회에 해당한다고 본다. 이는 현재의 억압으로부터 자유로울 뿐만 아니라, 그 구성원들이 모든 사람을 억압에서 해방하려고 노력하는 사회다. 그러한 사회에서 개인들은 다른 사람들에게도 선의를 가지고 자신의 선을 추구할 수 있다. 그들은 다양성을 장려하고 다른 사람들의 자유를 증진하려고 노력한다. 그들은 다른 사람들의 성취에 기쁨을 느끼고 공감한다. 더 나아가 그들은 자신의 자유를 다른 사람들의 자유와 연결된 것으로 본다.

자본주의는 사회적 자유를 지지하지만, 적극적 자유와 마찬가지로 이를 보장하지는 않는다. 이는 경제 체제에만 너무 많은 것을 요구하는 것이다. 다른 글에서 내가 주장했듯이 자본주의는 경쟁의 긍정적 측면을 보완한다.[110] 자본주의에서 경쟁이 가치 있는 이유는 다양한 사람들이 부분적으로나마 성공할 수 있기 때문이다. 기업이 수익을 내기 위해서는 제품을 구매할 소비자가 있어야 하고, 그런 소비자가 있으려면 노동을 통해 소비할 만큼 충분한 소득을 얻는 인구가 많아야 하며, 투자하고 새로운 일자리를 창출할 수 있는 일정한 인구도 있어야 한다. 자본주의는 게임 이론가들이 협력적 경쟁이라 부르는 상황, 즉 게임 참가자들이 부분적으로 공유하고 부분적으로 대립하는 이해관계를 가진 상황에서 번성한다. WE1의 제안처럼 각자가 자신의 결과를 극대화하는 동시에 다른 참가자도 더 나은 결과를 얻을 수 있는 전략을 추구할 때 최적 및 균형 결과가 발생한다. 이는 승자가 한 명뿐이고 나머지 모두 패자가 되는 제로섬 게임이나, 각 참가자가 각자 최선의 전략을 추구할 때 사회적으로 차선의 결과가 발생하는 게임(예: 죄수의 딜레마)의 상황과는 극명한 대조를 이룬다.

자본주의와 여성의 지위 향상을 위한 자본주의의 역할에 대한 이러한 낙관론은 부유한 제1세계 국가와 마찬가지로 가난한 개발도상국에도 적용될 수 있다. 센이 주장했듯이 자유는 진보적 관점에서 볼 때 발전을 구성하는 요소인 동시에 그러한 형태의 발전을 위한 도구이기도 하다. 그가 이해하는 발전은 '역량'이라고 부르는 다양한 수준에서 인간 삶의 개선을 필요로 한다. 이러한 역량에는 내가 사람의 이익과 자율성의 요건으로 열거한 능력도 포함된다. 하지만 소극적 자유와 적극적 자유만이 발전을 구성하는 것은 아니다. 사회적 자유도 이러한 자유의 발전에서 비롯된다. 자본주의가 발전의 유일한 길은 아니지만, 경험적으로 볼 때 상대적으로 자유로운 무역을 위한 시장 개방 없이는 발전이 완성되지 않는 것 같다. 센은 1991년 시장 중심 경제로 전환한 중국의 발전을 예로 들며 이를 설명한다.[111] 개혁 이전 중국은 모든 사람을 위한 기본 교육과 의료 서비스를 추구했지만, 민주적 자유가 부족했기 때문에 기근과 사회적 위기에 대한 대응력이 떨어졌다. 중국은 1958~1961년 대약진운동 기간에 3000만 명이 사망하는 엄청난 기근을 겪었다. 센은 1947년 독립 이후 인도에서 기근을 막을 수 있었던 것은 민주주의 덕분이라고 말한다. 그러나 자본주의 시장의 발전으로 중국의 전반적인 소득 수준이 높아져 민주주의의 부재에도 불구하고 또 다른 재앙을 겪을 가능성은 거의 없다.

자본주의 기업이 긍정적인 합의 방식으로 작동할 수 있다는 점은 방글라데시 그라민은행(Grameen Bank)과 프랑스 요구르트 회사 다논(Danone)이 협력하여 설립한 그라민다논(Grameen Danone)의 사회적 비즈니스 사례에서 확인할 수 있다. 이 회사는 방글라데시에서 소규모 지역 공장을 이용해 저렴하고 영양가 높은 요구르트를 생산하고, '요구르트 여성'이라는 판매 네트워크를 통해 인근 마을에 요구르트를 판매하고 있다. 초기 판매를 앞두고 이 여성들을 위한 마지막 교육 연설에서 다논의 대표는 자본주의 무역의 긍정적인 합의 측면을 잘 요약한 격려의 말을 전했다.

요구르트 쇼크티 도이(Shokti Doi) 하나를 판매할 때, 여러분은 많은 좋은 일을 하는 것입니다. 여러분과 여러분 가족을 위해 돈을 벌고, 아이들에게 좋은 영양을 공급하며, 우리에게 우유를 판매하는 농부들에게 일자리를 만들어주고, 우리 공장에서 일하는 노동자들에게도 일자리를 제공합니다. 그리고 여러분은 이 사업의 발전을 돕고 있습니다. 우리가 이곳 보그라에서 성공한다면, 방글라데시의 다른 지역에 또 하나의 공장을 세울 것입니다.

그다음 또 다른 공장을 세우고, 계속해서 확장할 것입니다.[112]

이러한 종류의 비즈니스는 사회 문제를 해결하기 위해 고안한 비즈니스이며, 손익분기점을 달성해야 하지만 투자자에게 배당금을 지급할 만큼 수익을 낼 필요는 없다. 이러한 투자자는 사회적 이익을 자본에 대한 적절한 수익으로 간주한다. 하지만 이는 경쟁이 치열한 시장 내에서 비즈니스가 어떻게 양수겸장이 될 수 있는지를 보여준다. 이 경우 기업은 부유한 소비자의 수요만 충족시키려는 기업들이 간과하는 수요를 충족시키고, 이를 통해 생산자·유통업체·소비자의 욕구를 모두 충족할 수 있다. 물론 사람들은 때때로 자신에게 좋지 않은 것을 욕망하기도 하며, 그러한 욕망을 충족하는 것이 반드시 사회적으로나 개인적으로 좋은 것은 아니다. 자본주의는 많은 사람의 욕망을 충족하는 데 능숙하기 때문에, 자본주의가 너무 많은 좋은 것을 제공함으로써 사람들에게 해를 끼친다는 반론이 제기되기도 한다. 예를 들어, 설탕을 함유한 탄산음료 소비는 미국에서 비만을 확산시켰다.[113] 이러한 욕구 중 일부는 충족하기보다 억제해야 하며, 이를 위해 정부가 조치를 취하는 것은 합리적이다. 그러나 소극적이든 적극적이든 자유를 보존하는 가장 좋은 방법은 사람들이 자신에게 해로운 것을 소비하지 않도록 정보를 제공하는 것이다. 이렇게 하면 법적 금지라는 무뚝뚝하고 값비싼 수단을 사용하지 않고도 해당 제품이 시장에서 사라질 수 있다.

그러나 자본주의가 이상적인 체제이자 현실에서 강력한 힘을 발휘하고 있음에도 여전히 논란의 여지는 있다. 내가 보기에 자본주의에 대한 비판은 대부분 오판이지만, 그중 일부는 우리가 그로부터 더 나은 자본주의 체제를 배우고 구축할 수 있다는 점에서 중요한 오판이다. 4절에서는 자본주의에 대한 비판이 나오는 한 가지 방향, 즉 실존하는 자본주의 체제에 대한 페미니스트 비판을 살펴볼 것이다. 5절에서는 자본주의의 일부 형태가 우리를 어떤 사람들이 되라고 부추기는지에 대해 마르크스주의와 페미니즘의 다양한 생각에서 영감을 받아 내가 자본주의에 대한 가장 깊고 강력한 비판이 무엇이라고 생각하는지 살펴볼 것이다.

4 자본주의에 대한 페미니스트 비판

지난 200년에 걸친 자본주의 시기에 여성들이 권리와 자유를 쟁취하는데 진전이 있었는데도 많은 페미니스트는 자본주의가 페미니즘의 목적을 파괴해왔고 앞으로도 계속 그럴 것이라고 주장한다. 자본주의에 대한 페미니스트 비판은 크게 두 가지 유형, 즉 물질적 비판과 심리적 비판으로 나눌 수 있다. 두 유형 모두 자본주의에 대한 마르크스의 풍부하고 미묘한 비판에서 찾을 수 있지만, 페미니스트들은 젠더라는 렌즈를 통해 마르크스의 이론을 응용하고 정교화하여 자본주의에 대한 독특하고 급진적인 페미니스트 비판을 만들어냈다. 한 페미니스트 비판은 자본주의가 여성을 착취한다고 주장하면서 마르크스의 착취 개념을 확장하고 발전시켰다.[114] 자본주의에 대한 페미니스트의 두 번째 물질적 비판은 자본주의가 공적 영역과 사적 영역의 구분을 요구하고 강화하며, 이러한 구분 자체가 여성을 억압한다는 것이다. 자본주의에 대한 세 번째 물질적인 페미니스트 비판은 자본주의가 기존의 불평등을 생성·유지·악화한다는 것이다. 자본주의에 대한 심리적 비판은 허위의식과 적응적 선호 형성의 이중적 과정에서 비롯된다. 마르크스는 자본주의가 상품 물신주의를 조장한다고 비판했는데, 여기에는 우리 사회 세계에 대한 오해와 과소평가가 모두 들어 있다. 이 비판을 페미니스트적으로 전유하는 입장에서는 자본주의에 속한 사람들이 특히 성차별적 방식으로 세상을 오해하고 과소평가한다고 주장한다. 이 절에서는 자본주의에 대한 이러한 페미니스트 비판에 대해 구체적으로 설명하고 이에 답할 것이다.

자본주의와 착취

마르크스의 이론에서 착취는 가치를 창출한 사람이 다른 사람으로부터 강압적 수단을 통해 가치를 박탈당할 때 발생한다.[115] 마르크스주의 분석에 따르면, 노동자는 노동을 통해 잉여 가치를 창출하고 이를 자본가가 전유한다.[116] 노동의 결실에 대한 대가로 동등한 가치를 요구할 수 있는 시장 지배력이 부족하기 때문에 이러한 전유는 강압적이다.[117] 자본가는 자본가에 비해 상대적으로 빈곤한 노동자의 불공정한 협상 지위를 이용해, 노동자의 노동력과 자본가의 자본이 상호작용해 창출하는 잉여의 상당 부분을 노동자가 포기하도록 강요한다. 따라서 자본주의에는 불이익과 착취의 악순환이 존재한다. 더 나아가 마르크스는 노동자의 계급적 불이익이 자본주의 산업에 필요한 자본 축적을 위해 필요하다고 주장했다. 실업자로 구성된 예비군이 없다면 노동자의 잉여 노동력을 통해 이윤을 축적할 수 없기 때문이다.

마찬가지로 페미니스트들은 남성이 여성의 가사 노동, 성적·정신적 노동의 잉여 가치를 적절히 활용함으로써 여성을 착취한다고 주장한다. 또한 여성은 이러한 가부장적 조건하에서 노동자로서, 여성으로서 자본주의에 착취당하는데, 여성의 임금 노동은 성별에 따른 불이익 탓에 시장에서 더욱 불리한 조건으로 자본가들에게 착취당하기 때문이다. 직종 분리로 인해 여성은 저임금 일자리로 몰리고, 이러한 직종에서는 노동자 공급이 많아 임금은 낮게 유지된다.[118] 또한 여성은 노동 시장에서 차별받고, 고용되어도 성희롱에 시달려 좋은 일자리를 얻고 유지할 기회가 더욱 줄어든다. 마지막으로, 여성이 무급 가사 및 지역사회 돌봄 노동에 더 많은 시간을 투자하면 유급 노동을 위한 인적 자본 투자가 줄어든다. 따라서 급진 페미니스트들은 자본주의가 노동자와 여성에 대한 착취를 가능케 하거나 조장하므로 페미니즘과 자본주의는 양립할 수 없다고 주장한다.

그러나 **자본주의에 대한 비판으로** 제기된 착취 주장은 면밀히 검토하면 무너진다. 이 비판은 자본주의 사회에서 일반적으로 착취당하는 여성의 상태를 정확하게 평가하지만, 이러한 착취의 원인을 정확하게 평가하지 못한다. 이 주장을 하기 위해 두 가지를 구분할 필요가 있다. 첫째, 착취는 무해한 이득을 취하는 것일 수도 있고 일종의 도덕적 해악일 수도 있다는 점에 주목해야 한다.[119] 마르크스주의적 의미에서 이해되는 착취는 두 행위자의 상호작용으로 잉여를 창출하고 그 잉여를 공유하거나(따라서 그들의 관계를 악용하면서), 한 사람이 강압 없이 자발적으로 다른 사람에게 전체 잉여를 누리도록 허용할 때 도덕적으로 허용될 수 있다.[120] 관계의 한 당사자에게 잉여가 돌아가기로 자발적으로 합의했다면 문제될 것이 없다. 한 당사자가 합의된 몫보다 더 많은 잉여를 가져가거나 상대방이 이를 포기하도록 강요하는 경우, 또는 상대방이 잉여를 포기하도록 강요하는 강압적인 배경 조건을 허용하는 경우 착취는 도덕적으로 용납될 수 없다. 둘째, 강압적인 배경 조건이 없다면 자본주의하에서 노동자는 착취당할 필요가 없다. 노동자가 창출하는 잉여는 노동의 한계 생산물이며, 그 노동자가 빈곤이나 불평등이라는 배경 조건에 의해 강제되지 않는다면, 그 노동자는 생산에 투입된 자본의 소유자와 마찬가지로 이 잉여에 대한 자신의 몫을 요구할 수 있다. 대기업이나 담합하는 고용주들에 대항하는 나 홀로 노동자는 동등한 시장 지배력을 갖지 못하지만, 자본주의 이론에는 고용주 간의 담합을 허용하는 것은 말할 것도 없고, 노동자가 혼자서 자본을 통제해야 한다는 요구는 없다. 이 역시 정치 및 법률 체제로 통제할 수 있는 배경 조건이다. 그렇다면 이것이 부당한 착취인지 아닌지에 대한 질문은 배경 조건이 부당한지에 대한 질문이 된다. 만약 그렇다면 착취의 부당성은 배경 조건에 대한 비난이 될 수 있다.

가부장제는 여성에게 강압적인 배경 조건을 만들어내므로, 자본주의에서 여성 착취에 대한 책임은 자본주의가 아니라 가부장제에 있다. 여성들은 자본주의하에서 젠더 역할에 따른 여성의 위치에 대한 기대 때문에 분리된 공간으로 강제로 들어가 착취당한다. 가정에서 여성이 무엇을 해야 한다는 젠더에 따른 기대는 여성이 돌봄 활동에 더 많은 시간과 에너지를 쏟게 만든다. 여성은 가정 내에서 주로 육아와 가사 노동 책임을 질 것으로 기대될 뿐만 아니라, 심리적 돌봄자 역할을 하며 가족의 사회적·정신적·감정적 활동을 조정한다. 여성이 이러한 역할을 수행하는 것은 자본주의에서 여성 그 자체로서 여성의 착취가 이루어지는 이유를 설명해준다. 이 주장에 대한 가장 좋은 증거는 다른 경제 체제에서도 여성이 착취당하고 있다는 것이다. 예를 들어, 소련에서도 여성은 비자본주의 경제 체제하에서 가사 노동과 성 노동으로 착취당했다.[121] 여성의 조건에 경제적 또는 물질적 요소가 없다는 뜻은 아니다. 여성이 이러한 역할에 갇히는 것은 부분적으로 물질적이고 경제적인 이유 때문이다. 일반적으로 이성애 관계 내에서 여성은 이러한 역할에서 벗어나기에 충분한 협상력을 가지지 못한다. 만약 여성이 경제적 기반을 확보할 수 있다면, 차별과 성별 분리를 배제한 계몽된 자본주의에서 가능한 것처럼, 가정 내에서 더 나은 협상 위치를 확보하기 시작할 수 있다. 그리고 가정에서 더 나은 협상 결과를 얻으면, 자본주의 경제에서도 더 나은 결과를 얻을 수 있다. 따라서 자본주의가 쉬운 탈출로를 제공하는 것은 아니지만, 가부장제에서 벗어나는 방향은 제시한다고 할 수 있다.

이에 대해 부의 불평등과 빈곤이 자본주의가 만들어낸 배경 조건이며, 이로 인해 착취가 발생한다는 반박이 나올 것이다. 나는 앞서 빈곤 주장이 거짓임을 시사하는 많은 증거를 제시했다. 자본주의는 사람들을 더 부유하게 만들지, 더 가난하게 만들지 않는다. 자본주의 시장에 더 많이 참여하고 산업과 무역을 발전시키는 나라에서는 소득과 부가 증가한다는 것을 사실상 아무도 부정하지 않는다. 자본주의 시장과 기업은 거래 양측의 부를 증진하는 상호작용의 기회를 만들어낸다. 그렇지 않으면 사유재산, 자유롭고 개방된 시장, 자유 임금 노동 조건으로 정의되는 자본주의가 허용하지 않는 이상 그 상호작용은 발생하지 않는다. 부패한 정부가 재산권을 훔치거나 변경해 일부 시민을 빈곤하게 만들 수도 있지만, 이는 자본주의의 잘못이 아니라 부패 탓이다! 자본주의는 논쟁의 여지가 있지만 불평등을 만들어내기도 한다. 그러나 불평등을 어디서나 만들지는 않는다. 자원이 처음부터 불평등하고 정부의 사회적 재분배가 없거나 거의 없는 상황에서는 자본주의 조건의 결과로 불평등이 발생할 가능성이 높다. 사람들이 가진 재능과 기술은 다

다르기 때문에 최소한 자본주의적 상호작용에서 나오는 소득과 부에 있어 불평등이 존재할 것이다. 불평등은 착취 가능성을 만들어내는데, 이는 더 적은 자원을 가진 사람들이 더 많은 자원을 가진 사람들보다 거래를 절박하게 여길 수 있기 때문이다. 하지만 이것이 도덕적으로 용납할 수 없는 형태의 착취인가? 그 답은 착취에 강압이 포함되었는지에 달려 있다. 그러나 절대 빈곤이 있을 때만 강압이 개입된다. 따라서 빈곤과 불평등이 결합할 때만 문제가 되는 착취 형태가 발생한다. 빈곤을 해결하는 데 도움을 줄 수 있는 한, 자본주의는 도덕적으로 용납할 수 없는 형태의 착취를 줄이는 경향이 있다.

공-사 분리

마르크스주의에서 파생한 두 번째 페미니스트 주장은 공-사 분리와 그것이 여성에게 미치는 영향을 비판한다. 자본주의는 노동자가 공적 영역에서 자유롭게 노동 계약을 맺기 위해 사적 영역에서 돌봄을 받을 필요가 있다는 주장이다. 이는 사적 영역이 존재하게 됨을 의미한다. 그러나 이 영역은 여성이 강제로 무급 노동을 수행하고 학대와 폭력에 노출되는 영역이다. 또한 여성은 사적 영역에서 더 많은 노동에 갇히게 돼, 남성이 공적 영역에서 더 큰 지배력을 행사할 기회를 제공한다. 그리하여 남성은 정치, 시장, 그리고 공적 영역과 사적 영역 모두에서 일상생활의 형태와 결과를 구조화하는 다른 사회 제도에서 리더가 된다. 자본주의는 이 사적 영역을 지지하고 지원함으로써 여성을 억압한다.

그러나 착취 비판과 마찬가지로, 공-사 이분법에 대한 이 비판도 자세히 살펴보면 자본주의에 대한 비판이 아니라 가부장제에 대한 비판임이 드러난다. 소련은 물론, 대부분의 현대 비자본주의 사회(이를테면 이란, 사우디아라비아, 사하라 이남 아프리카 국가들)도 좋은 반례를 제공한다. 이러한 경우에서 남성은 정치·경제·종교 기관을 통제하거나 지배하며, 자본주의 국가에서와 유사하게 작동하는 공-사 이분법을 형성한다. 자본주의는 다시 한번 그들이 만나는 가부장적 형태를 이용하지만, 이를 야기하지는 않는다. 차별과 분리를 배제한 계몽된 자본주의는 남성이 사적영역에 더 많이 기여하고 여성이 공적 영역에 더 많이 기여할 수 있는, 공-사 분리를 양방향에서 이어주는 더 나은 방법을 제공할 것이다.

자본주의하에서의 불평등

자본주의에 대한 세 번째 페미니스트 비판은 자본주의가 심각한 경제적 불평등을 초래한다는 것이다. 사회주의 페미니스트들과 탈식민주의 페미니스트들은 이 비판을 자본주의 경제 내부와 글로벌 자본주의에 대한 비판으로 정식화한다. 페미니스트들은 자본주의가 부자들을 극도로 부유하게 만들어 가난한 사람들을 빈곤하게 만든다고 주장하며, 여성이 주로 빈곤층에 속하기 때문에 자본주의로 인해 특히 더 큰 피해를 입는다고 지적한다. 경제적 불평등은 정치적·사회적 불평등을 초래하며, 이는 불평등의 부정의를 더욱 심화시킨다.

자본주의가 불평등을 악화시킨다는 비판은 자본주의에 대한 가장 심각하고 물질적인 비판 중 하나로 자리잡고 있다. 이는 특별히 페미니즘적 비판은 아니지만, 가부장제를 인식하고 이를 결합하여 생각해보면 불평등이 남성보다 여성에게 더 큰 해를 끼친다는 주장으로 드러난다.

그러나 앞서 살펴본 다른 두 비판과 달리, 도덕적으로 문제가 되는 불평등은 분명 자본주의 때문에 발생한다. 다만 자본주의와 페미니즘 또는 페미니스트 정치 변혁이 양립할 수 없다는 주장을 무력화하는 두 가지 주의점이 있다. 첫째, 자본주의하에서 불평등이 여성에게 특별한 문제가 되는 이유는 가부장제 때문이다. 만약 남성이 공적 영역에서 여성을 지배하고 사적 영역에서 착취하지 않았다면, 자본주의가 초래하는 불평등은 성별에 따라 구분되지 않았을 것이다. 물론 이것이 자본주의를 면책하거나 자본주의가 페미니즘의 관심에서 벗어나야 한다는 의미는 아니다. 페미니스트들은 생물학적 성, 젠더, 인종 또는 기타 주어진 지위와 관계없이 모든 사람이 자유롭고 온전히 자신의 개성과 능력을 발전시킬 수 있는 사회 구조를 지향한다. 둘째, 불평등이 항상 또는 반드시 도덕적으로 문제가 되지는 않는다. 하이에크는 불평등이 자유와 차이의 필연적 결과라고 주장했다.[122] 그러나 만약 불평등이 자유롭게 온전히 자신의 능력을 발전시키는 것을 방해하지 않는다면, 불평등 그 자체는 도덕적으로 문제가 되지 않는다. 불평등 그 자체가 문제라고 여기는 것은 질투의 표현일 수 있으며, 일부 개인의 질투어린 욕망 때문에 체제를 제한해서는 안 된다.

현존하는 대부분의 자본주의 사회는 심각한 불평등을 내포하지만, 이것이 이상적으로 해석된 자본주의가 반드시 심각한 불평등을 초래한다는 의미는 아니다. 다른 저술에서, 나는 자본주의가 사회 내에서 심각한 불평등을 방지할 수 있는 복지 최저선 등의 사회 서비스 제공과 양립할 수 있다고 주장한 바 있다.[123] 이 주장은 자본주의적 재산권의 정당화 자체가 최소한의 생활 수준에 대한 권리에 기반함을 보여줌으로써 제기되었다. 제러미 월드런(Jeremy Waldron)의 주장처럼, "〔이러한 권리에 대한) 인정은 재산의 정당화에 필수적인 부분이다."[124] 로크에서 유래한 사유재산권에 대한 자격 정당화 이론은 지구의 열매가 우리 모두의 공통 유산이라는 주장에서 시작하며, 각 개인이 어떤 방식으로든 세상으로부터 생계를 이끌어낼 권리를 가진다는 근거로부터 공통 유산의 개인적 소유를 정당화한다. 로크는 모든 천연자원을 첫 소유자 또는 가장 효율적인 소유자가 단순히 독차지하는 것을 신중하게 부정하며, 다른 사람들을 위해 "충분히 좋을 만큼 남겨야 한다"는 유명한 조건을 제시한다.[125] 만약 천연자원의 초기 소유 이후 모든 것이 이미 누군가의 소유인 채로 세상에 존재한다면, 로버트 노직(Robert Nozick)의 주장대로 자원을 소유하지 않은 사람이 생계를 유지할 방법은 없어 보인다.[126] 이는 부를 나누어 가질 타인의 보살핌을 받지 못하는 모든 (적어도 영유아) 어린이를 굶주림에 처하게 할 것이다. 이는 모든 사람이 세상에서 생계를 유지할 권리가 있다는 개념과 모순되기 때문에, 재산의 정당성을 위해서는 최소한의 복지가 필요하다. 더 일반적으로, 경제가 시장성 있는 기술과 사용 가능한 자본이 없는 이들로 하여금 사실상 생계를 유지하기 어렵게 한다면, 세상으로부터 생계를 유지할 권리는 다시 최소한의 복지를 보장해야 한다는 것으로 이어진다. 따라서 정당한 자본주의 사회는 어떤 이유로든 스스로 생계를 유지할 수 없는 모든 사람에게 생계를 제공해야 한다. 이러한 목표를 달성하기 위한 합리적인 수준의 과세는 사유재산 소유의 정당성과 양립할 수 있으며, 심지어 이를 요구하기도 한다. 논쟁의 남은 단계는 최소한의 복지 제공이 생산을 가능케 할 만큼 자본을 축적하는 능력과 모순되지 않음을 입증하는 것이다. 그러나 이것은 분명히 사실이 아니다. 현재 크고 작은 많은 기업과 산업에 존재하는 것처럼 어느 한 기업의 주식을 소유한 많은 사람이 자본을 축적할 수 있다.[127] 따라서 이상적인 자본주의는 실제로 도덕적으로 문제가 되는 심각한 불평등을 개선해야 한다는 것이 내 결론이다.

더 나아가 자본주의는 가장 심각한 불평등의 원인, 특히 가부장적 전통에 기인할 수 있는 불평등과 싸우는 데 도움이 된다. 기업이 소비자는 물론이고 노동자로서의 생산성과 노동자가 요구하는 임금이나 가격 이외의 이유로 노동자를 차별할 수 없다는 것이 신고전주의 경제 이론의 기본 주장이다. 따라서 강제력을 금지한 세상에서 자본주의는 여성에게 전통적인 사회적 역할에서 벗어날 수 있는 길을 제공한다. 이제 누군가는 여성을 차별하는 가부장적 전통이 존재한다면 기업이 이를 묵인할 근거가 된다고 다시 주장할지 모른다. 예를 들어, 남성들이 대부분의 부를 장악한 상태에서 여성을 고용한 기업의 물건을 구매하지 않는다면 기업은 여성을 차별할 수밖에 없다.[128] 그러나 자본주의의 설명적 이상은 그러한 상황이 생산의 비효율을 수반하기 때문에 이에 반대하는 처방을 내릴 것이다. 또한 비자본주의 체제도 마찬가지로 이 문제에 직면하지만 자본주의처럼 차별적 선호의 변화를 유도하지도 않고 어쩌면 심지어 용인하지도 않을 것이다.[129]

요약하자면, 나는 자본주의에 대한 물질적인 페미니스트 비판들이 불평등 비판을 제외하고는 자본주의 비판으로서 실패했으며, 오히려 가부장제에 대한 비판으로 보는 것이 더 적절하다고 주장했다. 그 자체로 도덕적 문제가 될 만큼 큰 불평등(강제로 발생한 것이 아닌 경우)은 기존 자본주의 사회의 문제적 특징이지만, 이상적인 자본주의의 필수 특징은 아니다. 페미니스트 정치 변혁과 궤를 같이하는 계몽된 자본주의는 도덕적으로 문제가 되는 불평등을 제거해야 하지만, 인종·성별·민족 경계를 넘는 교역과 협력에 대한 선호를 변화시키고 차별과 분리를 제거함으로써 그렇게 할 수단을 가질 것이다.

자본주의의 심리적 해악

자본주의에 대한 두 번째 형태의 페미니스트 비판은 이상적인 자본주의조차도 필연적으로 가부장제와 연관돼 있다는 점을 지적한다. 따라서 가부장제를 극복하지 않고서는 자본주의를 극복할 수 없다고 주장한다. 페미니스트들은 이상적인 자본주의가 본질적으로 가부장적인 이유는 그것이 남성 중심적이고 젠더화된 전제들에 기반하고 있으며, 이는 필연적으로 여성을 종속시킨다고 주장해왔다.[130] 이 젠더화된 전제 중 가장 기본은 시장에서 자유롭게 상호작용할 수 있는 독립적이고 자율적이며 구속받지 않는 자아의 존재에 대한 가정이다. 페미니스트들은 자본주의가 독립성을 장려하고 이를 찬양하며, 돌봄을 보상하지 않고 의존을 명예롭게 여기지 않는다고 주장한다.[131] 돌봄과 의존은 인간 삶에서 필수적이고 불가피한 특징들이며, 이 역할들은 여성의 영역으로 격하돼왔다. 여성은 돌봄 제공자로 문화적으로 길러지며, 종종 무급 노동으로 돌봄을 제공한다. 그러나 이러한 노동이 명예롭게 여겨지지도 지원받지도 않기 때문에 여성은 남성보다 덜 명예롭게 여겨지고 지원도 덜 받는다. 또한 의존은 불명예스럽다고 여겨지지만, 아이를 낳고 주로 양육하는 여성은 심지어 건강한 성인일 때에도 두 명 이상의 물질적 복지를 책임져야 하므로 더 많은 지원이 필요하다. 문제의 근본은 자본주의를 지지하는 논거가 타인의 간섭으로부터의 자유를 관계와 역량을 위한 긍정적 지원보다 우선시하는 성별화된 자유 개념을 가정한다는 데 있다. 따라서 이 논거는 그러한 소극적 자유를 지지하는 한에서 자본주의를 정당화하며, 두 가지 자유가 충돌할 때에는 자율성에 대한 지지를 희생하더라도 간섭으로부터의 자유를 유지해야 한다고 요구한다.

이 비판은 자본주의가 독특하지만 서로 관련된 두 가지 유형의 심리적 해악, 즉 인지적 해악과 정서적 해악을 초래한다고 분석할 수 있으며, 이는 특히 여성에게 영향을 미친다. 첫째, 자본주의 이데올로기는 특정한 종류의 거짓 믿음―허위의식―을 만들어내며, 이는 가부장제를 강화한다. 둘째, 자본주의는 개인의 욕망을 왜곡하여, 여성에 대한 남성 지배를 선호하고 선택하게 만든다. 이러한 비판은 마르크스가 자본주의를 비판하면서 '상품 물신주의'라고 부른 것과 유사하다. 상품 물신주의에 대한 이러한 비판을 통해 자본주의와 가부장제가 어떻게 얽혀 있는지 이해하는 데 도움이 될 수 있다.

마르크스는 상품 물신주의에 대한 논의에서 자본주의에 대한 허위의식 비판의 수위를 높였다.[132] 물신은 문자 그대로의 의미가 아닌 상징적 의미를 지닌 부자연스러운 매력의 대상이다. 마르크스에 따르면 상품에 대한 우리의 이해는 사물의 사용 가치와 (상품으로서의) 교환 가치를 혼동하기 때문에 물신을 구성한다. 마르크스는 자본주의와 자본주의 이데올로기가 노동의 본질과 생산 관계에 대해 사람들을 혼란스럽게 만든다고 주장했다. 사람들은 상품으로 채워지는 욕구나 생산이 촉진하는 인간관계보다는 상품의 교환 가치와 노동의 교환 가치에 집착한다.[133] 사람들은 그들 간의 사회적 관계를 그들이 교환하는 상품 간의 관계와 혼동한다. 자본주의에서 상품의 생산과 유통은 시장 교환으로 이루어지기 때문에 사람 간의 사회적 관계는 사물 간의 교환 관계로 결정된다. 사람들은 자본주의에서 상품 생산의 사회적·강압적 측면을 간과하는 경향이 있으며, 상품을 자본가들에게 통제당하는 정치 세력이 결정하는 사회 구성물이 아니라 인간 존재의 몰역사적인, 변하지 않는 사실들로 간주한다. 개인주의 이데올로기는 개인들의 행동이 자본가에게 이익이 되게끔 사회적으로 구성된 제도가 아니라 오직 존재의 물리적 또는 자연적 한계에 의해서만 결정된다는 인식을 통해 강화된다.

상품에 대한 마르크스의 논의는 자본주의에서 욕망이나 선호 형성에 대한 비판도 내포한다. 자본주의에서 사람들은 사물의 가치를 교환 가치와 혼동하는 경향이 있기 때문에 사물에 대한 우리의 욕망은 사용 가치가 아니라 교환 가치로 결정된다.[134] 따라서 우리의 욕망은 실제 가치와 가격의 혼동으로 인해 기형화된다. 이러한 선호의 변형은 물질적 욕구를 채우기 위해 필요한 것보다 더 많은 상품을 찾는 것으로 나타난다. 쇼핑은 그 자체로 욕망의 활동이 된다. 우리는 이웃과 친구들과 최신 스타일을 놓고 경쟁하고, 상품으로 무엇을 할 수 있는지보다 그 상품에 대한 사람들의 평가를 더 중요하게 생각하며, 여전히 유용하지만 더 이상 우리를 똑바로 표현하지 못하는 상품은 버린다.

자본주의에 대한 페미니스트의 심리적 비판은 이와 유사한 방식으로 확장될 수 있다. 현실에서 여성과 남성은 동등한 가치와 존엄을 지닌다. 여성을 남성의 성적 만족의 대상으로 보는 것은 남성을 여성의 대상으로 보는 것만큼 비합리적이고 부자연스럽다. 여성의 돌봄 노동은 인간 경제에서 매우 중요한 역할을 하지만, 이를 여성의 '적합한 자리'로 보는 것은 남성의 자리로 보는 것만큼 비합리적이다. 인간의 삶은 항상 의존 시기와 의존자를 돌봐야 하는 책임을 포함하며, 따라서 의존 자체는 인간을 평가절하할 이유가 되지 않는다. 그러나 노동과 상품의 교환 가치에 따라 노력과 자원을 할당하도록 권장하는 자본주의는 무급 또는 저임금 노동을 평가절하하게 만든다. 더 나아가 우리는 무급 또는 저임금 노동을 수행하는 사람들 역시 평가절하한다. 마지막으로, 유급 노동을 수행할 수 없는 사람들 또한 평가절하하며, 이는 노인과 병약자, 어린이를 폄하한다는 뜻이다.[135] 따라서 자본주의는 우리가 의존성과 상호의존성의 정도와 역할을 오해하게 만들고, 인간 삶에서 돌봄이 기여하는 바를 과소평가하게 만든다. 그래서 여성은 성인으로서 돌봄 제공자가 되거나 의존할 가능성이 더 높기 때문에 남성보다 열등하게 여겨진다.

매춘, 포르노, 대리모는 허위의식과 왜곡된 욕망이라는 관점에서 또 다른 분석을 요구한다. 여성의 성 노동과 재생산 노동은 시장에서 교환되며, 이는 인간의 신체적 온전함이나 자아의 본질적 측면보다는 상품으로 변모한다.[136] 여성과 남성은 여성의 신체가 무엇인지에 대해 혼란스러워지며, 여성의 신체는 교환 관계에서 사용될 수 있는 대상으로 여겨진다. 이러한 시장이 확대됨에 따라 여성의 신체는 두 번 물신화된다. 한 번은 성적(또는 재생산) 대상으로서, 또 한 번은 교환 가능한 상품으로서. 이와 같이 페미니스트들은 상품 물신화가 자본주의와 가부장제를 함께 강화한다는 점을 보여줄 수 있다.

이러한 반론에 대한 나의 첫 번째 대답은 다시 배경에 있는 가부장제를 문제의 원인으로 보고 이를 없애도록 자본주의를 개혁할 수 있다는 것이다. 명백히 자본주의 이전의 가부장적 신념과 제도들은 문제의 신념과 욕망을 형성하는 데 중요한 역할을 한다. 그러나 이러한 대답은 이 경우에 완전히 적절하진 않다.[137] 상품화와 상품 물신주의는 자본주의에서 비롯된 것이기 때문이다. 가부장제를 배경으로 **여성의** 섹슈얼리티와 **여성의** 재생산 및 돌봄 노동이 상품화되는 이유를 설명할 수 있다.

그러나 계몽된 자본주의를 옹호하는 페미니스트에게도 두 가지 문제가 남아 있다. 첫째, 여성의 돌봄 노동은 생활 자본주의에서 상품화되지 않으며, 이것이 적어도 문제의 일부다. 돌봄 노동이 상품화되지 않는 것은 다시 가부장제 때문이다. 하지만 상품화된다고 가정해보자. 경제 이론에 따르면 돌봄 노동이 시장에서 양적·질적 측면에서 적절하게 제공되지 않을 것으로 예측한다. 돌봄은 신체적·정신적으로 건강한 사람이 경제와 사회에 미치는 가치와 같은 긍정적 외부효과가 많다. 이러한 외부효과는 서비스를 제공하는 대가로 돈을 받는 사람들이 내재화할 수 없기 때문에 시장에서 서비스가 과소 공급될 수 있다. 게다가 돌봄 노동은 본질적으로 계량화할 수 없는 재화를 제공한다. 데스 하스퍼르(Des Gasper)와 이레너 판 스타베런(Irene van Staveren)이 지적했듯이, "돌봄 노동은 재화와 서비스 그 이상을 생산하며, 동시에 일련의 가치, 즉 소속감과 나눔이라는 대인관계적 가치를 창출하고 소중히 여긴다."[138] 다시 말해, 돌봄이 완전히 상품화된다면 우리는 (교환 가치는 아니지만) 가치 있는 무언가를 잃게 될 것이다. 둘째, 이상적인 자본주의가 가부장제를 없애고 남녀의 성 노동과 재생산 노동을 모두 상품화한다고 가정해보자. 이것이 우리가 바라는 페미니즘의 미래인지는 분명하지 않다.

내 생각에는 이러한 허위의식과 적응적 선호 형성의 이중 과정을 통해 나타난 상품 물신주의가 페미니스트 정치 변혁과 이상적인 자본주의의 공존에 가장 심각한 장애물이라고 생각한다. 하지만 우리는 왜 그런지, 허위의식과 적응적 선호 형성으로 인한 왜곡된 신념과 욕망이 도덕적으로나 정치적으로 무엇이 잘못되었는지, 신념과 욕망이 도덕적으로나 정치적으로 잘못된 방식으로 왜곡되었는지 여부를 어떻게 알 수 있는지 살펴볼 필요가 있다.

왜곡된 선호도, 허위의식, 그리고 이를 탐지하는 방법

적응적 선호도는 사용 가능한(실현 가능한) 옵션을 인식함으로써 형성된 선호도이지만, 그것이 선호도에 어떤 영향을 미치는지에 대한 통제나 인식은 없다.[139] 사람들은 다른 옵션들이 주어졌을 때 그 삶을 선택할지 여부와 관계없이 자기 인생의 운명이라고 생각하는 것에 만족하는 경향이 있다. 이와 같은 적응적 선호 형성은 규범적으로 중립적이지만 조작이나 강압의 가능성을 열어준다. 선호 형성 메커니즘이 억압을 활용하고 강화하면 더 이상 중립적이지 않다. 규범적으로 나쁜 선호는 왜곡된 선호 또는 왜곡된 욕망이라고 할 수 있다.[140] 적응적 선호 형성의 한 가지 메커니즘은 선호의 습관화다.[141] 소녀와 성인 여성은 여러 경로를 통해 자신을 억압하는 종류의 일을 본성, 정서, 심지어 신에 의해 해야 하는 일로 생각하도록 부추겨진다. 여성들은 매일 여성의 일을 하고 사방에서 여성들이 하는 일을 목격하면서 여성의 일에 익숙해진다. 이 모든 요소는 감정에 강력한 영향을 미치기 때문에 여성의 선호도는 억압적인 일을 하는 데 유리하게 작용할 가능성이 높다. 정의보다 억압을, 평등보다 종속을 선호한다는 것이 아니라 여성을 종속시키거나 선택의 폭을 좁히는 경향이 있는 사회적 역할을 선호할 것이다. 가부장제에서 여성이 적응적 선호를 보이는 또 다른 메커니즘은 체계적인 사회적 선택권 박탈이다.[142] 일반적으로 사회에서 어떤 선택이 나쁘거나 부적절하거나 잘못된 것으로 여겨지면 사람들은 그 선택을 하지 않으려는 경향을 보인다. 억압의 조건에는 종종 모든 사람(예: 동성애) 또는 일부(여자는 수학을 하지 않는다)에게만 도덕적으로 허용되는 일부 선택에 대한 비난이 포함된다. 이와 관련된 세 번째 형태의 적응적 선호 형성 메커니즘은 선택의 제한 또는 신 포도 현상으로, 개인이 외부 힘에 의한 제한이 없었다면 선호했을 옵션을 선택하지 못하자 다른 특정 옵션을 선호하게 되는 현상이다. 예를 들어, 여성은 정치 지도자가 될 수 없다고 생각하면 정치 생활을 매력적이지 않다고 여길 수 있다. 이러한 적응적 선호를 유발하는 조건이 억압적이라면 이러한 왜곡된 선호는 비판받아야 한다.

욕망은 원하는 대상이나 상태가 그것을 바라는 사람에게 의미 있게 여겨지는 사회적 맥락에서 형성된다. 모든 적응적 선호가 행위자에게 나쁜 것은 아니며, 행위자가 실현 가능한 옵션 집합에서 더 많은 복지를 얻게 해주기 때문이다. 행위자 스스로 실현 가능한 옵션 집합을 변경할 수 없는 경우에는 행위자가 자신의 선호를 실현 가능한 것에 맞추는 것이 좋다. 부당한 물질적 박탈이나 사회 집단 소속에 따른 심리적 피해라는 부당한 조건에 맞추기 위해 이루어지는 적응은 억압적이며 따라서 자유에 반하는 것이다. 자신의 선호를 억압적인 상황에 맞춘다면, 그 사람의 욕망은 그러한 조건이 없다면 원했을 재화와 필요까지도 외면하게 된다.[143] 억압받는 사람들은 왜곡된 욕망으로 인해 자신의 억압 상태를 자신이 살고 **싶은** 한계로 여기게 된다. 페미니스트들은 여성이 자신을 억압하는 조건을 욕망한다고 주장한다. 예를 들어, 가부장적 문화에서 여성은 남성이 가장 역할을 하는 가정 내에서의 하위 위치나 성적 종속을 선호할 수 있다.[144] 이러한 선호나 이를 생성하는 욕망은 페미니스트 정치 변혁을 저해한다.

허위의식은 억압의 조건에서 형성되어 억압의 유지를 뒷받침하는 부당한 신념을 만들어내는 신념 형성 과정이다. 따라서 어떤 신념을 허위의식의 문제로 분류하는 것은 (1) 신념의 정당성, (2) 신념의 기원,

(3) 억압적 사회관계에 대한 함의라는 세 가지 근거를 바탕으로 신념에 이의를 제기하는 것이다. 어떤 신념이 거짓이라면 반드시 반대해야 하지만, 신념의 기원이나 그 함의가 중요하지 않기에 반대할 수도 있다. 사실 기원이 신념에 영향을 미친다고 주장하는 것은 유전적 오류를 범하는 것처럼 보이다. 나는 신념의 특정 기원과 신념의 함의 모두 정치적 이론화나 정책 형성과 관련된 신념이라는 이유로 충분히 거부할 수 있다고 주장한다.

첫째, 그 함의 때문에 우리가 의심해야 할 이유가 있다. 허위의식은 일반적으로 지배와 종속을 정당화하는 집단의 구성원이 모두 가지고 있는 신념을 생성한다. 따라서 이러한 신념은 진실인 동시에 계층 구조 또는 일부 사회제도의 정당화와 관련 있는 것으로 간주된다. 이는 신념을 비판하는 한 가지 방법을 제시한다. 신념이 비자발적 지배와 종속을 정당화한다면, 그 신념은 그러한 조건이 옳거나 선하다는 주장을 수반해야 한다. 그러나 그러한 조건이 좋지 않다고 믿는다면 모순이 발생한다. 따라서 그 신념은 종속과 지배의 정당성을 함의하지 않거나 거짓이다. 어느 쪽이든 우리는 규범적 정치 이론에 투입되는 신념을 거부할 이유가 있다.

우리는 또한 신념의 기원 때문에 그 신념의 진실을 의심할 이유가 있다. 허위의식이 만들어낸 신념을 가진 사회의 지배 집단(적어도 그 집단의 일부 구성원)은 일반적인 사회적 신념을 형성할 가장 큰 동기와 능력을 지닌다. 억압받는 사람들이 사회 계층 구조에서 자신의 위치를 뒷받침하는 거짓을 믿으면 억압에 저항하지 않거나 억압을 인식조차 하지 않을 추가적인 이유가 생기기 때문에 허위의식은 억압 유지에서 특별한 위치를 차지한다. 억압은 **마땅히 받아야 할** 피해이며, 허위의식은 억압받는 사람들로 하여금 자신의 위치가 마땅하다고 믿게 만들기 때문이다.

현대 자본주의 사회에서는 허위의식으로 이득을 보는 사람들이 근로자를 고용하는 기업과 미디어를 소유하고, 학생들을 교육하는 학교를 운영한다. 사회주의 사회에서는 그런 사람들이 미디어·고용·교육을 통제하는 정치 엘리트이며, 전통 사회에서는 학교를 포함한 종교 기관과 부족 회의를 운영한다. 그들은 여론을 형성할 권력을 가지고 있다. 지배 집단의 일부 구성원은 이러한 신념의 수동적인 수용자이지만, 일부는 공공 여론을 형성할 더 큰 능력을 통해 이러한 이념적 신념을 구성하고 영속화하려 한다. 즉, 그들은 단지 이러한 것들을 만들어내고 있을 뿐, 지배적 위치를 유지하는 데 도움이 되는 신념에 대해 정당성을 갖고 있지 않다. 이제 어떤 신념이 널리 공유된다는 사실은 경우에 따라 그 신념이 진실이라는 이유가 될 수 있다. 이는 특히 그 신념을 가진 사람들이 이를 비판적으로 분석할 이유가 있을 때, 예를 들어 과학자들 사이의 과학적 신념이 이에 해당한다. 현상 유지를 지지하는 신념이 널리 믿어진다는 사실은 현상 유지로부터 이득을 보는 사람들에게 그 신념을 퍼뜨릴 힘을 주지만, 그들은 그 폭넓은 동의에서 인지적 신뢰를 받을 수 없다. 사실 그 신념은 거짓일 가능성이 조금이라도 있으니, 그 신념이 진실이라면 과학적 증거와 이론적 논증 제시를 사람들은 기대할 것이다. 진실하다고 여길 이유가 거짓이라고 여길 이유보다 더 많지 않은 신념은 그리 신뢰할 만하지 않다.

상품 물신주의는 자본주의의 현상 유지를 지지하고 자본주의의 억압적 조건이 생성하는 정당화되지 않은 신념을 생산한다는 점에서 허위의식이다. 상품 물신주의는 습관화, 선택 폄하, 일부 사람들의 실현 가능한 옵션 집합 제한을 통해 잘못된 신념이 가치를 강화한다는 점에서 적응적 선호 형성과도 관련이 있다. 앞에서 논의했듯이, 가부장제(여기서 논의하지 않은 백인 우월주의와 다른 형태의 억압은 말할 것도 없다)를 배경으로 한 생활 자본주의에는 분명히 억압적인 조건이 존재한다. 자본주의적 가부장제하에서 여성의 돌봄 노동은 정당한 대가를 받지 못하고 여성의 몸과 성 노동 및 재생산 노동은 상품화된다. 그러나 자본주의의 설명적 이상이 반대하는 가부장제가 없다면, 광범위한 상품화 자체가 억압으로 이어지지는 않으므로 허위의식의 조건을 충족하지 않을 것이다.

왜곡된 선호와 허위의식은 정당하지 않을 뿐만 아니라 그것을 품고 있는 개인들에게 숨겨져 있기 때문에 교묘하다. 이러한 편견은 이를 도입하고 강화하는 동일한 사회적 힘에 의해 숨겨진다. 이를 발견하거나 탐지하려면 이러한 믿음의 존재를 통해 이익을 얻는 이해관계와 억압적 사회 구조를 드러낼 수 있는 일종의 해체적 사회 분석이 필요하다. 그런 다음 과학적 또는 경제적 조사를 통해 정당화되지 않은 믿음이 거짓임을 입증할 수 있으며, 마지막으로 이러한 거짓 믿음이 지지하는 가치에 의문을 제기하고 재평가할 수 있다.[145]

5 물신주의

전통의 물신주의

전통 또한 일종의 물신(fetish)이며, 그로 인해 적응적 선호와 허위의식의 근원이 된다. 전통은 한 문화가 지닌 신념과 가치, 의식과 관습의 집합으로 정의될 수 있는데, 이는 공식적일 수도 비공식적일 수도 있으며, 명시적일 수도 암묵적일 수도 있다. 전통은 사회적 의미를 구성하기 때문에 억압적인 신념과 욕망이 형성되는 매개체가 된다. 내가 말하는 전통 문화란, 대부분의 사회적 역할과 관계가 전통적 규칙과 규범으로 결정되고, 한 개인의 위치가 성취, 공적, 또는 개인의 선호에 의해서가 아니라 출생시 지위에 따라 결정되는 문화를 의미한다. 억압적 신념이란 어떤 사람을 그 소속 집단 때문에 더 낮은 가치로 평가하는 신념을 말한다. 전통 문화에서의 억압적 신념은 자본주의에서 발견되는 것과는 다른 유형의 허위의식을 통해 주로 발생한다. 전통 문화는 자본주의 사회 내에 존재하지만, 자본주의와 친화적이지 않은 이유를 다음 절에서 살펴볼 것이다.

앤드루 커노핸(Andrew Kernohan)은 '문화적 억압' 개념을 통해 전통이 어떻게 광범위한 억압적 신념을 낳을 수 있는지 설명한다.[146] 우리의 가치 신념은 대개 문화에서 유래한다. 즉, 우리는 어린 시절 부모와 다른 중요한 성인들에게서 그 신념을 배우며, 그들 또한 자신들의 부모 등에게서 이를 배운 것이다. 이것이 바로 습관화의 적응적 선호 메커니즘이다. 전통 문화는 사람들로 하여금 주어진 지위에 따라 서로를 평가하도록 습관화한다. 우리는 주어진 가치를 의심할 이유가 거의 없으며, 전통 문화는 종종 배척이나 폭력의 위협을 통해 이 가치를 강제한다. 우리가 가진 배경 신념은 우리 문화가 공유하는 의미이며, 이 배경 신념을 통해 우리는 그 신념과 욕망을 형성하고, 그중 일부 신념과 욕망을 이해하고 의문을 제기할 수 있다.

우리가 문화로부터 가치를 배우는 또 다른 방식은 다양한 직업에 부여된 지위를 통해서다. 전통 문화에서는 종교 지도자들이 문화 내에서 가장 높은 지위의 사람들로 여겨진다. 여성을 사제직, 성직자, 랍비 등에서 배제하는 종교 전통은 그 문화에서 가장 높은 지위를 가진 일부 직업군에 여성이 접근하지 못하게 함으로써, 여성을 남성보다 덜 가치 있다고 가르친다. 전통 문화에서는 어머니에게도 지위를 부여하지만, 이는 종종 여성에게 유일하게 지위 인정을 허용하는 형태다. 그러나 어머니는 많고 종교 지도자는 적기 때문에, 모성은 어느 정도 존경과 명예를 받지만 여기에 권위를 부여하지 않으며, 그 존경과 명예도 남성에 비해 열등하다. 전통 문화는 개인들이 피할 수 없는 전통을 통해 가치를 전달하기 때문에, 그 가치는 종종 소속 사회 집단에 따라 사람들을 불평등하게 평가하는 내용을 포함한다.

예를 들어, 태국 불교는 모든 사람이 전생에 쌓인 업보를 현생의 고통으로 갚아야 한다는 주장을 통해 차별을 구축한다. 이는 특정 사회 집단의 부당한 대우를 정당화하는데, 그 집단에 속한 사람들은 자신의 업보를 갚기 위해 그 집단의 일원이 된 것이라고 말할 수 있기 때문이다. 태국에서는 이런 믿음이 매춘업자나 포주가 매춘부들을 통제하는데 유리한 방식으로 사용된다. 이러한 신념은 성 노예가 된 소녀들이 전생에 끔찍한 죄를 지었기 때문에 노예가 되어 학대당하는 것을 당연하게 여기고 내면으로 침잠하도록 부추긴다. 그들의 종교는 이 고통을 받아들이고 수용하며, 자신의 운명에 순응하도록 권장한다.[147]

종교는 가족생활과 가족 내 남녀 역할을 규정하고 정당화하는 중요한 힘이다. 대부분의 문화권에서 결혼은 우선 종교적 행사이며, 그다음에야 비로소 시민적 지위를 지닌다. 기독교 결혼 서약에서는 여성에게 남편을 '존경하고 순종'하라고 요구하지만, 남편에게는 아내에게 순종할 것을 요구하지 않는다. 이슬람교의 여성과 남성에 대한 규칙 또한 비대칭적이고 불평등하며, 공적 영역에서 남성에게 지배적 지위를 부여한다. 유대교에서도 개혁파를 제외한 모든 종파에서 여성과 남성의 역할을 분리하며, 여성은 랍비가 될 수 없다. 세계의 주요 종교 중 어느 종파도 남성과 여성을 동등하게 대우하지 않는다. 또한 종교는 젠더와 섹슈얼리티를 구성하고, 남성과 여성 간 차이를 과장한다. 종교는 보통 동성 결혼을 금지하며, 이러한 제한을 강제하는 종교의 힘은 현재 미국에서 동성 결혼을 둘러싼 논쟁에서 볼 수 있다.

페미니스트들은 전통적 가부장 문화가 여성의 선호를 형성하는 전형적인 방식에 대해 많은 예를 들어 설명해왔다. 한 가지 예로 **마리아주의**(marianismo) 여성은 **마초주의**(machismo) 남성의 대응 개념이다. 여기서 여성은 도덕적으로나 영적으로 우월하지만 남성에게 복종해야 하며, 여성의 우월성은 자기부정과 자기희생에 있다고 믿는다.[148] 따라서 **마리아주의** 여성은 여성 자신의 (일차적) 선호도보다 남성이 원하는 것을 더 많이 갖기를 바란다. 또 다른 예로, 아프리카 여성들이 자신의 딸에게 성기 절제 수술을 받도록 강요하는 경우를 들 수 있는데, 이 성기 절제가 딸들을 더 아름답게 만들고 미혼 남성에게 더 매력적으로 받아들여진다고 생각하기 때문이다. 두 경우 모두에서 여성이 가진 욕망의 충족은 그러한 욕망을 갖게 한 억압적 구조를 유지하는 데 일조한다.

전통 문화권에서는 종교 기관이 지위, 재화와 노동의 분배, 기타 개인적·집단적 권리를 지배하고 결정한다. 또한 현지에서 이해하는 종교는 사람이 무엇을 할 수 있고 무엇이 될 수 있는지, 공공장소에서 부끄러움 없이 보여질 수 있는지, 누구에게 복종해야 하는지에 대한 규범을 규정한다.[149] 종교는 삶의 모든 물질적·심리적 측면을 지배하면서 그 문화가 정의롭거나 억압적일지, 최소한 적당히 번영하거나 절망적으로 가난하거나, 평등하거나 위계적일지 결정할 수 있는 힘을 가진다. 그러나 전통 문화가 억압적이고 가난하며 위계적일지라도, 종교를 선호하는 집단은 종교를 통해 그 지위를 유지하고자 할 만큼 충분히 잘하고 있으므로 매우 안정적이고 쉽게 제거하기 어려울 수 있다.

전통 문화가 여성에게 미치는 위험은 무엇일까? 실질적으로, 전통적인 비자본주의 문화권에서 여성은 출생률이 높을 뿐 아니라 산모 사망률 측면에서 더 열악한 상황에 있다.

> 1983년 추정치에 따르면, 매년 약 50만 명의 여성이 출산 중 사망했으며, 그중 49만 4000명이 개발도상국에서 발생했다. 최고 사망률은 아프리카(서아프리카에서 1만 명당 70명)와 남아시아(1만 명당 65명)에서 나타났다. 지속적으로 높은 출생률, 연령과 출산 횟수에 따른 위험, 일부 개발도상국에서 여성의 낮은 지위, 그리고 훈련받지 않았거나 부실하게 훈련받은 출산 보조인을 계속 활용하는 것이 이러한 사망률의 주요 원인으로 보인다.[150]

또한 이들 국가는 가난하며, 일부는 (인도처럼) 자본주의 국가로 변모하고 있지만, 여전히 여성들은 열등한 존재로 여겨지고, 적게 먹으며, 교육받지 못하고, 남성들이 누리는 자유로운 이동의 권리도 없는 전통에 속박돼 있다.[151]

전통 사회의 여성은 또한 비전통적인 자본주의 사회의 여성에 비해 수입이 훨씬 낮으며, 남성에 비해서도 수입이 적다.[152] 표 1.2에서 보았듯이, 전통적 국가들의 성별개발지수(GDI)는 자본주의 국가들보다 훨씬 나쁘다. 여성은 정치적 영향력을 발휘할 가능성이 적으며(파키스탄에서 부친이 암살당한 후 권력을 잡은 베나지르 부토 같은 예도 있지만), 2절에서 살펴본 바와 같이 전통 사회의 여성은 출생률이 높고 기대수명이 짧다. 일반적으로 말해, 전통 사회에서 여성의 삶이 고통스럽고 가혹하며 짧다는 것은 과장이 아니다.

물질적으로 유익한 규범과 관행에 장애가 되면서도 스스로를 강화하고 재생산하는 전통은 하나의 물신을 구성한다. 전통 자체는 사람들 간의 관계와 가치에 대해 잘못된 믿음을 야기하는 비자연적인 매력의 대상이다. 어떤 관행을 '전통'이라고 말하는 것만으로도 전통 문화의 구성원들에게는 그것을 정당화하기에 충분하며, 그 관행이 외부에서 보기에 아무리 악랄하고, 이상하거나 비합리적으로 보여도 마찬가지다. 문화마다 논증의 세부사항은 다르지만 공통점이 있다. 첫째, 전통 문화는 종교가 지배한다. 신과 종교적 계층 구조는 물신의 전형적인 예다. 이를 통해 사물과 사람은 실제로 인간의 필요를 얼마나 충족시키는가보다는 종교적 가치에 따라 평가된다. 둘째, 전통 문화에서 여성의 사회적 역할은 심각하게 제한되며, 이는 여성이 '신 포도' 유형의 변형된 선호를 갖게 만들기 쉽다. 사제(물라, 랍비 등)의 지위를 가질 수 없도록 금지당하는 여성은 열등하게 평가된다. 많은 전통적 종교 문화에서 여성은 불결하거나 적어도 종교적으로 열등한 존재로 간주된다. 이러한 평가는 삶의 모든 측면에 영향을 미친다. 해당 신에 대한 믿음과 신성한 종교 문헌의 근본주의적 해석은 이러한 평가를 정당화하고 강화한다. 이 신념은 (우리가 아는 한) 거짓이고, 억압적인 조건에서 만들어져 억압을 강화하여 허위의식을 구성한다.[153] 따라서 페미니스트 정치 변혁은 전통 문화의 타파를 요구한다.

물신주의로부터의 해방

오늘날 많은 문화는 전통적이고 종교적으로 물든 문화를 계속 유지할지, 아니면 자본주의가 되돌릴 수 없는 지점까지 그 문화를 변화시키도록 허용할지의 갈림길에 서 있다. 자본주의는 많은 전통 문화에 있어 중요한 전환점을 형성하는데, 이는 자본주의가 전통의 물신을 구성하는 믿음과 욕망 형성 메커니즘을 방해하며, 동시에 전통의 물신을 대체할 수 있는 상품 물신주의 형태를 도입하기 때문이다. 자본주의는 새로운 거래 방식뿐 아니라 세상을 다르게 바라보는 방식을 제시한다. 탈식민주의 페미니스트들과 사회주의 페미니스트들은 글로벌 자본의 유입에 저항하며 앞서 논의한 비판을 제시한다. 일부는 전통 문화가 심각하게 가부장적이지 않다고 옹호하지만, 나는 전통 문화가 가부장적 물신주의 사고를 도입하기 때문에 이러한 문화들이 여성에게 심각하게 모욕적이라고 본다. 나는 이상적인 자본주의에 대한 대부분의 물질적 비판을 부적절하거나 오판이라는 이유로 기각했다. 남아 있는 비판 중 하나인 불평등 문제는 전통 문화에서의 지위 불평등과 쉽게 비교할 수 없다. 상품 물신주의에 관한 심리적 비판은 일반적인 비판으로, 젠더와 관련된 비판이 아님이 입증되었다. 그러나 전통을 물신으로 보는 비판은 젠더화된 비판이며, 페미니스트 정치 변혁은 전통 문화의 타파를 요구한다.

상품 물신주의의 단점에도 불구하고, 자본주의는 물신주의 형태를 동반한 전통을 타파할 메커니즘을 제공하며 가부장제의 종식으로 나아가는 길을 제시한다. 첫째, 물질적으로 자본주의는 여성에게 실현 가능한 기회의 집합을 확장해주어 전통적인 왜곡된 욕망과 허위의식을 전복한다. 자본주의는 여성에게 일자리와 임금을 제공해 가정 밖에서 활동할 기회와 다른 길로 나아갈 수입을 제공한다. 일부 개발도상국, 특히 남성의 인적 자본이 상대적으로 낮은 국가들에서는 여성이 남성과 동일한 임금을 받기 위해 곧바로 경쟁할 것이다. 이는 여성들에게 가정과 지역사회 내에서 더 큰 협상력을 제공하며, 그 결과 지역사회 남성들의 폭력과 착취에 저항할 수 있는 능력을 한층 키우게 된다. 또한 자본주의는 여성이 기업가가 되어 스스로 리더가 될 수 있는 선택지를 제공한다. 그라민은행과 거기서 파생한 여러 사회적 기업은 이러한 선택지가 개발도상국 여성들에게 실제로 가능한 선택지라는 구체적인 증거를 보여준다.

둘째, 자본주의 이데올로기인 개인의 권리는 여성이 채택할 수 있으며, 이는 전통적인 젠더 이데올로기를 붕괴시킬 수 있다.[154] 이상적인 자본주의는 개인의 자유를 극대화하는 데 최우선 정당성을 두고 있다는 점을 상기하라. 자본주의는 전통 문화의 가부장적이고 성차별적인 규범과 관행을 무너뜨리는 데 기여한다. 이에 대한 좋은 예로는 피임에 대한 전통적 저항과 낙태 금지가 있다. 자본주의는 교육받지 못한 비숙련 아동 노동자의 가치를 떨어뜨리고, 교육을 받고 성인이 된 후에야 임금 노동에 참여하도록 아이들을 키워 그 가치를 높임으로써 전통에 맞서 싸울 동기를 직접적으로 제공한다. 자본주의는 먼저 물질적 관행을 개선함으로써 그러한 관행을 지지하는 규범의 변화를 도울 수 있다. 또한 자본주의는 소득을 늘리고, 그 결과 유아와 아동의 건강을 개선함으로써 간접적으로 소가족을 장려한다. 이 점은 2절에서 논의한 바 있다. 하지만 자본주의 사회에서도 여성과 남성은 여전히 전통의 힘에 맞서 여성의 재생산권과 신체 자율권을 지키기 위해 투쟁해야 한다. 자본주의가 강화하고 의존하는 개인주의 이데올로기는 여성과 남성 모두가 여성을 종속된 사회적 역할을 수행하는 존재로만 보지 않고, 그 자체 가치 있는 존재로 인식하게끔 돕는다. 최소한 그들은 시장이 충족시키려는 선호와 취향을 가진 소비자들이다. 그러나 자본주의는 또한 개인과 개인의 자율성을 최우선으로 여기는 자유주의적 세계관의 일부이기도 하다. 개인의 권리라는 이데올로기가 널리 알려지고 논의되기 시작하면 여성의 열등함에 대한 거짓 믿음이 도전받고 반박될 수 있으며, 이는 결국 여성이 열등하다는 평가에 대한 도전이다.

셋째, 자본주의는 자유시장 교환을 촉진함으로써 상호 이익 개념을 증진한다. 애덤 스미스의 '보이지 않는 손' 개념은 그 초기 형식 중 하나다. 적절히 감시하고 제한한 자본주의 체제에서는 각 개인이 자신의 이익을 추구하며, 그 결과 집단의 이익이 발생한다. 상호 이익의 또 다른 형식은 게임 이론에서 나온 '포지티브섬 게임(positive-sum game)' 개념으로, 모든 참여자가 동시에 이익을 얻을 수 있다는 것이다. 적절히 제한하고 감시하는 체제 내에서 규칙을 준수하며 각자가 성취를 추구할 수 있으며, 다른 사람의 이익을 빼앗지 않고도 이를 이룰 수 있다. 상호 이익은 여성(또는 하층계급민)이 자신의 이익을 희생하고도 아무런 보상을 기대하지 않고 다른 사람들을 위해 헌신해야 한다는 개념과 반대다.[155] 이런 방식으로 자본주의는 시장 교환 자체에서 평등 개념을 성립시킨다.

마지막으로, 자본주의는 혁신을 촉진하며, 기술 혁신의 길인 과학을 촉진한다. 과학은 신념에 대한 비판적 분석 수단을 제공하고, 따라서 허위의식을 밝혀내고 반박할 수 있는 방법을 제시한다.[156] 이상적인 기업은 창의적이고 혁신적인 노동력을 얻기 위해 고등 교육을 받은 개인들과 다양한 배경을 가진 사람들을 찾는다. 사회가 이러한 혁신을 지원하려면, 새로운 기술과 새로운 삶의 형태를 발명할 독창적인 개인을 최대한 발굴하기 위해 다양한 계층의 개인 교육을 지원해야 할 것이다. 그러나 광범위하게 분포된 교육의 필연적 부산물은 현세대의 물신을 의심하는 비판적 사고를 가진 개인들의 탄생일 것이다. 이런 방식으로 자본주의는 자본주의적 물신에 대한 날카로운 비판을 위한 조건을 만든다.

이에 반해, 전통 문화에는 물신주의에서 벗어날 수 있는 내부 생성 경로가 없다. 전통은 과학에 반대하며 의식적으로 물신을 유지한다. 가톨릭의 예수회나 유대교의 탈무드 해석과 같은 정통 문화 내의 비판적 전통이 존재하기는 하지만, 이러한 비판이 작동할 수 있는 엄격한 경계가 있으며, 이 경계는 그 문화의 물신을 유지한다. 또한 이러한 비판적 전통은 여성에게 닫혀 있어, 특히 페미니스트 변혁에 저항한다.

자본주의(그리고 사회주의) 사회 내에서 전통적 하위문화, 근본주의적 하위문화, 정통 하위문화는 남성과 여성의 정신을 놓고 여전히 경쟁한다. 전통 문화를 자본주의와 맞서게 하면 여성과 발전에 대한 반발이 생겨 오히려 해를 끼칠 수 있다는 반론이 제기될 수 있다. 적어도 단기에서 중기까지는 이 반론에 어느 정도 진실이 있다는 점을 인정하지 않을 수 없지만, 이에 대한 두 가지 대응이 있다. 첫째, 자본주의든 사회주의든, 전통 문화는 어떤 형태의 페미니스트 정치 변혁에도 저항할 가능성이 크다. 과거 소련에서 교회의 부흥은 사회주의가 종교와 전통이 진보적 변화 이후 다시 자리잡는 경향을 극복하는 데 거의 기여하지 못했음을 보여준다. 둘째, 이 반론에 직면해 포기하는 것은 미신과 불의의 세력에 굴복하는 것이다. 이렇게 포기하느니 페미니스트들은 다리를 놓고 점차 문화를 긍정적인 방식으로 변화시키기 위한 더 작은 단계들을 시도해야 한다. 다시 한번, 그라민은행의 사례는 자본주의적 권한 부여를 향한 작은 단계들이 점차 일부 여성의 삶에 큰 변화를 가져오고, 궁극적으로 그들 문화를 변화시킬 가능성도 있음을 보여준다.

6 계몽된 자본주의: 페미니스트 자본주의 선언

자본주의를 하나의 페미니스트 정치 변혁으로 옹호하는 내 논거는 자본주의가 이 세계의 현재와 과거에 어떻게 작동했는지, 그리고 앞으로 어떻게 될 것인지에 대한 평가에 기초한다. 이 결론 부분에서 나는 페미니즘적이고 자유주의적인 계몽된 자본주의를 제안한다. 내 앞에 놓인 과제는 자본주의의 실천이 그 이상에 미치지 못하는 부분들을 모아 내고, 자본주의의 이상과 실천적 성공 요인에 부합하면서도, 성차별과 억압을 종식하려는 페미니스트의 욕망을 증진할 해결책을 제시하는 것이다. 그러나 나는 또한 자본주의가 내포한 이상과 가치를 확장하여 더 큰 물질적 성공을 이루거나, 심지어 더 긍정적인 페미니스트 변혁으로 이어질 수 있는 방안을 제안하고자 한다.

자본주의의 설명적 이상을 정의하는 조건들을 떠올려보자.

(1) 자본의 사적 소유 조건

(2) 자유롭고 개방적이며 탈중앙화된 시장 조건

(3) 자유 임금 노동 조건

(4) 비차별 제약

3절에서 논의한 바와 같이, 자본주의의 정당성은 자기 소유 제약 조건하에서 자유의 최대화를 기반으로 하기 때문에, 이상적인 자본주의는 사회 집단의 구성원으로서 개인을 억압하는 차별 관행의 근절을 요구한다. 이는 한계 생산성과 무관한 요인에 의한 차별에 반대하는 논증을 통해 간단히 증명할 수 있다. 이러한 차별은 비효율성을 초래하며, 따라서 개인의 자유를 최대화하지 못하기 때문이다. 따라서 비차별 제약은 실천에서 위반이 있더라도 자본주의의 이상 내에서 내부적으로 정당화될 수 있다. 따라서 우리는 자유에 근거해 정부가 이 제약을 집행하도록 하는 논거를 가지게 된다.

　계몽된 자본주의는 차별을 금지해야 할 뿐만 아니라, 같은 이유로 노동력 분리를 억제해야 한다. 각자 주어진 지위와 상관없이 모든 사람이 자유롭게 시장 상호작용에 참여할 수 있을 때만 그 시장은 진정으로 자유로우며, 모든 개인의 재능을 효율적으로 활용할 수 있다. 따라서 계몽된 자본주의는 분리 정책을 피하고, 정부를 통해 일터 통합을 촉진하는 유인을 제공해야 한다. 이는 특히 여성에게 중요하다. 왜냐하면 차별 극복 이후에도 분리 정책이 여성의 경제적 종속을 유지하는 주요 요인으로 남아 있기 때문이다.[157] 따라서 계몽된 자본주의는 여성 차별을 줄이고, 여성과 남성, 모든 인종과 민족을 노동력에서 통합하려고 노력한다.

　3절에서 시장 의존이 자유·성장·효율성을 촉진한다고 설명했듯이, 실제 자본주의 경제에서는 정보의 비대칭성과 외부효과 같은 많은 시장 실패 사례가 존재한다. 이런 경우 계몽된 자본주의는 외부효과를 가능한 한 내재화하거나, 시장 메커니즘으로 충분히 제공되지 않는 재화나 서비스를 공동으로 제공함으로써 발생하는 문제로부터 스스로를 보호할 것이다. 따라서 계몽된 자본주의는 공공 의료와 교육, 국방과 경찰력을 제공하며, 오염을 줄이는 메커니즘을 공동으로 모색할 것이다.

'자본주의하에서의 불평등'을 다룬 대목에서 나는 사유재산권에 대한 자기 소유 논거에 기초하여 이상적인 자본주의가 개인들 간 심각한 불평등을 제거해야 한다고 주장했다. 즉, 변호할 만한 자본주의 형태는 품위 있는 생활 수준을 유지할 수 있을 만큼의 재화를 개인에게 제공하는 자본주의다. 그러나 형편이 더 나은 사람들 사이에서는 품위 있는 생활의 기준을 낮추려는 경향이 있을 수 있다. 불평등의 완화가 개인들이 시장 상호작용에 더 잘 참여할 수 있는 능력의 향상을 수반할 때, 이는 상호 이익을 증진한다는 이유로도 정당화될 수 있다. 가능한 한 많은 인구를 혁신과 비판적 사고로 이끄는 교육은 모두에게 시장 상호작용의 이점을 증대시킬 것이다. 따라서 계몽된 자본주의는 모든 어린이가 시장 상호작용에 참여할 수 있는 수단을 제공하며, 자격을 갖춘 학생들이 점점 더 높은 수준의 교육을 계속 받을 수 있도록 해야 한다.

우리가 보았듯이, 물질적 측면에서 최고의 자본주의 형태는 혁신과 경쟁에 대한 동기를 제공하는 기업가적 자본주의다. 혁신은 우리 삶을 예측할 수 없게 변화시키지만, 때로는 우리 삶을 크게 개선한다. 우리는 종종 혁신을 첨단 과학의 발견을 통해 기술 한계를 확장하는 것으로 생각하며, 이는 막대한 투자를 필요로 하고 초기 사용자들에게는 매우 높은 비용이 든다. 그러나 그라민은행과 그 파생 회사들의 예에서 볼 수 있듯이, 혁신은 여러 차원에서 일어날 수 있으며, 자본주의 체제 내에서 수익성을 유지하면서도 다양한 사회적 요구를 충족하도록 설계된 기업들이 존재할 수 있다. 덜 부유하고 낮은 지위에 있는 사람들을 위한 다양한 틈새 시장이 존재하기 때문에, 계몽된 기업가적 자본주의는 그러한 기업들에 동기를 부여하고 장애물을 제거할 것이다. 이는 저렴한 금리로 소액 대출을 제공할 수 있는 법적·재정적 수단을 마련하는 것뿐만 아니라, 첨단 기술 기업에 자본을 대는 것을 의미한다.

동시에 기업가적 자본주의는 기존 기술(그리고 관련 기업과 노동자)을 교체할 때 금융 거품과 사회 혼란에 취약해질 수 있다. 기존 기술이 시장에서 갑자기 가치를 상실하면, 금융 불안정이 발생하고 이는 금융 붕괴와 공황으로 이어질 수 있으며, 사회 혼란과 심리적 피해를 초래할 수 있다. 이러한 이유로 계몽된 자본주의는 과도한 투기를 방지하고, 불가피한 재난에 대비해 저축하며, 붕괴 발생시 새로운 경제 활동을 다시 자극하기 위한 조치를 취할 것이다.

미국과 유럽에서 자본주의를 억제하는 주요 힘 중 하나는 노동자들이 자본가들과 단체로 협상할 수 있게 해주는 노동조합이다. 계몽된 자본주의는 노동자들이 노동조합을 결성할 수 있는 능력을 지켜주고 심지어 장려할 것이다. 그 이유는 두 가지가 있다. 첫째, 노동조합은 노동자와 경영자 간의 평등한 관계를 한층 더 촉진할 수 있다. 경영자가 하나로 결집한 모든 노동자와 협상해야 한다면, 자기 기업이 창출한 모든 이윤을 독점적으로 가져가기 어려워지며, 어느 정도 이윤을 나눌 수밖에 없다. 평등 촉진은 자본주의 사회에 유리한데, 이는 내가 앞서 언급한 이유들, 즉 최대한 많은 사람이 시장에 참여하게 하고, 상호 이익을 증진하며, 도덕적으로도 바람직하기 때문이다. 둘째, 노동자들이 대규모 자본주의 기업과 단체로 협상하는 것은 공정한 경쟁적 협상 상황을 촉진한다. 특정 지역에서만 대규모로 노동자를 고용하는 대기업은 수요독점 구조여서, 임금 경쟁시보다 낮은 임금으로 협상할 수 있다. 이 시장 실패에 대한 합리적 해결책은 노동자들이 평등하게 통합된 협상 지위를 형성할 수 있도록 하는 것이다.

개인 권리라는 이데올로기를 증진하고 구현함으로써, 이상적인 자본주의는 억압에 반대한다. 계몽된 자본주의는 개인주의와 억압 반대의 연결성을 의식적으로 활용할 것이다. 더 나아가 이러한 이데올로기적 연결성을 유지하고, 자본주의 번영의 기반인 상호 이익의 이상을 증진하기 위해 개인 권리를 반대하는 개인 및 집단에 동조하지 않으려 할 것이다. 자발적 교환의 논리를 통해 상호 이익을 제도화함으로써, 이상적인 자본주의는 누구라도 아무 이익 없이 자신의 이해관계를 희생하리라 기대해서는 안 된다는 개념을 고취한다. 억압 반대자인 계몽된 자본주의는 자연스럽게 페미니스트 정치 변혁에 동조한다.

이상적인 자본주의에 남아 있는 주요 문제 중 하나는 돌봄 노동이 완전히 상품화될 경우 돌봄이 충분히 제공되지 않아 발생하는 돌봄 위기로, 이는 특히 페미니스트들이 우려하는 바다.[158] 이에 대해 두 가지 대응책이 있다. 첫째, 여성이 돌봄을 덜 제공하면 남성이 그 부족분을 채우고 더 많은 돌봄을 제공할 수 있다. 이렇게 되면 남성은 돌봄 노동에서 오는 더 큰 친밀감, 공유, 그리고 공동체 의식이라는 무형의 혜택을 얻어 모두에게 유익할 것이다. 이는 가부장제를 구성하고 폭력을 용인하는 남성성의 규범에 변화를 일으킬 것이다. 그러나 남성들이 이 증여 경제(gift economy)에 참여하지 않을 가능성도 있으며, 여성도 마찬가지다. 상품 물신주의는 교환 가치가 아닌 혜택이나 가치를 보지 못하게 방해한다. 반면에, 유급 돌봄 노동은 여전히 필요하며, 정부는 돌봄 노동이 저평가되는 시장 실패를 보완해야 한다. 그렇게 되면, 적정한 임금을 받고 돌봄 노동을 수행하는 이들이 그 노동의 본질적 가치를 이해하게 될 것이다. 자본주의에서는 상품 물신주의의 특정 사례와 반대되는 좋은 아이디어와 가치를 두고 토론을 벌일 수 있다. 우리는 과학, 비판적 사고, 그리고 인문학적 사고와 같은 창의성의 원천을 계속 지원할 것이다. 그것이 효율적이고 자유를 증진하기 때문이다. 따라서 이상적인 자본주의에는 내부 생성 경로가 있으며, 이는 상품 물신주의의 힘에도 불구하고 돌봄이 있는 계몽된 미래로 인도한다. 돌봄 위기는 심각한 문제지만, 더 큰 문제는 전통적 가부장제와 자본주의적 가부장제에서는 여성이 무료로 돌봄을 강요받기 때문에 돌봄 위기가 발생하지 않는다는 점이다.

계몽된 자본주의는 남성과 여성을 그 자체로서 가치 있는 개인들로 대우하기 때문에 페미니즘의 미래가 될 수 있다. 그것은 차별을 용납하지 않고 다양한 삶의 배경을 가진 사람들의 통합을 촉진할 것이다. 또한 여성을 남성에게 종속시키거나 특정 집단의 남성과 여성을 다른 집단에 종속시키는 전통적 이념을 해체하려 할 것이다. 계몽된 자본주의는 적극적 자유를 촉진할 것이며, 시장에서 자신의 능력과 재화로 충분히 벌지 못하는 사람들을 위해 의료, 교육, 최소한의 복지를 제공할 것이다. 또한 계몽된 자본주의는 규칙 안에서의 경쟁이라는 이상을 따르기 때문에 모든 사람에게 상호 이익이 되는 상호작용을 가능케 함으로써 사회적 자유도 촉진할 것이다. 따라서 계몽된 자본주의는 페미니즘과 공존할 수 있을 뿐 아니라, 감히 주장하건대 우리가 상상할 수 있는 가장 긍정적인 페미니스트 정치 변혁이다.

2부

Capitalism,
For and
Against

2

자본주의를 반대하다
이론과 현실의 관점에서

낸시 홈스트롬

1 서론

현재의 위기

이 프로젝트를 시작했던 2006년 당시, 자본주의는 역사상 그 어느 때
보다 크고 강력해 보였다. 자본주의는 1848년 카를 마르크스가 《공산
당 선언》에서 묘사한 바를 (좋든 나쁘든) 실현해낸 진정한 글로벌 체제다.
"끊임없이 확장하는 상품 시장의 필요성은 전 지구상 모든 부르주아지
를 재촉한다. 부르주아지는 모든 곳에 둥지를 틀어야 하고, 모든 곳에
정착해야 하며, 모든 곳에 연결망을 구축해야 한다. ……한 마디로, 자
기 모습을 닮은 세계를 창조한다."[1]
  1989년 소련 공산주의가 몰락하자 시장주의자들은 자유주의적 자본

주의가 "역사의 종말"[2]이라고 선언했다. 자유시장 중심의 자본주의는 미국에서 25년 넘게 지배적인 위치를 차지하고 있었고, 로널드 레이건 대통령은 1981년에 이렇게 말했다. "정부는 우리 문제의 해결책이 아니다. 정부가 문제다." 1990년대 말의 닷컴 붐(dot.com boom)은 끝났지만, 새로운 주택 붐(housing boom)이 일어났다. 아시아에서 금융 위기가 터졌지만, 서구는 그 고비를 무사히 넘겼다. 아시아에서 흔한 정부 지출과 시장의 혼합이라는 케인스주의적 접근이 경제에 해롭다는 전문가들의 믿음은 더욱 확고해졌다. 그 타당성과 상관없이 케인스주의는 정치적으로 패배했다. 광범위한 사회 서비스에 대한 정부 지출 때문에 사회복지 자본주의라고 불리는(또는 자유시장 지지자들이 '사회주의'로 낙인찍은) 유럽식 자본주의 모델은 미국의 시장 지향적 접근법인 신자유주의와의 글로벌 경쟁 탓에 큰 압박을 받고 있었다. 이는 개발도상국도 마찬가지였는데 세계은행 같은 국제기구들이 대출의 전제 조건으로 각국의 공공 지출 삭감을 주장했다. 일부 비평가는 이 체제의 근본 문제를 지적하고,[3] 일부는 자유시장 모델이 전 세계 노동 계급과 빈곤층에 미치는 영향에 항의했지만, 이 시기는 의심할 여지 없이 자본주의가 승리한 시기였다. 1980년대 영국 마거릿 대처 총리의 "대안은 없다(There is no alternative)"라는 유명한 선언은 반복적으로 되풀이되면서 간단히 TINA로 알려졌다.

오늘날 상황은 얼마나 다른가! 실제로 2009년의 경제 상황이 얼마나 달라졌는지는 말로 하기 어려울 정도다. **세계 최대 금융기관들이 파산했다.** 그들은 오직 정부(즉, 납세자 세금)의 막대한 지원(그러나 결코 '복지'라고 불리지 않는)으로 살아남았다. 우량주들의 가치는 1달러 미만으로 떨어졌다. 노벨 경제학상 수상자 폴 크루그먼(Paul Krugman)은 전 세계의 최근 경제 지표를 "끔찍하다"고 묘사하며, "말을 아낄 필요가 없다. 마치 제2의 대공황의 시작처럼 보인다"고 썼다.[4] 일부는 위기 속에서도 부를 유지하거나 오히려 더 부유해졌지만〔극작가 월리스 숀(Wallace Shawn)의 표현을 빌리자면 "남의 불행에서 금을 캐내기"[5]〕, 전 세계 대부분의 사람은 고통을 겪었다.[6] 주류 경제학자와 언론 대부분은 "제2의 대공황"을 막고 현재의 위기를 넘어 자본주의 경제를 관리할 수 있는 유일한 방법으로 일부 변형된 케인스주의를 지지한다(비록 학계 경제학자들은 여전히 자유시장 이론의 기본 원칙에 의문을 제기하는 데 저항하지만).[7] 공공 영역에서의 주요 논쟁은 정부 지원을 **어디에 얼마나** 투입할 것인지와 그에 대한 **정부 통제가 어느 정도** 있어야 하는지를 둘러싸고 이루어진다. 2009년 2월 16일자 〈뉴스위크(Newsweek)〉지 표지는 "우리는 이제 모두 사회주의자"라고 선포했는데, 이는 모든 사람이 경제에 대한 정부의 더 많은 개입, 즉 케인스주의를 지지한다는 의미다. 2009년 4월, 저명한 여론조사 기관 라스무센(Rasmussen)은 미국인의 53퍼센트만이 자본주의가 사회주의보다 낫다고 답했다고 전했다.[8] 이는 사회주의나 노동당이 없고, 자유주의 자본가들이 '좌파'로 간주되는 미국에서 놀라운 수치다. 일부는 심지어 마르크스의 생각이 그가 글을 쓸 당시보다 오늘날 더 시의적절하다고 말한다.[9] 이러한 반응에 내포된 문제의식은 현재의 위기가 단순히 금융 부문의 위기인지, 신자유주의 자본주의 전체의 위기인지, 아니면 가장 근본적으로 자본주의 자체의 위기인지에 관한 것이다.

여러분이 이 글을 읽을 때 상황이 어떻게 보일지는 예측할 수 없다. 자본주의가 스스로를 안정시키는 데 성공해서 이전 문단이 히스테리적 헛소리처럼 들릴 것인가? 자본주의가 안정화되었다면, 어떤 기반으로 그렇게 되었는가? 이러한 위기 상황이 전 지구적 문제라면 케인스주의는 국민국가를 넘어 어떻게 적용될 수 있는가? 효과가 있을까? 효과가 있다면 얼마나 오래 지속될까? 아니면, 최근 위기 이후 아시아에서 발생한 것처럼 저수익 기업의 대규모 구조조정과 노동자 해고, 임금 삭감 등 더 큰 위기를 통해서만 위기를 해결할 수 있을까? 달리 말해, 위기의 대가는 누가 치렀는가? ('**고용 없는** 회복'이라는 말로 누가 대가를 치를지 짐작할 수 있다.) 아니면 위기가 계속되면서 전 세계 사람들에게 어떤 정치적·경제적·개인적 영향을 미치고 있는가? 아니면 해결되었다가 다시 나타날 것인가? 그렇다면 자본주의 내에서든 자본주의를 넘어서든 다른 대안들이 제시될까? 아니면 여러분이 이 글을 읽는 시점에는 동유럽 경제가 불과 몇 년 만에 재편된 것처럼, 전체 경제가 재구성되었을 수도 있을까? 물론 동유럽의 변화는 자본주의 쪽으로 향했지만, 이 사례는 조건이 맞아떨어질 때 **사회적 경제 변화가 얼마나 급격히 이루어질 수 있는지** 보여준다.

이 위기 상황에서 최소한 우리가 내릴 수 있는 결론은 미국 정부, 대학, 금융기관에 있는 최고 수준의 경제 전문가들, 이른바 '최고 인재들'이 자신들이 말했던 것에 대해 제대로 알지 못했다는 점이다. 또한 자본주의 비판자들이 항상 말해왔던 대로 자본주의는 매우 불안정하고 위기에 취약하며, 가장 취약한 사람들에게 치명적인 영향을 미치는 체제로 드러났다는 점이다. 오늘날 미국의 경제 문제가 전 세계로 퍼져나가면서 엄청난 영향을 미치고 있는데, 위기의 원인과 무관한 가난한 국가들이 경제 침체를 겪고 있다.[10] 금융기관을 지원하기 위해 지출한 수조 달러의 예산은 가장 취약한 계층을 포함한 대다수 사람이 필요로 하는 의료, 교육, 기타 공공 서비스에 대한 공공 지출 부족을 정당화했던 "돈이 부족하다"는 주장이 거짓임을 증명했다. 즉, 이제 진짜 문제는 **자**

원을 어떻게 분배하고, 누가 그 결정을 내리는가라는 점이 완전히 명백해졌다.

이 모든 것은 자본주의가 여성에게 유익한지 여부에 대해 무엇을 시사하는가? 이 책에서 우리의 관심사는 자본주의를 **페미니즘 관점에서**, 즉 여성의 이해관계에 특별한 관심을 가지고 살펴보는 것이다. 자본주의에 관한 유일한 페미니즘 관점은 존재하지 않기 때문에(다른 어떤 주제도 대개 마찬가지지만), 하나의 사례를 만들어야 한다. 하지만 나는 페미니스트들이 여성 억압의 원인이 성차별이건 인종차별이건 경제적 요인이나 다른 어떤 요인이건 간에 이 억압을 끝내는 데 관심을 가져야 한다고 전제한다. 만약 페미니즘이 **젠더에 기반한** 여성 억압의 종식만을 목표로 한다면, 이는 페미니즘의 핵심에 있는 해방적 비전과는 거리가 먼 매우 제한된 견해일 것이다. 페미니스트들 사이에서 자본주의에 대한 입장은 이를 무시하는 무관심부터 다양한 수준의 비판적 지지, 그리고 반대까지 폭이 넓다. 자본주의 체제가 우리 삶의 모든 영역, 심지어 가장 개인적인 영역에까지 미치는 엄청난 영향력을 고려할 때, 무관심은 책임 있는 입장이라 할 수 없다.[11] 대신에 자본주의에 대한 페미니스트 입장은 자본주의가 여성에게 이로운지 여부에 기반해야 한다. 자본주의는 모든 시간과 장소에서 동일하지 않으며, 게다가 끊임없이 변화기 때문에, 특정 형태의 자본주의에만 우리의 탐구를 제한할 수 없다. 자본주의의 여러 가능성을 이해하려면, 한편으로는 그 이념 자체를, 다른 한편으로는 자본주의의 모든 형태에 내재된 근본 구조와 경향을 모두 검토해야 한다. 자본주의의 다양한 추상적 이상은 매우 매력적이기 때문에, 이론적으로 자본주의는 여성을 포함한 모든 개인에게 권장할 만한 점이 많다. 역사적 현실에서도 자본주의는 여성을 해방하는 경향이 있다. 그러나 다른 근본적 특징과 경향은 이와 같은 자유주의적 면모와 상충되는 측면이 있다. 따라서 궁극적으로 자본주의가 여성에게 유익한가라는 물음은 **단순히 논리적으로만 가능한 체제가 아니라, 실제로 존재하고 역사적으로 진화해온 정치경제 체제로서의 자본주의에 기초해야 한다. 자본주의를 하나의 개념으로만 바라보는 것은—그것이 실행 가능하다는 강력한 논거가 없는 한—자본주의를 변호하는 것에 불과하다.**[12] 어떤 경우이든 정치/경제 체제는 의지로만 존재할 수 없다. 그것은 진화 그리고/또는 혁명 같은 복잡한 사회사적 과정을 통해 존재하게 되고, 그 본질은 그 체제가 어떻게 탄생했는지, 무엇을 대체하는지에 달려 있다. 따라서 추상적 모델, 즉 이상적이거나 최적이라 할 수 있는 정치경제 체제를 검토하는 일은 어느 정도 가치 있지만, 그 가치에는 분명한 한계가 있다.

따라서 이 논쟁에서 나의 주요 관심사는 실존하는 체제로서의 자본주의가 여성에게 유익한지 여부다. 그러나 우리는 이 질문에 단순히 예나 아니요로 답할 수 없음을 알게 될 것이다. 이는 우리가 다음과 같은 중요한 하위 질문들에 어떻게 답하느냐에 달려 있다. 무엇과 비교하는가? 어떤 여성들인가? 그들 삶의 어떤 측면과 관련되는가? 어떤 시간 범위에서인가? 나는 뒤에서 자본주의가 여성에게 유리한 가능성을 창출하면서도 동시에 이러한 가능성에 한계를 부과한다고 주장할 것이다. 전체적으로 자본주의가 여성에게 좋다고 할 수 있는 측면은 그렇지 않은 측면보다 더 제한적이라고 본다. 여성은 자본주의라는 잔인한 경쟁 체제에서 '승자'가 되기 어렵다. 실제로 여성은 지구상에서 가장 가난하고 취약한 측에 속하며, 특히 공공재에 의존하고 있다. 따라서 여성의 복지, 아니 감히 말하자면 '여성 해방'에 진정으로 헌신하는 페미니스트들은 자본주의에 반대해야 한다.

기본 정의

'자본주의'

자본주의란 정확히 무엇인가? 자본주의는 하나의 체제로서 진화해왔고, 시간과 장소에 따라 다양한 형태를 취해왔을 뿐만 아니라, 자본주의에 대한 이론들—자본주의가 무엇이며, 무엇이 될 수 있고, 무엇이어야 하는지에 관한 이론들—도 마찬가지로 진화해 오늘날 다양하게 존재한다. 때로는 그 지지자들조차 자본주의가 무엇을 의미하는지 명확하지 않을 때도 있다. 하지만 우리는 최소한의 실무적 정의가 필요하며, 독자들은 내가 이 개념을 어떻게 이해하는지 알고 있어야 한다. 거의 모든 자본주의 정의에서 공통점은 다음과 같다. (1) 생산 수단의 대부분(또는 가장 중요한 부분)을 사적으로 소유한다. (2) 임금 노동이 가장 중요한 노동 형태다. (3) 생산은 생산자의 필요를 직접 충족하기 위해서가 아니라 주로 시장을 위해 이루어진다. (4) 생산의 초점은 이윤 극대화다. (3)과 (4)에도 불구하고—가장 유명하게는 애덤 스미스의 '보이지 않는 손' 이론처럼—개인의 이윤을 위한 이기적 추구가 사실상 사회적 선을 충족시키는 가장 좋은 방법이라는 주장이 제기된다.[13] 이 주장의 타당성은 우리 논쟁의 핵심 쟁점이 될 것이다.

사적 소유의 의미를 더 명확히 하려면 '사유재산(private property)'과 '개인 재산(personal property)'의 구분이 중요하다. 개인 재산은 단순히 자기가 사용하기 위한 개별 재산을 의미한다. 사회는 개인 재산을 가질 수 있지만 생산 수단은 집단 소유다. 예를 들어 공원 같은 집단 또는 공유 재산의 경우 모든 개인이 그 공원을 이용할 권리가 있다. 따라서 공유 재산은 사유재산과 마찬가지로 개인의 재산권을 포함한다. 그러나 재산에 대한 개인의 두 가지 권리의 차이점은 본질적으로 공유 재산은 독점이 아니라는 점이다. 즉, 누구도 다른 사람의 공원 이용을 배제할 권리가 없다. 반면, 어느 리조트의 땅이 사유재산이라면, 그 소유자는 다른 사람들을 그곳에서 배제할 권리가 있다. 따라서 사유재산은—규모가 작든 매우 크든—본질적으로 배제의 권리다. 자본주의에서 생산 수단의 소유자는 무엇을 생산할지, 어디서 어떻게 생산할지를 독점적으로 결정한 권리를 갖는다.

이와 같은 자본주의 정의는 경제에 대한 정부 역할에서 자본주의 사회들 간에 상당한 차이가 있음을 보여준다. 이미 언급했듯이, 특정 자본주의 경제가 어떤 형태를 취하는지는 그것이 존재한 기간뿐만 아니라 어떻게 발전했는지(진화 또는 혁명), 그리고 그 발전의 원천인 사회 형성의 특정한 역사, 계급 구조, 문화에 따라 달라진다. 이론적으로는 국가가 경제에 개입하지 않는 순수한 자유방임(자유시장) 사회가 존재할 수 있다. (그러나 주목할 점은, 그러한 가상 체제에서도 무력을 독점하는 국가가 사적 소유권 유지에 필요하다는 것이다. 따라서 정부는 **모든** 경제 체제에서 필수적 역할을 한다고 볼 수 있다.[14]) 역사적으로 어떤 사회도 이 추상적인 자유시장 모델에 완벽하게 부합한 적은 없었지만(그렇게 할 수도 없었지만), 다른 사회보다 거기에 더 근접한 일부 사례는 있었다. 예를 들어, 미국은 공교육, 도로, 위생 시스템 등을 갖추고 있지만, 전 세계 선진국 중에서 유일하게 정부가 자금을 지원하는 보편적인 건강보험 제도 없이 건강 문제를 시장에 맡기고 있다. 많은 정부가 미국보다 더 많은 사회복지를 제공할 뿐만 아니라 많은 자본주의 국가에서는 정부가 은행, 철도, 항공사, 라디오 및 TV 방송국을 소유하고 있으며, 많은 투자를 지시한다. 예를 들어, 학자들은 정부의 투자 지시가 이른바 '아시아의 호랑이들'로 불리는 국가들의 경제 발전에 중요했다는 것을 보여주었다.[15] 자본주의 사회는 정부 규제와 규제 완화의 순환을 거쳐왔다. 미국에서는 지난 몇십 년 동안 여러 산업이 규제 완화를 겪었으며, 1999년에는 은행 산업 규제를 완화해 파생상품 같은 새로운 금융 '상품'이 등장했고, 이는 금융 산업 붕괴에 기여했다. 앞으로는 다시 규제로 돌아가는 움직임이 있을 가능성이 크다. 일각에서는 사유재산을 기반으로 하지만 국가 소유와 투자 지시의 비중이 더 큰 사회를 '사회복지 자본주의' 또는 '국가 자본주의'라고 부르지만, 이러한 변이도 앞서 언급한 기준(가장 중요한 생산 수단의 사적 소유, 임금 노동, 대부분 이윤을 위한 생산)이 충족되는 한 여전히 자본주의로 볼 수 있다. 때때로 이윤 극대화라는 근본적인 장기 목표는 특정 산업을―일시적이든 영구적이든―정부가 인수함으로써 가장 잘 달성될 수 있으며, 때로는 대중의 압력으로 정부 지원이 더 많이 이루어지기도 한다. 버락 오바마 대통령은 최근 건강보험 개혁을 "도덕적 명령일 뿐만 아니라 재정적 명령"이라고 설명한 바 있다. 미국의 자동차 제조업체들은 고용주 기반의 건강보험 대신 정부 제공 건강보험이 비용을 줄이고 경쟁력을 높일 수 있으리라고 바랄지도 모른다. 단지 국가가 경제에서 이러한 역할을 한다고 해서 그 사회를 사회주의라고 부르는 것은 추상적 모델을 현실인 양 착각하는 것이며, 자본주의의 본질을 오해하는 것이다.

'여성의 이해관계'

자본주의 체제가 여성에게 가장 적합한지 살펴보기 전에, 몇 가지 방법론적 어려움에 대해 논의해야 한다. 여성에게 무엇이 좋은지 어떻게 판단할 수 있을까? 초기에는 여성에게 좋은 것이란 여성의 이해관계를 증진하는 것이라고 말할 수 있었지만, 과연 여성의 이해관계란 무엇일까? '여성의 이해관계'라는 것이 존재하기나 할까? 우리는 이를 어떻게 판단할까? 단순히 여성의 선호에 따라 결정되는 것일까? 포스트모던 사상가들은 여성의 복지가 객관적 사실이 아니라 해석과 언어에 따라 달라진다는 추상적인 우려를 제기한다. 이 주장이 정확히 무엇을 의미하는지는 불분명하지만, 만약 이 주장을 극단적으로 받아들인다면 어떤 평가도 불가능해지고, 페미니즘 운동 자체가 실패할 수밖에 없다. 그러나 우리는 사실이 명확하지 않다는 것과 언어와 해석이 필연적이라는 점을 인정하면서도 이를 극복할 수 있다. 특정 여성들의 이해관계에 관해 이야기할 때, 그들이 자신의 이해관계를 어떻게 인식하고 평가하는지, 그들의 행동과 발언을 고려해야 한다. 이는 분명 언어와 관련된 문제지만, 언어는 현실 속 여성들과 분리된 추상적 구조가 아니라, 여성들이 스스로 세상을 어떻게 인식하고 왜 그렇게 행동하는지를 설명하는 도구다. 따라서 언어와 해석이 여성의 이해관계를 파악하는 데 넘기 힘든 장벽이 되는 것이 아니라, 오히려 이를 파악하는 가장 중요한 방법의 하나로 볼 수 있다.[16]

여기서 우리 논의를 방해할 수 있는 또 다른 반론은 각 여성의 정체성이 너무 복잡해서 각자 무엇을 원하고 필요로 하는지 판단할 수 없다는 주장이다. 각 여성은 여성이라는 사실 외에도 계급, 국적, 인종/민족, 섹슈얼리티, 결혼 여부, 건강 상태 등 다양한 정체성을 지닌다. 일부는 이런 다양한 사회 집단 속에서 각 여성의 사회적 위치를 근거로 이해관계와 정체성을 추론하는 것은 순진한 생각이라고 주장한다. 그러나 이는 사회과학과 역사의 모든 논의를 포기하는 것과 같다. 이해관계와 정체성에 대한 신뢰할 수 있는 추론은 가능한 많은 정보를 바탕으로 해야 하며, 누구의 정체성도 단일한 차원으로 축소해서는 안 된다. 물론 이러한 추론은 다른 증거로 반박될 수 있다는 점에서 과학적 주장과 다르지 않다. 하지만 우리가 확실히 아는 것은 사회적 위치—남성인지 여성인지, 부자인지 가난한지, 아프가니스탄인인지 스웨덴인인지—가 그들의 경험에 "인과적으로 유의미한" 영향을 미친다는 것이다. **그리고 이런 경험은 다시 그들의 정체성에 인과적으로 유의미한 영향을 미친다.**[17]

다소 덜 추상적인 수준에서 말하자면, 우리가 여성에게 좋은 조건과 나쁜 조건을 판단하려고 할 때, 종종 딜레마에 빠지는 것 같다. 한편으로는, 여성의 주관적인 만족이나 선호를 무시하는 것은 오만하게 보일 뿐만 아니라 편향될 위험이 크다. 한 여성이 무엇을 원한다고 말할지 우리가 어떻게 함부로 추측할 수 있단 말인가? 누가 그녀 자신보다 그녀가 무엇을 원하는지 더 잘 알 수 있겠는가? 하지만 반대로, 선호에만 의존한다면 적응적 선호 현실(즉, '신 포도' 현상)을 무시하고, 사람들의 삶에 대한 객관적 평가를 포기하는 셈이다. 신란(Xinran)의 《착한 중국 여인들: 숨겨진 목소리(The Good Women of China: Hidden Voices)》라는 흥미로운 책은 여성의 조건을 측정하는 척도로 여성의 만족감에 의존할 때의 문제를 잘 보여준다.[18] 마지막 장에서 저자는 극심한 가난 속에서 사는 여성들을 소개하는데, 이 여성들은 저자가 본 가장 열악한 환경에서 살고 있다. 외부 세계를 전혀 알지 못하고, 건강마저 좋지 않으며, 지역사회의 모든 남성에게 완전히 종속된 상태다. 이 여성들은 그저 재산이자 번식 도구에 불과하며, 그들의 존재는 오직 유용성으로만 정당화된다. 그러나 그들의 삶이 얼마나 끔찍한지만큼이나 놀라운 점은, 책에 등장하는 여성들 가운데 이들만이 유일하게 스스로 행복하다고 말한다는 사실이다. 저자는 이 방문이 자신에게 얼마나 큰 충격을 주었는지

전한다. 이 사례는 주관적 만족감과 객관적 복지가 반드시 일치하지 않으며, 지배 관계도 항상 인식되지는 않는다는 사실을 보여준다. 즉, 행복한 노예도 존재할 수 있다. 인간의 건강·능력·자유에 관한 한 객관적 사실들이 존재하며, 따라서 특정 관행이 이를 얼마나 증진하거나 제한하는지 평가할 수 있다. 주관적 만족감과 상관없이, 우리는 매우 어린 나이에 결혼하고 다수의 아이를 낳는 것이 여성에게 끼치는 끔찍한 신체적 영향을 알고 있다. 그러므로 이러한 관행을 끝내는 것이 여성에게 이익이 된다고 말하는 것은 합리적이다. 물론 주관적 만족감과 선호를 무시할 수는 없지만, 그것만을 기준으로 삼으면 도덕적이고 정치적인 평가의 기회를 잃게 된다. 최소한 존 스튜어트 밀이 암시했듯이, 대안에 대해 전혀 알지 못하거나 대안이 가능하다는 사실을 믿지 않는 상태에서 형성된 만족감과 선호는 기준이 될 수 없다. 그러나 이러한 판단에는 편향의 위험이 크므로, 최대한 많은 정보를 바탕으로 신중하고 겸손하게 접근해야 한다.

젠더 이해관계: 전략적 이해관계와 실질적 이해관계

자본주의가 여성에게 미치는 영향을 논의할 수 있다는—해야 한다는—전제하에, 여성의 이해관계라는 개념을 더 탐구해보자.[19] 이는 매우 논쟁적인 개념이다. 이 개념을 아무런 수식어 없이 사용하는 것은 여성의 종속을 초래하는 여러 다양한 원인과 여성들 사이의 극심한 차이에도 불구하고, 모든 여성에게 동일한 이해관계가 존재한다고 암시하는 것처럼 보인다. 그러나 이는 분명히 문제가 있다. 개발도상국을 전문으로 연구하는 비교사회학자 맥신 몰리뉴(Maxine Molyneux)는 여성의 이해관계를 논할 때 젠더 이해관계라는 용어를 사용하자고 제안한다. 그녀는 젠더 이해관계를 "젠더 속성에 따른 사회적 위치"로 인해 여성(또는 남성)이 공통으로 가지는 일반적 이해관계라고 정의하며, 여러 형태를 취할 수 있다고 본다. 맥신 몰리뉴는 이를 **전략적 젠더 이해관계**와 **실질적 젠더 이해관계**로 구분하는데,[20] 이러한 구분은 특히 여성들이 다양한 사회에서 어떻게 지내는지, 그리고 그들 스스로가 자신의 상황을 어떻게 평가할 가능성이 있는지를 비교하는 데 유용하다. 또한 이러한 개념 구분은 왜 여성들이 때때로 외부인에게는 자신의 이해관계에 반하는 것으로 보일 수 있는 상황에 순응하는 것처럼 보이는지를 이해하는 데도 도움이 된다.

전략적 젠더 이해관계는 여성 해방을 위해 반드시 필요한 목표들이다. 법적 평등, 재생산의 자유, 성별 분업의 해체는 여성의 억압을 재생산하는 제도들을 파괴하며, 이 같은 목표들이 달성되지 않으면 여성 해방은 이루어질 수 없다. 전략적 목표들은 대개 페미니즘의 목표로 인식되어 페미니스트들이 여성의 객관적 관심사라고 주장하는 것이며 실제로도 그렇다.

하지만 여성들은 기존 젠더 질서에 도전하는 대신 젠더 질서에서 비롯된 즉각적 필요에 기반한 다른 이해관계를 가지고 있다. 몰리뉴는 이를 **실질적 젠더 이해관계**라고 부른다. 예를 들어, 전 세계적으로 여성이 주로 자녀 양육과 가사 관리를 책임지고 있기 때문에 여성은 아이를 보호하는 데 특별한 관심을 가진다. 몰리뉴는 여성들이 자신의 이익으로 인식하고 이를 옹호하는 것이 전략적 젠더 이해관계보다는 이러한 실질적 젠더 이해관계일 가능성이 더 크다고 지적한다. 역사적으로 여성들이 참여한 빵 폭동 같은 사례는 이런 실질적 이해관계를 위한 행동이었다. 또한 여성들은 전략적 젠더 이해관계와 충돌할 때 실질적 젠더 이해관계를 우선시할 것이다. 실질적 젠더 이해관계가 모든 여성에게 보편적이지 않다는 점도 중요하다. 이는 계급적 이해관계와 겹치기 때문이다. 예를 들어, 마리 앙투아네트는 빵을 구하기 위해 폭동에 참여할 필요가 없었다.

2 이론상의 자본주의: 이상과 한계

재산·소유·자유에 대하여

주요 덕목

앞서 설명한 중심 개념들을 바탕으로 이제 자본주의가 여성에게 최선인지 아닌지 살펴볼 차례다. 정치/경제 체제의 추상적 모델에 대한 나의 경고를 염두에 두고, 이 절에서는 **이론상**의 자본주의, 그 이상과 내가 주장할 한계에 대해 논의하고자 한다. 자본주의 지지자들은 자본주의를 종종 근대성과 동일시하며, 그것을 근대(서구) 세계의 가치들인 자유와 평등, 박애(또는 젠더 중립적 용어로 연대)를 실현하는 수단으로 본다. 그러나 경제 체제로서 자본주의에 구체적으로 초점을 맞출 때, 지지자들은 주로 자본주의가 다른 모든 대안보다 나은 다음 두 가지 가치를 강조한다. 바로 물질적 복지를 생산하는 데 있어 더 큰 효율성과 더 큰 자유다. 특히 두 번째 가치와 관련해 자본주의가 개인 간 평등을 지향하는 경향이 있다고 본다. 이는 특히 여성에게 중요한 의미를 가지며, 이 절 후반부에서 더 자세히 논의할 것이다. 효율성과 자유라는 두 가지 주요 가치는 복지가 자유를 증진하도록 한다는 점에서 서로 연결된다. 하지만 이와 별개로, 자본주의가 본질적으로 다른 모든 대안보다 더 자유롭다는 주장이 있다. 많은 사람은 자본주의가 정의로운 사회라고 여기지만, 자본주의가 **다른 대안보다 더 정의롭다**는 주된 논거는 자본주의가 더 자유롭다는 주장에 기반을 둔다(이것이 바로 자유지상주의라 불리는 이론이다). 따라서 자유에 대한 논의를 통해 자본주의의 정의로움에 대한 주장도 간접적으로 다룰 수 있다.[21] 물질적 평등이나 공동체 같은 정치경제 체제의 다른 가치들은 자본주의에서 거의 강조되지 않으므로, 여기서는 다루지 않을 것이다. 만약 자본주의가 스스로 내세우는 가장 중요한 가치를 실현하지 못한다는 점을 증명할 수 있다면, 내 비판은 한층 더 설득력을 가질 것이다.

자본주의가 다른 대안들보다 더 많은 물질적 복지를 제공하는지 여부는 추상적인 질문이 아니라 주로 경험적인 질문이므로, 3절에서 현실 속 자본주의를 다루며 자세히 논의할 것이다. 여기서는 이 질문이 일반적인 논의에서 보이는 것보다 더 복잡하다는 점만 언급하려 한다. 이를 평가하기 위해서는 몇 가지 중요한 사항을 고려해야 한다. 첫째, 무엇이 효율적이거나 비효율적인지(또는 낭비적인지)는 무엇을 달성하려 하는지에 따라 달라진다는 점을 인식해야 한다. 즉, **효율성은 그 자체로 존재하는 것이 아니라** 항상 우리의 목표에 상대적인 개념이다. 정치/경제 체제는 목표와 구조가 다르므로 각각 다른 방식으로 효율적이거나 낭비적일 수 있다. 따라서 우리는 어떤 목표가 가장 중요한지, 그리고 그 목표들 사이의 균형을 어떻게 맞출 것인지 결정해야 한다. 이 결정을 내린 후에야 비로소 특정 경제 체제나 정책이 그 목표를 얼마나 효율적으로 달성하는지 판단할 수 있다. 예를 들어, 시간당 최대 산출량이라는 목표는 건강과 행복의 극대화를 목표로 할 때와는 다른 효율성 판단을 내릴 것이다. 따라서 효율성을 단순히 산출량의 극대화로 간주하는 것은 부적절하다. 또한 물질적 복지가 사회 내에서 어떻게 분배되는지, 그리고 단순히 물질적 재화뿐만 아니라 물질적 복지의 모든 차원을 포함하는지 살펴봐야 한다. 자본주의 관점에서 일정 수준의 실업과 불완전 고용은 매우 효율적이며, 따라서 모든 자본주의 사회에 내재된 현상이다. 경제학자들은 '자연' 실업률이라는 개념을 사용하며, "현재 미국에서는 4.8퍼센트로 여겨진다."[22] 그러나 현재 **공식적으로** 10.2퍼센트에 달하는 실업률은 인적·사회적 관점에서 매우 비효율적이다.[23] 우리는 상품 생산, 절차, 정책의 효율성을 평가할 때 항상 단기적 관점뿐만 아니라 장기적 관점도 고려해야 한다. 이는 생산 방식에도 적용되는데, 체제의 특정 요소가 어떤 역사적 시기에는 장점일 수 있지만, 다른 시기에는 그렇지 않을 수 있기 때문이다. 나는 자본주의의 성장 경향이 이런 맥락에서 문제를 안고 있다고 주장할 것이다. 마지막으로, 가장 중요한 것은 모든 대안을 충분히 고려해야 한다는 점이다. 이러한 점들을 감안하면, 3절에서 자본주의가 장기적으로 대다수에게 모든 측면에서 물질적 복지를 더 효율적으로 제공하는 체제가 아님을 알게 될 것이다. 경제적으로나 정치적으로나 진정한 민주주의를 구현하는 정치/경제 체제가 사회의 **모든** 구성원, 특히 여성·어린이·노인·장애인 같은 취약 계층에게 더 나은 결과를 제공할 것이다.

자유는 시대를 막론하고 개인과 크고 작은 집단들이 꿈꾸고 투쟁해온 대상이었으며, 그 자유는 여러 차원과 정도를 가진다. 자본주의가 다른 대안들보다 더 많은 자유를 제공하는지 여부는 궁극적으로 이상적 모델이나 추상적 논의가 아니라 현실에서 답해야 할 문제다. 그러나

한 정치경제 체제가 다른 체제보다 더 많은 자유를 제공하는지 평가하려면 자유가 무엇인지, 어떤 조건이 자유를 증진하거나 제한하는지, 그리고 누구를 위한 자유인지 명확히 할 필요가 있다. 이 질문들은 **이론상의** 자본주의에 관한 이 절에서 다룰 것이다. 여성들은 오랜 시간 개인으로서, 그리고 조직된 집단으로서 해방을 추구해왔다. 실제로 올랜도 패터슨(Orlando Patterson)은 여성이 개인적 자유의 기원에서 중요한 역할을 했다고 주장한다.[24] 따라서 자본주의가 정말로 다른 대안들보다 더 많은 자유를 제공한다면, 이는 자본주의가 여성에게 최선의 체제라는 주장을 지지하는 페미니스트들에게 매우 중요한 논점이 될 것이다.

정치적 자유와 민주주의

사람들이 투쟁해온 중요한 자유의 한 차원은 정치적 자유이며, 여전히 전 세계 수많은 사람이 이 자유를 박탈당한 상태다. 자본주의는 대개 정치적 민주주의 사회로 논의되며, 모든 시민이 기본적인 정치적 권리와 자유를 누리는 사회, 즉 선거, 독립된 사법부, 다당제를 갖춘 자유로운 사회로 여겨진다. 실제로 '자유로운 사회'라는 표현은 자본주의와 동등한 의미로 사용되는 경우가 많은데, 예컨대 미국이 '자유 세계'의 리더로 불리는 것도 같은 맥락이다. 그러나 미국의 동맹국 중에는 독재 국가들도 있다(이때 자유의 실제 기준은 정치적 자유가 아니라 **시장의** 자유다). 대의제 정부 체제가 자본주의 부상과 함께 등장한 것은 사실이며, 많은 이론가는 정치적 민주주의와 자본주의 사이에 특별한 친연성이 있다고 본다. 심지어 마르크스조차 이에 동의했다. 하지만 둘의 연관성이 거의 자동으로 이루어진 것은 아니었다. 자본주의 초기에 투표권을 가진 사람들은 대지주들로, 인구의 극히 일부에 불과했다. 미국 전역에서 남성유권자의 재산 요건이 완전히 철폐된 것은 19세기 중반이며, 여성이 투표권을 가진 지는 100년이 채 되지 않았다. 이러한 정치적 권리의 확장은 오랜 시간 치열한 투쟁 끝에 얻어진 것이다. 예컨대 아프리카계 미국인들은 1965년 민권운동으로 투표권법이 제정될 때까지 미국 남부에서 실질적으로 투표권을 박탈당했으며, 오늘날에도 범죄자 투표권 박탈이나 유권자 신분증 문제 같은 이슈로 여전히 투쟁하고 있다. 현대에 이르러 자본주의 경제는 미국과 서유럽의 대의제 민주주의부터 나치 독일이나 20세기 내내 대부분의 라틴아메리카 국가들 같은 독재 정부까지 다양한 형태의 정부와 함께 존재해왔다.

자유시장 자본주의의 주요 이론가인 밀턴 프리드먼은 정치적 민주주의와 자유는 자본주의 경제에서만 존재할 수 있다고 주장한다.[25] 그러나 자본주의의 '가장 순수한', 즉 가장 자유로운 시장 형태 중 하나는 칠레의 피노체트 독재 정권하에서 존재했으며, 이는 민주적으로 선출된 살바도르 아옌데의 사회주의 정부를 미국의 도움으로 전복해 세운 정권이었다. 아이러니하게도, 프리드먼의 주장에도 불구하고 피노체트는 시카고학파 경제학자로 알려진 프리드먼 추종자들의 지도를 받으며 활동했다. 한편, 오늘날 중국은 자본주의적 경제 체제가 공산주의 정치체제와 더욱더 긴밀히 공존하고 있는 것을 보여준다. 중국이라는 특수 사례를 제외하면, 정치적 민주주의에 국한되는 자본주의의 정의에 의문을 제기하는 것 말고는 다른 독재 정권들이 자본주의 사회였다는 것을 부정할 방법이 없다. 정부가 사회에 더 많이 개입한다고 해서 독재 정권을 비자본주의 사회로 선언할 수는 없다. 이미 논의했듯이 자본주의 민주주의 국가들도 소유권·투자·사회복지 측면에서 경제에 대한 정부의 개입 정도나 범위가 매우 다양하기 때문에, 단순히 정부의 사회 개입이 더 크다고 해서 독재 체제를 비자본주의라고 선언할 수는 없다. 따라서 자본주의는 정치적 민주주의의 **충분조건**이 아니며, **필요조건**으로 입증된 적도 없다. 자유의 여러 차원 중 자본주의를 **정의**하는 유일한 자유, 즉 **모든** 자본주의 사회에서 필수적인 요소는 시장의 자유인 셈이다. 이는 사람들이 원하는 것을 사고팔 수 있는 자유, 특히 노동을 사고팔고 자유롭게 계약할 수 있는 자유를 의미하며, 다른 사람의 허락을 받을 필요가 없는 자유다(물론 이것도 모든 자본주의 사회에서 일부 **제약**은 있다). 그럼에도 불구하고, 나는 자유와 자본주의에 대한 논의에서 정치적으로 민주적인, 즉 정치적 관점에서 자유로운 이상화된 형태의 자본주의에만 초점을 두고자 한다.

그러나 자본주의 특유의 민주주의는 상당히 제한적이다. '민주주의'의 문자적 의미는 '시민에 의한 통치'이며, 두 가지 차원, 즉 '시민'에 얼마나 많은 사람을 포함하는지, 그리고 그들이 얼마나 많은 권력을 행사하는지에 따라 다양하게 해석될 수 있다. 자본주의 내에서 민주주의는 투쟁을 통해 점차 더 포괄적으로 변해왔지만, 유권자가 권력을 행사할 수 있는 범위는 정치 영역에 국한돼 극히 제한적이다.[26] 유권자가 할 수 있는 최선은 유력한 후보에게 투표하고 그가 자신이 선호하는 경제 정책을 시행하기를 **바라는** 것뿐이다. 엘런 메익신스 우드(Ellen Meiksins Wood)는 자본주의의 부상이 정치적 민주주의를 가능케 하면서 동시에 그 가치를 크게 떨어트렸다고 주장한다. 그 이유는 자본주의에서 '경제'와 '정치'가 처음 분리되고, 실제 사회 권력은 국가가 아닌 경제에 있기 때문이다.[27] 우리 모두에게 영향을 미치는 가장 중요한 결정들을 선출되지 않은 자본가들이 내린다. 우드는 기원전 3세기 아테네에서 존재했던 민주주의의 본래 의미와 최근 몇 세기, 특히 미국에서 재구성된 민주주의를 대조한다. 아테네가 서구 전통에서 민주주의의 발상지로 여겨지지만, 현대에는 아테네의 노예제와 여성 지배의 중요성에 대한 인식이 높아지면서 그 독특한 민주주의 성격에 대한 관심이 줄어들었다. 우드는 농촌 공동체인 데모스(마을)에 기반을 둔 농민 시민들이 그 이전이나 이후에도 본 적 없는 사회 구성체라고 주장한다. 민주주의―시민에 의한 통치―는 아리스토텔레스의 말처럼 "부유하고 고귀한 출신 사람들이 동시에 소수로서 정부를 통제하는" 과두 정치와 달리 "자유로운 출신이면서 가난한 사람들이 동시에 다수로서 정부를 통제하는" 체제로 이해되었다.[28] 선(善)에 대해 사색하고 정치에 참여할 여유가 있는 부유층보다 농민과 신발 만드는 이들에게 더 많은 정치적 권력을 부여해야 한다는 주장은 플라톤과 아리스토텔레스같이 노골적이고 거리낌 없이 반민주적인 사상가들에게는 용납할 수 없는 일이었다. 아테네의 몰락과 함께 민주주의는 2000년 넘는 시간 동안 역사 무대에서 사라졌다.

자본주의 초기에는 재산이 없고 손으로 일하지 않는 사람은 완전한 시민의 자격이 없다는 플라톤의 생각을 대중에게 널리 알릴 수 있었다. 그러나 정치적으로 활발한 시민이 많았던 미국 건국 시절, 특히 식민지 경험과 영국 왕실에 맞서 싸운 혁명의 경험 속에서 더는 이러한 주장을 유지하기는 어려워졌다. 《연방주의 논설(Federalist Papers)》에 기록된 헌법 논쟁은 미국 건국의 아버지들이 아테네식 민주주의를 얼마나 두려워했는지 보여준다. 그들은 아테네식 민주주의를 대중 지배, 즉 군중 정치와 동일시했다. 대신에 그들은 로마를 모델로 한 공화정을 옹호했다. 하지만 당시 정치적 분위기를 감안해, "그들은 민주주의에 반하는 이상이나 과두 정치로서가 아니라 민주주의라는 이름 자체로 고대 민주주의를 거부해야 했다." 연방주의자들은 민주주의를 자신들이 선호하는 로마 공화정 모델과 대비되는 것으로 보았지만, 결국 자신들의 정치 모델에 '대의 민주주의'라는 이름을 붙였는데, 이는 우드가 "시민권은 있지만 귀족층이 통치하는 **대중**(populus) 또는 **데모스**(demos)"라고 설명한 새로운 개념이다.[29] (물론 이 귀족층은 전적으로 백인 남성만을 뜻했다.)

이 문제는 단순히 규모나 대표제의 문제가 아니라는 점을 이해하는 것이 중요하다. 인구가 많다면 어떠한 형태든 대의제가 필요하겠지만, 대의제가 문자 그대로의 의미에서 반드시 민주주의의 반대일 필요는 없다. 둘을 결합할 수 있다(특히 인터넷 시대에는 더욱 그렇다). (1) 대표자(의원)가 그 유권자들의 평균 임금을 받고, (2) 즉각적인 소환의 대상이 되는 대의제 정부를 상상해보자. 바로 이러한 특징들은 마르크스가 "최초의 노동자 정부"라고 불렀던 1870년 파리 코뮌에도 존재했다.[30] 그러나 미국 건국자들이 주장한 대의제 개념은 코뮌주의자들의 개념과는 정반대였다. 제임스 매디슨(James Madison)은 《연방주의 논설》 10호에서 광범위한 대의제의 장점으로 많은 평범한 사람의 의견이 "선별된 시민 집단의 소수 매개체"를 거쳐야 하는 점을 들었다. 알렉산더 해밀턴(Alexander Hamilton)은 35호에서 기계공 등이 정치적 통치에 적합하지 않다는 플라톤의 의견을 반영해 "상인은 …… 사회 모든 계층의 자연스러운 대표자"라고 보았다.[31] 오늘날 전 세계적으로 민주주의에 대한 일반적 이해는 이 토대에서 발전해왔으며, 그 결과 민주주의는 원래의 의미인 시민에 의한 통치에서 더욱 멀어졌고 그 대신 제한된 정부의 이념 및 제도와 결부되었다. 일반 시민의 역할은 독립된 개인으로서 그 혜택을 수동적으로 누리는 데 그친다. 따라서 제한된 정부의 정치적 자유는 분명히 매우 중요하지만, 사람들이 실제로 누리는 자유와 권한은 그들이 속한 사회 구조에 크게 좌우된다. 자본주의 민주주의에서는 정치적 민주주의가 부유층의 지배와 양립할 수 있으므로, 자유의 가치는 분명히 제한적이라 할 수 있다.

정치적 자유 역시 흔히 알려진 것보다 훨씬 제한적이다. 소련에서 표현의 자유가 없었다는 사실은 명백하다. 예를 들어, 1980년대 소련의 아프가니스탄 개입을 '침략'이라 표현한 사람은 체포되거나 정신병원으로 보내졌다. 반면, 미국에서는 정부 정책을 비판할 자유가 있으며, 보복에 대한 두려움 없이 의견을 표현할 수 있다. 그러나 노엄 촘스키(Noam Chomsky)가 기록한 바와 같이, 베트남 전쟁 당시 주류 언론에서 '침략'이라는 단어를 사용하지 않았다는 것은 매우 놀라운 사실이다. 언론인은 스스로 검열하는 법을 배운다. 훨씬 급진적인 관점을 취하는 사람들은 사실상 소외된다.[32] 학계에서 그 명확한 예는 미국 경제학계다. 자유시장 이데올로기에 비판적인 학자들은 소수의 대학에서만 찾아볼 수 있으며, 이 비판조차 **자본주의를 지지하는 틀 내에서** 이루어진다. 자본주의 체제 자체에 도전하는 급진적 시각은 합리적 토론의 범위를 벗어난 것으로 간주된다.[33] 정치 영역에서 기업의 지배는 현재 논의되는—또는 논의되지 않는—의료 개혁 문제에서도 분명히 드러난다. 여론조사에 따르면 대다수의 의사와 간호사, 그리고 일반 대중은 단일 보험자(single payer) 제도[즉, 모두를 위한 개선된 메디케어(Medicare)]를 지지하지만, 이를 논의하는 상원 재무위원회는 해당 안건을 "논의 대상에서 제외"했다. [이 위원회 위원장인 맥스 보커스(Max Baucus) 상원의원은 제약회사들로부터 가장 많은 기부금을 받은 인물 중 하나다.] 청문회에서 이를 문제삼으며 왜 단일 보험자 안건을 논의에서 제외했는지 묻던 의사들과 다른 지지자들은 국회의사당 경찰에 의해 퇴장당했다.[34] 정치인들이 선거 자금을 기업에 의존하는 것만으로도 기업이 정치에 지배력을 행사하는 것을 분명히 알 수 있다. 그뿐만 아니라 자본이 자유롭고 신속하게 이동할 수 있는 시대에 진보적 정치인들은 해외로 자본이 빠져나갈 것을 우려해 공공 사회 프로그램에 대한 지지를 철회하고 있다.

앞에서 논의한 자본주의 내 민주주의의 한계는 자유의 중요한 측면을 드러낸다. 이는 개인의 자유에만 초점을 맞춘 대부분의 자유 논의에서 간과하는 부분이다. 개인주의는 인간에게 자유 의지가 있는지 없는지에 대한 형이상학적 질문의 맥락에서는 완전히 적절하다. 또한 사회가 시민에게 자유를 제공하는지에 대한 사회정치적 질문에서도 중요하다. 그러나 이것이 전체 이야기는 결코 아니다. 내가 뒤에서 제시할 자유 개념의 분석은 개인과 집단 모두에 적용된다. 왜냐하면 개인은 단순히 **개인으로서**만이 아니라 **집단의 구성원으로서**도 자유를 가지거나 결여할 수 있기 때문이다. 따라서 자본주의에서 경제적 민주주의가 존재하지 않는다는 사실, 즉 노동계급이 사회 자원을 어디에 투자할지 직접 결정하지 못하며, 정치 과정을 통해 간접적으로도 결정하지 못하는 상황에서 정부는 부유층에 지배당하기 때문에 자본주의 내 대다수는 이 중요한 측면에서 자유를 박탈당한다.[35] 이는 경제적 사다리의 하위에 집중된 여성들에게 특히 해당하며, 경제적 사다리의 상위에 있는 여성들조차도 자신과 같은 계층의 남성들에 비해 경제 및 정치 권력의 중심에서 여전히 과소대표된다. (자본주의에서 만연한 개인주의적 자유 모델의 한계에 대한 추가적 함의는 다음에 더 논의하겠다.)

이제 자유의 일반적이고 추상적인 의미를 살펴보자. 경제학자 프리드리히 하이에크, 밀턴 프리드먼, 철학자 로버트 노직 같은 일부 자본주의 지지자들은 자본주의 사회가 순수할수록(자유시장), 즉 정부의 경제 개입이 적을수록 단지 정치적 관점에서만이 아니라 **전반적으로** 더 자유롭다고 주장한다. 이러한 이론가들은 자본주의에 큰 불평등이 존재한다는 점을 인정하면서도, 자본주의는 결과의 평등이 아닌 기회의 평등을 특징으로 하며, 자유가 평등보다 더 높은 가치를 지닌다고 주장한다. 그리고 이미 논의된 바와 같이, 이러한 관점은 지난 몇십 년 동안 미국에서 매우 영향력 있게 작용해왔다. 하지만 자본주의 지지자들 사이에서 이러한 관점만 존재하는 것은 아니다. 다른 사람들은 불평등이 적을수록 더 이상적인 형태의 자본주의가 될 것이라고 주장하며, 그러한 사회의 경제적·사회적 지위가 높을수록 다수의 행복과 자유가 더 커지거나 더 정의롭다는 등의 다양한 근거를 들어 이러한 입장을 옹호한다. 다음 절에서는 이러한 주장들을 검토하고, 자본주의가 여성에게 좋은지에 대한 질문과 관련된 이들의 주장을 살펴보고자 한다.[36]

자유, 사유재산, 자기소유

앞서 논의한 바와 같이, 자본주의의 모든 정의에서 공통 요소는 생산수단의 대부분을 사유화한다는 점이다. 생산 수단의 소유자들은 인구의 소수에 불과하며, 대다수는 아무것도 소유하지 못한다. 자본주의의 급진적 비판자들은 이러한 재산 불평등이 대다수에게 권력과 자유의 결여를 초래하며, 소수의 소유자가 다수로 하여금 노동을 통해 생계를 유지하게 만든다고 주장한다.[37] 자본주의 옹호자들은 생산 수단 소유자의 수가 정확히 얼마나 되는지에 대한 질문을 모호하게 남기며, 이것이 자본주의의 정의에서 필수적이지 않다고 본다. 그러나 많은 이론가는 자본주의 사회에서 개인은 모두 어떤 것을 소유한다고 주장하는데, 그것은 바로 자기 자신이다.[38] '자기 자신에 대한 소유', 즉 자기소유권의 개념은 매우 오래된 것으로, 자본주의 옹호자들뿐만 아니라 많은 비판자,

특히 페미니스트들 사이에서도 공감을 얻는다. 따라서 이 개념이 무엇을 의미하는지, 어떻게 자유와 연결되는지, 그리고 더 나은 사회를 추구하는 이론에서, 특히 여성에게 더 나은 사회를 위한 이론에서 이 개념을 포함해야 하는지에 대해 자세히 살펴볼 가치가 있다.

자기소유권: 개념의 역사와 수용

개인이 자신을 소유한다는 것은 정확히 무엇을 의미할까? 이 개념은 흥미로운 역사를 지닌 복잡하고 논쟁적인 개념이다. 이 개념과 사유재산의 연관성, 그리고 이를 둘러싼 과거와 현재의 논쟁을 이해하려면 역사적 우회가 필요하다. '자기소유' 개념이 처음 등장한 것은 17세기 잉글랜드로, 봉건제가 자본주의로 바뀌어가던 혁명기였다.[39] 공유지가 사유지로 전환되면서 일반 사람들이 대대로 물려받아온 공유지에 대한 권리를 상실했고, 소규모 자산 소유자들은 부상하던 자본가들과 경쟁해야 했으며, 다른 모든 생계 수단이 없어지면서 임금 노동이 지배적인 노동 형태로 자리잡았다.[40] 당시 국왕 찰스 1세는 군사 원정을 위한 세금을 의회 승인 없이 인상하려다 처형당했다. 그리고 노예무역이 번성하고 있었다. 온건파와 급진파는 왕당파에 맞서 싸우는 데는 동의했으나, 둘 사이에는 깊은 차이가 있었다. 특히 급진파 중에서도 참된 레벌러스(Levellers, 수평파·평등파)로 불린 디거스(Diggers)[41]라는 집단이 가장 급진적이었다. 그들은 남성 보통 선거권을 지지했고, 폭압적인 법률뿐만 아니라 사유재산에 반대하며, 인클로저 운동(공유지였던 토지를 강제로 사유화하는 것)을 도둑질로 간주하며 강하게 항의했다. 디거스의 지도자 제라드 윈스탠리(Gerrard Winstanley)는 다음과 같이 말했다. "태초에 위대한 창조자인 이성(Reason)은 지구를 공동의 보고(寶庫)로 만들어, 짐승과 새, 물고기, 그리고 이 창조세계를 다스릴 인간을 보존하도록 하였다. ……그 이유는 모든 인간, 남성과 여성 각각이 스스로 완전한 피조물이며, 지구를 창조한 동일한 영이 인간 안에 깃들어 지구를 다스리기 때문이다."[42] 개개인이 "완전한 피조물"이라는 생각이 자기소유의 의미인지는 명확하지 않지만, 만약 그렇다면 이는 다른 사람들이 이해한 바와는 근본적으로 다른 의미를 가진다. 디거스는 누구도 타인의 노동을 소유할 권리가 없다고 믿었기에, "임금을 주거나 받지 말라"[43]고 했다. 그들이 선포한 자연권은 개인적 권리인 동시에 공동의 권리로서, 각 개인은 이 공동의 보고에서 분배받을 권리가 있지만 다른 사람을 배제할 권리는 없었다. 일부 개인이 공유지를 사유화하는 것은 다른 모든 사람을 "종과 노예"로 만드는 것이었고, "땅을 사고파는 자들과 지주들은 억압이나 살인이나 절도로 땅을 획득한 것"[44]이라고 비난했다. 그러니 사유재산에는 도덕적 정당성이 없다. 그들이 말하는 참된 자유는 사유재산과 양립할 수 없으며, 대지가 "모두에게 자유로운 공동의 것이어서, 함께 일하고 함께 먹을 수"[45] 있기까지 잉글랜드는 자유로운 땅이 될 수 없다고 주장했다.[46]

그 당시 더 온건하고 더 유명한 급진파는 레벌러스였고, 그중 리처드 오버턴(Richard Overton)은 1646년 감옥에서 《모든 폭군을 향한 화살(An Arrow Against All Tyrants)》을 저술했다. 그는 이 책을 다음과 같이 시작한다. "자연 속의 모든 개인에게는 자연이 부여한 개별 재산이 있으며, 이를 어느 누구도 침해하거나 찬탈할 수 없다. 모든 인간은 개인으로서 저마다 자기 자신에 대한 소유권을 가진다. 그렇지 않으면 그 인간은 자기 자신이 될 수 없다. ……아무도 내 권리와 자유를 지배할 권한이 없고 나 또한 다른 누군가에게 그렇다." 오버턴은 계속해서 말한다. "모든 인간은 자연적으로 자신만의 자연적 회로와 범위 내에서 왕이자 사제이며 예언자다. 그 누구도 대리, 위임 그리고 **자유로운 동의** 없이는 이에 개입할 수 없다."(인용자 강조)[47] 이러한 진술의 젠더 모호성은 레벌러스 지도자 존 릴버른(John Lilbourne)의 성명으로 더 명확해진다. "숨 쉬는 모든 특정 및 개별 남성과 여성은 …… 본질적으로 권력·존엄성·권위·위엄에 있어 동등하다."[48] 레벌러스는 온건파에 비해 더 광범위한 참정권을 지지했지만, 보편적 남성 참정권과는 거리가 멀었다. 디거스와 달리 그들은 '자기소유권'이 자유의 필수 요소로서 사유재산(단순히 개인 소유가 아닌)에 대한 권리를 수반한다고 생각했고 임금 노동을 받아들였다. 그러나 그들이 지지한 재산은 제한된 재산이며, 더 많은 것을 원한 "탐욕스러운 찬탈자들"을 비판했다. 따라서 자기소유권 개념은 급진주의자들이 사람들의 자연적 자유와 폭정에 맞서는 자연적 권리에 대한 신념을 표현하기 위해 사용한 것이다. 그러나 레벌러스와 디거스는 이것이 (제한된) 사유재산에 대한 권리를 포함하는지 여부에서 의견이 달랐다.

자기소유권과 자유로운 동의를 필요로 하는 합법적 통치의 개념은 사회계약론자들에게 수용─또는 전유─되었다. 토머스 홉스는 《리바이어던(Leviathan)》에서 절대적 정부 형태를 옹호하는 데 이 전제를 사용했고, 존 로크는 1690년 《통치론 제2론(Second Treatise of Government)》에서 무제한의 사유재산권을 기반으로 한 제한 정부를 변호했다. 로크의 《통치론》은 일반적으로 절대 군주제를 옹호한 로버트 필머(Robert Filmer)와 홉스의 주장에 대한 답변으로 본다.[49] 그러나 당시 다른 학자들은 로크가 주로 급진파에게 답하려 했지만, 실제로 논쟁의 조건을 설정한 것은 급진파라고 설득력 있게 주장해왔다.[50] 나는 로크의 이론이 무제한 재산권에 기반한 현재의 제한 정부 체제의 기초가 되기 때문에 그에게 주

목한다.[51]

　사회계약론자인 로크는 자유롭고 평등하며 이성적인 개인들이 자연 상태에서 합의(계약)를 통해 그들이 선호하는 형태의 정부가 생겨날 것이라고 주장하면서 이를 정당화하려고 한다. 그의 이론은 특히나 강력한데, 자유롭고 평등하며 이성적인 사람들이 **스스로 자유와 평등을 상실하는 데 동의할** 것이라고 논증하기 때문이다. 로크는 재산에 관한 긴 장에서 중요한 논리를 펼친다. 공공재에 대한 권리에서 제한된 재산권으로, 그리고 무제한 사유재산권에 이르기까지, 이러한 재산이 정부의 존재 이유이자 기반이라는 것이다. 로크는 대규모의 부가 축적되기 전까지는 정부가 필요하지 않다고 말한다.[52] 또한 신이 지구와 그 열매, 그리고 짐승들을 인류에게 공동으로 주었다는 전제(거의 급진주의자들의 글에서 그대로 따온 것)에서 출발해, 그는 그럼에도 어떻게 사유재산이 정당화될 수 있었는지 의문이 생겼다고 지적한다. 이에 대해 로크는 먼저 개인들이 생존을 위해 일부 재화를 취할 수 있어야 한다며, 그러지 않으면 굶주리게 된다고 말한다. 더 나아가 그는 이렇게 쓴다. "모든 사람은 자기 자신의 존재에 대한 **재산**을 지니며, 그 누구도 이를 침해할 권리가 없다. 그의 신체 **노동**과 손으로 **일한** 결과물은 본래 그의 것이라고 할 수 있다. 따라서 그가 자연 상태에서 제공된 것에 자신의 노동을 혼합해 자신의 무언가와 결합하면, 그것은 그의 **재산**이 된다." 그러나 로크는 "자신의 노동을 혼합하는 원칙"의 암묵적 한계(결국 자신의 노동을 얼마나 많이 혼합할 수 있을까?)에 "다른 사람들과 공유할 것을 충분히 좋을 만큼 남겨야"[53] 한다는 명시적 한계를 덧붙인다. 이어서 그는 개인 재산권에 대한 또 다른 제한으로, 그 재산이 상하지 않도록 적절히 사용되어야 한다고 명시한다.

그때까지 로크는 매우 제한된 사유재산의 권리를 정당화했다. 하지만 이 제한은 그의 설명이 진행됨에 따라 하나씩 사라진다. 로크는 개인이 자신의 노동을 혼합한 것에 대한 권리를 가진다는 생각을 자세히 설명하면서 이렇게 말했다. "따라서 내 말이 뜯어먹은 풀, 내 하인이 자른 잔디, 내가 어느 장소에서 발굴한 광석은 내가 다른 사람들과 공동으로 권리를 가진 곳에서 내 **재산**이 된다. ……내 노동이 타인들 사이에서 나의 **재산을 확정**한다." 그래서 '개인'은 자신의 노동이나 말의 노동, 하인의 노동의 산물에 대해 동일한 권리를 가진다. 하지만 왜 하인은 자기 노동의 산물에 대한 권리, 로크가 명확히 밝힌 그 권리를 갖지 못할까? 이에 대한 유일한 답은 로크가 각 개인이 자기 자신과 그에 따른 노동에 대해 소유권을 가진다는 전제를, 그 소유권을 판매할 권리까지 포함하는 것으로 이해했기 때문이다. 그러므로 노동을 구매한 사람은 그 노동의 산물("내" 하인, "내" 말, "내" 잔디밭)에 대한 권리를 가진다. 로크는 단순히 자기 자신의 '재산'이 양도 가능한 재화로 이해되어야 한다고 가정한다. 이 가정은 **노동을 판매하는 사람에 대한 소유권을 비소유권으로 변모**시킨다. 임금 노동이 지배적으로 자리잡아가고, 더 급진적인 레벌러스조차 임금 노동을 받아들였기 때문에, 로크는 독자들이 이 가정을 공유할 것이라고 예상할 수 있었다. 이 구절에서 우리는 노동에 근거한 재산권이 소유자에 의한 노동의 생산적 **사용**에 기반한 재산권으로 전환된 모습을 볼 수 있다.[54] '하인'(17세기에 임금 노동자를 지칭하는 말)을 얼마나 많이 고용할 수 있는지에 대한 한계가 없기 때문에, 임금 노동에 대한 권리는 이론적으로 사유재산권에 대한 한 가지 암묵적 한계를 사실상 제거한 것이며, 실제 역사에서는 재산의 집중 현상으로 나아간다.

로크의 재산 정당화에서 '부패 금지' 제한은 부패하지 않는 화폐를 도입하자는 '암묵적'이고 자발적인 합의 때문에 사라진다. "그리고 각자의 근면성의 차이에 따라 사람들이 서로 다른 비율로 재산을 소유하게 된 것처럼, **화폐의 발명**은 인간들에게 소유를 계속 확장할 기회를 주었다."[55] 따라서 《통치론》 도입부에서 사람들은 자연적으로 평등하다고 언급했지만, 로크는 타고난 "근면성"의 차이가 불평등한 재산 소유를 야기할 것이라고 주장한다. (이는 디거스들의 살인과 절도 이야기와는 출발점부터 다르다!)[56] 그리고 이 모든 것은 합의로 이루어진다고 주장한다. 로크가 앞서 정당화했던 매우 제한된 사유재산은 제한이 크게 풀린 셈이었다. 그럼에도 "다른 사람들과 공유할 것을 충분히 좋을 만큼 남겨야 한다"는 조건이 있는 한, 아직 무제한은 아니다.

사유재산권에 대한 이 마지막 제한은 명시적으로 부정되지는 않지만 사라진다. 그러나 로크의 주장에서 추측하건대 그는 그런 제한이 정신적으로 여전히 존재한다고 믿는 듯하다.

> 자신의 노동으로 땅을 전유하는 사람은 인류의 공동 자원을 줄이는 것이 아니라 오히려 늘리는 것이다. 왜냐하면 울타리를 치고 경작한 1에이커의 땅이 인간의 생계 유지에 제공하는 산물은 같은 비옥도를 가진 공터 1에이커가 제공하는 것보다 (아주 보수적으로 잡아도) 10배는 더 많기 때문이다. 그러므로 만약 어떤 사람이 토지를 사유화하여, 자연 상태에서 100에이커를 가졌을 때보다 10에이커에서 더 많은 생활의 편의를 얻는다면, 그는 실질적으로 인류에게 90에이커를 돌려준 것이라 할 수 있다.[57]

이처럼 **자기소유권**을 전제로 하는 로크의 이론은 **무제한의 사유재산** 권리를 정당화한다. 순수한 자연 상태에서는 일부 사람이 막대한 재산을 축적하게 되고, 그 재산을 보호하기 위한 정부가 필요해질 것이다. 이 것이 로크가 옹호하는 제한 정부의 기초다. 로크가 반복해서 말했듯이, 정부의 목적은 재산 보호에 있으므로, 재산을 가진 사람들이 정부에 명시적으로 동의하지 않았다고 가정하는 것은 모순일 수 있다. 그리고 정부가 계약에 따른 자신의 역할을 충실히 이행하지 못한다면, 시민들은 반란을 일으킬 권리가 있다. 이것이 로크의 철학에서 정당하게 찬양받는 정치적 해방의 면모다.

반면, 재산이 없는 사람은 정부에 **명시적으로** 동의했다고 볼 수 없으며, 외국에서 온 방문객처럼 **암묵적으로만** 동의했다고 볼 수 있으므로 이들은 시민 사회의 완전한 시민이 될 수 없다고 로크는 말한다.[58] 그렇다면 그의 이론에서 재산이 없는 다수의 본래 자유는 무엇이 남는지 질문할 수 있다. 이에 대한 대답은 법을 만드는 사람들이 모두의 최선의 이익을 위해 법을 만든다는 그의 가정에 있다. **법을 만들 권리는 없지만,** **법의 지배**를 받는 다수도 로크의 관점에서는 여전히 자유롭다고 할 수 있다. 왜냐하면 그는 "우리를 늪과 낭떠러지에서만 막아주는 것을 구속이라고 부를 필요는 없다"고 생각하기 때문이다.[59] 그러나 이러한 가정은 로크의 눈에는 모두에게 행복한 결론이지만, 우리 대부분이 이해하는 자유와는 거리가 멀다.

로크가 사유재산권에 대해 "다른 사람들과 공유할 것을 충분히 좋을 만큼 남겨야 한다"는 제한을 포기하며 제시한 논거는 미국과 오스트레일리아 원주민의 땅을 빼앗은 행위를 정당화하는 데 중요하게 쓰였다는 점을 지적해야 한다. 더욱이 그 논거는 실제로 그의 조건을 충족하지 못한다. 첫째, 로크는 현대 자본주의 지지자들처럼 사유재산 개념이 없다면 땅을 공동으로 방치하는 것밖에 대안이 없다고 가정한다. 그러나 공유지도 사유화된 땅만큼 생산적으로 개발할 수 있다. 둘째, 자본주의 지지자들이 자본주의 체제의 생산성에 주목하는 것처럼, 높은 생산성이 자동으로 사람들의 필요를 채워주지는 않는다. 중요한 질문은 사람들이 생산된 것에 **접근**할 수 있느냐 여부다. 그리고 이는 실제 재산 및 권리 체계에 달려 있다. 아마르티아 센이 지적했듯이, 수백만 명이 기근으로 죽는 이유는 음식이 부족해서가 아니다. 문제는 그들이 스스로 음식을 생산할 땅이 없었고, 시장 체제에서 음식을 살 돈도 없었기 때문이다.[60] 이러한 특징은 오늘날 특히 더 두드러지게 나타난다. 유엔 보고서에 따르면 굶주리는 사람이 10억 명에 이르며,[61] 우리는 전 세계에서 **식량 부족이 아니라** 땅에 대한 접근성 상실과 가격 상승으로 인한 식량 폭동을 경험하고 있다. 이는 식량이 줄거나 시장에 굶주린 사람들이 더 많아져서가 아니라, 최근 수십 년간의 자유시장 정책으로 긴축 조치가 강요되고, 소규모 농민에게 불리한 기술들이 개발된 결과다.[62] 세계적인 기아 문제는 특히 부유층이 식량 자원을 연료로 사용하려는 욕구 때문에 최근 더욱 심각해졌다.

그렇다면 이 이야기에서 여성은 어디에 위치할까? 초기 자본주의에서 재산에 관한 논쟁들은 여성의 권리와 이해관계에 어떤 의미를 내포할까? 그리고 이것이 자본주의와 여성의 이해관계에 대해 시사하는 바는 무엇일까? 비록 내가 정치 이론에서 일반적으로 쓰이는 젠더 중립적 언어를 사용해왔지만, 모든 저자가 자신의 원칙을 보편적으로 적용하려 했다고 가정하는 것은 역사적으로 부정확할 것이다. 레벌러스는 성별·재산·직업에 상관없이 모든 사람에게 동등한 시민적 자유를 옹호했는데, 이는 당시로는 매우 급진적인 입장이었다. 또한 여성 레벌러스는 설교자, 상인, 청원자, 그리고 의회에 대한 항의자의 위치에서 매우 활발히 활동했다.[63] 그럼에도 레벌러스는 여성을 위한 정치적 권리를 요구하지 않았다. 이는 그들이 하인이나 자선에 의존하는 사람들을 투표권에 포함하지 않은 것과 같은 이유에서다. 레벌러스는 모든 인간이 태어날 때부터 자연적 자유를 가진다고 믿었지만, 남편에게 의존하는 아내, 주인(고용주)에게 의존하는 하인, 자선에 의존하는 가난한 사람들처럼 누군가에게 의존하는 집단은 그 자유를 온전히 행사할 수 없다고 보았다. 그래서 이들의 정치적 권리는 남편이나 주인에게 이전된 것으로 간주했다.[64] 디거스는 보편적 남성 참정권을 지지했는데, 이는 당시 가장 급진적인 입장이었으며, 실제로 300년 넘게 실현되지 못했다. 그들은 여성에게 이 권리를 확장할 생각은 하지 않았다. 그럼에도 그들이 남성과 여성 모두 이성의 능력을 가진 "스스로 완전한 피조물"이라고 명시적으로 언급한 이유는 불분명하다. 로크의 경우 여성을 자연적으로 평등한 개인들에 포함하지 않았다고 추론할 수 있다. 그는 결혼에서 "최종 결정권, 즉 규율은 …… **더 능력 있고 강한** 남성의 몫이 되는 것이 자연스럽다"고 말하기 때문이다.[65] 그럼에도 그는 "부부 사회〔로크가 말하는 결혼〕는 **남성과 여성 간 자발적 계약으로** 이루어진다"[66]며 자연 상태에서도 존재한다고 주장한다. 하지만 여기에는 자유의 의미에 대한 모순이 있다. 만약 여성이 남성과 동등하며 재산을 가질 수 있다면, 왜 남성에게 종속되고, 심지어 결혼 전 자신이 가졌던 재산에 대한 모든 권리를 잃는 데 동의할까? 반면에, 만약 여성이 남성과 동등하지 않고 남성의 지원과 보호가 필요하다면, 부부 계약이 과연 그들의 자발적 동의에 기반한 것이라고 할 수 있을까? 홉스와 달리 로크는 강압에 의한 동의와 진정한 동의를 구분하기 때문에, 동등하지 않은 사람들 간의 '부부 계약'을 진정한 동의의 사례로 보기는 어렵다. 따라서 로크의 주장에서 모든 여성은 마치 토지 없는 남성처럼, 자연 상태에서도 시민 사회에서도 부자유에 기꺼이 동의한다는 것이다.

로크와 동시대를 살았던 메리 애스텔(Mary Astell)은 결혼에서 여성의 권리에 대한 흥미로운 대안을 제시하며 로크의 모순을 지적했다. "절대 주권이 국가에서 필요하지 않다면, 어떻게 가정에서는 필요하다는 것인가? 아니면 가정에서 필요하다면, 왜 국가에서는 필요하지 않은가? ……만약 모든 남성이 태어날 때부터 자유롭다면, 왜 모든 여성은 태어날 때부터 노예인가?"[67] 오늘날 우리는 그녀의 예리한 수사적 질문을 통해 가정에서도, 국가에서도 절대 주권이 정당화되지 않는다는 것을 추론할 수 있다. 하지만 흥미롭게도, 애스텔은 로크의 모순을 반대 방향으로 해결했다. 그녀는 급진적 페미니즘과 종교적·정치적 보수주의를 결합하여, 두 경우 모두 저항할 권리가 없다고 주장했다. 즉, 절대 군주는 하나님의 뜻으로 세워졌으며, 여성이 결혼을 선택했다면 남편이 어리석고 잔인하더라도 그에게 순종하기로 선택한 것이다(그녀는 비유를 들어, 누군가 돼지 농부를 위해 일하기로 동의했다면, 돼지 똥을 치울 의무가 있다는 것이다). 그녀의 급진적 페미니즘은 대부분의 남성에 대한 낮은 평가에서, 그리고 이에 따라 여성들에게 결혼하지 말고 대신 뜻이 맞는 여성들과 함께 공동체를 이루라고 권장한 점에서 드러난다. 따라서 고전적 자유주의 이론은 보수적이든 자유주의적이든, 여성의 권리와 자유에 필연적으로 제한을 두는 재산 형태와 그에 기반한 결혼을 옹호한 셈이다. 앞으로 살펴보겠지만, 이러한 관점은 일부 측면에서 변화했지만, 여전히 변하지 않은 부분도 있다. 그렇다면 오늘날 자유주의 페미니스트들이 원하는 것처럼, 남성과 여성의 평등을 실현하기 위해 로크의 이야기를 다시 쓰는 것이 가능할까? 그렇지 않다. 로렌 클라크(Lorenne Clark)가 설명하듯이 "로크의 주요 목표 중 하나는 남성이 자신의 재산을 정당한 상속자에게 물려줄 절대적 권리에 이론적 근거를 마련하는 것"[68]이었기 때문이다.

다시 자기소유권과 자유 관념으로 돌아가보면, 로크의 개념이 디거스와 레벌러스의 개념과 얼마나 극적으로 다른지 알 수 있다. 자본주의와 연관된 특정한 종류의 자유는 보다 폭넓고 급진적인 자유의 비전에 맞선 투쟁에서 생거나 이론화되었다. 이러한 비전들에 반대하여, 로크는 **제한된** 계층의 개인들, 즉 대지주에게만 주어지는 **제한된** 형태의 자유(군주의 자의적 지배로부터의 자유), **자유의 이름으로 이루어지는 다수의 종속**을 권장한다. 그리고 모든 여성은 종속된 다수에 속한다. 로크의 이론에서 말과 현실의 불일치는 그가 자본주의 성장에 중요한 역할을 한 노예무역에 관여했다는 사실로 더욱 분명하게 드러난다.[69] 비록 그 역사적 시기에 급진적 민주주의 세력이 승리할 가능성은 없었지만, 그들의 대안적 비전은 로크의 자유관이 지닌 한계를 명확히 드러낸다. 그리고 가장 급진적인 비전을 실현할 가능성이 있는—나는 반드시 필요하다고 본다—오늘날 그런 대안적 비전은 더욱 중요한 의미를 갖는다.

자기소유권: 현대의 논쟁

그 역사적 기원이 무엇이든, 자기소유권 관념이 해방을 위한 목적에 유용할까? 이 관념에 내포된 인간관은 무엇이며, 과연 그것은 일관성이 있을까? 분명 자기 자아나 신체, 그리고 나아가 자신의 노동을 소유한다는 것은 다른 사물을 소유하는 것과는 매우 다르다. 내 자아나 내 몸을 잃거나 팔거나 파괴하지 않아도 나는 내 집과 차, 주식을 잃거나 팔거나 파괴할 수 있다. 내가 소유한 것이 작으면 버스에 두고 잊어버릴 수도 있다! 여기서 초점은 소유자와 소유 대상의 분리다. 반면에, 만약 당신의 몸이나 자아를 잃는다는 말이 성립한다면, 당신 자신도 함께 잃어버리는 셈이다. 당신이 자신의 자아나 몸을 완전히 파괴하면, 당신도 그와 함께 파괴된다. 반대로, 만약 자신의 몸이나 노동을 **판다면**, 여전히 당신은 남아 있지만 당신의 몸과 노동과 함께 간다. 따라서 당신의 몸과 노동에 일어난 일은 곧 당신에게 일어난 일이다. 몸과 노동이 손상되면 당신도 손상되는 것이다. 새로운 소유자는 당신의 몸과 노동의 사용 가치와 모든 창조적 잠재력을 얻지만, 판매자는 필연적으로 이를 잃게 된다. 소유자와 소유 대상이 동일한 이 독특하고 기이한 상황에서, 많은 비평가는 소유 개념이 개인 내부에 급격한 분열을 일으킨다고 본다. 논쟁의 여지가 있지만, 양도 가능성은 소외를 의미하며, 이는 곧 자아로부터의 분리다. 반면, 비평가들은 이러한 분열이 단지 은유적일 뿐이라고 주장할 수 있다. 실제로 자신의 노동을 판다는 것은 비록 그 판매가 한시적이고 다른 제약에 묶여 있더라도, 결국 자기 자신을 파는 것이다. 이러한 자기소유권과 일반 소유의 차이, 그리고 그로 인한 도덕적 문제들은 많은 사람으로 하여금 이 개념에 제한을 두거나, 로크의 개념과는 근본적으로 다른 방식으로 이를 이해하게 하며, 때로는 이 개념 자체를 완전히 거부하게 만들기도 한다.

마르크스주의에 동조하는 일부 자본주의 비판자들을 포함해 자유주의와 분석철학 전통에 속한 현대 정치철학자들은 각 개인이 그 자신의 재산이라는 개념과, 그에 따른 도덕적·정치적 결론에서 의견이 엇갈린다. 페미니스트들도 자기소유권 개념의 의미·유용성·함의에 대해 유사한 논쟁을 해왔으며, 이 문제가 특히 여성에게 아주 중요하다고 본다.

논쟁이 아주 비슷한데도 양쪽 진영 간의 교류가 거의 없다는 점은 놀랍다. 로버트 노직은 로크와 마찬가지로 자기소유권을 자신의 철학의 핵심 전제로 삼았으며, 이것이 무제한의 사유재산권을 정당화한다고 믿었다. 로크와 달리 노직은 무제한의 사유재산으로 인해 다른 사람들이 굶주리게 되더라도 이를 받아들였다. 노직은 극단적인 경제적 보수주의자이지만, 일부 자유주의자와 좌파 철학자들 역시 자기소유의 전제를 받아들인다. 다만 그들은 이를 더 약하게 해석하거나 다른 방식으로 노직의 극단적 결론을 피하려고 한다. 이것이 가능한지에 대한 많은 논의가 있었고,[70] 마르크스가 자기소유권의 전제를 받아들였는지에 대해서도 논쟁이 있었다.[71] 페미니스트들은 당연히 이 문제를 여성에게 미치는 영향과 관련해 논의해왔다. 많은 페미니스트는 각 개인이 자기 자신의 존재에 대한 소유권을 가진다는 개념이 여성에게 매우 중요하다고 믿는데, 여성 개개인의 신체에 대한 권리의 근간이 된다고 보기 때문이다.[72] 따라서 이들은 자기소유권 개념을 성적 자기표현의 자유와 낙태할 권리의 필수적 근거로 본다. 예를 들어, 제니퍼 처치(Jennifer Church)는 여성이 자기 신체에 대한 권리를 갖는 것은 "신체가 자신의 것이라는 근본적인 사실"에서 비롯된다고 보며, 이는 여성이 자기 신체를 소유하거나 신체에 대한 재산권을 가진다는 것과 같다고 해석한다. 일부 자유주의 페미니스트들은 신체를 소유하고 있으므로 원하는 대로 사용할 수 있어야 한다는 이유에서 자기소유가 성적 서비스나 출산을 위해 신체 사용권을 판매할 권리를 포함한다고 믿는다.[73] 그들은 이러한 권리를 부정하는 것은 개인의 성적 자율성을 부정하는 것이라고 주장한다. 그러나 대부분의 페미니스트는 이 주장에 동의하지 않는다. 페미니스트들은 자기 신체를 소유하더라도 그것이 다른 재산과 같지 않으며, 특히 신체는 판매 대상이어서는 안 된다고 생각한다.[74] (이와 유사한 사례로 신체 장기를 판매할 권리에 대해서도 논쟁이 벌어지고 있다.) 재산권에 관한 저명한 법이론가 마거릿 제인 래딘(Margaret Jane Radin)은 시장 체제에서 일부 특정한 것들은 판매 대상이 되어서는 안 된다고 주장한다. 그녀는 매춘, 아기 판매, 상업적 대리모 출산을 검토한 뒤 인간 정체성에 중요한 영향을 미치는 아기 판매와 상업적 대리모 출산을 허용해서는 안 된다고 결론짓는다. 성적 서비스도 상품화되어서는 안 된다는 견해에 공감하면서도, 그녀는 현존하는 경제 및 젠더 불평등이 존재하는 세계에서 매춘 금지는 오히려 가난한 여성들에게 더 해로울 것이라고 주장한다. 하지만 그녀는 매춘에 내재된 착취를 줄이기 위해 다양한 법적 규제 도입을 지지한다.

이 논쟁의 반대편에서 캐럴 페이트먼(Carole Pateman)[75]은 자기소유권 개념을 강하게 비판하며, 이를 본질적으로 남성적이고 개인주의적이며 자본주의적이라고 규탄한다. 자아와 신체는 분리될 수 없으며, 신체는 성적으로 구분된다. 따라서 여성이 자신의 신체를, 즉 성적 또는 출산 '서비스'를 판매한다면, 단순히 신체만이 아니라 자아 자체도 함께 판매하는 것이다. 페이트먼은 노동력 판매에 대해서도 같은 주장을 하며, 이를 정치적 허구라고 부른다. 하지만 그녀는 매춘이 임금 노동, 심지어 저임금이나 종속적 노동과 다르고 그보다 더 나쁘다고 주장한다. 일반 노동은 기계로 대체될 수 있지만, 매춘에서는 고객이 **여성**을 성적 목적으로 직접 사용하기 위해 구매하기 때문이다. 상업적 대리모 출산의 경우, 여성은 아이를 잉태하고 임신하여 출산하지만, 그녀는 자신의 자궁에 정자를 이식한 남성에게 그 아이를 넘기기로 계약한 것이다. 여성을 '대리'모라고 부르고, 9개월간 문자 그대로 자신의 일부였던 아이가 점차 '별개'의 존재가 되어가 그 아이에 대한 모든 권리를 남성에게 부여하는 것은 이 체제가 함축한 전형적인 가부장주의와 자본주의의 본성을 드러낸다. 여성의 신체 일부인 자궁과 그 노동을 남성이 계약으로 구매할 수 있도록 하고, 그 결과물인 아기를 남성이 적법한 소유물로 주장하는 것은 궁극적으로 착취와 소외다. 요약하자면, 페이트먼은 페미니스트들이 자신들의 목적을 위해 소유와 계약의 언어를 사용하는 것이 매우 잘못되었다고 본다. 왜냐하면 "계약의 힘과 능력은 …… 종속 계약이 (성적) 자유라고 선언"[76]하기 때문이다.

사회주의 페미니스트 로잘린드 페체스키(Rosalind Petchesky)는 독특하고 흥미로운 입장을 제시한다. 그녀는 자기소유권 개념이 여성에게 매우 중요하며, 그렇다고 해서 자신의 신체를 팔 권리를 포함하진 않는다는 데 동의하면서도, 이 개념을 재산과 소유의 다양한 의미를 다루는 더 폭넓은 논의로 확장한다. 페체스키는 자기소유권을 둘러싼 페미니즘 논쟁의 양측이 모두 로크의 좁은 해석에 의존한다고 주장하며, 디거스와 레벌러스가 가졌던 초기 개념을 복원하려 한다. 이 개념은 앞에서 논의한 것처럼 역사적으로 더 오래된 이해이며, 오늘날에도 세계 곳곳에서 나타나고 있다. 그녀는 17세기로 거슬러올라가, 사람들이 국가의 탄압에 맞서 자신의 권리와 성적 자유를 주장하기 위해 '자기소유'를 요구했던 사례들을 인용한다. 페체스키는 이와 같은 양도 불가능한 개인 자율성 주장이 전적으로 개인주의적인 것은 아니라고 본다. 당시 많은 급진주의자가 자아와 공동체를 명확히 구분하지 않았기 때문이다. 그녀는 또한 세계 여러 지역에서 '소유'라는 단어가 실제로는 '책임이 있다'는 의미로 사용되는 예를 인용하며, 이는 독점적 권리, 특히 판매할 권리를 의미하지 않는다고 설명한다. 또한 우리 사회에서도 사적 소유와 공적 소유 사이에 있는 혼합된 소유 형태의 예를 볼 수 있다고 덧

붙인다. "협동조합, 콘도미니움, 주민 전용 공원과 해변, 후견인 제도와 위탁 양육" 등이 이에 해당한다.[77]

서로 다른 정치 성향을 가진 사람들이 자기소유권 개념을 사용하지만, 이를 매우 다르게 해석하고 완전히 다른 정치적 결론을 도출하는 것을 보면, 자기소유권이라는 개념은 그들이 의도하는 도덕적·정치적 아이디어를 표현하는 데 적합하지 않아 보인다. 그러나 모두가 주장하는 바는 개인이 자기 신체에 대해 기본적인 도덕적 권리를 가진다는 것이다. 즉, 각 개인은 자기 신체를 (특정한 제약 안에서) 자유롭게 사용할 수 있어야 한다는 것이다. 논쟁거리는 이러한 권리들이 신체를 양도할 권리, 즉 자본주의 체제에서 다른 상품처럼 신체를 판매하고 이익을 얻을 권리를 포함하는지에 관해서다.[78] 만약 이러한 함의를 받아들이지 않는다면, 자신의 신체를 **소유한다**고 말하는 것이 어떤 의미를 가지는지 명확하지 않다. 신체에 대한 권리가 무엇인지에 관한 도덕적 질문은 재산과 소유의 개념과 연결하지 않고 독립적으로 논의되어야 한다. 시장 체제가 보편화되고 사유재산이 지배적인 상황에서 권리 문제를 소유 및 재산 개념과 연결할 경우 도덕 논쟁을 예단할 가능성이 있다. 물론 페체스키가 주장했고 나도 앞에서 논의했듯이 소유의 더 넓은 의미가 존재한다. 하지만 이 개념이 발전하면서 오늘날 소유는 책임이나 돌봄 같은 관계와는 **대조적**으로 사용된다. 일부 문화에서는 심지어 이런 관계를 소유라고 부르기도 한다. 예를 들어, 자녀에 대한 많은 권리가 부모에게 주어지더라도 우리는 부모가 자녀를 '소유'한다고 보지 않는다. 또한 환경 문제에 관심 있는 많은 사람은 마르크스의 다음 발언에 공감할 것이다.

더 발전한 사회경제 구성체〔즉, 사회주의나 공산주의〕의 관점에서 볼 때, 개인이 지구를 사유재산으로 소유한다는 개념은 한 사람이 다른 사람을 소유하는 것만큼이나 터무니없어 보일 것이다. 심지어 한 사회, 한 국가, 또는 모든 현존하는 사회를 합쳐도 그들은 지구의 소유자가 아니라 단지 지구의 점유자이자 수혜자일 뿐이며, 지구를 더 나은 상태로 후대에 물려주어야 한다.[79]

우리는 여성이 자기 신체에 대한 통제권을 주장할 특별한 이유가 있음을 인정해야 하지만, 이를 군이 소유라는 개념으로 설명할 필요는 없다. 이러한 접근이 매춘이나 '대리모' 같은 문제에 대한 도덕적 또는 정치적 한계를 둘러싼 페미니즘 논쟁을 해결하지는 않지만, 소유라는 혼란스러운 개념에서 벗어나게 한다.[80]

따라서 자본주의에서는 모든 사람이 무언가를, 즉 자기 자신을 소유한다는 주장은 지속될 수 없다. 자기소유권이 자유와 권리의 **기초라는** 주장도 성립할 수 없다. 왜냐하면 둘은 결국 동일한 의미로 귀결되기 때문이다. 자본주의 사회에서 각 개인이 무언가를, 즉 자기 자아나 신체를 소유하는지 여부의 문제는 결국 자본주의가 모든 개인에게 기본적 자유와 권리, 즉 자기 자아와 신체에 대한 통제권을 제공하는지 여부의 문제일 뿐이다. **이론상으로** 자본주의는 모든 개인에게 기본적 자유와 권리를 제공한다. 하지만 앞서 논의한 바와 같이 **실제로** 모든 자본주의 사회가 그렇지는 않다. 모든 자본주의 사회가 정치적으로 민주적이지는 않기 때문이다. 그리고 민주적인 사회조차도 여성에게 신체에 대한 통제권을 항상 보장하지는 않는다. 예를 들어, 아일랜드와 칠레는 강간의 경우에도 여성에게 낙태권을 부여하지 않는다. 역사적으로 여성들은 권리를 박탈당해왔으며, 자신이 원하는 대로 행동할 자유를 위해 끊임없이 투쟁했다. 1차 여성운동은 주로 참정권을 위해서였지만, 2차 여성운동은 여성 '해방' 운동으로 불렸다. 자유가 여성에게 매우 중요한 만큼, 자본주의가 여성에게 얼마나 많은 자유를 제공하는지 논의하기 전에 자유의 의미를 명확히 할 필요가 있다.

추상적인 자유/부자유

> '해방'과 '자유'라는 말은 그 의미가 모호하고 시간이 지나면서 변한다.
> ……한 사람의 자유가 다른 사람에게는 노예 상태일 수 있다.
> ─크리스토퍼 힐(Christopher Hill)[81]

> 재산의 안전! 이것이 바로 영국식 자유의 정의다!
> ─메리 울스턴크래프트((Mary Wollstonecraft)[82]

> 자유란 억압받는 다수에게는 옷과 불, 그리고 음식이다.
> ─퍼시 비시 셸리(Percy Bysshe Shelley)[83]

> 내가 30년 전 시민권 운동에 참여했을 때나 20년 전 여성운동에 참여하고 커밍아웃하고 상상도 못했던 생기를 느꼈을 때나 내가 원했던 것은 똑같다. 자유.
> ─바버라 스미스(Barbara Smith)[84]

그렇다면 자유란 정확히 무엇인가? 이제 우리는 자유의 관념을 자기

소유권에서 분리했으니, 그 개념을 명확히 할 필요가 있다. 이와 같이 자유에 대한 매우 상이한 진술들을 우리는 어떻게 이해해야 하는가? 올랜도 패터슨이 말했듯이, 자유는 "서구 세계의 최고 가치로서 의심받지 않는다."[85] 물론 자유에 대한 다양한 해석이 있으며, 몇 세기 동안 논의되어왔다. 이런 해석들은 사람들이 다른 대안적 체제보다 자본주의에서 더 자유로운지에 관한 우리의 질문에도 다양한 함의를 지닌다. 그러므로 이것은 철학적 논쟁이자 정치적 논쟁이다. (자유의 일부 개념은 너무 협소해 그 질문 자체를 배제할 수도 있다.) 누가 자유롭고 자유롭지 않은가, 그리고 어떤 측면에서 자유롭거나 부자유한가? 자유에는 많은 **차원**과 **정도**가 있으며, 부자유 역시 그렇다. 우리는 자유 개념에 대한 분석이 필요하며, 앞의 인용문들처럼 자유가 어떻게 다르면서도 같을 수 있는지 논란을 해명할 수 있다. 이것이 내가 여기서 시도하려는 바다.

분명히 어떤 사람은 자유로울 수 있고, 다른 사람은 그렇지 않을 수 있다. 실제로 크리스토퍼 힐의 말처럼, 한 사람의 자유, 예를 들어 노예를 소유할 자유는 다른 사람들의 부자유를 수반한다. 마찬가지로 우리는 한 가지 일을 할 자유는 있지만, 다른 일을 할 자유는 없을 수 있다. 또한 덜 명확할 수 있지만, 특정한 일을 어떤 면에서는 자유롭게 할 수 있지만, 다른 면에서는 그렇지 않을 수도 있다. 더 정확히 말하면, 누군가가 자유롭다는 것은 어떤 일을 하는 데 방해가 되는 장애물**에서** 벗어났다는 뜻이다. 반대로 어떤 일을 **할 때** 자유롭지 않다는 것은 이를 방해하는 장애물이 있기 때문이다.[86] 따라서 한 사람이 어떤 장애물에 대해서는 자유롭게 무언가를 할 수 있지만, 다른 장애물에 대해서는 그렇지 않을 수 있다. 어떤 일을 하지 못하게 방해하는 장애물은 물리적인 것일 수도 있고, 사람과 관련된 중요한 요인일 수도 있다. 예를 들어,

누군가는 특정 식당에 들어가는 데 물리적 장애물이 없어 자유로울 수 있지만, 그곳이 인종차별이 존재하던 남부의 '백인 전용' 식당이라면, 백인이 아닌 사람은 자유롭지 않을 수도 있는 것이다. 강제력을 동반한 법도 백인이 아닌 남성 또는 여성이 식당에 들어가는 것을 막는 장애물이었다. 시민권 운동은 이 장애물을 제거해 아프리카계 미국인들의 자유를 확장했다. 이후로는 법이 백인 아닌 이들을 배제하려는 식당 주인의 욕망을 가로막는 장애물이 되었다. 여성운동이 중요한 역할을 한 미국 대법원의 1973년 로 대 웨이드(Roe v. Wade) 판결 이전에는 여성에게 낙태할 자유가 없었는데, 이는 법이 이를 금지했기 때문이다. 이후 여성은 법적으로 자유로워졌다. 그러나 정부가 부자유를 초래하는 유일한 원천은 아니다. 만약 여성이 가난하다면 여전히 낙태할 자유가 없을 수 있는데, 이는 1977년 하이드 수정안(Hyde Amendment)이 1980년 대법원에서 받아들여지면서, 낙태를 위한 연방 자금 사용을 금지했기 때문이다. 이 경우에는 돈 부족이 장애물이 된다.[87] 대부분의 게이와 레즈비언이 공공장소에서 신체적 애정 표현을 할 수 없는 것은 법 때문도 돈 부족 때문도 아니다. 그보다는 괴롭힘, 폭력, 심지어 죽음을 부를 수 있는 부정적인 사회적 태도가 원인이다. 여성에 대한 폭력, 그중에서도 강간이 만연한 사회적 분위기는 여성이 일상생활에서 남성처럼 자유롭게 활동하지 못하게 하는 중요한 장애물이다. 여성의 합리적 두려움은 행동을 제한하게 만들고, 만약 그렇게 하지 않고 무슨 일이 생기면 오히려 여성이 비난받는다.[88]

자유의 의미에 대한 이러한 분석이 이른바 소극적 자유(간섭으로부터의 자유)를 적극적 자유(무엇을 할 자유)보다 강조하는 것처럼 보일 수 있지만,[89] 이는 오해다. 제럴드 매캘럼(Gerald MacCallum)이 40년 전에 설명했듯이, 사실 자유의 종류에는 차이가 없다.[90] 자유에 대한 어떤 주장이든 두 가지 측면을 다 포함한다. 존 그레이(John Gray)와 낸시 허시먼(Nancy Hirschmann)[91] 같은 일부 저자는 우리 행동을 제약하는 조건뿐만 아니라 그것을 가능케 하는 조건도 있으며, 두 조건 모두 자유를 분석할 때 주목해야 한다고 분명히 강조했다. 나는 앞선 분석에 이 중요한 지점을 포함해야 한다고 생각한다. 왜냐하면 적극적 지지의 부재는 무언가를 막는 확실한 장애물이 될 수 있기 때문이다. (뒤에서 이에 대한 사례를 살펴보겠다.) 대법원에서 하이드 수정안의 반대측 변호를 맡았던 론다 코펠런(Rhonda Copelon)이 주장했듯이, 우리의 "선택은 사회적 조건에 의해 형성되고 조장되거나 제한된다. ……자율적 선택을 장려하기 위해 필요한 사회적 조건을 보장하지 않고 '선택할 권리'를 보호하는 것은 형식적으로 기회 평등을 제공하지만, 실제로는 그렇지 않다."[92] 마찬가지로, 제약 조건의 부재는 하나의 가능 조건이다. 내가 제시하는 자유에 대한 분석은 적극적 자유와 소극적 자유를 결합한 것으로, 이는 적극적 자유에 대한 강조와 충분히 양립 가능하다. 실제로 이것이 이치에 맞다. 왜냐하면 사람들이 장애물**로부터 자유롭기**를 원하는 이유는 자신이 하고 싶은 일을 **자유롭게 하기 위해서**이기 때문이다. **무언가로부터의 해방은 무언가를 위한** 해방에 필수적이다. 이를 인식하면, 우리는 개인적·정치적 측면에서 자기결정권 또는 자율성이라는 가장 완전한 형태의 자유 개념으로 나아가게 된다.[93]

　일부 철학자는 사람의 자유를 제한할 수 있는 장애물의 종류에 대해 제한된 견해를 가지고 있다. 누군가가 다른 사람을 물리적으로 저지할 때만 그 사람이 자유롭지 않다고 보는 것이다(일부는 이것이 의도적이어야 한다고까지 말한다). 반면, 더 넓은 시각을 가진 사람들은 만약 누군가가 어떤 행동을 하지 않을 때 위협을 받는다면, 그 사람은 강요로 그 행동을 하게 되므로 자유롭지 않다고 본다. 후자의 견해가 전자보다 더 포괄적이지만, 둘 다 앞서 설명한 장애물 관점의 자유보다는 좁은 의미다. 이는 반드시 사람이 부자유를 초래해야 한다고 보기 때문이다.[94] 따라서 거트루드 에조르스키의 설명처럼, 이런 견해는 물리적 장애물이 제거되었을 때 한 사람이 어떻게 **자유로워지는지** 설명할 수 없다.[95] 예를 들어, "그들이 그녀의 길을 막고 있던 차를 치우자, 그녀는 거리에서 자유롭게 운전할 수 있었다"는 말은 차가 치워지기 전에는 그녀에게 운전할 자유가 없었다는 의미다. 그러므로 사람만이 자유의 장애물은 아니다.

일부 철학자는 자유를 제한하는 데 도덕적 기준을 적용한다. 예를 들어 로버트 노직은, 누군가가 **도덕적 권리**를 행사하면서 다른 사람의 기회를 제한한다고 해도, 그것이 그 사람의 **자유**를 제한하는 건 아니라고 본다.[96] 즉, 만약 누군가가 내 차를 가로막는 방식으로 자신의 차를 주차할 도덕적 권리가 있다면, 그 행동이 내가 운전할 자유를 침해한 것은 아니라는 것이다. 하지만 이런 주장은 직관적으로 납득하기 어렵기 때문에, 왜 그가 자유를 이렇게 좁게 정의하는지 의문이 생길 수 있다. 다른 예들을 보면 그 이유를 이해할 수 있다. "그녀는 더 높은 연봉의 직장을 얻고 나서야 비로소 휴가를 갈 수 있었다"는 말은, 그전에는 휴가를 갈 자유가 없었다는 뜻이다. 또 "사적 고용에서의 차별이 불법이 되기 전에는 여성과 흑인이 많은 회사에서 일할 자유가 없었다"는 말은 차별이 그들의 자유를 제한했다는 의미다. 노직은 고용주가 직원에게 휴가를 갈 수 없을 정도로 낮은 임금을 주는 것도, 사적 고용주가 차별하는 것도 도덕적으로 정당하다고 본다. 그래서 그의 자유 개념에 따르면, 낮은 임금이나 차별이 직원의 자유를 제한하지 않는다는 결론이다. 하지만 이는 명백히 잘못된 주장이다. 노직은 자본주의의 일반적인 작동이 사람들의 자유를 제한한다고 인정하면,[97] **자본주의가 가장 자유로운 경제 체제여서** 도덕적으로 우월하다는 그의 주장에 문제가 생길 수 있기 때문에,[98] 이렇게 매우 제한적인 자유의 정의를 채택한 것으로 보인다. 그러나 이런 설명은 받아들이기 어렵다. G. A. 코언(G. A. Cohen)이 말했듯이, 이런 "도덕화된" 자유 개념은 "범죄자를 감옥에 가두는 것이 도덕적으로 정당하다면, 그는 강제로 감옥에 갇힌 것이 아니다"라는 어처구니없는 결론을 낳는다.[99] 코언은 이를 "자유라는 언어의 남용"이라고 적절히 지적했다.

이제 누군가의 자유로운 행동을 방해하는 장애물이 물리적인 것일 수도 있고, "사람과 크게 관련된" 경우도 있을 수 있다고 가정해보자. 여기서 그 사람이 그러한 행동을 할 권리가 있는지 여부는 중요하지 않다. 한 사람의 자유를 제한하는 방법은 물리적 강제나 강압뿐만 아니라, 여러 가지 방식이 있을 수 있다. 특정한 제안이나 제의 역시 누군가의 자유로운 행동을 방해할 수 있다. 에조르스키가 말한 "강제 제안"은 고용주가 위험한 저임금 일을 제안할 때, 그 제안을 받아들이지 않으면 본인과 가족이 굶주리게 되는 상황을 적절히 표현한 것이다. 이 경우 노동자는 "나는 선택의 여지가 없었다. 그 일을 할 수밖에 없었다"고 말할 수 있다.[100] 모든 선택지가 나쁠 때, **그중에서 선택할 수 있는 자유**는 대체로 자유를 의미하지 않는다. 이는 개인뿐만 아니라 사람들이 조직하고 유지하는 사회 제도도 다른 사람의 자유를 제한할 수 있음을 보여준다. 우리가 개인에만 집중하면 이런 점을 놓치기 쉽다. 특히 여성과 관련해 미국의 그런 두 가지 사례는 적절한 보육시설 부족과 보편적 의료 서비스의 부재다. 어떤 여성은 보육시설이 없어 원하는 직업을 가질 수 없고,[101] 또 다른 여성은 아픈 아이의 의료보험을 위해 싫어하는 저임금의 위험한 직업에 머물며 더 나쁜 조건까지도 감수한다. 낙태 여부에 대한 선택 역시 이러한 제한을 보여주는 또 다른 예시다. 낙태를 제한하는 법은 임신한 여성이 아이를 낳을 수밖에 없도록 만들 것이다. 반면, 보육이나 의료 같은 사회적 지원이 부족하면, 또 다른 여성은 경제적으로 아이를 키울 여건이 안 된다고 느껴, 원래는 낳고 싶었던 아이를 낙태할 수밖에 없을 수도 있다. 이 모든 경우에서 사람들은 합리적인 선택을 하며 최소한의 자유만 누리지만, 그럼에도 불가피한 선택을 하게 된다. 제프리 라이먼(Jeffrey Reiman)이 말했듯이, "구조적 힘은 자유로운 선택을 통해 작동할 수 있다."[102]

내적 장애물

지금까지 어떤 사람이 무언가를 하지 못하도록 막는 장애물의 예는 모두 그 사람 '외부'에 있는 것이었다. 그러나 나는 자유를 적절하게 설명하기 위해 자유를 제한하는 장애물이 그 사람 **내부**에도 존재할 수 있다고 주장하고자 한다.[103] 앞서 논의한 바와 같이, 법이 여성에게 차별적이기 때문에, 또는 아이를 돌봐줄 사람이 없기 때문에, 또는 가족 내 남성들이 여성을 폭행할 것이라는 이유로 여성이 직장을 얻지 못한다면, 그 여성은 일할 자유가 없는 것이다. 그러나 여성이 정신질환이나 중독 때문에 직장을 구하지 못하거나, 집 밖에서 일하는 것은 옳지 않다고 스스로 느끼거나, 남편이 집에 있기를 원하기 때문에 그에 맞추려 하거나, 자신이 무능하다고 (잘못) 믿거나, 폭력으로 인한 트라우마로 직장에 가는 것을 두려워한다면 어떻게 될까? 이러한 감정과 신념은 성차별로 인해 많은 여성 사이에 널리 퍼져 있다. 만약 앞서 언급한 사례들처럼, 일하러 나가는 것을 막는 외부 장애물이 없다면, 그녀는 단순히 **일을 할 수 없는** 것인가, 아니면 **자유롭지 못한** 것인가? 많은 이들은 그녀가 일을 할 수 없을 뿐이지, 자유롭지 않은 것은 아니라고 말할 것이다. 그러나 앞서 사용한 논리를 적용하면, 이는 누군가를 자유롭지 못하게 만드는 원인에 대한 지나친 제한으로 보인다. 앞서 언급한 여러 내적 제약들은 그중 다수가 성차별과 관련되는데, 이런 제약들은 자유롭게 행동하는 데 매우 강력한 장애물이 될 수 있다. 메리 울스턴크래프트와 존 스튜어트 밀에서부터 오늘날에 이르는 페미니스트들은 여성들이 단순히 성별에 맞는 기대에 순응하도록 사회화되었을 뿐만 아니라, **이를 원하도록** 길러졌다고 강조해왔다. 이제 문화적 변화나 정치적 활동 참여, 지원 단체, 또는 심리 치료를 통해 여성의 신념과 감정이 변해 일을 할 수 있게 되었다고 가정해보자. 우리는 그녀가 일할 **자유**를 얻었다고 말할 수도 있다. 이는 이러한 내적 장애물을 제거하기 전까지 그녀가 **자유롭지 못했다**는 의미다.[104] 과거에 그녀를 일하지 못하게 제약하던 감정·습관·신념은 이제 이를 가능케 하는 것들로 대체되었다. 이 분석은 해방의 과정과 변화에 대한 우리의 익숙한 이해와 일치한다. 예를 들어, 1960년대와 1970년대의 문화 변화와 정치 운동이 여성에게 엄청난 해방감을 주었다고 하거나, 심리 치료가 '억압'이나 '장애'로부터 우리를 해방시킬 수 있다고 말할 때와 같은 맥락이다. 그래서 이 시기의 여성 해방 운동은 법과 정책을 바꾸기 위한 집회와 로비 활동뿐만 아니라 여성을 위한 의식 고취 단체도 조직했던 것이다. 또한 가정폭력과 강간 생존자들을 위한 지원 단체가 존재하는 이유도 마찬가지다. 억압에서 유래하는, 자유에 대한 내적 장애물 문제는 여성에게만 국한되지 않는다. 테리 이글턴(Terry Eagleton)이 말했듯이, "가장 유능한 억압자는 아랫사람들로 하여금 그의 권력을 사랑하고, 욕망하고, 자신과 동일시하도록 설득하는 자다. ……그러므로 정치적 해방의 실천은 가장 어려운 해방 형태인, 우리 자신으로부터의 해방을 포함한다."[105]

분석에 대한 검토

우리는 자유 개념을 논의하면서, 자유가 사람마다 다른 의미일 수 있다는 진술로 시작했다. 그리고 이는 확실히 사실이다. 어떤 사람에게 자유는 독재에서 벗어나는 것을 의미할 수 있고, 또 다른 사람에게는 자신의 성 정체성을 공개적으로 표현하는 것일 수 있으며, 또 다른 이에게는 매일 충분한 음식을 먹을 수 있는 것이 자유일 수 있다. 이러한 표현들은 때로는 문학적일 수 있지만, 매우 중요한 의미를 담고 있다. 내가 제시한 자유 개념에 대한 통합적 분석이 이러한 차이들을 수용할 수 있을까? 나는 가능하다고 생각한다. 앞서 인용한 바버라 스미스의 말을 떠올려보자. "내가 30년 전 시민권 운동에 참여했을 때나 20년 전 여성운동에 참여하고 커밍아웃하고 상상도 못했던 생기를 느꼈을 때나 내가 원했던 것은 똑같다. 자유."[106] 우리 분석에 따르면, 사람은 하나의 장애물에 대해서는 자유로울 수 있어도 다른 장애물에는 그렇지 않을 수 있다. 다른 사람의 경우 그 상황이 반대이거나, 아니면 사방에서 압도적인 장애물에 직면할 수도 있다. 바버라 스미스의 진술은 다양한 장애물이 그녀를 다양한 측면에서 제약했다는 사실을 반영한다. 그녀가 "전인적 인간으로서의 자유"라는 **유일한 목표**를 달성하기 위해서는, 다양한 장애물들을 하나씩 제거하며 싸워야만 했다.

다른 한편, 자유의 의미에 차이들이 존재한다는 진술이 근본적으로 표현하는 바는, 다양한 사람들이 자신의 자유에 있어 **가장 중요한 장애물**이나, 원하는 것을 **할 수 있게 하는 가장 중요한 조건**을 다양하게 경험한다는 점이다. 먹을 것이 부족한 사람은 그 사회의 법이나 사회적 관습과 상관없이 거의 아무것도 할 수 있는 자유가 없다. 굶주린 사람에게는 음식이 곧 자유다. 그것이 가장 중요한 활동 조건이기 때문이다. 걷지 못하는 사람에게 자유란 휠체어, 엘리베이터, 그리고 도로 경계석을 제거한 경사로일 것이다. 중산층에 속한 건강한 사람이 독재 정권 하에 살고 있다면, 그에게 자유는 그 정부로부터의 탈출이다. 시장경제 사회에 사는 누군가가 책을 사고 싶고 그럴 돈이 있지만 정부가 그 책 판매를 금지한다면, 그 사람은 매우 분개할 것이다. "한 사람의 자유가 다른 사람의 노예 상태"라는 말은 문자 그대로 사실이다. 한 사람이 노예를 소유할 자유가 있다는 것은, 다른 누군가는 노예가 되어야 한다는 의미이기 때문이다. 마찬가지로, 고용주가 채용에서 차별할 자유는 다른 누군가에겐 일할 자유가 없다는 뜻이다.

또한 자유에 관한 우리의 통일된 이론은 역사학자 크리스토퍼 힐의 '자유는 시간이 지나면서 그 의미가 변한다'는 진술을 수용할 수 있다. 힐도 분명 인정할 텐데, 이 진술은 문자 그대로 사실은 아니지만, 각기 다른 역사적 시점에서 다양한 집단이 직면한 장애물이 다르고, 그로 인해 투쟁의 초점도 달라진다는 점을 반영한다. 또한 '의미'의 변화는 특정 시기마다 상이한 집단이 표현에 대한 헤게모니를 차지한다는 사실을 나타낼 수도 있다. 17세기에 자유는 지주들에게 사유재산과 연관되었고, 그들은 군주제와 봉건적 제한에 맞서 싸워야 했다. 그러나 당시 지주들에게 표현의 헤게모니가 있었음에도, 다른 많은 사람도 자신들의 목소리를 냈으며, 사유재산이 당시에 '자유'를 의미하는 전부는 아니었다. 실제로, 자유의 이름으로 사유재산을 비판한 가장 유명한 디거인 제라드 윈스탠리에게 자유는 "계속 반복되는 주제"였으며, 그는 사유재산이 모든 사람의 자유를 가로막는 장애물이고, 모든 사람의 자유를 실현하려면 공동 재산이 필요하다고 주장했다.[107] 1960년대와 1970년대에 '자유'와 '해방'이라는 단어는 특히 식민 지배에 맞선 **민족** 해방 운동과 관련 있었으며, 이것이 흑인 해방 운동과 여성 해방 운동으로 확장되었다. 그 역사적 시점에서 식민 지배, 인종차별, 성차별적 권력 구조는 이로 인해 고통받던 수백만 명의 눈에 자유의 주요 장애물로 보였다.

3절에서 살펴보겠지만, 앞서 논의한 부자유의 사례들은 단순한 가정이 아니다. 특히 자본주의를 평가할 때 중요한 것은 외부 장애물이다. 세계 역사상 가장 부유한 국가인 미국에서도 사람들은 종종 협박을 받거나, 필수 물품을 사회에서 제공하지 않는 상황 때문에 다른 끔찍한 선택지들에 직면해 직업을 구하거나 유지해야 하며, 때로는 직업을 거절할 수밖에 없는 경우도 있다. 휴먼라이츠워치(Human Rights Watch)에 따르면, 미국 내 일부 노동자는 고용 하인 제도(indentured servitude)에 가까운 조건에서 살아간다. 여러 차례의 미국 대법원 판결은 이러한 부자유를 초래하는 권력 불균형을 더욱 강화했는데, 특히 개인의 경제적·사회적 권리를 부정한 것과 1915년 고용주가 어떤 이유로든 노동자를 해고할 수 있도록 허용한 판결이 중요한 사례다. 이러한 권력은 시간이 지나며 어느 정도 약화되었지만, 여전히 비노조 노동자들은 이 권력(이른바 '임의 고용')에 종속돼 있으며, 해고당해도 매우 구체적인 차별이 있었음을 증명할 수 있어야 한다.[108] 전 세계 일부 자본주의 사회에서는 노동자들이 더 많은 고용 보호를 얻었지만, 가난한 자본주의 국가들에서는 다른 선택지가 너무 끔찍한 탓에 사람들의 자유가 훨씬 줄어든다.

더 이상적인 자본주의?

자본주의는 어느 정도까지 재편될 수 있을까? 다수의 자유를 제한하는 부와 권력의 불평등을 제거하거나 극복할 수 있을까? 이는 존 스튜어트 밀에서 시작해 사회 모든 구성원이 진정한 기회의 평등을 누릴 수 있기를 바랐던 자유주의자들의 꿈이었다.[109] 앞서 자유에 대한 분석을 떠올려보면, 누군가가 자유롭지 않다고 말하는 것은 그에게 선택의 여지가 전혀 없다는 의미는 아니다. 무언가를 하지 못하게 하는 장애물은 그 정도로 심각한 경우가 드물다. 사실 물리적으로 완전히 억제되어 저항의 여지가 전혀 없는 상황이 아니라면, 언제나 어느 정도 선택의 여지는 있다. 그리고 그 선택들이 합리적일 수도 있다. 그러므로 중요한 것은 누군가에게 선택지가 있는지 여부도 그 선택지의 개수도 아니다. 바로 **선택의 본질**, 즉 **누군가가 얼마나 자유롭게** 결정하는지다. 따라서 우리의 질문은, 사람들이 중요한 선택을 할 때 단순히 더 나쁜 상황을 피하기 위해 고통 속에서 고르는 최악 중 최선이 되지 않도록 자본주의를 어느 정도까지 개혁할 수 있는가다. 이론상 자본주의는 지금보다 훨씬 많은 사람에게 더 자유로운 체제가 될 수 있다. 앞서 논의한 자유의 장애물 일부를 제거할 수 있다. 그러면 사람들의 선택도 달라질 수 있다. 예를 들어, 보편적인 아동 돌봄 서비스가 있다면, 어머니는 자녀 돌봄 때문에 직장을 못 구하는 일이 없을 것이며, 보편적인 의료 서비스가 제공된다면, 아무도 건강보험 때문에 끔찍한 직장을 선택하거나 유지할 필요가 없을 것이다. 만약 모든 아이에게 충분한 보조금이 제공된다면, 어떤 여성도 자녀에게 제대로 된 삶을 제공할 수 없다는 이유로 낙태를 해야 할 필요가 없을 것이다. 법학자 모리스 코언(Morris Cohen)이 절대

왕정에 비유한 것처럼, 고용주가 거의 임의로 직원을 해고할 권한을 법이 허용하지 않는다면,[110] 노동자는 위험한 근무 환경에 대해 자유롭게 항의할 수 있을 것이다. 많은 자본주의 국가, 특히 스칸디나비아 국가들은 이러한 자유의 장애물을 어느 정도 제거하는 데 성공했다. 이러한 개혁을 우리 사회와 다른 모든 자본주의 사회로 확장할 수 있을까? 나아가 이러한 개혁을 더 확장할 수 있을까? 그리고 이러한 개혁이 이론으로서의 자본주의와 공존할 수 있음을 어떻게 증명할 수 있을까?

이론적으로

이러한 개혁은 자본주의를 지지하는 철학 이론과 여러 방식으로 공존할 수 있음을 보여줄 수 있다. 한 가지 논거는, 자본주의에서 개인들이 생산 수단의 대부분을 소유할 권리를 갖는다 해도, 그 재산권의 정당성 자체는 일반적인 기본 생존권과 그 재산에 대한 청구권을 전제로 한다는 것이다. 로크는 사유재산 논의를 시작할 때, 모든 사람은 생존을 위해 세상의 자원을 사용할 권리가 있다고 주장했다. 그는 개인이 취할 수 있는 양에 한계를 두며, 다른 사람들에게도 충분히 좋은 자원을 남겨야 한다고 처음에는 제한을 두었다. 로크는 나중에 이러한 한계를 철회하고 무제한의 사유재산을 지지했지만, 개인 소유권 제한의 취지는 사적으로 경작한 재산의 더 큰 생산성이 사유화되지 않았을 때보다 인류에게 더 많은 이익을 가져다줄 수 있다는 주장 속에 여전히 남아 있다. 그러나 내가 지적했듯이, 더 큰 생산성이 반드시 모든 사람에게 충분한 자원을 제공한다는 의미는 아니므로, 그의 조건을 완전히 충족한다고 볼 수 없다. 그럼에도 이 이론적 틀을 기반으로 사회적 최저선 보장을 주장할 수 있다. 모든 개인은 세상의 자원에 대해 일정한 권리를 가지며, 만약 재산 제도와 법률, 그리고 개인의 능력으로 그 자원을 스스로 확보할 수 없다면, 그 자원을 제공해야 한다는 것이다.[111] 실제로 로크 자신도 운이 더 좋은 사람들의 잉여 자원으로 모든 사람의 기본 생계를 유지할 권리가 있다고 주장했다.[112]

개혁된 자본주의를 정당화하는 또 다른 방법은 노직이 주장한 최소 국가, 즉 방위와 치안만 제공하는 '야경국가' 개념에 도전하는 것이다. 노직은 방위와 치안 외의 모든 것은 시장이 제공해야 한다고 주장한다. 노직에 대한 대부분의 비판은 정부 역할을 너무 축소했다는 점에 초점을 맞추며, 더 적극적이고 광범위한 정부 역할을 주장한다. 실제로 자본주의 사회는 그런 방향으로 발전해왔다. 그러나 최소 국가의 개념을 다른 관점에서 보는 것도 흥미롭다. 왜 최소한의 정부라도 필요한가? 최소 국가에서도 정부는 폭력 수단을 독점한다(그리고 미국처럼 방위와 치안 기능에 상당한 세금을 투입한다는 점에서 이는 매우 광범위한 정부이기도 하다). 일부는 이러한 정부의 역할조차 과도하다고 본다. 노직은 이 관점을 다루면서, 무정부 상태에서 누구도 의도하지 않았거나 시도하지 않았음에도 국가가 자연스럽게 형성될 가능성이 있다고 주장한다. 그의 이야기는 보이지 않는 손 이야기를 바탕으로, 자기 이익을 추구하는 개인들이 자신을 보호할 필요성으로 인해 "국가로 후퇴한다"고 설명한다. 그들은 보호 단체를 결성하고, 그중 하나가 점차 지배력을 지니면서 **사실상의** 국가로 자리잡는다는 것이다.

더 그럴듯한 설명은 사람들이 공격자로부터의 의도적 위협뿐만 아니라 삶의 다양한 불안정성으로부터 보호받을 필요가 있다는 점을 인정하는 것이다. 로크와 노직이 그린, 자연적으로 독립된 개인들이 합의로 함께 모인다는 고전적 자유주의 개념은 설득력이 매우 떨어진다. 공동체주의 및 마르크스주의 분석을 기반으로 페미니스트들이 강조한 것처럼, 인간은 본성적으로, 그리고 모든 사회에서 상호 의존적인 존재다. 또한 인간은 단지 자기 이익만을 추구하는 존재가 아니다. 우리는 태어나서 상당 기간 특히 어머니에게 완전히 의존하며, 삶의 어느 순간이든 다시 그런 상태가 될 수 있다. 캐럴 페이트먼이 지적했듯이, 만약 사람들이 실제로 사회계약론자들이 묘사한 대로 살았다면, 그들은 마지막 세대가 되었을 것이다.[113] 우리는 우리의 건강과 힘이 최고조에 있을 때조차, 우리의 필요를 충족하기 위해 다른 사람들의 협력이 필요하다. 초기 자본주의 시대에 유행했던 로빈슨 크루소 신화와는 달리,[114] 인간은 우리와 가까운 영장류처럼 항상 어떤 형태로든 사회, 즉 가족이나 더 큰 공동체에서 노동을 분담하며 살아왔다.[115] 만약 국가가 이러한 연합체에서 발전해왔다면, 그 연합체들은 단순히 사람과 재산을 보호하고 공격을 처벌하는 것 이상의 목표를 가졌을 것이다. 따라서 국가 기능도 더 광범위했을 것이다. 모든 개인이 이런 종류의 보호를 필요로 하고 원할까? 그렇지 않을 수도 있다. 노직의 최소 국가에서 군대와 경찰의 보호 필요성을 거부하는 무장한 개인주의자처럼 말이다. 하지만 이 역시 노직의 경우처럼 하나의 이야기일 뿐이다. 이 이야기가 자본주의 이론과 양립할 수 있을까? 그렇다. 다만 이는 자유주의에서 지배적인 개인주의 모델을 수정해야 한다. 이 개념은 존 롤스의 상호 이익을 위한 협력적 모험으로서의 사회 개념에서 더 잘 드러난다. 철학적 관점에서 보면, 시민들에게 최소한의 복지를 제공하는 자본주의 형태를 지지하는 것은 모순이 없다. 실제로 최근 몇십 년 동안 미국에서 자유시장 모델이 인기를 끌었는데도, 미국의 중도 자유주의자부터 대부분의 유럽 국가에서 더 광범위한 사회복지를 지지하는 사람들까지 대부분의 자본주의 옹호자는 어느 정도의 복지 제도를 포함한 자본주의 모델을 지지한다. 자본주의 자체를 직접 반대하지 않고도 아마르티아 센, 피터 싱어(Peter Singer), 토머스 포기(Thomas Pogge) 같은 여러 이론가는 도덕적 의무를 국가 경계를 넘어 전 세계인에게로 확장해야 한다고 강력히 주장해왔다.[116] 오노라 오닐(Onora O'Neill)이 설득력 있게 말했듯이, 전 세계의 가난한 여성들은 "가난 속에서 아이를 기를 뿐 아니라 농작물을 재배하고 저임금의 불안정한 노동을 하며, 그 보상은 멀리 떨어진 경제적 요인들에 좌우된다." **국제** 경제 체제는 전 세계적으로 작동하지만, 세금 제도와 사회적 지원은 각국의 **국내** 체제에만 의존하기 때문에, 이들은 자신이 통제할 수 없는 더 큰 외부의 힘에 더욱 종속된다.[117] 따라서 이러한 문제를 해결하기 위해, 자유주의 전통 내에서도 더 인간적인 형태의 자본주의를 지지하는 논거를 충분히 제기할 수 있다.

역사적으로

그러나 자본주의의 이러한 변화는, 설령 일어난다고 하더라도, 아무리 설득력 있는 도덕적 주장만으로는 이루어지지 않을 것이다. 실제 역사에서 공교육과 실업보험, 그리고 (일부 국가에서의) 국가 의료 서비스와 같은 자본주의 사회의 정부 기능 확대는 여러 요인으로 발생했다. 그중 가장 중요한 것은 자본주의의 명백한 실패, 특히 대공황 이후의 실패와 이러한 변화를 요구하는 노동자 계층의 운동이었다 이 운동은 때로는 공산주의자와 사회주의자의 영향을 받았으며, 다른 한편으로는 더 급진적인 변화를 요구하기도 했다. 소련이 제2차 세계대전에서 미국·영국과 동맹을 맺고 독일·이탈리아·일본에 맞서 싸웠음에도, 러시아 혁명은 자본주의 세계의 지도자들에게는 파시즘보다 더 두려운 존재였다. "가난한 사람들을 돌보지 않으면, 그들이 스스로를 돌볼 것이다"라는 불안한 생각은 자본주의 초기부터 "빈민 구제"라고 알려진 제도를 지지하는 논리로 표현되었다.[118] 프랭클린 루스벨트 대통령이 제2차 세계대전 말미에 발표한 유명한 연설에서 경제적 권리장전 개념을 제시한 것을 보면, 도덕적 측면과 실용적 측면의 두 가지 사고방식을 모두 엿볼 수 있다.

> 아무리 전반적인 생활 수준이 높다 하더라도 국민 중 일부—3분의 1이든, 5분의 1이든, 10분의 1이든—가 굶주리고 제대로 입지 못하며, 열악한 주거 환경에 놓이고 불안정한 상태라면 우리는 결코 만족할 수 없다. ⋯⋯이 공화국은 양도할 수 없는 특정 정치적 권리들을 보호하며 시작되었고, 그로 인해 현재의 강력한 위치에 이르렀다. ⋯⋯그러나 우리나라가 성장하고 산업 경제가 확장됨에 따라, 이러한 정치적 권리만으로는 행복 추구의 평등을 보장하기에 불충분하다는 것이 드러났다. ⋯⋯**굶주리고 일자리가 없는 사람들은 독재 정권을 만들어내는 토대가 된다.** (인용자 강조)

그는 이어서 일자리, 주택, 적절한 의료 서비스에 대한 권리와 같은 필수적인 제2의 권리장전의 요소들을 나열하며, "미국이 세계에서 정당한 위치를 차지할 수 있는지 여부는 이러한 권리들 및 그와 유사한 권리들이 우리 시민들에게 얼마나 충분히 실현되었는지에 크게 달려 있다"고 결론짓는다.[119]

앞에서 언급한 구체적인 권리들을 미국인들이 모두 획득하진 못했지만, 이 시기에 전 세계 노동자가 자본주의로부터 얻은 성과는 모두 그들의 치열한 투쟁의 결과였다. 도덕적 주장은 최대한 보조적 역할을 했을 뿐이다. 운동이 강력하고 급진적일수록 더 많은 성과를 이루었다. 제

2차 세계대전 이후 유럽의 강력한 좌파 대중 운동은 급진적 변화를 위협하며 정부가 일부 사회적 지원을 제공하도록 압박했다. 미국은 유럽만큼 크고 급진적인 운동을 경험한 적은 없었지만, 여기서도 가난한 계층과 노동자 계급의 운동, 종종 다양한 사회주의자가 이끌었던 이 운동들이 미국에서 이루어진 사회적 지원을 얻어낸 주된 힘이었다는 것은 분명하다. 대량 실업과 그로 인한 고통만으로는 충분하지 않았다. 19세기에도 불황이 있었고, 이로 인해 항의가 일어났지만, 그 항의에 대한 대응은 억압뿐이었다. 그러나 1930년대에 들어서 산업 노동 계급의 규모가 커지고, 그들이 공장 점거 파업, 강제 퇴거 저항, 폭동과 같은 불법적이고 과격한 행동을 기꺼이 감행하면서, 일부 도시에서는 관찰자들이 사실상의 계급 전쟁이라고 부를 정도에 이르렀다. 이러한 행동은 국제 상황과 맞물려 이들의 항의가 더 성공을 거둘 수 있게 했다.[120]

사회보장 제도와 실업보험 같은 뉴딜의 핵심 복지 정책은 수혜자들의 자유를 확장한다. 1937년 루스벨트가 제안한 최저임금 설정, 초과근무 제한, 아동 노동 금지를 포함한 공정노동기준법(Fair Labor Standards Act)과 이후의 차별금지법 또한 같은 논리로 정당화될 수 있다. 이 법들은 반대자들이 주장했듯이 자유(교환의 자유)를 제한하는 측면도 있지만, 동시에 이 법들은 혜택을 받는 많은 사람의 자유를 크게 확장한다. 각국에서 이러한 성과를 이루는 데 결정적 역할을 한 노동조합은 개인이 혼자서는 얻기 힘든 성과를 위해 싸우고 이를 이룰 수 있도록 함으로써 그들의 집단적 자유를 넓히고, 그 성과는 기여 여부에 상관없이 모두에게 혜택을 제공한다. 자유가 기본적 가치라면, 자유를 최대화하려는 노력이 필요하다.[121] 교환의 자유에 일부 제한(마치 노예제도를 금지함으로써 인간을 사고파는 자유에 제한을 둔 것처럼)이 가해지는 것을 수반하더라도 말이다. 1948년에 유엔은 세계인권선언을 채택했으며, 그중 제25조는 "모든 사람은 자신과 가족의 건강과 복지를 위해 적절한 생활 수준을 누릴 권리가 있으며, 여기에는 음식·의복·주택, 의료 서비스 및 필요한 사회 서비스가 포함되며, 실업·질병·장애·노령의 경우에는 안전을 보장받을 권리가 있다"고 명시한다. 그러나 미국은 이 선언을 한 번도 비준하지 않았는데, 그 이유는 사람들의 기본적인 물질적 필요가 특권이나 치열한 정치적 투쟁을 통해 얻어야 할 성과라기보다는 하나의 **권리**라는 생각을 받아들이지 않았기 때문이다.

자유시장을 덜 신뢰하는 경제학자들, 특히 존 메이너드 케인스와 그의 추종자들은 "자본주의를 자본주의로부터 구하기 위해" 정부가 경제에 개입해야 한다고 믿는다. 시장은 변동성이 크고, 거품과 침체에 취약해 스스로를 규제할 수 없다는 것이다. 미국 연방준비제도 의장으로서 미국 경제의 규제 완화를 이끌었던 앨런 그린스펀(Alan Greenspan)조차 2008년 금융 위기 당시 "지적 기반 전체가 무너졌다"고 인정했다. 케인스가 자신의 시대에 주장했던 것처럼, 오늘날 대부분의 주류 경제학자들 역시 경제를 활성화하기 위해 정부 지출이 필요하다고 주장한다. 그 지출이 기술·도로·교육에 대한 투자이든, 기업에 대한 직접 지원이든 말이다.[122] 실제로 루스벨트 시대와 마찬가지로 오늘날에도 자본주의 계급 내의 많은 부문에서 사회복지에 대한 강력한 반대가 있지만, 거의 모든 자본가는 정부가 경제에서 완전히 손을 떼기를 원하지 않는다. 그들은 정부가 인프라 비용을 부담하고, 민간 기업으로 인한 환경 피해를 처리하며, 실패한 기업에 대한 정부 구제를 포함한 보조금(비판자들이 '기업 복지'라 부르는)을 제공하기를 원한다. 2009년 가을 이후 이러한 현상은 더욱 극명하게 두드러졌다. 부시와 오바마 대통령

의 '경기 부양책'에서 대부분을 차지한 것도 바로 이러한 기업 복지였
다. 평소에는 기업 복지에 약 1000억 달러가 소요됐지만, 최근의 은행
구제금융은 2.5조 달러에 달한다.[123] 철저한 자유시장론자인 노직 같은
철학자들과 달리, 실제 자본가들의 정부 개입 반대는 매우 선택적이다.
그들은 자신들의 이익에 부합하는 정부 개입을 원하며, 이를 실현할 힘
도 가지고 있다. 따라서 진정한 자유방임주의 자본주의는 하나의 이상
적 이념일 뿐이며, 실제로 존재한 적도 없고 앞으로도 존재하지 않을
것이다.

얼마나 이상적인가? 극단적 불평등의 불가피성과 중요성

그러나 자유방임주의에서 벗어나 더 큰 평등을 향해 자본주의는 얼마
나 나아갈 수 있을까? (지금은 순전히 이론적인 질문을 하고 있으며, 오늘날 자본
주의에서 실제로 실현 가능한 변화에 대한 질문은 아니다.) 그리고 이것이 단지 현
재 체제보다 나을 뿐만 아니라, 인류가 도달할 수 있는 최선의 체제일
까? 자본주의는 글로벌 체제이므로, 그 문제들은 각국 내에서의 변화만
으로 해결되지 않는다. 따라서 글로벌 사회복지 제도, 국제 노동법 등
도 상상해봐야 한다. 하지만 간결한 설명을 위해 나는 개별 사회, 특히
미국에 초점을 맞추겠다.[124] 앞서 논의한 기본 복지 제도와 같은 개혁
은, 비유하자면 사회의 바닥을 끌어올려 사람들이 마주하는 선택이 절
망적이지 않도록 만든다. 사람들이 굶주리지 않을 것이라는 확신이 있
으면, 이는 그들에게 더 많은 행동의 자유를 준다. 그러나 바닥을 올린
다고 해서 천장이 낮아지는 것은 아니다. 즉, 불평등은 여전히 존재할
수 있으며, 경우에 따라 바닥 없는 사회보다 더 불평등할 수도 있다. 역
사적으로 그리고 오늘날에도 매우 낮은 수준의 최저임금에 대해 큰 논

란이 있었지만, 미국에서는 소득이나 재산에 상한선을 두는 **최대** 임금 제에 대한 논의가 전혀 이루어진 적이 없다.[125] 오늘날 가장 부유한 개인들의 재산이 다수 국가의 재산을 초과하는데도 그렇다. (미국 법상 개인의 지위를 가지는 법인의 재산은 말할 것도 없다.) 현재 불평등은 세계적으로나 미국 내에서나 그 어느 때보다 심각하며, 2002년부터 2007년까지 소득 증가분의 **3분의 2가 상위 1퍼센트**에게 돌아갔다.[126] 경제 피라미드의 하층이 개선된다고 해도, 이러한 불평등이 민주주의와 공존할 수 있다고 진지하게 주장할 수 있을까?

더욱이 자본주의에 내재하는 불평등은 개인주의를 강조하고 모두의 평등을 지지한다는 자본주의 이론에 도덕적으로 문제가 될 수 있다. 그 이유를 이해하려면, 먼저 불평등의 상당 부분이 개인의 선택 결과로 설명되지 않는다는 점을 알아야 한다. 따라서 이를 '그들 자신의 잘못'이라고 할 수 없다. 개인은 자신이 속할 물질적 위치를 결정하는 가장 중요한 요인, 즉 부모가 세계 또는 자신이 속한 사회의 사회경제적 위계에서 어느 위치에 있는지 선택할 수 없다. 이는 최근 세계은행 연구가 보여준 바와 같다.[127] 또한 이 규칙의 예외가 될 수 있는 개인적 특성(더더구나 운) 역시 선택할 수 없다.[128]

게다가 물질적 불평등은 권력과 자유, 전반적 복지의 불평등이기도 하다. 전반적 복지와 물질적 재화 사이의 연관성은 너무 명백해 굳이 설명할 필요는 없지만, 첫째, 물질적 불평등은 생사의 문제가 될 수 있고, 둘째, 물질적 불평등은 흔히 관련 없다고 여겨지는 다른 문제들, 예를 들어 가정폭력과도 연관 있다는 점을 지적할 필요가 있다. 페미니스트들은 이 문제가 특정 집단에 국한되지 않고 어디서나 존재한다고 강조해왔다. 이는 사실이지만 오해를 불러일으킬 수 있다. 연구에 따르면 가정폭력은 고소득 가구보다 저소득 가구에서 7배 더 자주 발생하기 때문이다.[129] 재정 문제가 가족에게 주는 스트레스를 생각해보면, 이는 그리 놀라운 일이 아니다. 자유에 관해서는, 개인이 더 많은 돈을 가질수록 삶의 모든 측면에서 행동할 자유가 더 커진다. 그리고 개인이 더 많은 돈을 가질수록 사회에서 일어나는 일에 영향을 미칠 힘도 커진다. 법적으로는 모두가 평등하다고 하지만, 수많은 사건을 담당하는 국선 변호인에게 의존해야 하는 범죄 피의자는, 거액을 들여 로펌에 의뢰할 수 있는 사람과 법정에서 동등한 기회를 얻기 어렵다. 정치적 민주주의에서 정치직과 법안을 사고파는 일은 법으로 금지돼 있지만, 정치직에 출마하는 데 수백만, 심지어 수억 달러가 든다는 사실은 사람마다 법적으로 동등한 기회를 얻기 어렵다는 상황을 실감케 한다. 이는 앞서 논의한 자본주의에서 실제 사회 권력이 정부가 아닌 경제에 있다는 사실과 맞물린다. 무엇을 생산할지, 어떻게 생산할지, 어디서 생산할지는 사유재산 소유자들이 결정하며, 건강과 안전에 관한 최소한의 정부 규제를 제외하면 거의 그들의 권한에 달려 있다. 따라서 생산 수단을 소유하지 않은 대다수는 사회의 중요한 결정에 영향을 미칠 힘이 매우 제한적이다. 수십 년간 '돈이 부족하다'는 이유로 공공 부문을 축소해왔던 정부들이 2008년 가을, 수조 달러를 들여 은행들을 긴급 구제한 것(일부는 이를 '구제'라 부르지만, 다른 이들은 '도둑질'이라고 부름)은 이러한 현실을 명확히 보여준다. 그렇다면 자본주의 내에서 부와 권력의 불평등이 어느 정도 줄어들 수 있을까? 어느 정도는 가능하다. 모든 자본주의 사회가 미국처럼 불평등하지는 않기 때문이다. 불평등 정도는 다를 수 있지만, 자본주의는 여전히 물질적으로나 정치적으로나, 그리고 각 집단이 누리는 자유의 측면에서 본질적으로 불평등한 체제다. 이것이 바로 윌든 벨로(Walden Bello)와 글로벌 정의 운동(Global Justice Movement) 참여자들이 이른바 글로벌 사회민주주의를 반대하는 이유다.[130] 물론 그것이 현재의 글로벌 자본주의보다는 더 나은 체제겠지만, 그들의 도덕적·정치적 이상은 아니다. 오직 평등한 사회에서만 정치적 자유와 민주주의가 최대한 실현될 수 있으며, 모든 사람이 정치 및 경제 문제에서 동등하게 집단적 의사결정에 참여할 권리를 가질 수 있다.

자본주의가 본질적으로 불평등하다는 사실은 자유의 내적 장애물에도 영향을 미친다. 인간의 본성이 고정된 것이 아니라 다양한 사회 구조와 그 구조 내에서의 위치에 따라 변화하고 여러 형태를 띤다면,[131] 낸시 허시먼의 말처럼 사회가 실제로 "선택하는 주체를 구성"한다면,[132] 이와 같은 계층적 사회는 그 계층 구조를 반영하는 사람들을 만들어낼 것이다. 권력을 가진 집단은 생산 수단뿐만 아니라, 교육기관부터 미디어에 이르기까지 정신적 재생산의 수단도 통제한다. 가장 근본적으로, 이러한 계층적 구조와 사회적 권력 관계는 자연스러워 보이며, 따라서 불가피하고 정당하게 여겨진다(위기와 전환의 시기를 제외하면). 부유한 집안에서 태어나 온갖 혜택을 누린 사람들은 대개 강한 특권 의식을 갖는다. 예컨대 "그는 3루에서 태어났으면서 자신이 3루타를 쳤다고 생각한다"는 말이 아주 적절하다. 여성이 다른 온갖 일 외에도 돌봄 노동의 대부분을 담당하고, 가난한 사람들과 노동자 계층이 적은 보상을 받으며 열심히 일하는 반면, 다른 이들은 왕이 부러워할 만한 부와 권력을 가진다 해도 그저 "세상은 원래 그런 것"이라 여긴다. 한편, 오늘날 자본주의 사회에서는 개인의 능력주의라는 이념과 인종이나 성별에 따른 개인 발전에 대한 법적 장벽이 사라졌고, 억압받은 배경에서도 이른바 개천에서 용이 난 사례들이 있기 때문에 불평등에 대한 설명과 정당화가 과거와는 달라졌다. 오늘날에는 가난한 사람들이 도덕적으로 타락하거나 게으르다는 주장보다는, 어리석거나 불안정한 문화에서 자랐다는 주장을 더 자주 한다. 가난은 많은 사람에게 질병이나 장애 같은 "자연적" 한계로 인식된다.[133] 하지만 동시에 대부분의 미국인은 열심히 노력하기만 하면 누구나 성공할 수 있다고 착각한다.[134] 이 때문에 가난한 사람들, 노동자 계층, 여성, 소수 인종은 자신이 처한 억압을 내면화하고, 자신의 삶을 개선하지 못했을 때 스스로를 탓하는 경향이 있다. 이는 그들의 고통을 더욱 가중시키고, 더 나은 삶을 상상하거나 자신이 그런 삶을 누릴 자격이 있다고 생각할 수 없게 만들어, 그들의 자유를 더욱 제한한다.[135] 《캐롤라이나의 사생아(Bastard Out of Carolina)》와 《쓰레기(Trash)》의 작가 도로시 앨리슨(Dorothy Allison)은 근친상간과 어린 시절 폭력의 피해자, 또는 레즈비언이라는 사실보다도 가난을 멸시하는 사회에서 가난하게 태어났다는 것이 자신의 심리적 삶에 더 큰 영향을 미쳤다고 말한다.[136]

가난한 사람들과 노동자 계층 대부분에게 깊게 각인되는 이 내면화된 억압은 자본주의 사회에서 실현되는 인간 본성의 형태에 크게 영향을 미친다. 자본주의는 이전 사회들에서는 거의 불가능했던 개인의 자기 발전 기회를 제공한다. 미국은 다른 사회들처럼 뿌리 깊은 계급 특권의 역사가 길지 않고, 다문화주의로 인해 이런 점에서 특히 개방적이다. 하지만 동시에 자본주의는 대다수 개인이 자신의 잠재력을 충분히 발전시킬 가능성을 제한한다. 이를 감동적으로 보여주는 예는 영화와 뮤지컬로 만들어진 〈빌리 엘리어트(Billy Elliot)〉다. 이 작품은 1982년 광부 파업 기간 잉글랜드 북부 광산 마을의 재능 있는 소년 빌리의 이야기다. 당시 파업은 저렴한 수입 석탄 도입을 위해 광산 노조와 국가 석탄 산업을 무너뜨리려 한 마거릿 대처의 결정을 저지하기 위해 벌어졌다. 빌리는 행운과 가족, 지역사회의 지원 덕분에 자신에게 큰 기쁨을 주는 춤에 대한 재능을 발전시킬 수 있었다. 그러나 대처는 전국적으로 광산 노조와 광산 공동체를 파괴하는 데 성공했다. 빌리는 춤에 특별한 재능이 있었지만, 빌리만 재능을 가진 것은 아니다. 거의 누구나 발전시킬 기회를 얻지 못한 재능과 능력을 가지고 있다. 스즈키 바이올린 교육법은 이러한 믿음에 기반을 두며, 이 방법으로 바이올린을 배운 거의 모든 아이가 초등학교 마칠 때쯤엔 비발디를 연주할 수 있게 된다. 상당히 평등한 사회만이 자유와 자기표현에 대한 이런 내부 장벽을 제거할 것이다. 사회의 모든 집단이 자신들을 형성하는 제도에 동등한 기반으로 참여할 것이기 때문이다. 개인적 자율성과 정치적 자율성을 모두 허용하는 그런 사회에서만 자기실현으로서의 자유가 가능하다.

따라서 많은 선진 자본주의 국가에서 정부가 물질적 지원을 더욱 확대한다면, 그 혜택을 받는 사람들의 자유와 복지가 증대될 것이다. 자본주의 반대자들은 이러한 개혁을 당연히 지지한다. 그러나 자본주의 체제 내에서 이러한 변화를 어느 정도까지 기대할 수 있을지에 대한 의문은 여전히 남아 있다(실제로 이러한 변화가 가능한지 여부는 논외로 하더라도). 자본주의 사회는 과연 **얼마나** 자유롭고, **얼마나** 이상적인 사회가 될 수 있을까? 만약 모든 사람이 식량, 주거, 의료 서비스 등 반드시 필요한 것들을 보장받는다면, 위험한 저임금 일자리를 선택할 필요에서 벗어날 수 있을 것이다. 그러나 사실 이를 충분히 여유롭게 보장한다면, 사람들은 일할 필요 자체가 없어질 수도 있다. 이는 이론적으로도 자본주의에 문제가 될 수 있다고 본다. 현재 실업률이 꽤 높지만, 자본주의 사회는 항상 일정한 실업률을 유지해왔으며, 경제학자들은 미국의 '이상적인' 실업률을 4.8퍼센트로 본다. 이 실업률은 자본주의 체제에서 완전 고용으로 간주하지만, 여전히 일자리를 찾고자 하는 수백만 명이 일하지 못하는 상태다. 만약 실업률이 이보다 낮아지면, 금융 및 정부 엘리트들은 실업률을 다시 높이기 위한 조치를 취한다. 모든 자본주의 사회에서 실업률을 유지해야 하는 이유는 실업의 위협이 임금에 하향 압력을 가하고, 필요할 때마다 노동력을 확충할 수 있게 해주기 때문이다. (이것이 정부가 현재의 경제 위기를 일자리 창출을 통해 해결하지 않는 이유일 것이다. 일자리 창출은 일자리를 필요로 하는 사람들을 직접적으로 돕는 동시에, 그들이 돈을 써서 경제에 기여하게 만들기 때문에 논리적으로 맞는 대응처럼 보이는데도 말이다.) 우리가 상상하는 이상적인 자본주의에서 이 문제를 어떻게 해결할 수 있을까? 만약 그러한 체제가 충분히 여유로운 사회 보장을 제공한다면, 많은 사람이 일하지 않기로 선택할 수 있고, 이는 자본가들이 필요한 노동력을 확보하지 못하거나, 노동자들을 일하게 만들기 위해 임금을 크게 올려야 하는 상황을 초래할 것이다. 이는 상대적으로 사회 보장이 적은 국가의 자본가들과 경쟁하는 데 불리하게 작용할 것이다. 반대로, 최소한의 지원을 유지해 거의 모든 사람이 일을 선택하도록 만든다면, 자본주의에서 대다수가 경험하는 근본적인 부자유의 문제는 여전히 존재할 것이다.

가장 기본적인 불평등

> 내가 가난한 사람들에게 음식을 주면 나를 성인이라 부른다. 하지만 내가
> 가난한 사람들에게 왜 음식이 없는지 물으면 나를 공산주의자라 부른다.
> ─엘데르 카마라(Hélder Câmara, 브라질 해방신학자)

자선은 좋은 것이고, 복지 최저선이 있는 자본주의 사회는 더 나을 수 있다. 그러나 여전히 모든 사람에게 권력과 기회, 자유의 진정한 평등을 제공하지는 못한다. 문제는 자본주의의 부와 권력의 근본 구조로, 이는 다수에게 근본적인 부자유를 초래한다. 이것이 바로 자본주의 체제에서 기회 평등과 자유를 실현하고자 하는 자유주의자들이 간과하는 부분이다. 자유주의 이론가들은 사적 권력보다 국가 권력이 자유를 제한할 가능성에 더 우려를 표한다. 그 이유는 국가가 강제력을 독점하며, 사적 권력과는 달리 국가는 탈출구를 제공하지 않기 때문이라고 주장한다.[137] 그러나 이 차이는 겉보기에 분명해 보이지만 실제로는 그렇지 않다. 마르크스가 설명한 것처럼, 자본주의에서 노동은 두 가지 의미에서 자유롭다(free). 노예제나 농노제와 달리, 자본주의하에서 노동자는 누구를 위해 일하거나 누구를 위해서도 일하지 않을 법적 자유를 가진다. 이는 **특정한** 사적 권력에서 벗어날 '탈출구'를 제공한다. 그러나 노동자들은 또한 생산 수단이 없다(free). 이는 그들을 경제적 종속 상태로 만든다. 그들은 자신의 노동력을 팔 수밖에 없으며, 특정한 개인이 아니라 생산 수단을 소유한 누군가에게 팔아야 한다. 노동을 누군가에게 팔면, 노동자들은 그 사람의 통제 아래 들어간다(더 흔하게는 거대 기업의 통제하에 놓인다). 그들은 자신의 의지에 따라 행동하지 않고, 때로는 자신과 대립되는 목적을 가진 소유자의 뜻에 따라 움직인다. 이런 면에서 노동을 판다는 것은 일시적으로 **자신**을 파는 것과 같다. 그들에게는 그렇게 하거나 하지 않을 자유가 있지만, 자본주의에서 생존 수단의 소유와 통제 구조는 그들이 그렇게 하지 **않을** 자유를 허용하지 **않는다.** 탈출구가 없다. 그래서 자본주의는 "겉보기에 자유로운 계약의 결과로 보일지라도" 근본적으로 "강제 노동"[138]의 체제다. 소유자들이 무엇을 얼마나 생산할지, 그리고 얼마나 많은 시간을 노동에 투입할지를 결정한다. 오늘날의 기술은 고용주가 직원들의 모든 행동과 말을 감시할 수 있게 하며, 과거 노예 주인들이 노예의 노동을 통제했던 것보다 더 완전한 통제가 가능하다.

이것은 생산자가 생산 수단과 소유권을 갖지 못한 어떤 체제에서도 사실이다. 다른 예를 생각해보자. 노예제는 생산 수단을 사적으로 소유하는 체제이며, 이때 사람 자체가 생산 수단의 일부다. 노예제는 본질적으로 강제 노동을 포함하는데, 경제적으로 충분한 자원을 가진 개인이 다른 사람에게 물리적 강제를 가해 자신의 노동자로 만들 법적 권리와 힘을 가지고 있었다. 여기서 강제는 개인적이고 직접적이며 의도적이다.[139] 봉건 사회에서는 이러한 강제력이 노예제만큼 직접적이지 않았지만, 농민과 영주 간의 관계는 명백히 지배의 관계였다. 농민은 공동체 안에서 생존 수단을 때로는 개인적으로, 때로는 집단적으로 소유하고 자신들의 노동 과정을 직접 통제했지만, 물리적 강제력을 동반한 법에 의해 영주를 위해 일정 시간 일하거나 자신의 노동 결과물을 영주에게 바쳐야 했다. 대부분의 경우 위협만으로도 생산자들은 영주의 명령을 따를 수밖에 없었다. 20세기의 상당 기간 소련과 중국 등에서 존재했던 관료제 체제에서는 생산 수단이 명목상 모든 인민에게 속해 있었으며, 그들의 권력은 국가에 위임되었다. 하지만 실제로는 관료 집단이 국가를 장악하고 있었고, 이는 그들이 생산 수단에 대한 독점적 통제권을 가지고 있었다는 의미다. 노동자들은 관료제를 통해서만 생산 수단이나 생존 수단에 접근할 수 있었기에, 어쩔 수 없이 관료제를 위해 일해야만 했다.

세 가지 체제, 즉 노예제·봉건제·관료제 모두에서 강제력은 경제 외적인 힘이다. 이제 또 다른 형태의 자유롭지 않은 노동인 고용 하인 제도를 살펴보자. 고용 하인 제도는 독립적 경제 체제가 아니라, 자본주의를 포함한 다른 체제들 안에서 존재해온 경제적 관계다.[140] 이 노동 형태는 노예제와 자유 노동 사이에 위치하며, 노동자는 고용주가 정하는, 보통 매우 고된 조건하에서 일정 기간, 일반적으로는 7년 정도의 계약을 체결한다. 노동자는 굶주림에 직면하거나 그에 가까운 상황에서(그렇지 않고서야 누가 그런 계약을 받아들이겠는가?)[141] 어쩔 수 없이 그런 계약에 동의한다.[142] 이것은 앞서 언급한 '강제 제안'의 한 예로, 직접적인 강제력은 필요하지 않다. 강제력은 경제적 자원의 분배에서 비롯된다. 고용 하인 제도와 자본주의 자유 노동의 차이는 단지 부자유의 정도에 불과하다. 자본주의 사회에서 일부 사람에게는 두 선택지가 모두 절망적이다. 고용 하인과 임금 노동의 차이는 대개 계약 기간의 문제다. 그러나 다행히도 선진 자본주의 사회에서 대부분의 사람에게 선택은 그리 절망적이지 않다. 일부 사람은 구걸하거나 도둑질로 생계를 유지하고, 운이 좋으면 소규모 사업을 시작하거나, 오랜 시간 고임금 직장에서 일한 후 은퇴할 수 있다. 그러나 생산 수단과 생존 수단에 접근할 수 없는 대다수는 '사회적 조건에 따라 어쩔 수 없이' 타인을 위해 일한다. 이것이 마르크스가 사유재산을 "타인의 노동을 예속시키는 권력"이라 부르는 이유다.

결혼이 대부분의 여성에게 자유로운 선택이 아니었다고 주장하는 페미니스트들은 이와 유사한 부자유 개념을 사용하며, 성매매와 (이른바) 대리모 출산에 반대하는 페미니스트들도 마찬가지다.[143] 특정 개인이 다른 개인에게 직접적으로 대리모나 성매매를 강요하지 않더라도, '협상에서의 불평등한 위치'가 일부 여성의 (경제적 또는 심리적) 처지를 이용해 그들에게 해를 끼치는 계약을 강요할 수 있게 한다. 이러한 선택의 사회적·경제적 맥락은 그것이 진정한 자유 선택이 아님을 보여준다. 또한 여성이 '성적 서비스'를 제공하는 것은 자신의 몸과 자기 자신을 파는 것과 다름없다. 만약 모든 페미니스트가 이 예들을 부자유로 인정한다면, 논란이 적은 일을 하는 여성(이나 남성)도 같은 상황에 놓여 있다고 인정해야 한다. 여성은 모든 사회에서 경제적 사다리의 하위에 몰려 있으며, 때로는 성매매가 사실상 선택 가능한 최선의 대안일 수 있다.[144]

이 모든 경제 체제에 내재한 강제를 없애는 유일한 방법은 생산자들이 스스로 생산 수단을 통제하는 체제를 만드는 것이다. 생산자들이 소유자일 때만 그들은 소유자에게 의존하거나 종속되지 않는다. 이 결론에 대해 제기할 수 있는 반론은, 내가 제시한 자유 분석에 근거해 강제는 이 체제를 포함한 **어떤** 경제 체제에서도 내재하리라는 주장이다. 즉, 사람들뿐만 아니라 물리적 조건이 자유의 장애물로 작용할 수 있다고 내가 주장했기 때문에, 설령 생산자가 소유자인 경제 체제에서도 사람들은 물리적 필요를 충족하기 위해 어쩔 수 없이 일을 해야 하며, 완전히 자유롭지는 않을 것이라는 반론을 제기할 수 있다. 플라톤과 아리스토텔레스는 이러한 생각을 바탕으로 민주주의에 반대했는데, 그들은 생계를 위해 일해야 하는 물리적 필요에 묶인 사람들은 정치에 참여할 자격이 없다고 보았다.[145] 이러한 반론에 답하고자 나는 마르크스의 논의를 참조하려 한다. 마르크스는 물리적 필연성의 영역은 모든 경제 체제에 존재할 것이라고 말한다.

자유는 사회화된 인간, 즉 연합한 생산자들이 자연과의 상호작용을 합리적으로 조절하고 자연의 맹목적인 힘에 지배당하지 않으며 이를 공동으로 통제할 때에만 실현될 수 있다. 이 과정은 최소한의 에너지를 소비하며, 인간 본성에 가장 적합하고 유리한 조건에서 이루어져야 한다. 그러나 이것은 여전히 필연성의 영역에 속해 있다. 그 너머에서 비로소 인간 에너지가 그 자체로 목적이 되는 진정한 자유의 영역이 시작되며, 이 자유는 필연성의 영역을 토대로 해야만 꽃피울 수 있다. 노동 시간의 단축이 그 기본 전제조건이다.[146]

따라서 생산자가 생산 수단을 통제하는 체제에서 생산자는 다른 사람을 위해 일할 필요가 없다. 그들의 노동으로 살아가는 별도의 소유자 계급이 존재하지 않기 때문이다. 생산자는 무엇을 얼마나 생산할지, 그리고 여가 시간과 물질적 재화 사이의 균형을 스스로 결정할 것이다. 외부 조건이 일할 필요성을 만들긴 하지만, 그들의 목표·욕구·가치관·신념 또한 노동의 성격과 기간을 결정한다. 따라서 사람들이 일해야 하는 이유가 자연적 조건에만 기인하는 체제에서는 타인의 지배가 존재하지 않는다. **그들에게** 권력을 행사하는 다른 사람이나 집단이 없으므로, 그들은 그런 중요한 방식에서 부자유하지 않다. 또한 물리적 필연성이 정한 한계 내에서 스스로 노동에 대한 결정을 내릴 수 있기 때문에, 그들은 노동을 더 만족스러운 방식으로 조직하고, 노동 시간을 줄여 "진정한 자유의 영역"을 확장할 가능성이 높아진다. 흥미롭게도 이 영역은 마르크스가 구상한 노동의 개념을 포함할 것이다. 실제로 마르크스는 "진정한 자유 노동은, 예를 들어 작곡처럼 가장 진지하고도 강도 높은 노력을 요구한다"고 말했다.[147] 마르크스의 자유와 노동 개념은 심리학자 미하이 칙센트미하이(Mihaly Csikszentmihalyi)가 발전시킨 '몰입(flow)' 개념과도 공명한다. '몰입'은 강렬한 집중·도전·즐거움이 결합된 최적의 경험으로, (적절한 조건에서) 여가 활동만큼이나 일할 때도 종종 나타날 수 있다.[148]

자유, 자기실현, 소외

자본주의 사회에서 자신의 본업, 즉 돈 받고 하는 일이 자유의 성격을 지니고, 거기서 때때로 '몰입'을 경험하는 사람은 극소수의 운 좋은 사람뿐이다. 역사의 이 국면에서 더 나은 상황을 기대하는 게 무리한 일은 아니다. 자본주의 사회의 자유주의 철학은 개인에게 자신을 발전시킬 기회(각자 고유한 방식으로 행복을 추구할 기회)를 약속하며, 이전 사회들과 비교할 때 이 약속은 많은 측면에서 분명히 실현되었다. 그러나 자본주의 사회는 이러한 자유 속에 내재된 자기실현의 약속을 이루는 데 있어 본질적인 장애물을 가지고 있으며, 오히려 어떤 면에서는 후퇴한 부분도 있다. 자본주의하에서 노동 생산성의 놀라운 성장은 생활필수품을 생산하는 데 소요되는 시간을 크게 줄였고, 이는 모두에게 더 큰 자유와 만족을 가져다줄 수 있었지만, 현실은 그렇지 않다. 그 이유는 자본주의 사회에서 생산자들이 소유자가 아니기 때문이다. 생산자들은 생산수단과 분리되거나 소외되어 있으며, 소유자들이 기술을 발전시키는 목적은 자유 확대가 아니라 이윤 증대다.[149] 자본주의에서 노동력은 하나의 상품이기 때문에, 자본가들은 다른 상품처럼 노동력도 더 싸게 사고 최대한 효율적으로 활용하려고 한다. 그 결과 자본주의는 중요한 측면에서 개인의 발전을 저해한다. 대다수의 성인이 깨어 있는 시간 대부분을 일하면서 보낸다는 사실을 생각해보라. (이것이 우리 삶, 진정 **우리 존재 자체**에 매우 중요한 역할을 하며, 우리를 형성하는 주요 제도 중 하나인데도, 자유주의 이론에서 이를 거의 주목하지 않는다는 점은 놀라울 정도다.) 물론 마르크스의 예시처럼 모두 작곡가가 될 수는 없고, 어떤 사회에서든 반복적인 일은 필요하다. 하지만 그러한 일들도 더 보람 있는 방식으로 이루어질 수 있다. 자신이 무엇을 어떻게 할지 결정할 수 있다면, 어떤 가치가 있는 일이든 만족감을 줄 수 있다. 함께 일하는 것은 로버트 폴 울프(Robert Paul Wolff)가 말한 생산적 공동체를 만들 수 있다.[150] 그러나 자본주의에서 대다수에게 노동은 점점 보람 없는 일이 되어간다. 이는 산업화의 필연적 결과가 아니다. 자본주의 국가에서는 공장이나 사무실에 들어서는 순간, 사회 전반에서 누리던 기본적 권리, 심지어 표현의 자유마저 잃게 된다. 직장은 사실상 "관리자의 독재"가 이루어지는 공간이다.[151] 직원들은 고용주의 통제하에 있으며, 고용주는 직원들이 어떤 일을 하고, 그 목적이 무엇이며, 어떤 속도로 일할지 결정할 권한과 권력을 가진다. 이 과정에서 개인의 결정권이나 창의성 발휘의 여지는 거의 없거나 아예 없다. (물론 아주 숙련된 고임금 직원들은 더 많은 자유를 누리기도 한다.) 이러한 자본주의의 필연적 특성은 소외를 초래하며, 이는 체제의 중요한 도덕적 결함이다.[152] 소외에는 여러 해석이 있지만, 여기서는 노동자가 자신의 일에서 무기력함을 느끼고, 그 일이 무의미하게 여겨지며, 그 과정에서 자기 자신 및 타인과 멀어지는 상태로 설명할 수 있다.

노동의 가치 저하가 시작된 것은 산업화 이전부터다. 자본주의가 등장하면서, 일자리는 효율성과 이윤을 극대화하기 위해 점점 더 세분화되었다. 애덤 스미스의 유명한 예시처럼, 핀 제조 과정이 열여덟 개의 개별 작업으로 나뉘고, 각 작업을 서로 다른 노동자가 맡는다. 이제 어느 노동자는 하루종일 철사를 곧게 펴는 일만 하게 된다.[153] "독립적인 농민이나 수공업자가 사용했던 지식·판단·의지는 이제 작업장 전체를 위한 것일 뿐"이라는 말이 이를 뒷받침한다.[154] 자본가들은 이 집단 메커니즘을 소유하고 있으므로, 그 생산력은 "자본의 생산력"처럼 보인다. 그 결과 노동자들은 "기형적인 괴물"로 변해간다.[155] 기계의 도입은 이러한 과정을 더욱 가속화했다. "현대 산업은 생산의 지적 능력을 수작업에서 분리하고, 그 능력이 자본의 힘으로 전환되는 과정을 마침내 완성했다."[156] 그 결과 노동자는 기계의 부속품처럼 되어버린다. 이 과정은 이른바 '과학적 관리법'으로 더욱 가속화되었다. 이 관리 방식은 노동자를 기계처럼 만들었다. 19세기 후반 프레더릭 테일러(Frederick Taylor)와 그 추종자들이 처음 개발한 이 접근법은, 시간과 동작 분석을 통해 노동 과정을 연구해 최단 시간에 최대 산출을 얻는 데 필요한 정확한 동작을 계산한 뒤, 노동자들에게 그 한 가지 방법으로만 작업을 수행하도록 강요했다. 모든 개인의 자유와 선택권은 노동 과정에서 사라진다. 이것이 자본주의의 본질적 특징인 이유는 생산 과정에서 미리 기여도를 정확히 계산하기 어려운 유일한 요소가 노동이기 때문이다. 자본가들에게는 각 노동자의 기여도를 계산하고 이를 최대한으로 늘리는 것이 필수적이며, 이를 위해 노동 과정을 더 철저히 통제할 수밖에 없다. 이는 노동자와 소유자가 상반된 이해관계를 가지고 있다는 전제에서 비롯된다. 테일러는 노동자에게서 최대 성과를 얻는 문제(그의 말로는 "정당한 하루의 노동")가, 감독자인 자신보다 "자기 밑에서 일하는 노동자들의 지식과 기술이 10배는 더 뛰어나다"[157]는 사실 때문에 방해받고 있다는 점을 깨닫고는 이를 바꾸려 했다. 과학적 관리법의 핵심은 다음과 같은 두 번째 원칙에 있다. "모든 두뇌 노동을 작업장에서 배제하고, 계획 부서나 설계 부문에 집중해야 한다."[158] 그 결과, 노동은 덜 숙련되고 따라서 더 저렴해졌다.

이것은 더 이상 과거의 일이 아니다. 일부 운 좋은 사람들은 창의성이 존중받는 일을 하지만, 이는 극소수에 불과하다.[159] 수백만 명이 여전히 공장에서 일하며(많은 공장이 선진국에서 개발도상국으로 옮겨갔지만), 다른 이들은 저임금 서비스 직종에서 일하거나 가정 건강 보조원처럼 고립된 환경에서 일한다. 또한 콜센터에서 일하는 많은 사람은 오늘날 "악마의 제분소"에 비견되기도 한다.[160] 이는 해리 브레이버맨(Harry Braverman)의 권위 있는 저서 《노동과 독점 자본(Labor and Monopoly Capital)》, 바버라 가슨(Barbara Garson)의 《온종일: 일상 노동의 의미와 비하(All the Livelong Day: The Meaning and Demeaning of Routine Work)》 및 《전자 작업장: 컴퓨터가 미래의 사무실을 과거의 공장으로 변모시키는 방법(The Electronic Workshop: How Computers Are Transforming the Office of the Future into the Factory of the Past)》 같은 저서들에 잘 기록돼 있다.[161] 핀 제조자가 철사 펴기 작업자로 변하거나, 숙련된 노동자가 계기판 눈금 읽는 사람으로 전락하듯 전문직인 사회복지사도 몇십 분의 일 단위로 계산되는 특정 업무―가령 '장례 및 안장 비용 승인', '분실되거나 도난당한 수표 발행' 같은―로 축소되는 사무직 노동자가 된다. 이러한 업무는 고등학교 졸업자, 심지어는 사람이 필요하지 않은 작업이 되어버린다. 우리는 이제 기계와 대화하거나, 과거에는 사람이 처리하던 업무를 온라인에서 스스로 해결하는 데 익숙해졌다. 이러한 접근 방식은 의사, 변호사, 엔지니어, 자산 관리사, 주식 중개인 같은 전문직에도 적용되었다. 이들을 대신하기 위한 '전문가 체제'가 마련되었고, 비록 완벽하지는 않지만 충분히 잘 작동해 많은 전문가가 필요하지 않게 되었다. 많은 여성이 종사하는 광범위한 서비스 직종에서는, 감정을 통제하거나 적어도 감정이 겉으로 드러나지 않게 통제하는 경우가 많다.[162] 일부 고도로 숙련된 노동자들은 항상 필요하겠지만, 자본주의는 점점 더 그들의 창의성을 밀봉하는 법을 익혀왔다.[163] 1970년대에는 미국의 블루칼라 노동자들이 소외로 인해 사보타주(태업)와 비공식 파업을 일으키는 일이 보도되었고, 더 인간적인 방식으로 노동을 조직하는 방법에 대한 논의가 있었다. 그중 하나가 (잠시 시도된) 볼보(Volvo)의 팀 접근 방식이다.[164] 그러나 신자유주의적 전환과 해외로 일자리가 유출될 위험이 커지면서 이런 시도는 중단되었다. 소외된 노동자들은 이제 여가 활동과 소비에서 위안을 찾았으며, 이는 행복을 가져다주지 않고 오히려 "욕망과 소비"의 악순환 속에서 막대한 개인 부채를 초래하는 결과를 낳았다.[165]

상황은 달라지리라 예상되었다. 고전적 저서 《소외와 자유(Alienation and Freedom)》[166]를 쓴 자유주의 사회학자 로버트 블라우너(Robert Blauner)와 20세기 후반의 여러 미래학자는 자동화 시대에 소외가 끝나리라 예견했다. 하지만 현실은 정반대였다. 연구에 따르면, 일이 더 자동화될수록 노동자가 통제해야 할 일은 줄어든다.[167] 물론 이러한 발전이 생산 비용을 절감하고, 그 결과 소비자인 우리 모두가 혜택을 보는 것은 사실이다. 그러나 우리 대부분은 소비자일 뿐만 아니라 성인기 대부분을 노동자로 살아간다. 인간을 무시하지 않으면서도 효율적인 생산을 달성하는 것은 불가능하지 않다. 결국 기술을 개발하고 선택하는 것은 우리이며, 기술이 우리를 지배하는 것은 아니기 때문이다. 과학적 관리법의 두 번째 원칙을 보여주는 좋은 예는 기계 공구 산업에서 찾아볼 수 있다. 노동사학자 데이비드 몽고메리(David Montgomery)와 기술사학자 데이비드 노블(David Noble)이 밝혀낸 바에 따르면, 거의 동시에 개발된 두 가지 동등한 효율성 기술 중에서 관리자가 작업 과정을 통제할 수 있는 기술이 선택되었다.[168] 종종 기술은 개인의 성과를 측정하고 쉽게 통제하기 위해 선택된다. 바버라 가슨이 지적했듯이, 전자 모니터

링으로 인해 노동자는 키 하나를 입력할 때마다 스스로 작업을 보고하게 된다.[169]

　자본주의에서 노동 과정의 변화를 노동의 '비인간화'라 하고, 이를 '자기소외'라 부르는 것은 단순한 낭만적 수사가 아니다. 이는 인간 노동의 본질과 그것이 사람들의 삶에서 차지하는 중요한 역할에 기반한 표현이다. 사람은 일하고자 하는 욕구를 가지고 있으며, 이는 유전적이기도 하고 사회적이기도 하다. 하지만 사람은 자신에게 걸맞은, 가치 있는 일을 원한다.[170] 인간다운 노동은 목적을 가지고 있으며, 사고와 행동이 하나로 결합된 형태다. 마르크스가 잘 설명했듯이, "가장 형편없는 건축가를 가장 훌륭한 벌과 구분해주는 것은, 건축가는 실제로 구조물을 세우기 전에 상상 속에서 그것을 먼저 구상한다는 점이다."[171] 자본주의의 노동에서는 바로 이 사고와 실행의 결합이 (의도적으로) 끊어진다. 주류 문헌에서 소외는 주로 주관적 현상으로, 사람의 감정과 관련된 문제로 다뤄진다. 하지만 내가 설명하는 소외는 객관적 현상이다. 노동자는 자본가에게 종속되고, 점점 더 자신의 노동에 대한 통제권을 잃어가는 반면, 자본가는 그 통제권을 확대한다. 노동자의 기술은 자본의 소유가 되고 노동자의 가치는 줄어드는 반면, 자본가의 부와 권력은 절대적이든 상대적이든 엄청나게 커져왔다. 그러나 소외는 주관적인 부분에 영향을 미친다. 사람들이 교환 가능한 상품처럼 취급되고 도전과 존중이 부족하면 그들은 불행해진다. 특히 여성은 직업 사다리의 가장 하층에 위치해 있기 때문에 소외된 노동에 가장 많이 노출된다. 전 세계 조립 라인의 다수 노동자와 '핑크칼라' 서비스업 및 사무직 노동자의 대다수가 여성이며, 성차별과 자본주의의 결합은 이윤과 소외를 극대화한다. 설령 자본주의에서 최소한의 복지 제공을 통해 극심한 빈곤을 해결할 수 있더라도, 이는 대부분의 사람에게서 소외를 끝내지 못할 것이며, 따라서 '이상적인' 자본주의조차 인간에게 진정으로 이상적인 체제라 할 수 없다.

이론상의 자본주의에 대한 종합 결론

우리가 흔히 생각하는 재산 개념과 달리, 재산은 물건이나 물리적 소유가 아니라 권리다. 대부분의 재산 관련 저자들이 인정하듯이, 모든 소유 체계, 모든 재산 체계는 특정한 권리나 자유를 허용하는 동시에 다른 권리와 자유를 제한한다. 예를 들어, 공동 소유와 사적 소유 체계를 비교해보자. 공동 소유 체계에서는 모든 사람이 공유 자원을 사용하고 즐기며, 그로부터 이익을 얻을 수 있는 권리와 자유를 갖는다. 자본주의 이전 시대에 평민은 공유지에서 사냥을 하고, 가축을 방목하며, 식량과 땔감을 채집할 권리가 있었는데, 이는 가난한 가정의 수입을 두 배로 늘릴 수 있는 중요한 권리였다.[172] 여성은 과거에도 지금도 채집을 주로 했고, 남성은 주로 사냥을 담당했다. 이러한 권리/자유는 자본주의 발전에 중요한 역할을 한 인클로저 운동과 함께 사라졌다. 오늘날에도 자본주의 발전으로 인해 이러한 권리/자유 상실이 전 세계적으로 빠르게 진행되고 있다.[173] 어떤 것을 사용하는 데 **배제되지 않을 권리**는 일종의 개인 재산권이다. 그러나 공동 소유 체계는 다른 사람을 배제할 권리를 포함하지 않으며, 공동 자원이나 그 일부분을 사고팔아 이익을 얻을 권리도 허용하지 않는다. 즉, 공동 재산을 사용할 권리와 즐길 자유는 있지만, 이를 처분할 권리는 없다. 로크를 비롯한 자본주의 옹호자들은 이러한 소유권 제한을 개인의 자유에 대한 부당한 제약으로 본다. 자본주의는 독점적 소유권을 기반으로 하는 또 다른 형태의 개인

재산권을 포함하는데, 이는 소유한 것을 사고팔 권리와 다른 사람을 배제할 자유를 의미한다. **이러한 개인 재산권은 배제된 사람들에게는 권리와 자유의 결여를 수반한다.** 근대 시기에 시장이 지배적 체제로 자리잡으면서, 사적 소유가 공동 소유를 거의 완전히 대체했다. C. B. 맥퍼슨(C. B. Macpherson)은 공동 소유 재산이 점점 줄어들면서 재산에 대한 우리의 개념 또한 급격히 좁아졌다고 설명한다.

초기 재산 개념, 예를 들어 아리스토텔레스부터 17세기까지의 재산 개념은 두 가지 개인적 권리를 포함했다. 하나는 어떤 사물의 사용이나 향유에서 다른 사람을 배제할 수 있는 개인적 권리, 다른 하나는 사회에서 공용으로 선언한 것들(공동 땅, 공원, 도로, 물 등)의 사용이나 향유에서 배제되지 않을 개인적 권리다. 이 두 권리는 모두 개인의 권리였다. 두 권리는 사회나 국가가 만들어 유지했다. 따라서 둘 다 개인 재산이었다.[174] 또 하나의 새로운 개인 재산 형태는 사회보장 제도나 보편적 의료 서비스 같은 프로그램에서 발견된다. 이 경우 개인은 공동 자원에서 혜택을 받을 권리는 있지만, 다른 사람을 배제하거나 자신의 몫을 팔 수는 없다. 이러한 공공 서비스는 과거의 공동 재산 개념을 상기시키며, 특히 아이를 낳고 주된 돌봄을 담당하는 여성에게 중요한 의미를 가진다. 법학자 모리스 코언은 사유재산의 본질인 배제할 권리가 사유재산에 정치적 주권의 성격을 부여한다고 설명한다. 즉, 재산 소유자는 경제적으로 독립해 있지 않은 사람들에게 서비스와 복종을 요구할 수 있는 권한을 가진다는 것이다. 비록 상업 경제에서는 노동 계약이 자유로운 협상처럼 보이고, 돈을 통해 간접적으로 서비스가 제공되는 경우가 많아 이러한 권력이 잘 드러나지 않을 수 있지만, 실제로는 그 권한이 여전히 존재한다는 것이다.[175] 흥미롭게도 코언은 이러한 분석을 통해 사유재산이 부당하다고 주장하지는 않는다. 그는 경제적 강제가 필요할 가능성을 열어둔다. 하지만 그는 "사물에 대한 지배는 곧 우리 동료 인간에 대한 **지배**"[176]라는 사실을 간과해서는 안 된다고 경고한다.

오늘날 21세기 초에 이르러, 일부 개인이 여러 국가의 부를 합친 것보다 더 많은 재산을 소유하고 있고, 세계에서 가장 큰 경제체의 절반이 국가가 아닌 기업인 상황에서, 사물과 타인에 대한 이런 권력은 전지구적으로 확장되었다. **이는 실로 지상 생명의 미래를 결정할 수 있는 힘이다.** 만약 자본주의 옹호가 이 엄청난 권력을 줄이거나 무해하게 만들 수도 있을, '인간화된' 또는 '자비로운' 확장된 자본주의에 기초한다면, 모든 것은 그러한 개혁된 자본주의가 실현 가능한지에 달려 있다. 그렇지 않다면, 자본주의 옹호는 매우 이상적이지 않은 체제를 변명하는 것에 불과하다.[177] 그렇다면 어떤 정치 이론과 사회 변화 이론이 이것을 가능케 할까?

이제 이론의 영역을 벗어나, 실제로 존재하는 자본주의 체제를 살펴볼 때가 되었다.

3 현실 속 자본주의

자본주의 이전 사회들과의 비교

가부장제: 논쟁적 개념

이제 자본주의가 현실 속에서 여성에게 좋은지에 대한 질문으로 바로 넘어가보자. 여기서 즉각 다음 질문이 제기된다. 무엇과 비교해서? 그리고 어떤 면에서? 자본주의가 여성에게 미치는 영향에 대한 최근 논의, 특히 미국과 서유럽의 논의에서는 자본주의를 덜 발달한, 자본주의 이전 전통 사회들과 대조한다. 인류 역사의 아주 초기로 돌아가지 않는 한, 이러한 사회들은 거의 예외 없이 가부장적이다. 페미니즘 관점에서 보자면, 자본주의가 더 나으리라는 결론이 거의 자동으로 도출되는 것처럼 보인다. 하지만 가부장제는 정확히 무엇을 의미하는가? 가부장제 개념과 그것이 근대성과 대립한다는 가정에 문제를 제기하는 중요한 문헌들이 존재한다. 가부장제의 정의는 남성 중심, 더 정확하게는 아버지 중심 사회라는 의미다. 나는 이 개념을 더 제한된 의미로 사용할 것이며, 더 넓은 의미로 사용할 때는 '성차별' 또는 단순히 '남성 지배'라는 용어를 사용할 것이다. 하지만 제한된 의미에서도 가부장제는 결코 동질적인 남성 지배 체제가 아니며, 오히려 다양한 형태를 띤다. 여러 저자는 많은 페미니즘 논의에서 가부장제에 대한 전제가 부정확하다고 주장하며, 가부장 사회에 대해 다음과 같은 점들을 강조한다.

(1) 모든 가부장 사회에서 여성이 동일한 위치에 있는 것은 아니다.

(2) 여성은 외부 힘에 의해 단순히 수동적인 피해자로만 존재하지 않으며, 거의 항상 이러한 사회에서 협상의 여지를 어느 정도 가지고 있다.

(3) 다양한 종류의 가부장적 거래가 가능하며, 그중 일부는 특히 나이가 들어감에 따라 몇몇 여성에게 상당한 이점을 제공할 수 있다(예: 일부 사회의 악명 높은 시어머니).

(4) 가부장적 거래는 현대 사회에도 존재하며, 예를 들어 1950년대 중산층 자본주의 미국에서의 전형적인 가족 구조인 가장 아버지와 전업주부 어머니 형태가 그러한 예다.[178]

내 생각에는 이러한 주장들이 상당히 타당하며, 오늘날 우리에게 억압적으로 보이는 방식들을 여성들이 왜 때때로 선택하는지 이해하는 데 도움이 된다. 일부 페미니스트는 더 나아가 많은 자본주의 이전 사회가 자본주의 사회보다 여성에게 더 나은 조건을 제공한다고 주장한다.[179] 그들은 대부분 가부장적 사회이더라도, 자급자족 경제가 세계화된 자본주의 경제보다 여성에게 전반적으로 더 많은 것을 제공한다고 강조한다. 또한 자본주의 역시 가부장적이며, 이를 자본주의 가부장제라고 불러야 한다고 말한다.

일반적으로 여성에게 더 나은 자본주의

자본주의 이전 사회들이 다양한 형태를 가지고 있다는 것을 인정하더라도 앞서 언급한 점들은 상당히 타당하므로 나는 자본주의가 하나의 **체제로서** 자본주의 이전 사회들보다 여성에게 더 나은 삶을 위한 조건을 창출할 잠재력이 있다고 본다. 그러나 **모든 구체적인 경우**와 **모든 측면**에서, 자본주의 이전 사회에서 자본주의 사회로의 전환이 여성에게 반드시 더 나은 결과를 가져온다는 의미는 아니다. 특히 단기적으로는 그렇지 않을 수 있는데, 이는 전반적인 복지에 영향을 미치는 요인들이 젠더 관계 외에도 여러 가지 있기 때문이다. 예를 들어, 자급자족하는 농민은 자본주의 경제에서 임금 노동자가 되면서 집과 생계를 잃고 훨씬 더 나빠질 가능성이 크다. 여성도 전통 사회에서 제공받았던 보호와 제약을 잃으면서 같은 상황을 겪을 수 있다. 예를 들어, 필리핀에서는 천연자원의 파괴로 인해 농민들이 단순한 농촌 경제를 떠나 마닐라의 쓰레기장에 실제로 거주하게 된 사례가 있다.[180] 마르크스가 "원시적 축적"이라 부른 이 과정은 17세기 잉글랜드의 맥락에서 이미 논의한 바 있다.

자본주의로 전환하는 과정에서 사람들의 생활 조건이 악화되는 중요한 측면 중 하나는 노동량 증가 경향이다. 이는 많은 독자에게 놀랍게 들릴 수 있는데, 줄리엣 쇼어(Juliet Schor)가 《과로하는 미국인(The Overworked American)》에서 말했듯이, "자본주의의 가장 지속적인 신화 중 하나는 자본주의가 인간의 노동을 줄여주었다는 것이다."[181] 그녀는 19세기에 일반적이었던 주당 70~80시간 노동에 비해, 현대의 40시간 근무제는 확실히 크게 줄어든 것이라고 설명한다. 하지만 이 19세기의 노동 시간은 "인류 역사상 가장 엄청난 노동량"이었을 수 있다. 중세 농민들은 하루에 더 적은 시간을 일했을 뿐만 아니라, 계절에 따라 농업 노동이 좌우되었고, 많은 휴일 덕분에 연간으로는 더 적게 일했다. 이는 고대 그리스와 로마도 마찬가지였다. 자본주의로의 전환에서 시간 개념 자체가 변했는데, 시간이 경제적 가치를 띠면서 매우 모호하고 느슨했던 시간 감각이 점점 더 세밀하게 나뉘었다. 노동의 리듬은 자연보다는 시계 기록에 따라 정해졌다.[182] 미국에서는 지난 몇십 년 동안 노동 시간이 꾸준히 증가했다.

전략적 젠더 이해관계

앞서 언급한 중요한 한계에도 불구하고, 나는 두 가지 이유에서 자본주의가 대부분의 여성에게 자본주의 이전 사회보다 더 낫다고 본다. 이는 전략적 젠더 이해관계 및 실질적 젠더 이해관계 모두와 관련 있다. 첫 번째 이유는 가부장제(즉, 아버지 중심 사회)와 관련 있고, 두 번째 이유는 산업화와 관련 있다. 가부장적 거래는 어떤 형태로 변형되더라도 여전히 가부장적이며, 여성이 그 안에서 어느 정도 협상의 여지를 가진다 하더라도 본질은 변하지 않는다. 대부분의 자본주의 이전 사회에서는 가족 중 아버지가 그의 지위로 인해 권력을 가졌으며, 자본주의 사회로 넘어가면서 그 권력은 점차 줄어들었다. 또한 그가 권력을 공유할 때는 대개 혈족 내 다른 남성들과 나누었다. 자본주의 이전의 가장 널리 퍼진 체제인 봉건 사회에서 농민 가구는 하나의 노동 단위였고, 따라서 가장이 그 노동 단위의 책임자, 즉 사실상 감독 역할을 했다. 남성들은 군사력을 독점했으며, 이를 통해 사회 전반에서 큰 권력을 행사할 수 있었다. 반면, 1950년대의 전형인 생계를 책임지는 아버지와 가정주부인 어머니의 구조는 가부장적 거래라 할 수 있지만, 그러한 가족에서 가장의 권력이 사회 전반의 권력으로 연결되지는 않았다. 가족 내에서 이루어지는 노동은 그들의 즉각적 필요에 따른 것이었고, 자본주의 사회의 지배적 생산 형태와는 명확히 구분되었다. 가장들이 가정 밖에서 가졌던 권력은 그들이 아버지였기 때문이 아니라, 대부분 백인 중산층 남성이었기 때문이다. 따라서 자본주의 이전 사회의 아버지들에 비해, 생계를 책임진 자본주의 사회의 가장들은 가족 **내에서도** 총체적 권력이 더 적었다. 따라서 생계를 책임지는 아버지와 전업주부 어머니의 가족 구조가 가부장적이라 할 수 있지만, 자본주의 체제 내에 존재하는 만큼 남녀의 사회적 역할에 대해 전반적으로 동일한 중요성을 지니지는 않는다. 게다가 이러한 가족 구조가 전성기를 누렸을 때도 1인 생계부양자 모델을 규범으로 제시했으나, 결코 보편적인 형태는 아니었다. 가족 형태는 계층과 인종에 따라 다양했다. 나는 그런 가족에서 자라지 않았고, 내 친구들 대부분도 마찬가지였는데, 우리 어머니들은 아버지가 가정에 있든 없든 일을 해야 했기 때문이다. 역사학자 테마 카플란(Temma Kaplan)은 수 세기 동안 여성들이 자신의 자녀와 다른 사람들의 자녀를 함께 키우는 것이 "자본주의하에서 빈곤의 가족 구조"[183]였다고 설명한다. 오늘날 아버지가 일하고 어머니가 집에 있는 가정은 미국 가족의 아주 소수에 불과하다.

어떤 특정한 가족 형태도 자본주의 운영에 필수적이지 않다는 사실은 자본주의가 여성들에게 더 나은 경향을 보이는 첫 번째 이유를 보여준다(물론 빈곤층 여성에게는 **어떤** 형태의 가족에 대한 지원 부족이 매우 심각한 영향을 미칠 수 있는데, 이는 나중에 논의할 것이다). 자본가들은 대부분 남성이며 대개 아버지이지만, 그들이 권력을 행사하는 이유는 **아버지로서**가 아니라 **생산 수단의 소유자로서다.** 따라서 여성들과 필연적인 관계를 가지지 않는다. 실제로 자본가는 여성일 수도 있고, 정치 지도자도 여성일 수 있다. 자본주의는 가부장제가 아닌, 앞서 설명한 것처럼 다른 형태의 계층 체제로, 생산 수단의 소유라는 다른 형태의 권력에 기반을 둔다. 이론적으로는 여성의 종속을 반드시 요구하지 않는다. 자본주의의 기본 '규칙' 또는 '작동 법칙'은 이윤 극대화다. 이것이 자본주의에서 생산의 목표다. 이에 따라 무엇을 생산하고, 어떻게 생산하며, 어디서 생산할지 결정한다. 원칙적으로 자본주의는 '젠더 중립적'이다. 따라서 누가 이윤을 창출하든, 누가 그 이윤을 가져가든 상관하지 않는다.[184] 이런 점 때문에 자본주의가 여성에게 유리하다고 종종 언급되지만, 이는 분명 양날의 검이라는 점을 뒤에서 살펴볼 것이다.

더 나아가 자본주의가 원칙적으로 젠더 중립적일지라도, 여성의 종속은 때때로 자본주의와 남성에게 유리할 수 있다. 예를 들어, 여성들은 더 낮은 임금을 받을 수 있고, 사회적으로 필요한 대부분의 돌봄 노동을 무급으로 수행한다. (비슷하게 자본주의는 원칙적으로 인종 중립적이지만, 인종차별은 자본주의에 매우 유리하게 작용해왔다. 그러나 성차별과 인종차별이 자본주의와 맺는 관계는 동일하지 않으므로, 이 논의를 더 복잡하게 만들지는 않겠다.[185]) 마르크스주의자, 사회주의자, 그리고 급진적 페미니스트는 자본주의 내에서 젠더 중립을 통한 이윤 극대화와 여성 종속을 통한 이윤 극대화라는 두 상충하는 이해관계가 어떻게 연관되는지, 그리고 이 두 경향이 서로 다른 역사적 시기와 장소에서 어떻게 작용했는지 논의해왔다.[186] 그럼에도 자본주의가 발전하면서 전반적으로, 시간이 지남에 따라, 엄격한 성별 역할 구분이 점차 완화됨을 분명히 알 수 있다. 몰리뉴의 관점에서 보면, 여성의 **전략적** 젠더 이해관계는 자본주의하에서 전반적으로 진전되어왔다. 그러나 이는 보편적인 사실이 아니다. 예를 들어, 충분히 발전한 자본주의 국가인 칠레와 아일랜드에는 어떤 경우라도 낙태를 금지하는 법이 있다. 미국에서는 여성이 낙태할 권리를 가지고 있지만, 미국은 유엔 여성차별철폐협약(CEDAW)을 비준하지 않은 유일한 선진국이다. 따라서 자본주의가 여성의 전략적 젠더 이해관계를 증진하는 경향이 있다 해도, 이를 보장하는 것은 아니며 자동으로 이루어지지도 않는다. 자본주의가 경제적 이익을 우선시하는 한, 자본가들은 여성의 전략적 젠더 이해관계를 부인할 수 있다. 또한 자본주의 내에서 젠더 평등이 완전히 이루어질지, 아니면 체제 내에서 일부 젠더 불평등이 불가피한 것인지 여부는 여전히 미지수다.

실질적 젠더 이해관계

실질적 젠더 이해관계 측면에서 여성이 자본주의하에서 더 나은 상황에 놓이는지는 복잡한 문제이며, 우리가 어떤 여성에 대해 이야기하는지, 그리고 무엇과 비교하는지에 따라 크게 달라진다. 실질적 젠더 이해관계가 자본주의하에서 진전된 이유가 있다면, 그것은 자본주의의 엄청난 생산성 때문이다. 자본주의는 기술 개발 필요성에 의해 시간당 생산량을 증가시키며, 이로 인해 노동 시간을 줄일 **잠재력**을 제공하지만, 실제로 항상 그렇게 되지는 않는다. 하지만 자본주의는 분명히 더 많은 소비재를 제공하고 과학적 발견을 촉진하는 역할을 한다(물론 여기에 한계가 있다는 점은 나중에 논의할 것이다). 특히 20세기 동안 건강 분야에서 이루어진 엄청난 발전으로 전 세계에서 사망률이 급감했는데, 이는 모든 사람에게, 하지만 특별히 출산과 육아를 책임지는 여성에게 엄청난 해방감을 주었다. 그러나 이러한 이점은 자본주의 자체보다는 **개발**, 특히 산업화 덕분이므로 자본주의를 위한 결정적 논거는 되지 않는다. 따라서 자본주의가 여성에게 좋은가에 대한 질문을 더 깊이 탐구하기 위해, 비교 대상을 자본주의 이전 사회에서 다른 비자본주의 사회로 바꿔보자.

사회주의 사회와의 비교

실현되지 않은 사회 형태를 제외하고, 자본주의와 다르게 발달한 사회들도 있다. 소련, 동유럽, 중국 등 이른바 사회주의 사회들이다.[187] 여성의 이해관계와 관련해 자본주의는 이들 사회와 어떻게 비교되는가? 1917년 러시아 혁명 직후, 여성에게는 법적·물질적으로 매우 놀라운 진전이 있었다. 정부는 결혼·이혼·낙태의 자유를 보장하고, 동성애와 서자를 차별하는 법을 폐지했다. 이런 개혁은 여성의 전략적 젠더 이해관계를 당시 세계 어느 곳에서도 찾아볼 수 없을 만큼 크게 진전시켰다. 이 변화가 얼마나 놀라운 것인지 이해하려면, 거의 100년이 지난 지금도 이러한 권리들이 선진국에서조차 다 일반화되지 않았다는 사실을 고려해야 한다. 그 시기 러시아가 개발도상국이었음을 감안하면 더욱 그렇다. 러시아에서 공공 식당·세탁소·보육시설은 빈곤하고 전쟁으로 황폐해진 상황에서 여성의 실질적 젠더 이해관계를 해결하는 데 기여했다. 제1차 세계대전이 끝날 무렵, 여성운동은 볼셰비키에게 공장에서 일하던 여성들과 전쟁에서 돌아온 병사들 사이에 일자리 분할을 강력하게 요구하기도 했다. 그러나 러시아 혁명은 매우 빠르게 퇴보했다. 실제로 1920년대에는 스탈린 치하에서 관료적 전체주의로 근본적인 변화를 겪었다. 독립적인 정치 운동은 물론, 여성운동도 허용되지 않았다. 이와 유사한 체제가 제2차 세계대전 이후 소련 지배하의 동유럽 전역에 세워졌고, 중국 혁명 이후에는 마오쩌둥의 지도하에 중국에도 수립되었다. 이들 국가의 여성 정책은 각국의 국가 이익에 따라 다소 차이가 있었지만, 대체로 여성의 전략적 젠더 이해관계와 실질적 젠더 이해관계가 어느 정도 충족된 것은 사실이다. 물론 여성이 해방되었다는 주장은 사실이 아니지만, 전체주의 체제였기에 이는 남성도 마찬가지였다. 이전 사회의 성차별은 여전히 깊이 뿌리내리고 있었다. 그럼에도 이전과 비교하거나 이 사회들의 남성과 비교했을 때, 여성은 상대적으로 좋은 위치에 있었다. 특히 중국처럼 혁명 전에는 여성이 사실상 노예와 같았던 일부 국가에서는 여성의 삶이 특히 극적으로 개선되었다. 그 이유는 **자본가들처럼** 이 사회의 지배 관료층 역시 여성의 종속에 아무런 이해관계가 없었기 때문이다. 오히려 **자본가들과는** 달리 이들은 여성의 종속을 없애는 데는 분명한 이해관계가 있었다. 그들은 특정 기업이 아닌 사회 전체를 '소유'했기에, 사회 전체의 생산성을 극대화해야 했고, 이를 위해 모든 사람을 최대한 생산에 투입할 필요가 있었다. 따라서 결혼과 이혼의 자유, 낙태, 평등한 교육, 보육, 의료 서비스 같은 사회적 지원을 도입해 여성이 남성과 동등한 조건에서 생산과 사회에 참여할 수 있게 했다.[188] 그러나 여성의 이익은 국가의 이익과 일치할 때만 충족될 수 있었기 때문에, 이는 불안정한 것이었다. 예를 들어, 루마니아에서는 출생률을 높이기 위해 강력한 낙태 금지법을 시행했다.[189]

자본주의로의 전환이 미친 영향

이러한 사회주의 사회는 오늘날 대부분 자본주의로 전환하는 다양한 단계에 있다. 집단 소유 재산이 사유화되었고, 이는 본질적으로 사회 구성원들에게서 재산을 빼앗은 것이며, 사회적 지원 체계도 해체되었다. 다시 우리는 원시적 축적 과정을 보게 된다.[190] 유엔아동기금 보고서는 여성의 지위가 "실업 증가, 학대, 악화하는 사회 서비스로 인해 …… 급격히 추락"했다고 결론내렸다. 전반적인 복지와 관련해 특히 중요한 것은 보고서에 기록된 국가 중 3분의 1에서 여성의 기대수명이 감소했다는 점이다.[191] 전략적 젠더 이해관계의 경우 국가마다 차이가 있지만, 전체적으로는 후퇴하는 경향을 보인다. 정치적 영향력 측면에서는 정부 내 여성 비율이 약 3분의 1 감소했다. 구소련 전역에서 수많은 젊은 여성이 성 노동을 위해 이주했으며, 그중 일부는 인신매매 피해자이고, 일부는 더 나은 삶을 기대하며 스스로 선택한 경우다. 폴란드에서는 강력한 가톨릭교회의 영향으로 인해 여성의 낙태권이 위협받고 있다. 러시아와 중국에서는 법적으로 보호된 개인의 권리나 여성운동의 역사가 없기 때문에 시장경제로의 전환은 고용에서 성별, 연령, 그리고 '외모'에 따른 차별을 가져왔다. 고용주는 원하는 누구든 고용할 수 있고, 원하는 서비스에 대해 자유롭게 계약할 수 있기 때문이다. 고용주에게는 시장 자유지만, 노동자에게는 제약이다. 이들 사회가 전환기에 있기 때문에 상황이 어떻게 전개될지 예측하기는 어렵다. 새롭게 떠오르는 풀뿌리 운동이 과거에 누렸던 전략적 젠더 이해관계를 되찾는 데 성공할 가능성도 있지만, 현재의 정치적·경제적 조건에서는 매우 힘든 싸움이 될 것이다. 지금으로서는 집단 재산의 사유화 덕분에 일부 여성이 이전에는 상상하지 못했던 자유와 물질적 혜택을 누리고 있지만, 대다수 여성은 같은 사유화로 인해 더 나빠진 상황에 처해 있는 것이 분명하다. 자본주의로의 전환이 여성 대다수의 지위를 악화시켰다는 점은, 세계 여러 자본주의 국가에서 여성이 무엇을 성취하고 성취하지 못했는지 더 면밀히 살펴보면 그리 놀랄 일이 아니다.

이윤과 손실: 착취공장과 그보다 더 심각한 문제들

앞서 논의한 바와 같이, 자본주의가 발전하면서 **여성의 전략적 젠더 이해관계**가 진전되는 경향이 있었지만, 모든 면에서 항상 그렇지는 않았다. 여성의 **실질적 젠더 이해관계**와 관련된 상황은 더 복잡하며, 우리가 어느 여성 집단에 초점을 맞추느냐에 따라 달라진다. 전 세계 많은 나라, 중국처럼 소련식 경제 체제였던 국가들이나 신흥 산업국들에서 자본주의 발전은 주로 착취공장(sweatshop) 형태로 나타났다.[192] 초기 유럽 자본주의 시기와 달리, 이러한 공장에서 일하는 노동자 다수가 여성이라는 사실이 눈에 띈다. 많은 옷이 비참한 환경에서 생산된다는 사실이 알려지면서, 미국 대학 캠퍼스와 전 세계에서 반(反)착취공장 운동이 일어났고〔예를 들면, 캐시 리 기퍼드(Kathie Lee Gifford) 사건과 반(反)나이키 운동〕, 이는 글로벌 정의 운동에도 불을 지폈다.

그런데도 일부 페미니스트를 포함한 많은 논평가는 반착취공장 운동이 잘못된 방향으로 가고 있다고 주장해왔다. 〈뉴욕 타임스〉의 니콜라스 크리스토프(Nicholas Kristof)는 "억울하게 비난받는 착취공장을 옹호하며"[193]라는 칼럼을 썼다. 기본적으로 착취공장을 옹호하고, 미국 반착취공장대학생연합(USAS)이 주장하는 적절한 노동 기준을 위한 투쟁에 반대하는 네 가지 논거를 제시했다. 이 논거들은 열악한 조건에도 불구하고 착취공장이 실상 노동자들에게 이롭다고 강조한다.

첫 번째 논거는 비판자들이 주장하는 만큼 그 여건이 나쁘지 않으며, 특히 착취공장이 존재하는 국가들의 생활 수준과 생계비와 비교할 때 그렇다는 것이다. 이러한 옹호는 단순히 신뢰할 수 없다. 수많은 독립 연구는 1980년대 이후 특히 의류 산업 분야에서 치열한 경쟁 탓에 여건이 **나빠졌**으며, 이로 인해 이른바 '하향 경쟁'을 초래했다고 밝혔다.[194] 국제노동기구(ILO)는 많은 경우 이러한 노동 조건이 사실상 고용하인 제도와 유사하다고 설명했다. 우리는 모두 1911년 3월 25일 뉴욕에서 발생한 트라이앵글 셔츠 공장 화재를 알고 있지만, 1992년 중국에서만 2500명의 여성이 공장 화재로 사망했다는 사실은 얼마나 알고 있는가?[195] 최근의 경제 침체는 축소되는 시장 점유율을 지키기 위한 경쟁이 더 치열해지면서 이러한 문제를 더욱 악화시킬 가능성이 높다.

착취공장을 옹호하는 두 번째 논거는 착취, 심지어 극심한 착취조차 일이 없어 착취당하지 **않는** 것보다는 낫다는 주장이다. 개발도상국 사람들은 착취공장이 들어서기 전에 더 나쁜 상황에 처해 있었으며, 비판자들이 여건을 개선하려 너무 강경하게 싸우면 기업들은 공장을 폐쇄하고 더 자유롭게 운영할 수 있는 다른 나라로 이전할 것이고, 그러면 노동자들만 일자리 없이 남겨지리라는 것이다. 크리스토프는 "쓰레기산에서 사는 사람들에게 노동 기준은 오히려 유해할 수 있다"고 언급하지만, 그가 다루지 않는 부분은 이들이 어떻게 쓰레기산에서 살게 되었는가 하는 문제다. 이는 자본주의 이전 사회에서의 생활이 전반적으로 더 나빴는지에 대한 질문으로 되돌아가게 한다. 앞서 언급했듯이, 이 문제는 상황에 따라 다르다. 천연자원이 풍부한 지역에서 자급자족 농민들의 삶은 제한적이기는 해도, 물질적으로 충분하고 안정적일 수 있다. 그곳에 쓰레기산은 존재하지 않는다. 그러나 자본주의의 도입은 농민의 생계 수단을 빼앗았고, 농장은 대개 강제로 수탈되어 수출 농장으로 통합되었다. 이로 인해 생존이 어려워진 수백만 명은 농촌에서 도시로 유입되거나, 쓰레기산에서 살아가거나, 해외로 이주할 수밖에 없었다. 도시로 유입되는 인구가 증가하면 실업률, 빈곤, 절망감이 높아진다. **일단 이 과정이 발생하면**, 사람들은 벼랑 끝으로 내몰린다. 착취공장 일자리는 사실상 다른 대안이 굶주림일 때 더 나은 선택이 되는 것이다. 때때로 노동자들은 고용주가 부과하려는 조건이 무엇이건 선택의 여지 없이 거기에 동의할 수밖에 없다. 하지만 노동 기준을 통해 여건을 개선하려는 시도조차 하지 않는 것은 하향 경쟁 논리를 받아들이는 것이다.

때로는 극심한 착취 조건을 받아들이는 것이 다른 대안보다는 낫기 때문에 최선의 전략적 선택처럼 보일지 몰라도, 이는 자본주의를 지지하는 논거가 되기 어렵다. 오히려 **자기 의지를 강요하는 자본가의 엄청난 힘을 보여주는 증거다**. 만약 노동자들이 착취공장의 조건을 받아들이기로 결정한다면, 이는 자본주의 구조가 강요하는 다수의 나쁜 선택지 중 최선의 선택일 뿐이다. 이는 여성이 더 나은 대안이 없기 때문에 비가부장적 거래보다 나쁘지만 가부장적 거래를 선택하는 것과 마찬가지다. 이것은 우리가 앞에서 언급한 '강제 제안'이다. 여성이 이 선택으로 (주어진 대안과 비교할 때) 이익을 얻는다 해도 이를 도덕적으로 옳다고 할 수는 없다. 자본가들은 (자본주의가 종종 초래한) 절박한 상황을 이용해 훨씬 더 큰 이익을 취한다.[196] 자본주의의 끝없는 최대 이윤 추구는 장기적투자를 통한 번영 증진보다 착취공장에 자본을 투입하게 만든다. 만약세계 자본주의 경제에서 개발도상국이 성장할 수 있는 유일한 길이 극도로 열악한 노동 환경에서 빈곤 이하의 임금을 지급하는 공장들뿐이라면, 이는 세계 자본주의를 옹호할 근거가 아니라 오히려 이를 비판해야 할 이유로 받아들여야 한다.

사실 발전된 자본주의 내에서의 개혁 투쟁과 관련해 매우 어려운 실질적·전략적 질문들이 존재한다. 미국 노동자들은 자신들이 어렵게 쟁취한 혜택을 포기해야 하는 위협에 어떻게 대응해야 할까? 아니면 이들은 굶주림보다는 착취공장을 선호하는 세계 곳곳의 사람들에게 일자리를 뺏길 수 있다는 위협에 어떻게 대응해야 할까? 그들이 맞서고 있는 다국적 기업들의 힘을 고려할 때 쉬운 답은 없다. 기업들은 이러한위기를 이용해 경제적으로 필요하지 않은 상황에서도 노동자들의 양보를 강요할 수 있다. (이러한 행동 때문에 일부 논평가는 다국적 기업을 마피아에 견주었다.) 자동차 산업이 적절한 사례다. 캐나다 자동차 노동조합을 대변하는 한 경제학자가 설명했듯이, 전 세계적으로 자동차 산업이 어려움을 겪고 있지만, 임금 인하를 요구받는 곳은 미국과 캐나다뿐이다. 두나라에서는 "직접 노동이 자동차 생산 총비용의 7퍼센트 미만을 차지"한다. "궁극적으로 이는 경제가 아니라 정치에 관한 문제다."[197] 크라이슬러(Chrysler)의 파산 선언은 노동조합 계약을 파기하고 자동차 노동자들이 임금과 혜택을 낮추라는 강요로 이어졌다. 또 다른 예는 가장 세계화된 산업 중 하나인 의류 산업이다. 이 산업에서는 월마트(Wal-Mart)같은 기업들이 시장을 지배하며, 이들은 시장의 힘을 이용해 생산자들에게 점점 더 저렴한 가격을 요구한다. 그러면 생산자들은 자신의 노동자들을 더욱 압박한다. 또한 부유한 국가들은 빈곤한 생산 국가들에게 자국 기업에는 적용되지 않는 규칙, 예를 들어 기업에 대한 보조금 금지 같은 규제를 부과한다. 이러한 규칙은 자국 산업이 처음 발전하던 시기에는 적용되지 않았다. 또한 국제 금융기관의 역할도 중요한데, 이런 기관은 포식성 대부업자처럼 가혹한 규칙과 지나치게 높은 이자율을 강요해 대출받은 국가들이 오래도록 채무에 시달리게 만든다. 현재 세계은행의 추정에 따르면, 개발도상국은 지원금 1달러를 받기 위해 13달러를 지불하는데, 이는 식민지 시대의 '거래' 관계와 매우 유사하다. 다시 말해 이는 본질적으로 세계 최대 기업들과 최고 부자 나라들을 위한 게임이다.[198] '아시아 최저임금' 같은 지역 및 국제 노동 기준을 위해 싸우는 것은 권력 균형을 변화시키기 위한 작은 한 걸음이며, 이는 선진국과 개발도상국 모두의 노동자들 이익에 부합한다. 어려운 싸움이겠지만, 모든 페미니스트가 지지해야 할 싸움이다.

착취공장을 옹호하는 세 번째 논거는 특히 여성에 초점을 맞추고 있다. 여성은 놀랍게도 개발도상국 저임금 노동자의 80퍼센트를 차지한다.[199] 일부 페미니스트는 착취공장을 지지하거나 애매한 입장을 취하는데, 이는 착취공장이 여성들을 가부장적 가족 구조에서 해방시키고 개인적 역량 강화를 가져온다고 믿기 때문이다.[200] 이 주장은 나중에 논의할 여성의 국제 이주 급증과도 관련 있다. 여성들이 가정 밖에서 일할 자유가 증가하면 그들의 자유와 복지도 향상된다는 것은 잘 알려져 있지만, 착취공장에서의 일자리가 이에 대해 어떤 의미인지는 명확하지 않다. 다시 말해, 이는 우리가 주목하는 장소와 시간, 그리고 여성의 삶의 양상에 따라 달라진다. 착취공장의 여성 노동자들을 수동적인 피해자로 여겨서는 안 된다. 때때로 그 일은 농촌 빈곤에서 탈출하는 수단이 되기도 하고, 가족 내에서 더 큰 협상력을 제공하며, 여러 면에서 삶을 개선하기도 한다. 하지만 가부장적 가족 구조가 전체주의적 노동 조건으로 대체되고, 이러한 조건을 전체주의적이고 부패한 정부가 뒷받침할 경우, 이 전환이 여성들에게 얼마나 많은 권한을 부여하는지는 분명하지 않다. 그들의 공장이 노동법을 회피하고 외국 기업을 유치하기 위해 설계된 특별 수출 구역에 위치할 경우, 여성들이 노동 경험을 통해 권한을 얻을 가능성은 더욱 낮아진다. 이러한 구역의 특징 중 하나는 결사의 자유나 단체를 조직할 권리가 없다는 점이다. 그러한 권리가 없으면, 여성은 가족 내에서 **남성에 비해 개인적으로 더 권한을 갖게** 되더라도, **실제 권력은 거의 없는** 셈이다.[201] 게다가 유급 고용은 생계를 유지할 만한 임금이어야만 여성의 자율성을 높이는 반면, 신흥 산업국에서 여성 공장 노동자들은 가족을 부양할 만큼 충분한 임금을 받는 경우가 드물다.[202] 그들의 일자리는 빈곤에서 벗어나는 수단이 되지 않으며, 실제로 노동 조건이 너무 열악해 삶이 단축되기도 하고, 전자제품 공장 노동자들처럼 아프거나 거의 실명한 상태로 고향으로 돌아가야 하는 경우도 있다.[203] 한편, 선진국 착취공장의 이주 노동자들은 자녀들이 더 나은 미래를 가질 수 있다는 어느 정도의 희망을 품을 수 있는 반면, 가난한 나라에서는 그런 희망조차 가질 수 없다. 그러므로 나는 지지자들이 강조하는 최상의 시나리오에서도 자본주의가 여성의 권한 강화를 위한 유일한 수단이 아니며, 종종 엄청난 대가를 치러야 한다고 말하고 싶다.

착취공장을 옹호하는 네 번째 논거는 '미래는 더 밝을 것'이라는 입장으로 요약할 수 있으며, 이전의 두 가지 논거도 이러한 입장을 암묵적으로 내포한다. 이 주장은 오늘날 많은 노동자가 처한 상황이 정말 나쁘다는 것을 인정하면서도, 잉글랜드 맨체스터나 미국 매사추세츠의 로웰 지역을 근거로 여성들이 심각하게 착취당했던 자본주의 초기 시절에 비해 오늘날 우리가 얼마나 더 나아졌는지 강조한다. 초기 자본주의 발전 단계에서 열악한 조건은 불가피하며, 시간이 지나면 크게 개선된다는 것이다. 이 주장은 자본주의 발전이 오직 상승 방향으로만 진행된다는 가정에 기반하며, 시간이 지나면 모든 자본주의 국가가 스웨덴처럼 될 것이라고 기대한다. 논리적으로는 가능하고 아주 바람직하지만, 이 시나리오는 매우 불확실하다. 이른바 '로웰 모델(Lowell model)'은 현재의 착취공장과는 상당히 다르다. 당시 조건이 나쁘기는 했지만 현재보다 그렇게 열악하지 않았으며,[204] 더 중요하게는 경제적 맥락이 달랐다. 로웰에서 일하는 젊은 여성들의 임금은 자본 집약적 산업에서 더 높은 임금을 받는 아버지와 남편의 임금을 보충하는 역할을 했다. 대조적으로, 오늘날의 신흥 산업국가들에서는 저임금 여성 노동자가 전체 노동력의 대다수를 차지한다. 이들과 함께 사는 남성들은 고임금 일자리에 종사하지 않거나 종종 아예 무직이다. 지배적인 산업은 자본 집약적이지 않은 저임금 조립 공장이다. 이러한 노동 분업은 덜 가부장적이라 여길 수 있지만, 전반적으로 노동자들의 조건은 로웰 같은 곳에서의 상황보다 오히려 더 나쁘다고 주장할 수 있다. 과거 유럽이나 미국 자본주의 초기 단계가 오늘날의 신자본주의 국가들의 상황과 상당히 다르기 때문에 앞으로 신흥 개발국의 미래는 선진국의 지금과는 다를 것이다. 특히 신흥 개발국들은 부유한 국가들과 달리 자국 내 산업 발전을 위한 정부 보조금을 지원할 수 없도록 하는 무역협정과 WTO 규칙을 수용해야 한다.[205] 우리는 글로벌 의류 산업의 지극히 불평등한 권력 관계의 결과를 다음 사실에서 살펴볼 수 있다.

방글라데시는 지난 30년 동안 의류 산업을 발전시키는 데 성공했지만 생활 수준을 크게 높이지 못했으며, 의류 노동자 임금은 여전히 세계에서 가장 낮다. 실제로 방글라데시의 의류 노동자 임금은 1994년부터 2006년 사이에 감소했으며, 이는 산업이 엄청나게 성장했는데도 발생한 현상이다. 공급망 구조는 방글라데시에 기반을 둔 기업과 노동자들을 지속적으로 억압하고 있다.

유럽이 아프리카를 어떻게 후진화했는지 월터 로드니(Walter Rodney)가 보여준 것처럼, 이 연구의 저자들은 현재의 체제가 "의류 생산국을 후진화하고 있으며, 이는 의류 노동자들에게 심각한 결과를 초래한다"는 결론을 내렸다.[206]

또한 자본주의가 발전하는 과정은 반드시 상승 방향으로만 나아가는 것이 아니다. 일정하게 유지되거나 하락할 수도 있으며, 상승 후 다시 하락할 수도 있다. 미국에서 의류 노동자들은 착취공장 조건을 끝내기 위해 오랜 시간 동안 힘겹게 싸웠다. 1933년 미국 노동부 장관 프랜시스 퍼킨스(Frances Perkins)는 "진열창의 빨간 실크 드레스는 위험 신호다. 이는 착취공장의 귀환을 경고하며, 우리가 문명화된 산업 질서를 향한 오랜 시간 힘든 진전을 통해 얻은 성과를 강화하라는 도전이다"[207]라고 말했다. 그러나 75년이 넘는 시간이 지난 지금, 그녀의 경고는 여전히 유효하다. 착취공장이 다시 나타났고, 실제로 뉴욕시의 의류 업체 중 75퍼센트가 착취공장으로 추정된다.[208] 따라서 착취공장을 옹호하는 사람들이 지역의 임금 기준과 생활비에 비해 임금이 나쁘지 않다고 주장할 때, 그들은 뉴욕시를 계산에 포함해야 한다! 소매 산업 또한 많은 여성이 일하는 분야로, 임금과 노동 조건이 악화되었다. 노동조합이 있는 메이시스(Macy's) 같은 백화점들은 쇠퇴하고 있으며, 현재 미국 최대 고용주는 노조 없는 월마트로 대체되었다. 제너럴모터스(GM)는 한때 미국 최대 고용주였으며, 당시 미국 일자리의 6분의 1이 자동차 산업과 연결되어 있었다. 하지만 내가 이 프로젝트를 시작했을 때 미국 자동차 산업은 심각한 어려움에 처했고, 현재는 몇몇 블랙유머 작가의 표현대로 '생명 유지 장치'에 의존하고 있다. 편안한 생활 수준을 누리던 수백만 명의 여성(및 남성) 노동자가 자본주의 발전으로 인해 그 생활 수준을 잃었고 퇴직연금도 잃을 위험에 처해 있다.[209] 이는 세계 역사상 가장 부유한 국가에서 벌어지는 일이다. 우리는 뒤이어 전 세계 상황을 살펴볼 것이다. 간략히 말하자면, 개발도상국 노동자들이 처한 조건이 일반적으로 더 열악하지만, 상대적으로 가난한 미국인들이 개발도상국의 빈민들보다 낫다는 전제를 가져서는 안 된다. 실제로, 아프리카계 미국인 여성과 남성 모두의 기대수명은 인도의 케랄라 지역이나 몇몇 다른 가난한 나라 사람들보다 짧다.[210]

경쟁 시장의 제약

과연 자본주의 내에서 이러한 경향을 되돌릴 수 있을까? 자본가들이 직원들에게 더 나은 다양한 선택을 하도록 설득할 수 있을까? 앞서 자본주의에서의 자유에 대해 논의할 때, 나는 자본주의 사회에 사는 대다수를 위한 자유에 초점을 맞추었지만, 자본가들은 과연 얼마나 자유로운지 묻는 것도 가치가 있다. 확실히 그들은 자본주의 사회의 대다수보다 더 많은 자유를 누린다. 우리는 부자들이 개인 생활에서 얼마나 더 많은 자유를 가지는지 보았고, 자본가들은 분명 부유한 편이며, 생산수단의 소유자들이 비소유자들보다 경제적·정치적 결정을 내릴 수 있는 자유가 얼마나 더 큰지도 알 수 있다. 하지만 그들의 자유 역시 시장 체제의 특성에 의해 엄격히 제한된다. 자본가로서 행동하는 개인은 이익을 극대화할 수 있다고 판단되는 결정을 내려야 한다. 쇠퇴하는 미국 자동차 산업에 대한 최근 보고서는 "시장 점유율 축소로 인해 GM, 크라이슬러, 포드는 최근 몇 년간 12개 이상의 조립 공장을 폐쇄하고 수만 명의 노동자를 감축**해야만** 했다"(인용자 강조)고 언급한다.[211] 물론 그들은 선택권이 있었고 결정을 내렸지만, 개인 자본가가 이익 극대화를 직원 복지, 지구의 건강, 또는 순수한 개인 취향 같은 다른 목표보다 부차적으로 둔다면, 그의 주주들은 항의하며 그 회사 주식을 팔 것이다. 실제로 그러한 행동은 자본가가 주주에게 가지는 신탁 의무, 즉 이익을 최우선으로 추구해야 한다는 의무를 위반하는 것이기에 불법이다. 주주가 없는 기업은 법적으로 원하는 대로 행동할 수 있지만, 이런 기업도 같은 체제에 얽혀 있다. 경쟁에서 이기려면 가장 낮은 비용을 지불해야만 한다고 믿는 다른 기업들과 경쟁해야 하는 것이다. 그리고 이런 믿음은 대체로 옳다. 법은 개인 기업들이 최저임금 노동자나 심지어 노예 노동자를 찾기 위한 경쟁 압박을 받지 않도록 **모든 것**을 제한하는 데 필수적이다. 특히 다국적 기업들이 존재하기 때문에 이러한 법은 국제법이어야 한다. 따라서 모든 국가에서 생활임금을 보장하는 국제 노동 기준을 위해 싸우는 것은 매우 중요하다. 그러나 법만으로는 충분하지 않다. 노예 노동을 금지하는 법이 있는데도 여전히 근절되지 않는 사례가 존재한다는 점은 나중에 다룰 것이다. 법을 제대로 집행해야 하며, 경쟁 압박은 부패를 초래한다. 결국 자본주의 구조는 자본가들이 "옳은 일을 하기" 어렵게 만드는 체제다.[212]

다양한 맥락 속에서 변화한 젠더 역할

자본주의가 여성에게 어떤 영향을 미치는지로 되돌아가면, 앞서 이야기한 여성 노동자들이 입은 손실을 다른 여성 노동자들의 이익으로 상쇄할 수 있을까? 이 어두운 상황은 대체로 여성들이 예전보다 더 나아진 사회적·경제적 변화의 일부일 뿐인가? 물론 어느 정도는 그렇다. 선진국 여성들은 과거에 상상하기 어려웠던 위치에서 의사, 변호사, 교수, 기업 임원, 정치인 등으로 활동하고 있다. 그렇다면 지난 50년간 변화한 성 역할을 어떻게 이해하고 평가해야 할까? 일부 여성이 손실을 겪었지만, **전체적으로** 여성이 더 많은 것을 얻었는가? 그렇다면 무엇을 얻었는가?

미국을 중심으로 살펴보면, 여성운동은 여성들이 성과를 이루는 데 결정적인 역할을 했다. 이 성과는 자본주의의 발전과 함께 자동으로 이루어진 것이 아니라 싸워서 쟁취한 것이다. 이는 페미니스트들이 모두 기념하는 긍정적 측면이다. 앞서 가부장적 가족─생계를 책임지는 아버지와 전업주부 어머니─의 쇠퇴를 여성 진보를 나타내는 성 역할 변화의 지표로 논의했지만, 모두가 이 변화를 반긴 것은 아니었다(불만을 가진 이들은 가부장적 남성이나 보수적인 여성만이 아니었다). 이 변화에 부정적 측면도 있기 때문이다. **오늘날 많은 남성은 더 이상 가족 전체를 부양할 수 있는, 이른바 가족임금을 벌지 못한다.** 여성이 남성 임금의 77퍼센트를 받게 된 것은 과거 59퍼센트에서 상승한 것이지만, 이는 여성의 성과라기보다 남성 임금이 더 빠르게 하락했기 때문이다.[213] 역사학자 낸시 매클린(Nancy Maclean)은 전후 성 역할 변화에서 여성운동보다 더 중요한 요소로 가족임금의 종말을 꼽는다.[214] 더 많은 가족이 경제를 유지하기 위해 더 많은 가족 구성원을 노동 시장에 투입해야 했다. 1950년대에는 40시간 노동으로 가능했던 가족임금을 유지하려면 이제 80시간의 유급 노동이 필요하다. 40시간 노동제가 도입된 후, 1969년부터 미국에서는 노동 시간이 다시 증가하기 시작해 결국 한 달치의 추가 노동 시간이 발생했다.[215] 여성의 유급 노동은 **같은 계층 남성과 비교할 때** 여성에게 유익해 보이지만, 대다수 가족, 특히 어린 자녀를 둔 여성 노동자의 여건 악화를 반영하는 것이다. 이들의 주당 평균 노동 시간은 보수적으로 추산해도 65시간에 이르기 때문이다.[216] 또한 가족들이 생계를 위해 고군분투하면서 개인 부채도 엄청나게 늘어났다. 오늘날의 경제 위기는 성 역할에 추가적 변화를 가져올 가능성을 보여주지만, 페미니즘 관점에서 보면 긍정적인 소식만은 아니다. 2009년 2월, 미국 역사상 처음으로 여성의 노동 참여율이 남성을 넘어설 가능성이 제기되었으나, 이는 실직자의 82퍼센트가 남성이라는 사실 때문이다. 여성이 주로 갖고 있는 일자리는 혜택이 없는 시간제이거나 저임금이기 때문에, 이는 대부분의 가족에게 매우 부정적인 소식이다.

　미국에서 여성운동 이후의 성과를 살펴보면, 여성이 자본주의하에서 이룩한 큰 성취와 함께 자본주의가 노출하는 한계도 보인다. 본질적으로 여성이 얻은 것은 민주적 권리다. 이제 법적으로 여성은 남성과 동일하게 모든 일을 할 수 있으며, 사설기관에서 여성에게 차별을 가하는 것은 금지된다. 따라서 여성은 남성과 같은 조건에서 계약을 맺고 경쟁할 수 있는 법적 자유를 얻었다. 모든 권리 행사의 근본이 되는 재생산의 자유에 대한 법적 제약도 대부분 철폐되었지만, 이는 여전히 지속적인 투쟁의 대상이다. 또한 여성을 폭력에서 보호하기 위한 노력도 일부 성과가 있었다. 이러한 전략적 젠더 이해관계의 진보와 그에 따른 의식 변화는 여성에게 전에 없던 기회의 자유를 허용했다. 이것은 긍정적인 소식이다.

성별 간 임금 격차는 줄어들었지만, 여전히 세계에서 가장 큰 격차 중 하나다. 특히 대학 졸업자들 사이에서는 그 격차가 오히려 확대되었다.[217] 노동경제학자들은 이러한 현상이 주로 차별로 인해서가 아니라, 미국의 "비교할 수 없을 정도로 커가는 경제적 불평등" 때문이라고 설명한다. 한 논평가는 지난 30년간 미국에서 일어난 상황을 "세계 역사상 가장 큰 규모의 부와 소득 이동"으로 묘사하며, 이는 러시아나 중국 혁명 때보다도 훨씬 더 컸다고 말한다. 1970~2000년, 미국에서 상위 0.01퍼센트의 소득 비율은 평균 소득의 53배에서 306배로 증가했다. 부의 불평등은 소득 격차보다 더 심각한데, 상위 1퍼센트가 전체 부의 45퍼센트를 차지하는 심각한 수치는 1929년 대공황 이후 처음이다.[218] 이 불평등의 결과로 미국인의 전반적인 인간개발지수(HDI)는 크게 하락했다. 미국은 1980년대에 세계 2위였던 HDI 순위가 1990년대 중반에 6위, 2006년에는 15위로 떨어졌다.[219] 그 결과 "미국 여성들은 …… 점점 더 저임금 노동자들에게 불리해지는 노동 시장에서 사실상 역경을 헤쳐나가고 있다."[220] 이러한 사정은 흑인 남녀 모두에게도 비슷하게 적용된다.

사회학자 조해나 브레너가 설명하듯이,[221] 성별 임금 격차의 또 다른 원인은 여성운동이 성별 노동 분업의 가장 중요한 측면을 바꾸지 못했기 때문이다. 즉, 여전히 여성이 가사, 자녀 양육, 노인 및 장애인 돌봄 등 다양한 돌봄 역할을 주로 맡고 있는 것이다. 또한 이러한 역할에 대한 사회적 지원을 확보하는 데도 실패했는데, 이는 여성이 쟁취한 법적·정책적 변화보다 훨씬 더 많은 비용이 들었을 것이다. 미국은 선진 자본주의 국가 중 복지가 가장 덜 발달한 나라로, 그 부담은 개별 여성들에게 전가된다. 이 사실은 오늘날 여성이 노동력의 다수를 차지한 상황에서도 여전히 변함없다. 여성정책연구소(Institute for Women's Policy Research) 소장 겸 수석 경제학자 하이디 하트먼(Heidi Hartmann)은 "지난 20년간 결혼한 남성이 집안일에 조금 더 참여하기는 했지만, 결혼한 여성의 집안일 시간이 줄어든 만큼은 아니다"라고 말한다.[222] 남성은 정도의 차이는 있어도 전통적인 성 역할에서 혜택을 누리며, 자본가 역시 이를 통해 더 적은 임금을 지급할 수 있어 이득을 본다. 많은 가정이 맥도날드 같은 패스트푸드나 레스토랑 음식을 사 먹는 것에 의존한다. 일부 여성은 (다른 여성을 유모나 가사 도우미, 가정 건강 보조원 등으로 고용함으로써) 시간 소모적인 집안일에서 벗어날 수 있지만, 대부분의 여성은 그렇게 할 수 없다.[223] 이로 인해 사회 내 여성들 간의 계층 격차가 커졌고, 전체적으로 부유층과 빈곤층 간 격차도 확대되었다. **유리천장에 관심을 집중하는 동안, 실상 대부분의 여성은 지하실에서 벗어나지 못한다. 그 결과, 모든 인종에서 여성 가장이 이끄는 가구 중 약 3분의 1이 빈곤 상태에 놓여 있다.**[224] 현재 8명 중 1명(어린이 4명 중 1명)이 식비 지원 제도인 푸드스탬프(food stamp)에 의존한다.[225] 경제 위기는 특히 아프리카계 미국인 여성들에게 큰 타격을 입혔다. 그들은 서브프라임 대출과 주택 위기로 인해 심각한 피해를 입었다. 아프리카계 미국인 공동체의 재산 대부분이 주택 자산 형태로 이루어진 점을 고려할 때, 이번 손실은 "(미국 남북전쟁 후) 재건 시대 이후 흑인의 가장 큰 재산 손실"[226]로 평가된다. 모든 경제 계층 사람들이 이전 그 어느 때보다 긴 시간을 일하고 있다.[227] 여성이 우리 사회에서 남성과의 진정한 평등—단지 법적 평등이 아닌—을 이루는 데 필요한 것들은 매우 달성하기 어려운 과제로 드러났다. 최소한 무료 보육, 의료 서비스, 더 높은 임금의 더 짧은 근무 시간 등이 필요하며, 그러려면 상당한 부의 재분배가 필요하다. 그러나 우리는 오히려 뒤로 후퇴하고 있다. 힐러리 클린턴이 지지한 이른바 복지 개혁은 50년 만에 처음으로 여성과 어린이가 필요할 때 지원을 기대할 수 없게 만들었다. 세계 역사상 가장 부유한 나라에서조차 더 많은 사람이 도움을 필요로 하는 상황이다. 조해나 브레너의 설명처럼, 이러한 추세를 되돌리려면 광범위한 사회운동의 부활이 필요할 것이다.

글로벌 관점

부유층과 빈곤층 간의 글로벌 격차는 더욱 벌어졌으며, 그 수준은 거의 이해하기 힘들 정도로 극단적이다. 절대적이든 상대적이든 가난한 나라들은 오늘날 더 가난해졌으며, 1990년대가 경제 호황기였는데도 양극화는 더욱 심해졌다. 세계은행의 최신 자료에 따르면, 개발도상국 인구 중 4분의 1이 하루 1.25달러 이하로 생활하며, 거의 절반은 하루 2달러 이하로 생계를 유지한다.[228] 전 세계 연간 사망자의 3분의 1이 빈곤에서 기인한다. 유엔인권위원회 위원장을 지낸 메리 로빈슨(Mary Robinson)은 2009년 '국제 여성의 날' 인터뷰에서,[229] 빈곤이 특히 여성에게 큰 영향을 미친다고 지적했다. 이 글로벌 양극화의 결과로, 제3세계 중산층은 이제 제1세계 빈곤층보다 소득이 적다. 따라서 부유한 나라로 이주해 가사도우미나 유모로 일하는 여성들은 멕시코나 필리핀의 교사 집안 출신일 수도 있다. 세계화에 대한 일반화된 낙관적 시각과 달리 사스키아 사센(Saskia Sassen)은 새로운 글로벌 경제의 성장이 괜찮은 급여의 전문직 일자리를 창출할 뿐만 아니라, 그 전문직 종사자들의 직장·가정·여가를 뒷받침하는 저임금 일자리, 장래성 없는 그런 일자리도 수없이 만들어냄을 보여주었다.[230] 인도의 자본주의 민주주의에서는 착취공장과 기타 저임금 노동이 세대를 거쳐 지속되며, 오히려 그 규모가 증가하고 있다는 사실을 밝힌 연구도 있다. 인도의 경제 성장에도 불구하고 매년 250만 명의 아동이 사망하며, 저체중 아동 수는 거의 줄어들지 않았고, 예방접종을 완료한 아동 수는 오히려 감소했다.[231] **현재 전 세계적으로 역사상 그 어느 때보다 많은 아동 노동자가 존재한다.** 자본주의 발전이 개발도상국에 사는 많은 사람의 삶을 개선한 반면, 많은 빈곤국은 개발과 막대한 부채, 그리고 국제통화기금(IMF)과 세계은행 같은 국제기구들이 부과한 긴축 정책으로 인해 더욱 빈곤해졌다. 이 긴축 정책은 임금 동결, 사회 서비스 축소, 화폐 가치 절하 등을 포함한다. 이로 인해 경제가 개선되기보다는, 많은 국가가 원금을 여러 번 상환했는데도 오히려 더 빚에 시달렸다.[232] 그 결과 수십억 명이 빈곤에 빠졌으며 (그중 특히 여성 비율이 높다), 대개 유색인종인 가난한 나라의 남녀가 부유한 나라들로 대규모 이주했다. 남성이 떠나거나 가족을 부양할 수 없는 경우 여성은 자기 나라와 가족을 떠나 선진국에서 유모와 청소부, 간병인, 그리고 성 노동자로 일해야만 했다.

역사적으로 여성은 이러한 일자리를 위해 이주해왔지만, 지금과 같은 규모는 유례가 없다. 현재 전 세계 1억 2000만 명의 합법·불법 이주민 중 약 절반이 여성이며, 일부 지역에서는 여성이 대다수를 차지한다.[233] 이를 두고 이주의 여성화라고 부르기도 한다. 학대가 적은 최선의 경우, 특히 돌봄 부문에서 일하는 이주 여성은 가족을 부양하고 고향에서 얻을 수 없었던 개인적 독립을 이룰 수 있다. 하지만 페미니스트들은 이러한 최상의 경우조차도 기뻐할 수 없다. 왜냐하면 이주 여성과 그들이 남겨둔 자녀들이 감당해야 하는 엄청난 감정적 희생이 뒤따르기 때문이다. 알리 혹실드(Arlie Hochschild)는 이를 새로운 형태의 제국주의라고 부르며, 19세기 남성 중심의 금·상아·고무 착취와는 달리, 오늘날의 제국주의는 강제력을 사용하지 않고 감정 자원을 착취한다고 말한다. "부자 나라와 가난한 나라 간의 큰 격차 자체가 일종의 강제력이며, 제3세계 어머니들은 집 가까이에 선택지가 없어 제1세계로 일하러 떠난다. 그러나 현재의 자유시장 이념에서는 이주가 '개인의 선택'으로 간주되며 …… 그 결과는 '개인의 문제'로 치부된다."[234] 페미니스트들은 이 문제의 본질을 잘 이해한다.

최악의 경우 이 이주 노동자들은 인신매매 희생자가 되며, 심지어 자발적으로 이주해도 사실상 노예 상태에 처할 수 있다. 많은 이주 노동자가 겪는 극단적인, 때로는 노예와 같은 조건은 자본주의 자체 때문이 아니지만, 이를 바로잡기 위한 개혁은 이론적으로 자본주의와 공존할 수 있다. 그러면서도 **자본주의는 간접적으로 책임이 있다. 자본주의는 노동자들, 특히 여성들이 이러한 학대에 취약한 환경을 만들어내기 때문이다.** 학자이자 활동가인 조이 자렘브카(Joy M. Zarembka)는 "개발도상국 여성들이 가사 노동을 위해 이주하게 만드는 세계 경제의 변화가 최근 가사 노동자 학대 증가에 기여했다"[235]고 설명한다. 가사 노동 외의 분야에서도 이주 노동자들은 법적 권리가 없기 때문에 학대에 쉽게 노출된다. 최근의 끔찍한 사례로, 그리스에서 한 불가리아 출신 여성 노동조합원이 노동 조건 개선을 위한 활동을 벌이다가 시력을 잃고 거의 목숨을 잃을 뻔한 사건이 있었다. 동료 노동자들의 시위로 대중의 주목을 받기 전까지 경찰과 언론은 이 사건을 무시했다. 이 사건 관련 청원서는 어떻게 **"갱단에서 벌어지는 일이 노동 세계의 일상이 되어가는지"**[236] 기술한다.

아마도 최악의 학대가 벌어지는 영역은 성 산업이다. 남성의 혼외 성 관계를 오랫동안 용인해온 성차별적이고 위계적인 사회인 태국은 자본주의 발전이 가져온 긍정적·부정적 결과에 대한 풍부한 사례를 제공해 준다.[237] 태국은 천연자원이 풍부해 대부분의 사람이 굶주리지 않지만, 열악한 환경의 북부 지역에서는 여자아이를 하인이나 노예로 파는 가족이 가끔 있었다. 하지만 "과거에 소수의 아이가 노예로 팔렸다면 이제는 홍수처럼 급증했다." 여성에 대한 관습적 학대와 새로운 경제 체제에서 무자비하게 이익을 추구하는 현상이 결합하면서 여성에게 끔찍한 결과를 가져온 것이다. (보수적으로 추산해) 매춘부가 100만 명 이상인 나라에서 20명 중 1명은 노예화된다. 이 역시 보수적으로 추산한 것이다. 경제 발전으로 공급과 수요 모두 크게 늘어났다. 전반적으로 상품 가격은 상승했지만, 농산물 수익은 그렇지 않았다. 그러나 농민은 이제 어디서나 새롭고 유혹적인 소비재에 쉽게 노출된다. 그래서 소녀들은 이제 가족을 부양하기 위해서가 아니라 "컬러 TV와 비디오 장비를 사기 위해" 팔린다. 이 수요는 더 많은 남성이 성을 구매할 여력이 생기면서 나타났다. "현대의 노예 주인은 누구인가? 답은 약간의 자본을 투자할 수 있다면 …… 누구나다." 성 산업의 가장 아래층에는 소녀들을 소유한 듯 보이는 포주와 운영자가 있고, 그 위에 중개인과 에이전트가 있다. 하지만 "진정한 노예 소유자는 중년의 사업가인 경우가 많다. …… 노예 주인은 실제로 제휴업체, 회사, 또는 기업일 수 있다." 이들에게 성매매 업소는 여러 자본 투자처의 하나일 뿐이며, 종종 많은 나라의 개발 계획에서 핵심적인 오락 또는 관광 산업의 일부로 위장된다. 이는 특히 투자 자본도 적고 위험도 낮으며, 회전율이 높은 매우 수익성 좋은 투자 포트폴리오 중 하나다. 소녀들이 망가지면 다른 소녀들로 대체하면 그만이다. 발전의 긍정적 결과로 태국 북부에서 성매매 여성 공급이 어느 정도 줄었지만, 중개인들(즉, 노예상들)은 그저 국경을 넘어 미얀마와 라오스로 이동했을 뿐이다.

노예제는 성 산업에만 국한되지 않는다. 어디서나 불법이지만, 현대 판 노예제의 최고 전문가 케빈 베일스(Kevin Bales)는 오늘날 총 노예 수를 2700만 명으로 추산하는데, 이는 **대서양 노예무역 시기에 아프리카에서 끌려간 모든 사람보다 더 많은 수다.**[238] 인구 폭발과 수백만 명의 빈곤으로 인해 가장 가난한 사회에서는 잠재적 노예가 넘쳐났다. 정부의 협력 아래 노예제는 다양한 형태로 존재하며, 전 세계로 퍼져 우리 모두의 삶에 영향을 미친다.

> 당신이 신은 신발이나 당신이 딛고 선 카펫을 파키스탄의 노예들이 만들었을지 모른다. 카리브해의 노예들은 당신 주방에 있는 설탕과 아이들 장난감을 만들었을 수 있다. 인도에서는 당신이 입고 있는 셔츠를 꿰매고, 손가락에 낀 반지를 닦았을 수 있다. ……그들은 당신이 보는 TV를 만든 공장의 벽돌을 만들었다. 브라질에서는 노예들이 당신 차의 스프링과 잔디 깎는 기계의 칼날을 만든 철강을 단련하는 숯을 만들었다. 노예들은 당신이 커튼으로 걸어둔 아름다운 천을 짠 여성이 먹을 쌀을 재배했다. 당신의 투자 포트폴리오와 연금 펀드는 개발도상국에서 노예 노동을 이용하는 회사들의 주식을 소유하고 있다. 노예들은 당신의 비용을 낮추고, 당신의 투자 수익을 높인다.

이렇게 참혹한 현실과 자본주의의 관계를 어떻게 이해해야 할까?[239] 자본주의 옹호자들은 이것이 이전 체제의 잔재일 뿐이며, 자본주의와는 무관한 예외적 상황이라고 말할 것이다. (확실히 이론적으로) 자본주의는 '자유로운' 노동에 기반하기 때문에 노예제와는 상반된다고 여겨진다. 하지만 우리가 알다시피, 아메리카대륙의 노예제는 자본주의 초기 발전에서 중요한 역할을 했다. 아프리카와 아메리카, 유럽 간 '삼각 무역'을 통해 노예제는 초창기 세계 자본주의 경제의 핵심 요소였다. 또한 세계를 개발된 나라와 미개발된 나라, 부유한 나라와 가난한 나라, '제1세계'와 '제3세계'로 나누는, 많은 사람이 '자연스럽게' 받아들이는 이 구분은 역사의 전환점에서 강자들이 행사한 극심한 폭력의 결과다.[240] 오늘날의 노예제는 초기 자본주의 시기의 노예제와 몇 가지 측면에서 다르지만,[241] 그 만연함과 성격은 여전히 세계 자본주의 경제의 맥락에서 이해할 필요가 있다. 선진국의 일자리를 대체하는 하향 경쟁은 세계 경제의 하위 계층에 훨씬 더 나쁜 결과를 초래한다. 가난한 농민은 노예 노동과 경쟁해야 하고, 그로 인해 스스로 채무 노예 상태에 빠지기도 한다. 새로운 노예제는 과거보다 더 수익성이 좋은데, 그 이유는 자본이 덜 들고(공급이 더 가까워서), 노예 주인은 비생산적인 이들(어린이·노인·부상자·병자)을 책임지지 않아도 되기 때문이다. 생산성 없는 노예는 그냥 버려진다. "새로운 노예제에서 노예는 필요할 때 생산 과정에 투입되는 소모품일 뿐, 더 이상 큰 자본 비용을 수반하지 않는다." **이렇게 자본주의 발전은 우리가 어디를, 누구를 보느냐에 따라 자유와 노예제를 둘 다 불러온다.** 베일스가 말했듯이, 강력한 자본주의 국가들과 IMF, WTO 같은 국제기구들이 저작권 도용만큼 생명을 앗아가는 문제에도 관심을 기울인다면, 노예제는 충분히 근절될 수 있다. 자본주의는 이론상 성차별과 인종차별뿐 아니라 노예제와 반대되는 개념이지만, 현실에서는 쉽게 공존할 수 있다. 자본주의가 내세우는 개인의 자유와 기회의 평등이라는 가치가 이익 극대화를 추구하는 논리와 충돌할 때, 대개 이익 추구를 더 우선시한다.

이론상 여성의 실질적 젠더 이해관계는 자본주의하에서 모두 충족될 수 있다. 스칸디나비아 국가들이 그에 가까운 사례이고, 뉴딜 정책도 그 방향으로 나아가는 한 걸음이었다. 그러나 경제·정치 여건이 변했다. 앞서 논의했듯이, 1980년대 이후 미국에서 지배적인 자본주의 모델인 신자유주의는 뉴딜 이전의 자본주의로 회귀한 형태다. 기업들이 전 세계에서 최저 비용을 찾아 나서면서, 미국에서는 민주당과 공화당 모두 뉴딜 정책을 해체했고, 유럽의 복지 국가들과 일본에게도 미국식 자본주의에 적응하라는 압력이 커졌다.[242] 현재의 경제 위기로 인해 신자유주의 이념은 신뢰를 잃었지만, 노동자들의 이익을 증진하고 덜 잔인한 자본주의를 만들기 위한 여건은 여전히 미비하다. 다국적 기업의 이동성은 자기 기업에 유리한 방향으로 정치적 영향력을 행사한다. 노동운동과 다른 사회운동은 쇠퇴하고 있으며, 더 유리한 여건에서 이루었던 과거의 성과를 지키기 위해 그저 방어전을 펼친다. 만약 누군가 '아니요'라고 말하면, 언제나 더 절박한 이가 그 자리를 대신 차지할 것이다.

과연 경제 위기가 이 암울한 전망을 바꿀 수 있을까? 2009년 초, 미국 국가정보국 국장 데니스 블레어(Dennis C. Blair)는 금융 위기를 미국이 당면한 최대의 단기 안보 위협으로 지목했다.[243] 전 세계적으로 실업률 증가와 그에 따른 시위 확산은 안정성에 대한 위협으로 간주되었다.[244] 일부 논평가는 현재 상황을 파시즘의 대두와 제2차 세계대전 이전과 유사하다고 보며, 인터넷에서는 이번 위기가 과거처럼 새로운 극단주의 운동을 촉발할지에 대해 논의가 한창이다. 공격성, 도덕적 주장, 그리고 '가난한 사람들이 스스로 나설 것'이라는 현실적 두려움이 결합한다면, 다수의 삶의 조건이 더욱 악화되는 것을 막을 가능성도 있다. 그러나 이 시나리오는 모든 자본주의 국가가 스웨덴처럼 변모하는 것과는 여전히 거리가 멀다. 논리적으로는 가능하고, 현재보다 분명 더 낫겠지만, 더 이상적이고 자비로운 자본주의, 조지프 스티글리츠와 폴 크루그먼 같은 자유주의 경제학자들이 주장하는 글로벌 사회민주주의는 어디서건 곧 실현될 것 같지는 않다. 실제로는 그 반대로, 경쟁적인 글로벌 자본주의의 가혹한 논리가 전 세계 대다수 사람을 밀어붙일 가능성이 더 많아 보인다.

4 인간의 이해관계는 곧 여성의 이해관계

지금까지 자본주의가 여성에게 미치는 영향을 논의하면서 주로 젠더와 계급 관련 이해관계에 초점을 맞췄다. 하지만 여성은 젠더나 계급과 직접 연결되지 않는 이해관계도 가지고 있다. 많은 페미니스트가 인식했듯이, 여성의 젠더 이해관계는 인종과 계급 등 정체성의 다른 측면들과 분리해 분석할 수 없다. 이는 흔히 '교차성(intersectionality)'이라고 불리는 접근 방식이다. 나는 여기서 한 걸음 더 나아가, 페미니즘 논의에서 우리는 모두 다르면서도 여러 면에서 서로 연결돼 있고, 동시에 **인간이라는 단순한 이유에서 서로 닮아 있음**을 충분히 인식해야 한다고 본다. 이 점은 이미 여성의 이해관계는 곧 인간의 이해관계이고, 여성의 권리는 곧 인권이라는 강력한 페미니즘 주장에 표현돼 있다. 그리고 그만큼 중요한 사실은, 젠더에 관계없이 인간의 이해관계 역시 여성의 이해관계라는 점이다. 페미니스트들은 오직 여성에게만 또는 여성에게 주로 영향을 미치는 문제에 관심을 한정해서는 안 된다. 이제 나는 자본주의가 여성뿐 아니라 모든 생명체에게 해로운 세 가지 이유를 설명하려고 한다.

첫째, 자본주의는 전쟁을 일으키는 성향이 있다. 19세기, 20세기, 그리고 21세기에 벌어진 대부분의 전쟁은 자원과 시장을 놓고 자본주의 국가들 간에 일어났다. 20세기 후반기에는 자본주의 국가와 공산주의 국가 간 냉전으로 인해 이 사실이 가려졌으며, 특히 미국은 이를 통해 막대한 군비 지출을 정당화했다. 그러나 공산주의 붕괴 이후 많은 사람이 기대했던 '평화 배당금'은 실현되지 않았다. 대신 '불량 국가'와 '테러리스트'가 등장하며 기존 군사 정책을 계속 정당화하는 데 활용되었다. 현재 미국은 해외에 700개 이상의 군사 기지가 있으며,[245] 매년 거기에 국방 예산의 51퍼센트를 지출한다. 이라크 전쟁 비용만 해도 1조 달러에 이를 것으로 보인다.[246] 자본주의에 내재된 경쟁 본성은 국가 간 전쟁을 불가피하게 만든다. 각국이 발전을 위해 필요한 자원을 확보하려고 경쟁하는 한, 전쟁은 계속될 수밖에 없다. 식민지 시대부터 오늘날까지 석유와 물을 둘러싼 갈등에서 볼 수 있듯이, 자원 약탈은 자본주의 발전의 핵심이며, 자본주의가 전 세계로 팽창할수록 이 현상은 더욱 심각해질 것이다. 전쟁은 모든 생명체에 영향을 미치지만, 현대 전쟁에서 대다수 사상자는 민간인, **주로 여성과 아이들**이다. 여성은 전쟁 중에 끔찍한 성폭력에 노출되며, 전쟁으로 인한 난민의 대다수를 차지한다. 영양실조로 인한 이들의 죽음은 전쟁 사상자로 집계되지 않는다. 인류는 언제나 전쟁을 해왔지만, 자본주의에 내재한 전쟁 성향과 기술 발전 경향이 맞물리면서 지구상의 모든 생명체를 몇 번이나 절멸시킬 무기를 만들어내기에 이르렀다. 그리고 경쟁은 자기파괴적 모순을 낳는다. 예를 들어, 냉전 시기 아프가니스탄에서의 이해관계 때문에 미국은 파키스탄의 핵기술 개발을 묵인하거나 심지어 지원하기까지 했고,[247] 그 기술은 이제 세계 여러 나라로 퍼져 미국이 직면한 최대 위험 중 하나로 여겨진다. 우리는 인간 최악의 역량과 성향을 부추기지 않고 그 대신 공감과 협력 같은 능력을 육성하는 체제를 구축해야 한다.

'안보'에 대한 우리의 인식은 그 의미와 이를 달성하는 방법에서 모두 더 넓게 확장되어야 한다. 노벨 평화상 수상자 데스몬드 투투 (Desmond Tutu) 주교가 최근 말한 것처럼, "진정한 안보는 총구에서 얻을 수 없다."[248] 우리는 안보의 의미를 달리 생각해야 한다. 특히 9/11 사태 이후 미국에서 안보는 오로지 의도적 위협에서 우리의 안전과 복지를 보호하는 것으로만 인식되며, 이 위협은 당연히 개인·집단·국가의 위협을 의미한다. 하지만 안보 개념은 의도적이든 아니든 모든 종류의 위협에서 보호한다는 더 넓은 의미를 가진다. 이 두 가지 안보 개념은 성별에 따라 차이가 크다. 좁은 의미에서의 안보(예를 들어 '국토안보부' 같은 경우)를 생각할 때, 우리를 공격하는 다른 남성들에 맞서 우리를 방어하는 주체는 압도적으로 남성이다. 성별에 따른 노동 분업에서 한 가지 변하지 않는 특징은 남성들이 폭력에 대한 책임을 맡아왔다는 점이다. 이는 미군에 여성이 참여하는 오늘날에도 사실이다. 특히 계급이 높아지거나 군사 기술 영역으로 들어가면 더 그렇다. 반면, 안보를 사회 안전망과 안전장치라는 더 넓은 의미로 생각하면 여성이 두드러진다. 이는 성별 분업에서 여성이 주로 돌봄 노동을 맡기 때문이다. 우리가 진정 복지를 지켜내려면 안보를 최대한 넓은 의미로 생각하고, 이 목표에 자원을 집중해야 한다. 사실 오늘날 인류가 직면한 최대 위협은 의도적 행위에서 비롯되지 않는다. 예를 들어, "안전하지 않은 물과 기본 위생 부족은 모든 질병과 질환 중 80퍼센트의 원인이며, **전쟁을 포함한 온갖 형태의 폭력보다** 더 많은 사람을 죽인다."[249] 그러나 이러한 죽음이 직접적인 의도적 행위에서 비롯된 것은 아니지만, 하천 오염부터 물의 사유화까지 많은 의도적 행위가 안전한 식수 이용을 막는 데 기여한다는 점도 간과할 수 없다.

세계화 시대에 자본주의 발전이 초래하는 또 다른 생명 위협은 다음 두 책 제목으로 요약할 수 있다. 마이크 데이비스(Mike Davis)의 《슬럼 행성(Planet of Slums)》과 로리 개릿(Laurie Garrett)의 《다가오는 역병(The Coming Plague)》.[250] 자본주의의 전 세계적 발전으로 인류 역사상 처음 도시 거주 인구가 농촌 인구를 넘어섰으며, 가장 큰 도시들은 개발도상국에 위치해 있다. 방콕, 멕시코시티, 카이로, 나이로비가 그런 도시다. 자본주의의 또 다른 특징인 부의 양극화가 심해지면서, 이 도시들은 전염병의 온상이 되는 대규모 슬럼을 형성하고 있다. 수 세기 동안 이어진 자본주의 발전의 결과는 결국 슬럼 행성을 만들어낸 셈이다. 또한 산업형 농업이 세계 곳곳에 확산되어 동물들도 CAFO(가축 밀집 사육시설)라는 거대한 슬럼에서 생활하며, 이는 우리 건강에 심각한 영향을 미친다. 여기에 물·교육·의료 등 모든 것을 사유화하려는 IMF와 세계은행 같은 세계 자본주의 기관들의 요구를 더하고, 1918~1919년 독감 팬데믹으로 인해 제1차 세계대전보다 더 많은 사망자가 발생했다는 사실을 고려하면, 오늘날 수백만 명의 사람과 수많은 물건이 매 순간 전 세계를 오가는 상황에서 발생할 수 있는 재앙의 가능성을 쉽게 상상할 수 있다. 질병 치료에 필요한 약물의 주요 성분 대부분이 중국에서 생산된다는 사실은, 비상 상황에서 우리가 필요로 하는 약물의 공급 안정성이나 안전성에 대한 신뢰를 주지 못한다.

　마지막으로, 모든 국가가 자본주의 방식으로 발전한다면 이 지구에서의 삶은 지속 가능하지 않을 것이다. 앨 고어(Al Gore)의 기후 변화에 관한 영화 〈불편한 진실(An Inconvenient Truth)〉은 대기 온도의 역사적 상승을 보여준다. 온도 상승은 19세기 중반부터 시작되어 이제는 "차트 밖으로 벗어나" 인간 생존이 불가능해질 지점에 빠르게 다가가고 있다. 유엔인구기금은 개발도상국 여성들이 기후 변화로 인해 불균형한 고통을 겪게 될 것이라고 경고했다. 그리고 이는 지구 생존을 위협하는 유일한 위기가 아니다. 유엔 밀레니엄 생태계 평가(Millennium Ecosystem Assessment)에 따르면, 이 지구에서 **생명 유지에 필요한 천연자원의 거의 3분의 2가** 인간 행동으로 훼손되고 파괴되고 있다. 해양은 고갈되고, 산림 파괴는 기록적인 속도로 진행 중이며, 강과 호수, 습지는 유독해졌고, 매년 5만 종 이상의 생물이 멸종한다. "결국 하나의 종이 지구상의 다른 생물 약 1000만 종과 자기 자신에게 위협이 되는 상황이다."[251] 왜 인간 행동이 이제 인류의 생존을 위협하는지, 그리고 이를 어떻게 멈출 수 있는지에 대한 대답은 없다. 그리고 **이를 멈출 수 있다는 보장도 없다.** 퓰리처상 수상 작가 재러드 다이아몬드(Jared Diamond)의 책 《붕괴(Collapse)》에서 보여주듯,[252] 과거의 여러 사회는 천연자원을 고갈시키고, 생존을 위해 필요한 가치관과 생활 방식 변화를 거부한 끝에 본질적으로 생태적 자살을 저질렀다. 다이아몬드는 우리가 같은 길을 걷고 있다고 우려한다. 하지만 이번에는 단순히 개별 사회가 아니라 지구 전체가 위기에 처해 있다는 점이 다르다. 앨 고어처럼, 그는 더 에너지 효율적인 전구 사용, 로비 활동, 소비자 불매 운동, 기업들에게 친환경 정책을 채택하도록 압박하는 등의 흔한 제안들로 결론을 맺는다. 이런 방법들은 이미 시도된 적이 있으며, 어느 정도 성공을 거둔 경우도 있었다. 하지만 문제는 여전히 **더 빠르게 악화되고 있다.** 더 불편한 진실은, 자본주의가 계속되는 한 이러한 해결책들은 기후 변화나 지구 생태계를 위협하는 문제를 해결하는 데 거의 효과가 없다는 것이다. 자본주의는—좋든 나쁘든—경제 성장 기계다. **현재 세계 경제는 1900년 한 해 동안의 물리적 생산량을 불과 2주 만에 생산해내며, 글로벌 경제 생산량은 25~30년마다 두 배씩 증가한다.**[253] 소비에트 블록 국가들이 자본주의로 전환하면서 이 속도는 더욱 빨라질 가능성이 크다. 공산주의와 자본주의 이전 사회들도 환경에 큰 피해를 주었지만, 아이러니하게도 자본주의의 가장 큰 미덕인 끊임없는 혁신과 발전이 이제 우리 미래를 위협하는 가장 큰 요인이 되고 있다. 예를 들어, 중국은 2020년까지 미국과 같은 수의 자동차를 도로에 내보낼 계획이다. 경제 침체로 인해 이 과정이 늦춰지겠지만, 자본주의가 다시 회복되면 이 추세는 이어질 것이다. 분명히 이러한 발전 방식은 지속될 수 없다.

자본주의 지지자들은 이와 같은 비관적 전망에 동의하지 않을 것이다. 사실을 부정하거나, 두려운 미래를 받아들이기 어려워하는 심리를 제외하고도, 그들은 두 가지 이유로 낙관적 주장을 펼칠 수 있다. 첫째, 자본가들도 현 상황이 지속되면 결국 파멸할 것이므로, 그들이 합리적으로 행동할 것이라는 기대다. 둘째, 녹색 산업의 성장 같은 자본주의 내에서 문제를 해결할 가능성이다. 이를 뒷받침하기 위해, 2006년 영국 전 재무장관이자 세계은행 수석 경제학자였던 니콜라스 스턴 경(Sir Nicholas Stern)의 보고서를 들 수 있다. 그는 현재 추세를 방치할 경우 초래될 (생태적일 뿐 아니라) 경제적인 재앙을 경고하며, 이를 되돌리기 위한 개입이 필수적이고 경제적으로도 합리적이라고 결론지었다. 당시 총리 토니 블레어도 이에 동의하며 "급진적 조치"를 촉구했지만, 그 조치는 실행되지 않았다. 재러드 다이아몬드의 책이 보여주듯, 대안이 재앙일 때조차 사람들은 항상 합리적으로 행동하지 않는다는 것이 문제다.

자본주의가 합리성에 가하는 제약

한편으로, 경제 관행을 근본적으로 바꾸지 않으면 인류가 생존할 수 없다는 사실이 이제 널리 받아들여졌고, 다른 한편으로 이를 해결하기 위해 실제로 취해진 조치들이 미미하다는 점은, 문제가 얼마나 근본적이고 체계적인지 보여준다. 단순히 사람들이 어려운 선택을 외면하고 싶어 하는 것만이 아니라, **자본주의가 우리의 합리적 행동을 제한하는 구조적 제약을 가하기 때문**이다. 다이아몬드의 책 부제는 '어떻게 사회는 실패나 성공을 선택하는가(How Societies Choose to Fail or Succeed)'이다. 그러나 정말 '선택'의 문제일까? 우리 사회가 생태적으로 자멸하는 관행을 계속할지 말지 결정할 수 있는 사람은 누구인가? 아니면 이는 매일 이루어지는 자본주의적 재생산의 근본 요건 때문일까?[254] 물론 우리는 모두 지구에 미치는 파괴적인 영향을 줄이기 위해 개인적으로도 노력해야 한다. 하지만 내가 자동차 대신 대중교통이나 자전거를 선택하더라도, 자동차 제조업체가 매년 기하급수적으로 더 많은 자동차를 생산한다면 그 영향은 미미할 것이다. 또한 개별 기업들이 이익 대신 환경 보호를 우선시할 수도 없다. 문제를 인식하는 몇몇 CEO도 딜레마에 빠진다. 예를 들어, 1990년대 석유회사 BP의 CEO는 화석연료가 지구 온난화를 가속화한다고 경고하며 '석유를 넘어서(Beyond Petroleum)'라는 슬로건을 내걸고 태양광에 투자했다. 하지만 BP의 투자 99퍼센트는 여전히 화석연료에 집중되었고, **그 규모는 오히려 증가**하고 있다. 만약 이러한 수익성 높은 경로를 따르지 않았다면, 그는 자리에서 물러났을 것이다. 자본주의 체제 내에서 변화 가능성이 있기는 하지만, 그것 역시 시장 체제의 제약을 받는다. 풍력과 태양광 발전은 성장하고 있었고, 오바마 대통령의 친환경 에너지 정책으로 인해 더 큰 성장이 기대되었다. 하지만 현재 "신용 위기와 경제 침체로 인해 상황이 반대로 흘러가고 있다. 풍력과 태양광 발전 설치는 급감하고 있다."[255] 설령 우리가 덜 파괴적인 기술로 전환하더라도, 이는 자원 소비를 줄이지 못하고 오히려 증가시킬 수 있다. 근본 문제는 유한한 지구가 끝없는 성장에 따른 자원 소비를 감당할 수 없다는 점이다. 예를 들어, 더 친환경적인 자동차로 전환하더라도 계속해서 더 많은 자동차를 생산한다면, 자동차를 만들고 유지하고 운송하는 데 필요한 자원과 재료가 현재보다 더 많은 오염을 유발할 것이다.[256]

근본 문제는 경쟁적 시장 체제가 강요하는 개별적 합리성과 사회적 관점에서의 합리성 간의 갈등에 있다. 각 기업은 자기 이익을 극대화하려고 행동할 수밖에 없으며, 이는 결국 너무 늦기 전까지 계속된다. 월드워치(WorldWatch) 연구소의 경제학자 레스터 서로(Lester Thurow)는 이를 "각 세대는 자본주의적으로 올바른 결정을 내리지만, 그 최종 결과는 집단적 사회 자살이다"[257]라고 표현했다. 현재 미국 의회는 지구 온난화에 대응하는 법안을 논의 중인데, 석탄·석유·천연가스·풍력·태양광 에너지 생산자들이 모두 강력한 로비를 벌이며, "앞으로 수십 년 동안 수십억 달러의 가치를 지닌 정책 결정을 두고 서로 싸우고 있다."[258] 일부 지지자는 이러한 분열이 법안 통과 가능성을 높일 것이라고 기대한다. 아마도 그럴 수 있겠지만, 이것이 우리가 직면한 글로벌 생태 위기를 해결하는 합리적인 방식일까? 단순히 더 강력한 로비스트가 정책을 결정하는 것 말이다. 애덤 스미스는 자기 이익 추구가 집단 복지를 촉진하는 최선의 방법이라고 주장했다. 18세기에는 이러한 철학이 자연 세계에 큰 해를 끼치지 않았을지 모른다. 그러나 오늘날에는 "강력한 글로벌 개발 엔진이 빙하를 녹이고, 기후를 변화시키며, 바다를 고갈시키고, 대륙 전체의 숲을 파괴하며, 수만, 아니 수백만 종의 생물을 몇십 년 만에 멸종시키고, 지구의 대기, 신선한 물 자원, 심지어 대양까지 오염시킬 수 있는" 상황이 되었으니,[259] 이제는 이 이론을 거부해야 할 때다. 환경 위기는 인간의 복잡한 필요를 충족시키는 것과 이윤 극대화를 유일한 목표로 삼는 경제 체제 간의 본질적 갈등을 가장 극적으로 드러낸다. 여성은 출산과 돌봄 역할로 인해 이 체제에서 더 많은 피해를 받는다. 이제는 모든 것을 가격으로만 평가하고, 진정한 가치가 사라지는 체제를 거부할 때다.

5 결론: 대안은 무엇이고 페미니스트들은 지금 무엇을 해야 하는가

내 주장의 핵심은 자본주의가 진정한 인간 해방의 조건을 제공하지만, 동시에 그 실현을 방해하는 체계적인 장벽을 세운다는 것이다. 오늘날 기술은 일의 성취도를 높이고, 필요한 노동을 줄여 사람들이 가족과 시간을 보내거나, 자신의 관심사와 재능을 개발하거나, 충분히 쉴 수 있게 할 잠재력을 지닌다. 하지만 우리가 봐왔듯이 실제로 그런 일은 일어나지 않았다. 자본주의는 **일로부터도 일 자체에서도** 더 많은 자유를 가져오지 않았다. 이른바 사회주의 국가들도 크게 다르지 않았다. 두 체제에서 여성이 이룬 진보는 지배 계급의 이익과 부합하는 것에 한정되었고, 그렇지 않은 것은 실현되지 않았다. 이 글에서 내 질문은 무엇이 자본주의를 대체해야 하는지가 아니라 자본주의가 여성에게 유익한가였기에 이를 부정적 관점에서 논의해왔다. 그러나 이러한 비판은 대안을 위한 기본 방향을 제시한다. 여성이 전략적·실질적 이해관계를 증진하고 충만한 삶을 살기 위해 필요한 것은, 경제적이든 정치적이든 모든 차원에서 진정한 민주 사회다. 여성이 자유롭게 자기 이익을 위해 조직하고 주장할 수 있으며, 그 앞에 구조적 장벽이 존재하지 않는 사회 말이다. 수익성과 인간의 다양한 필요를 충족하는 것 사이에 존재하는 갈등을 고려할 때, 우리는 사회적 필요의 충족을 **직접** 목표로 삼는 사회로 전환해야 한다. 그리고 이는 단지 개별 사회에 국한되지 않고, 전 세계 차원에서 이루어져야 한다. 왜냐하면 오늘날 전 세계 사람들은 갈수록 서로 연결되며, 궁극적으로 하나의 공동체를 이루기 때문이다. 나는 이것을 단순히 도덕적 측면에서만 말하는 것이 아니다. 즉, 각 개인이 어디에 살든 동등한 가치를 지닌다는 도덕적 주장이기도 하지만, 동시에 시급하고 실질적인 주장이다. 환경 재해, 전쟁, 테러 같은 위협이 어디에서 오든, 현재의 세계 구조 속에서는 그 누구도 진정으로 안전할 수 없다. 세계의 자원은 소수의 소유물이 아니라, 인류 전체가 공유해야 할 공동의 보물로 봐야 한다.

무엇이 합리적 선택인가에서 개인의 입장과 집단의 입장이 잠재적으로 충돌할 때는 집단적 합리성을 우선시해야 한다. 이는 시장이 어느 정도 역할을 할 수 있지만, 사회가 직면한 가장 중요한 결정은 민주적 계획에 따라 이루어져야 한다는 의미다. 이것은 일부에서 우려하는 것처럼 자유나 자율성을 제한하는 것이 아니다. 오히려 집단 차원에서 사람들의 자유와 자율성을 실현하는 유일한 방법이다. 사회적 필요를 위한 계획 수립 능력을 제한하는 것은 곧 우리의 자유와 민주주의를 제한하는 것이다. 따라서 계획이 민주적일 때 계획과 자유는 서로 충돌하는 것이 아니라 서로 조화를 이룬다. 사회적 계획은 우리가 개인적 통제를 넘어, 우리에게 가장 중요한 방식으로 자유를 확장할 수 있는 유일한 수단이다. 이는 우리가 '운명을 통제'할 수 있는 유일한 길이다. 다만 집단 권력에는 제한이 필요하며, 이는 곧 개인의 권리를 존중해야 한다는 뜻이다. 여성은 개인으로서도, 집단의 일원으로서도 권리를 가져야 한다.

노엄 촘스키가 말했듯이, "현대 산업사회의 과제는 현재 기술적으로 실현 가능한 목표를 이루는 것이다. 즉, 사람들이 자유롭게 자발적으로 참여해 생산하고 창조하며, 자신들이 통제하는 제도 안에서 자유롭게 살아가고, 계층 구조는 최소화되거나 아예 없는 사회"[260]를 만드는 것이다. 그렇다면 이것이 대안적 사회주의일까? '사회주의'라는 단어는 너무나도 다양한, 그리고 사실상 서로 상충하는 모델들에 사용돼왔다. 초기의 유토피아적 실험부터 사회복지 자본주의 사회, 그리고 20세기의 다양한 전체주의 모델까지 아우르기 때문에, 이 단어를 사용하면 오해가 생길까봐 다소 주저하게 된다. 마르크스주의 학자이자 활동가인 핼 드레이퍼(Hal Draper)는 여러 사회주의 모델 간의 가장 근본적인 차이가 자신이 "사회주의의 두 영혼"이라 부른 개념, 즉 위로부터의 사회주의와 아래로부터의 사회주의 사이에 있다고 주장했다.[261] 전체주의적 '국가 사회주의'와 복지 자본주의 모델, 그리고 대부분의 유토피아적 사회주의 계획은 '위로부터의 사회주의'에 속한다. 하지만 '아래로부터의 사회주의'라는 전통도 항상 존재해왔는데, 이는 **자기해방을 사회주의로 가는 수단이자 사회주의의 구성요소**로 보는 것이다. 이 비전은 마르크스가 제1인터내셔널 노동자 연합에서 내세운 슬로건, "노동계급의 해방은 노동계급 스스로의 행위여야 한다"로 잘 표현된다. 내가 제시하는 비전은 이러한 의미에서 사회주의적이라 할 수 있다.

하지만 용어 자체는 중요하지 않다. 그것을 사회주의라 부르든, 에코페미니즘, 자유지상주의적 사회주의, 경제민주주의, 또는 전혀 새로운 이름으로 부르든 상관없다. 윌리엄 모리스(William Morris)가 말했듯이, "사람들은 싸우다 패배하고, 그들이 싸운 목적은 그들의 패배에도 불구하고 이루어진다. 그러나 그것이 실현되었을 때, 그들이 원했던 것과는 다르게 나타나고, 결국 다른 사람들이 그 진정한 목적을 위해 다른 이름으로 다시 싸우게 된다." 여성들도 늘 싸워왔다. 플로라 트리스탕(Flora Tristan), 엘리너 마르크스(Eleanor Marx), 엠마 골드만(Emma Goldman), 루이즈 미셸(Louise Michel), 알렉산드라 콜론타이(Alexandra Kollontai) 같은 초기 여성 급진주의자들은 유토피아 사회주의자, 아나키스트, 마르크스주의자로 구분되기도 했지만, 자본주의·식민주의·노예제도에 맞서 싸우고 여성 해방을 위해 헌신했다. 엘리너 마르크스는 그녀 아버지의 유명한 슬로건을 확장해 "억압받는 두 계급, 즉 여성과 직접 생산자들은 그들의 해방이 스스로에게서 나와야 함을 깨달아야 한다"고 말했다. 많은 이들이 흔히 두 번째 물결 페미니즘에 귀속되는 식견을 이미 예견했다. 그들은 경제적인 것, 정치적인 것, 그리고 '개인적인' 것이 서로 얽힌 권력 관계임을 이해했기 때문에 해방의 비전에 개인적이고 친밀한 삶의 영역을 포함했다.[262] 앞서 언급한 것처럼, 러시아 혁명은 공동 육아와 세탁소 같은 제도를 도입했을 뿐만 아니라, 법적으로 동성애 처벌을 폐지하고 '사생아' 개념을 없앴다. 억압에 맞선 투쟁은 자연스러운 논리적 흐름과 동력을 지니고 있다. 1960년대 미국에서 시민권 운동과 전쟁 반대 운동에 참여했던 많은 여성이 여성 해방 운동으로 나아갔다는 사실이 이를 증명한다. 오늘날 경제적 억압과 성차별, 인종차별, 성소수자 혐오 같은 억압의 **모든** 원천으로부터의 해방이라는 깊은 비전은 좌파와 전 세계 대중 운동에서 널리 공유된다. 물론 그들의 상호 관계와 상대적 중요성 및 일부 느린 진전에 대한 논쟁이 있기는 하지만 말이다.

마거릿 대처는 자신의 신자유주의 정책을 옹호하며 "대안은 없다"는 말을 즐겨 했고, 너무나 자주 쓰다 보니 TINA라고 약어를 사용했다. 이 주장의 흥미로운 점은, 사람들이 그것을 믿으면 실제로 대안이 사라진다는 것이다. 그리고 내가 앞서 말한 것이 맞다면, 인류는 결국 파멸의 길로 갈 수밖에 없다. 그러나 나는 그 대신 글로벌 정의 운동의 슬로건인 "더 나은 세상은 가능하다"를 믿고 싶다. 이 주장을 우리가 모두 믿는다고 해서 반드시 실현되는 것은 아니지만, 충분히 많은 사람이 믿고 행동에 나선다면 더 나은 세상을 만들 기회가 생길 것이다. 다행히도 전 세계에서 많은 사람이 경제 정책을 통제하려고 싸우고 있으며, 경제적·환경적 결정에 영향을 받는 모든 이들이 그 결정에 발언권을 가져야 한다는 신념을 바탕으로 움직이고 있다. 모든 시대와 장소에 적용되는 거대한 계획은 없으며, 운동에 참여하는 모든 활동가가 신자유주의를 극복한 경제민주주의 모델을 자본주의의 대안으로 지지하는 것도 아니다. (경제민주주의 지지자들 간에도 차이가 있다. 일부는 아나키즘적 관점에서 지역의 비정부 모델을 선호하는 반면, 다른 이들은 지역사회뿐만 아니라 국가와 글로벌 제도를 변혁하려는 입장이다.[263] 그럼에도 경제민주주의는 이 운동의 핵심 논리로 작용하며, 브라질에서 수십만 명이 동참한 참여 예산제 같은 지속 가능한 민주적 공동체 생활의 희망적 사례들을 제시한다. 비아 캄페시나(Via Campesina)는 농민, 농업 노동자, 농촌 여성, 원주민 공동체로 구성된 국제 조직으로, 식량 주권(또는 식량 민주주의)을 위해 싸우며 성평등을 주요 목표로 삼는다. 이들이 선호하는 농업 방식은 수 세기 동안 쌓아온 경험에서 나온 것으로, 다국적 기업과 기관이 지지하는 유전자 변형 생물체(GM 식품) 같은 하향식의 기술적 해결책보다 생태적으로 더 지속 가능하다. 인도에서는 500만 명에 이르는 농민이 인도의 종자 특허법을 어기고 종자를 공유해왔다.[264] 대부분의 경제민주주의 사례는 지역적이지만, 점점 더 글로벌한 문제를 해결하고 지역과 국가의 경계를 넘어 연대를 구축하기 위해 더 넓은 글로벌 제도와 정책 모델도 개발되고 있다.[265] 목표는 지역적·국가적 자율성을 최대한 유지하면서, 지역의 지식과 열정을 바탕으로 하되, 특히 환경 문제를 해결하는 데 필요한 범세계적 규제와 조화를 이루는 것이다. 흥미로운 사례는 사이버 공간에서 볼 수 있는데, 오픈 소스 운동은 한 관찰자가 "세계적인 집단주의 사회 …… 새로운 사회주의"[266]라고 부르는 것을 만들어내고 있다. 우리는 이 모델을 사이버 공간에서 현실로 가져와, 개인의 창의성과 자율성을 집단적인 민주적 통제와 결합해야 한다. 이는 인류 전체의 복지를 보호하고 증진하는 데 필수적이다. 이탈리아의 마르크스주의자 안토니오 그람시(Antonio Gramsci)의 유명한 표현처럼, 우리는 지적 비관주의와 의지의 낙관주의를 함께 길러야 한다.

그동안 페미니스트들은 단순히 남성과 동등하게 착취하거나 착취당할 자유를 요구하는 것이 아니라, 자본주의 체제에서 최대한 많은 여성을 위해 최대치를 얻어낼 수 있도록 노력해야 한다. 이를 위해서는 전략적 젠더 이해관계뿐만 아니라 실질적 젠더 이해관계에도 집중해야 한다. 예를 들어, 모든 페미니스트는 단지 낙태권에 대한 투쟁을 넘어서 모든 여성을 위한 재생산의 자유 개념을 끌어안아야 하며, 여기에는 적절한 의료 서비스, 보육, 그리고 여성에게 적정 임금을 보장하는 일자리가 포함된다. 이는 경제적·정치적 권리와 결코 분리될 수 없다.[267] 앞서 논의한 용어를 사용하면, 여성의 전략적 젠더 이해관계를 실질적 젠더 이해관계와 결합해야 한다. 모든 문제를 한꺼번에 해결할 수는 없지만, 이는 페미니스트들이 (명백히 성별 관련 사안은 아니더라도) 여성에게 영향을 미치는 다차원적 문제들을 어떻게 통합해야 하는지 보여주는 사례다. 미국에서 보편적 의료 서비스, 보육, 노인 돌봄 같은 공공재를 위한 투쟁은 부자가 아닌 모든 여성의 이해관계를 증진하고, 사회의 더 많은 영역을 민주적 통제 아래 두게 할 것이다.[268] 또한 이러한 투쟁은 사유재산에 기반한 사회를 넘어서는 새로운 가능성을 열어준다. 하지만 페미니스트들의 도덕적 관심은 선진국 여성에만 국한될 수 없다. 개발도상국 여성에 관해서는 음식, 주거, 깨끗한 물과 같은 기본 권리를 확보하기 위해 세계은행 같은 글로벌 자본주의 기관에 맞서 싸워야 하는 과제가 있다. 이 기관들은 지나치게 높은 부채를 갚기 위해 빈약한 정부 서비스를 축소하는 구조조정 프로그램을 강요해왔다. 제3세계 국가들의 부채를 완전히 탕감하는 것은 반드시 필요한 정의로운 첫걸음이며, 모든 페미니스트가 지지해야 한다. 또한 개발도상국들이 부유한 국가들에게 기후 변화로 인한 파괴적 영향에 대한 보상을 요구하는 목소리도 정당하다. 부유한 국가들이 전체 오염의 75퍼센트를 발생시키는 상황에서, 여성들이 이로 인해 불균형적으로 더 큰 피해를 겪고 있다는 점에서 이 요구는 특히 페미니즘적 의미를 지닌다. 또 다른 부당함은 자본이 전 세계를 자유롭게 이동하며 사람들을 쫓아내는데도, 정작 사람들의 이동은 점점 더 통제되고 범죄화되고 있다는 사실이다. "그 누구도 불법이 아니다"라는 요구는 정당하며, 이는 저임금 노동력으로 착취당하는 '불법' 이민자 문제와 맞닿아 있어 모든 노동자의 이해관계와도 연결된다. 도덕적 이유 외에, 페미니스트들이 자신들의 사회에만 관심을 한정할 수 없는 이기적인 이유도 있다. 우리의 문제는 갈수록 더 세계화된다. 이미 논의했듯이, 가장 중요한 공공재는 국경을 초월하는 환경이어야 한다. 여성은 세계 빈곤층의 상당수를 차지하며, 생태 파괴의 가장 큰 피해를 입고 있다. 특히 주목할 점은, 여성들이 전 세계적으로 환경 투쟁의 최전선에 서 있다는 사실이다.

마지막으로, 페미니스트들이 자본주의 문화가 지배하는 가치관과는 매우 다른 가치를 강조하는 것이 중요하다. 여성에게 개인의 자율성은 중요한 목표지만, 인간이 상호의존적 존재라는 점을 여성들은 누구보다 잘 이해한다. 따라서 자율성은 돌봄·연민·연대, 그리고 진정한 의미에서의 안전과 대립하는 것이 아니라, 이들 가치를 보완하는 요소임을 강조해야 한다. 또한 우리 삶의 모든 영역을 상품화하고, 모든 것에는 가격이 있지 가치가 있는 것은 없다는 자본주의 논리에 저항해야 한다.

작가이자 활동가인 아룬다티 로이(Arundhati Roy)의 희망찬 말로 이 글을 마무리하고자 한다. "또 다른 세상은 가능할 뿐만 아니라, 그녀는 이미 오고 있다. 조용한 날이면 그녀의 숨소리가 들린다."[269]

3부

Capitalism,
For and
Against

낸시 홈스트롬에게 답하다

앤 E. 커드

홈스트롬 교수와 나는 많은 부분에서 의견이 일치한다. 우리는 빈곤이 심각한 문제라는 점과 세계의 더 부유한 사람들이 그 문제를 완화하기 위해 더 많은 노력을 기울여야 한다는 점에 동의한다. 우리는 세계 최빈층에 여성들이 지나치게 많으며, 여성들이 많은 지역에서 심각한 억압을 받고 있다는 점에 동의한다. 우리는 철학자들과 경제학자들이 과거에 가난한 사람, 병든 사람, 취약한 사람의 문제에 충분히 주목하지 않았으며, 최근까지 여성을 거의 무시해왔다는 점에도 의견을 같이한다. 우리 의견이 일치하지 않는 지점은 대부분 빈곤과 억압을 종식하기 위한 최선의 방법에 대해서다. 나는 자본주의를 그 목표 달성의 필수 수단으로 보는 반면, 홈스트롬 교수는 자본주의를 진보의 피할 수 없는 장애물로 본다. 우리의 의견 차이는 자유와 인간 복지 개념에 어느 정도 달려 있다. 하지만 우리 둘 다 물질적 재화와 자유가 서로 교환할 수 없는 것이 아니라는 점에 동의한다. 다만 그 교환이 어떻게 이루어져야 하는지에 대해서는 의견이 다를 수 있다.

그러나 우리의 주요한 의견 차이는 빈곤과 복지에 대한 경제학적 관점에 있다. 내게 '경제학'은 두 가지를 의미한다. 첫째는 논쟁에서 적용해야 할 경제 이론이다. 홈스트롬 교수는 생산과 임금에 대한 마르크스주의 이론을 받아들이는데, 나는 그 이론이 시대에 뒤떨어졌고 잘못되었다고 본다. 나는 임금과 가격 결정에 대한 신고전주의 관점을 수용하는 반면, 그녀는 그것을 이데올로기적이고 비현실적이라며 거부한다. 나는 독자들이 스스로 판단할 수 있도록 내가 지지하는 이론의 가정과 원칙을 명확히 설명하려고 노력했다. 둘째로, 내가 말하는 '경제학'은 경제적 사실들에 대한 논쟁을 의미하며, '사실'이란 사람이 몇 명이나 있는가, 그들의 평균 수명은 얼마인가, 그들의 소득은 얼마인가와 같은 데이터에 관한 주장이다. 이러한 사실들이 이론적 배경을 가지고 있긴 하지만, 나는 자본주의가 페미니스트 정치 변혁을 이끌 수 있을지에 대한 논쟁에서 비교적 논란의 여지가 적고 중요한 몇 가지 사실이 있다고 믿는다. 나는 1부에 실린 글에서 이러한 사실들 중 일부를 전달했다. 이제 양측의 논쟁을 명확하게 제시했으니, 의견이 다른 지점을 정교하게 살필 수 있다. 나는 경제적 사실에 관한 질문으로 내 답변을 시작하고자 한다.

세계의 빈곤층: 그들은 누구이고, 어디에 살며, 무엇을 하는가

우리 두 입장 사이의 실증적 논쟁 대부분은 두 가지 질문에 달려 있다. (1) 자본주의 세계가 가장 취약한 계층에게 얼마나 나쁜가? (2) 자본주의 발전으로 그들의 상황이 나아지고 있는가, 아니면 나빠지고 있는가? 그래서 나는 첫 번째 질문에 대한 실증적 평가를 시작하기 위해, 빈곤층이 누구인지, 어디에 사는지, 얼마나 가난한지, 그리고 그들이 생계를 위해 무엇을 하는지 묻고자 한다.

우선 무엇이 빈곤 상태에서 사는 것인지는 논의할 사항이지만, 합리적인 출발점은 유엔 밀레니엄 개발 목표(Millennium Development Goals)에서 설정한 소비 수준일 것이다. 그 첫 번째 목표는 구매력 평가(PPP)를 기준으로 하루에 1달러 미만으로 생활하는 사람들 수를 2015년까지 절반으로 줄이는 것이다.[1] 이것은 극심한 빈곤을 나타내는 기준이지만, 사회과학자들과 활동가들이 전 세계 극심한 빈곤에 처한 사람들 수를 추산하기 위해 사용해온 수준이다. 따라서 이 수준은 빈민 수를 가장 정확하게 추산할 수 있게 해준다. 이 기준에 따르면, 1981년 세계에서 극심한 빈곤 상태에 있던 사람들 수는 14억 7028만 명이었고, 2004년에는 9억 6948만 명이었다.[2] 이 기간 동안 지구 인구가 45억 명에서 64억 명으로 증가했음을 고려할 때, 극심한 빈곤 속에 사는 사람들의 절대적인 숫자가 크게 감소한 것은 매우 주목할 만한 일이다.[3] 비율로 보면, 1981년에는 세계 인구의 40.14퍼센트가 하루에 1달러 미만으로 생활했으나, 2004년에는 그 비율이 18.09퍼센트로 감소했다. 이러한 극적인 개선의 상당 부분은 이 기간 동안 중국의 상황 변화에 기인한다. 1981년 중국에서는 6억 3366만 명, 즉 인구의 63.76퍼센트가 극심한 빈곤 상태에 있었으나, 2004년에는 그 수가 1억 2836만 명, 즉 9.9퍼센트로 감소했다. 만약 빈곤 기준을 하루에 2달러로 두 배 올린다면(마찬가지로 PPP 기준), 이 수준에서 생활하는 사람들 수는 24억 5247만 명에서 25억 4794만 명으로 약간 증가한 것을 볼 수 있다. 그러나 여전히 비율로 보면 66.96퍼센트에서 47.55퍼센트로 인상적인 감소를 보인다. 이 기준에서 중국의 수치는 더 놀라운데, 절대적인 숫자가 8억 7577만 명에서 4억 5225만 명으로 감소했고, 비율로는 88.12퍼센트에서 34.89퍼센트로 떨어졌다.[4] 여기서 중요한 점은 이 기간 동안 중국이 중앙계획에 의한 공산주의 국가에서 시장 중심 경제로 변화했다는 사실이다. 그리고 이 극적인 빈곤 감소는 분명히 그 변화 덕분이라는 점에 의심의 여지가 없다.

둘째, 세계의 빈곤층은 어디에 사는가? 홈스트롬 교수의 주장은 이들이 자본주의 국가에서 전통적인 농촌 지역에서 어쩔 수 없이 쫓겨나 도시 지역에 살고 있다고 믿게 할 수 있다. 그러나 이는 사실이 아니다. 2002년 기준으로 전 세계 인구 중 도시 지역 거주 비율은 42.34퍼센트였으며, 하루 1달러 기준의 세계 빈곤층 중 도시 지역에 사는 비율은 24.55퍼센트, 하루 2달러 기준으로는 26.37퍼센트였다.[5] 또한 우리는 부의 분포가 농촌과 도시 가구 사이에서 어떻게 다른지 살펴볼 수 있다. 전 세계적으로, (소득이 아닌) 부로 측정한 하위 20퍼센트 가구 중 도시 지역에 사는 비율은 단 8퍼센트에 불과하며, 중동 및 북아프리카에서는 그 수치가 23퍼센트로 높아진다. 하지만 여전히 세계에서 가장 가난한 사람들의 대다수인 약 75퍼센트는 농촌 지역에 산다.[6] 누군가는 가난한 사람들이 농촌을 떠나는 이유가 빈곤 때문이고 더 나은 조건을 찾아 도시로 가기 위해 떠나는 것인지, 아니면 빈곤한 농촌 고향에서 밀려나 도시에서도 비슷하게 빈곤한 조건에 처하게 되는지 물을 수 있다. 내가 찾은 데이터는 이 질문에 답하지 못하며, 이는 확실히 더 많은 조사가 필요하다. 어느 경우이든, 자본주의가 더 많은 사람을 빈곤하게 만들었다고 결론짓는 것은 합리적이지 않으며, 그들을 살던 땅에서 쫓아내 도시의 저임금 공장을 위한 예비 노동군으로 만들었다고 주장하는 것은 더욱 그렇다.

셋째, 가난한 사람들은 생계를 위해 무엇을 할까? 이 질문에 답하기는 특히 어렵다. 왜냐하면 앞서 살펴본 것처럼 그들 대부분은 저개발국의 농촌 지역에 살기 때문이다. 따라서 그들 대부분은 수출 관련 산업이나 공장에서 일할 수 없다. 농촌 지역에 존재하는 사업체는 작고 종종 가족이 운영하는 경우가 많다. 농촌 빈곤층의 대부분은 농업 노동자나 소농이고, 고용도 대부분 비공식적이다.[7] 비공식적인 일자리는 공식적인 일자리보다 임금이 낮고 고용이 불안정하며, 사회적·법적 보호도 더 적다. 모든 부문에서의 노동자 수와 임금에 대한 글로벌 통계는 아직 없지만, 유엔여성개발기금(UNIFEM)에서 수행한 6개 개발도상국 연구에 따르면, 인도에서 비농업 부문 유급 노동에 비공식적으로 종사하는 여성은 14퍼센트에 불과하다. 남자든 여자든 연구된 비공식 경제에서 일하는 사람들 대부분은 자영근로자다.[8]

그렇다면 이것은 무엇을 의미할까? 우리가 일반화할 수 있는 범위에서 볼 때, 세계에서 가장 가난한 사람들은 대부분 농촌 지역에서 소규모 농업 생산에 종사하는 자영근로자다. 그들은 저임금 공장이나 수출 산업에서 일하지 않으며, 글로벌 자본주의는 그들의 삶에 큰 변화를 가져오지 않았다. 그들은 여전히 조상들이 살던 방식대로 살아간다. 자본주의가 뿌리를 내린 곳에서는 고용이 주로 공식적이고 도시에 집중되며, 공식적인 고용일수록 임금이 더 높고 사회적·법적 보호가 더 많다.

따라서 내가 홈스트롬 교수에게 전하는 첫 번째 대답은, 세계 빈곤율은 자본주의가 전 세계적으로 확장되면서 급격히 감소하고 있다는 것이다. 물론 여전히 빈곤은 심각하고 해결해야 할 문제가 많다. 게다가 현재 세계에 남아 있는 빈곤은 대부분 자본주의 발전이 거의 미치지 않은 농촌 지역에 집중돼 있다. 내가 주장하는 문제는 자본주의 발전이 과도한 것이 아니라 오히려 너무 부족하다는 것이다.

자본주의에 대한 잘못되거나 혼란스러운 인식

내 두 번째 반론은 홈스트롬 교수의 주장이 여러 중요한 지점에서 불완전하고 오해를 불러일으킬 수 있는 통계에 근거한다는 점이다. 첫째, 그녀는 세계 빈곤에 대한 통계를 인용하면서 이전 시기나 시대의 통계는 언급하지 않고, 상황이 악화되고 있다고 주장한다. 그러나 자본주의가 빈곤과 싸우는 진보적인 힘인지 알고 싶다면, 이전 시기와 현재를 비교해야 한다. 그러면 실제로 상황이 나아지고 있음을 알 수 있는데, 이는 내가 앞서 극심한 빈곤에서 생활하는 사람들의 수와 비율, 또는 빈곤 기준인 하루 2달러(PPP) 미만으로 생활하는 비율에 대해 기록한 바와 같다. 그녀와 나는 세계에 극심하고 끔찍한 빈곤이 존재하며, 부유한 국가와 개인의 선의와 빈곤국 정부의 더 큰 노력으로 이를 완화할 수 있다는 점에는 동의하지만, 지구 인구가 계속 증가하는데도 극심한 빈곤에 처한 사람들 수가 점점 줄어들고 있다는 사실은 여전히 변함이 없다. 또한 우리는 자본주의가 세계의 패권적 힘이라는 데 동의하므로, 자본주의는 세계의 빈곤 감소라는 **진보**에도 크게 기여했다고 볼 수 있다.

둘째, 홈스트롬 교수는 자본주의의 '착취공장'과 이른바 '하향 경쟁'에 대해 논의하면서 수사적으로 호소한다. 그러나 이러한 호소는 사실이나 합리적 논거에 근거하고 있지 않다. 그녀가 이른바 '착취공장'을 옹호하는 논의를 다루면서 나온 가장 심각한 예를 인용해보겠다.[9]

> 첫 번째 논거는 비판자들이 주장하는 만큼 그 여건이 나쁘지 않으며, 특히 착취공장이 존재하는 국가들의 생활 수준과 생계비와 비교할 때 그렇다는 것이다. **이러한 옹호는 단순히 신뢰할 수 없다.** 수많은 독립 연구는 1980년대 이후 특히 의류 산업 분야에서 치열한 경쟁 탓에 여건이 나빠졌으며, 이로 인해 이른바 '하향 경쟁'을 초래했다고 밝혔다. (244쪽, 인용자 강조)

하지만 이 옹호는 신뢰할 수 있고 믿을 만한 통계로 입증 가능하다. '하향 경쟁'은 통계적으로 유의미한 규모로 존재하지 않는다. 자본주의에서 임금 수준과 총보수가 시간이 지남에 따라 어떻게 변했는지를 보면 알 수 있다. 글로벌 통계는 잘 관리되지 않고 생성하기도 어렵지만, 최근 더 많은 경제학자가 세계 빈곤층에 초점을 맞추면서 연구는 개선되었다. 최근 추정치에 따르면 1995년부터 2007년까지 전 세계 실질 임금은 연평균 0.75퍼센트 증가했다. 이 성장률은 세계적으로 크게 차이가 나지만, 국제노동기구(ILO)가 신뢰할 만한 통계를 가지고 있는 대부분의 국가에서는 실질 임금이 상승했다.[10] 다국적 기업이 개발도상국에 진출할 때 임금에 어떤 변화가 일어나는지에 대한 증거도 있다. 연구에 따르면, 이런 기업들은 현지 기업들보다 훨씬 높은 임금을 지급하며, 이들이 현지 시장에 진입하면 현지 기업의 임금도 상승한다.[11]

물론 이러한 더 높은 임금은 홈스트롬 교수가 말하는 '착취공장' 때문이 아니라, 그녀도 동의할 법한, 세상에 좋은 일을 하고 있는 기업들 때문일 것이다. 의심할 여지 없이 현지 노동법이나 널리 받아들여진 국제 기준을 위반하면서도 현지 기준으로는 높은 임금을 지급하는 기업도 있을 것이고, 우리는 이들의 전체적인 가치를 두고 의견이 다를 수 있다. 이런 기업들이 좋은 일을 하는 것일까? 나는 어떤 법을 위반했는지에 따라 다르다고 생각한다(그 법이 보호주의적인 법인지, 아니면 실제로 건강과 안전에 중요한 법인지). 또한 다른 선택지와 비교했을 때 노동자들이 어떻게 대우받고 있는지도 중요하다. 만약 다른 선택지가 다국적 기업에서 일하는 것보다 훨씬 나쁘다면, 아마도 이는 더 나은 선택지가 마련될 때까지 활동가들이 받아들일 수 있는 개선일 수 있다. 홈스트롬 교수가 부분적으로 긍정적인 이런 판단을 수용할지는 확실하지 않다.

미국의 임금과 근로 조건에 대한 데이터는 노동통계국(Bureau of Labor Statistics, BLS)의 데이터 수집 노력 덕분에 훨씬 더 잘 정리돼 있다. 미국은 세계에서 가장 큰 자본주의 경제를 가진 나라다. 따라서 만약 하향 경쟁이 실제 현상이라면, 이곳에서 가장 두드러지게 나타나리라 예상할 수 있다. 그러나 반대로 임금과 전반적인 보상은 급격히 상승했다. BLS가 작성한 20세기 고용·임금·소득에 대한 보고서에 따르면 다음과 같다.

1900년에 1인당 소득은 (1999년 달러 기준) 4200달러였고, 1999년에는 약 3만 3700달러였다. 1999년 제조업 생산 노동자의 평균 시간당 임금은

13.90달러였고, 처음으로 측정된 1909년에는 약 3.80달러였다(1999년 달러 기준). 임금과 급여 외에 20세기 말에는 복리후생이 직원 보상의 주요 부분을 차지했다. 통계에 따르면 1999년에는 복리후생이 시간당 평균 5.58달러, 즉 전체 보상의 27.5퍼센트를 차지했다.[12]

하향 경쟁 이론은 또한 아이들이 성인 노동자보다 재생산 비용이 저렴하기 때문에 점점 더 많은 아이가 노동력에 진입하거나 강제로 투입될 것이라고 예측한다. 그러나 미국에서 아동 노동자(10~15세) 수는 1900년 약 175만 명, 즉 합법적인 풀타임 노동력의 6퍼센트에서 1999년에는 합법적인 풀타임 아동 노동자가 전무한 수준으로 감소했다.[13] 이 이론은 자본이 너무 많은 시장 권력을 가지고 있어서 안전 규정을 무시할 수 있다고도 제안한다. 물론 미국에서 오늘날 직장 내 안전은 100년 전보다 훨씬 나아졌다.

20세기 내내 일자리도 더욱 안정됐다. 다시 같은 출처에서 인용한다.

1900년 실업률은 5퍼센트로 추산되었고, 1999년에는 평균 4.2퍼센트였다. 이 두 수치는 큰 차이가 없지만, 매우 다른 역학 관계를 반영한다. 4개 주—캘리포니아·캔자스·메인·미시건—의 데이터와 1910년 인구조사는 세기 전환기 무렵의 노동자들이 연중 해고되거나 실업 상태에 놓일 가능성이 높았음을 시사한다.[14]

따라서 자본주의 발전은 전반적으로 임금을 낮추고, 아동 노동을 늘리고, 노동자를 더 위험한 상황에 처하게 하고, 시간이 갈수록 더 큰 불확실성에 노출시키는 경향을 보이지 않는다. 사실 우리가 아는 한 그 반대다. 물론 이러한 통계적 경향에는 예외가 없지 않다. 또한 법을 명백히 위반하여 어린이와 성인이 노예화되는 경우도 있으며, 일부 사람에게 실업 기간은 영구적으로 파괴적일 수 있다. 그러나 전체적으로 보면 이 체제는 빈곤을 심화시키지 않고, 대중을 빈곤에서 구해낸다. 일부 사람의 경험을 이유로 다수에게 이러한 발전을 부정하는 것은 현명하지도 공정하지도 않아 보인다. 따라서 예외적 상황은 체제 전체가 아닌 점진적 변화를 요구하며, 자신보다 더 어려운 사람들에게 자비와 선의를 베풀어야 한다는 일반적인 도덕적 명령을 따를 것을 촉구한다.

'하향 경쟁' 개념은 결함이 있는, 그리고 대부분 신뢰를 잃은 마르크스주의 경제 이론에서 비롯된 신화다. 마르크스주의 경제학에 따르면, 자본주의 기업들은 다른 기업들과의 경쟁에서 밀리지 않기 위해 임금을 생계 수준(또는 생계 이하로, 만약 더 적은 임금을 받더라도 굶주림을 면하고자 하는 예비 노동력이 충분히 존재할 경우)까지 줄여야 한다고 강요받는다. 그러나 이 이론은 여러 측면에서 잘못되었다. 첫째, 생산 비용을 사회적으로 필요한 노동력의 축적된 총량으로 산정하는 잘못된 가격 이론에 의존하는데, 이는 소비나 수요 측면을 고려하지 않는다. 간단히 말해, 임금은 노동의 가격이다. 현대 가격 이론에 따르면, 상품(또는 노동과 같은 생산 투입물)의 가격은 그 상품이나 서비스의 수요와 공급에 의해 결정된다. 그리고 그 상품에 대한 수요는 소비자(또는 생산자)가 그 상품을 대신할 수 있는 다른 선택지를 얼마나 가지고 있는지에 따라 부분적으로 결정된다. 이 통찰을 임금 결정에 적용하면, 노동에 대한 경쟁이 존재할 경우 노동에 대한 수요는 노동 생산 비용만큼 임금 수준에 영향을 미쳐야 한다. 둘째, 마르크스주의 경제 이론은 노동자들이 가정 내 생산, 창업 활동, 비공식 경제와 같은 다른 선택지가 전혀 없다고 가정한다. 이는 곧 노동자들이 기아 외에는 다른 선택지가 없다고 전제하는 것과 다름없다. 하지만 이는 현실에서 명백히 사실이 아니다. 세계에서 가장 가난한 지역에 사는 사람들도 주로 비공식 노동이나 자영근로에 의존해 생계를 이어간다. (불법) 노예제가 존재한다는 사실은 생계를 보장해 주는 것만으로도 노동자들에게 큰 혜택이 될 수 있음을 시사한다. 이는 노예를 찾아내고 강제하며 은폐하는 비용(또는 경찰을 매수하는 비용)을 절약할 수 있기 때문이다. 게다가 데이터는 하향 경쟁이 실제로 발생하지 않는다는 것을 보여준다. 임금 상승에 대한 데이터는 자본주의 발전을 추진하는 기업들이 지역적으로 평균 이상의 임금을 제공하고 있다는 강력한 증거다. 비록 그 임금이 다른 나라에서 지급되는 임금보다 낮을지라도 말이다.

홈스트롬 교수는 불평등과 빈곤을 뒤섞는다. 물론 빈곤이 절대적 기준인 반면, 불평등은 상대적 척도다. 전혀 가난하지 않고 자기 능력을 충분히 발휘할 수 있는 물질적 자원이 부족하지 않더라도 우리는 빌 게이츠보다는 훨씬 가난할 수 있다. 지구상의 모든 교수나 예술가는 분명 빌 게이츠보다 훨씬 가난하지만, 그들 모두 자기 능력을 개발할 자유가 있으며, 현 체제로 인해 빈곤해졌다고 걱정하는 사람은 아무도 없다. 물질적 불평등이 중요한 것은 그것이 인간 삶에 필수적인 무언가를 할 수 있는 능력 면에서 어떤 식으로든 빈곤화를 의미할 때뿐이다. 그러나 홈스트롬 교수는 글을 쓸 때 이 점을 인식하지 못하는 것 같다.

게다가 물질적 불평등은 권력과 자유, 전반적 복지의 불평등이기도 하다. 전반적 복지와 물질적 재화 사이의 연관성은 너무 명백해 굳이 설명할 필요는 없지만, 첫째, 물질적 불평등은 생사의 문제가 될 수 있고, 둘째, 물질적 불평등은 흔히 관련 없다고 여겨지는 다른 문제들, 예를 들어 가정폭력과도 연관 있다는 점을 지적할 필요가 있다. (214쪽)

이 인용문에서 그녀는 첫 문장에서 물질적 불평등을 언급한 뒤, 두 번째 문장에서는 빈곤으로 넘어갔다가 마지막에 다시 불평등으로 돌아온다. 그러나 중요한 점은, 물질적 불평등이 반드시 권력과 자유, 또는 전반적 복지의 불평등을 수반하지 않는다는 것이다. 빌 게이츠와 교수의 비교를 다시 생각해보자. 물질적 재화의 불평등이 반드시 자유나 전반적 복지의 부족을 의미하는 것은 아니다. 하지만 심각한 빈곤은 분명히 그렇다. 가정폭력에 대한 언급은 그녀의 주장을 더욱 모호하게 만든다. 가정 내 파트너 간 물질적 불평등은 사회 간 불평등만큼 크지 않지만, 파트너 간 여러 종류의 불평등이 가정폭력의 원인이 된다는 점에는 동의한다. 그러나 그 불평등—가정 내 파트너 간 불평등—은 분명 자본주의 때문이 아니다.

홈스트롬 교수는 자유와 자기표현을 위해서는 상대적 평등이 필요하다고 주장한다. 왜냐하면 오직 상대적(물질적) 평등이 있을 때만 정치적 평등이 이루어지기 때문이다.

상당히 평등한 사회만이 자유와 자기표현에 대한 이런 내부 장벽을 제거할 것이다. 사회의 모든 집단이 자신들을 형성하는 제도에 동등한 기반으로 참여할 것이기 때문이다. 개인적 자율성과 정치적 자율성을 모두 허용하는 그런 사회에서만 자기실현으로서의 자유가 가능하다. (218쪽)

그러나 우리는 일부 사람에게는 큰 부가 있고 재화 분배의 불평등이 존재하지만, 누구도 자신의 능력을 개발하기 위한 물질적 지원을 받지 못하는 일이 없는 사회를 상상할 수 있다. 개인의 자율성은 물질적 평등을 요구하지 않는 것처럼 보이지만, 확실히 일정 수준의 소득과 물질적 재화는 필요하다. 더 나아가 그러한 사회에서는 부와 소득의 하위 계층에서 시작해 정치적으로 정상에 오를 수 있는 사람들을 상상할 수 있다. 적어도 민주주의 사회에서는 말이다. 버락 오바마 대통령이 좋은 예다. 그는 특권도 궁핍도 없는 배경에서 출발했으며, 정치적으로 특권 없는 집단에 속했다. 그리고 미국은 모든 사람이 자기 능력을 개발할 수 있는 사회조차 아니다. 만약 미국에서 궁핍하게 사는 사람들이 어린 오바마 같은 수준의 물질적 복지를 누린다면, 그중 누구도 정치적 자율성을 가질 수 없으리라고 가정하는 것은 그럴듯하지 않다. 모든 집단의 모든 사람이 "자신들을 형성하는 제도에 동등한 기반으로 참여할" 능력을 가져야 한다는 요구는 그럴듯하지 않다. 왜냐하면 우리 중 일부는 그러한 영향력을 행사하기 위한 개인적 카리스마가 부족하기 때문이다. 그러므로 평등은 정치적 자율성에도 반드시 필요해 보이지 않는다. 평등은 분명 자율성이나 자기실현으로서의 자유에 충분한 조건이 아니다. 필요한 것은 물질적 자원의 충분함을 비롯한 여러 가지 요인이다. 마지막으로, 경제적 평등을 이룬다고 해서 반드시 정치적 평등이 이루어지는 것은 아니다. 실제로 20세기와 21세기의 공산주의 실험이 이를 보여주듯, 절대적 평등을 이루기 위한 노력 자체가 정치적 평등에 걸림돌이 되는 경우가 있다. 따라서 평등은 개인적 또는 정치적 자율성을 위한 필요조건도 충분조건도 아니며, 불평등이 반드시 개인적 또는 정치적 자율성의 장애물이 되는 것도 아니다. 불평등이 문제가 되는 것은 불평등이 너무 커서 하위 계층이 물질적 궁핍에 이를 때뿐이다. 하지만 그 경우 우리가 논의해야 할 것은 불평등이 아니라 빈곤이다.

홈스트롬 교수는 미국에서 불평등이 증가하고 있으며, 이는 문제라고 주장한다. 이 주장을 살펴보자. 내가 앞서 했던 주장을 고려하면, 불평등이 자본주의에 대한 비판으로 여겨지려면 불평등이 가장 가난한 사람들의 임금과 보상 감소로 발생해야 한다. 불평등의 증가는 하층의 하락, 상층의 상승, 또는 양극화로 인해 발생할 수 있다. 만약 상층의 상승이 원인이라면, 내 앞선 주장을 감안했을 때 이는 허용될 수 있으며, 특히 하층도 어느 정도 상승한다면 더욱 그렇다. 앞에서도 인용한《글로벌 임금 보고서(Global Wage Report)》에 따르면, 미국에서 임금 불평등 증가는 대부분 시간이 지남에 따라 임금 차이가 상층의 상승으로 발생한 탓이다.[15] 임금 양극화가 줄어들고 있다는 몇 가지 지표가 있는데, 이를테면 남성과 여성 간 임금 격차가 줄어들고 있다(물론 임금 격차가 존재한다는 사실 자체가 여성에게 부정적인 일이긴 하다). 홈스트롬 교수는 미국에서 임금 격차 감소가 주로 남성의 임금이 하락했기 때문이라고 우려한다. 하지만 이것이 정말로 문제일까? 무엇보다 이는 적어도 남성과 여성 간 비교 관점에서 볼 때 하층의 하락이 아니라 상층의 하락이다. 만약 남성의 임금 하락이 주로 남성이 여성에 비해 누려왔던 자동적 특권을 상실한 결과이고, 여성의 임금이 상승한 것이라면, 이는 그다지 문제가 되지 않을 수 있다. 특히 페미니즘 관점에서는 그렇다. 부당한 특권의 상실 자체가 도덕적으로 나쁜 것은 아니다. 중요한 질문은 모든 임금이 상승했는지, 그리고 열악한 상황에 처한 사람들이 생계를 꾸리기 위해 필요한 노동 시간이 줄어들었는지 여부다. 내가 앞서 언급했듯이, 미국의 경향은 더 나은 임금과 노동 조건을 향하고 있다.

미국에서의 변화 추이를 고려해, 홈스트롬 교수는 미국이 인간개발지수(HDI)라는 삶의 질 측정 기준 중 하나에서 하락하고 있다는 주장을 제기한다. 그러나 그녀는 미국의 순위를 서로 다른 시점에서 비교하는 실수를 하는데, 이는 당시 미국이 받은 원점수를 비교해야 한다. HDI에서 미국 순위를 서로 다른 시점에서 비교하는 것은 그 기간 동안 삶의 질이 개선되었는지에 대한 질문과는 무관하다. 순위가 하락하더라도 다른 나라들이 더 큰 진전을 이룬 경우 지수로 측정한 삶의 질은 향상될 수 있다. 또한 지수 계산 방식도 시간이 지나면서 변화했기 때문에 순위 차이는 지수 산출 방식의 변화 때문일 수 있다. 따라서 원점수뿐만 아니라 지수를 계산하는 방법론도 살펴보는 것이 중요하다. 홈스트롬 교수는 이차 자료[16]만 인용했지만, 그 출처인 2008년 유엔개발계획 인간 개발 보고서 통계 업데이트는 1980년부터 소급해 2006년의 방법론을 일관되게 적용해 지수를 산출했다. 이 자료에 따르면, 1980년 미국의 HDI는 0.892였고, 1995년에는 0.933, 2006년에는 0.950으로 상승했다. 따라서 미국의 HDI는 그 26년 동안 상당히 개선된 것이다. 미국의 순위가 하락한 것은 다른 나라들의 발전 속도와 더 관련 있으며, 다른 자본주의 국가들이 그 기간 동안 미국보다 더 많이 HDI를 개선한 것은 자본주의에 대한 비판의 근거로 볼 수 없다.

자본주의: 부분적 실패, 부분적 성공, 그리고 진전

홈스트롬 교수는 자본주의의 부분적 실패에 집중하면서, 부분적 성공이나 진전을 인정하지 않는다. 내가 정리해 보여줬듯이, 자본주의 발전은 많은 사람의 수명과 건강, 그리고 물질적 생활 수준에서 엄청난 진전을 가능케 했다. 최빈층을 빈곤에서 구제하기 위해 여전히 할 일이 많은 것은 사실이지만, 이런 빈곤이 자본주의 자체보다 자본주의 발전의 지체로 발생한 것은 아닌지 명확하지 않다. 그렇지만 자본주의의 부분적 실패는 존재한다. 예를 들어, 자본주의 기업들이 법을 위반하거나 정부가 압력을 가해 이를 눈감아주는 경우가 있다. 그러나 많은 부분적 실패는 자본주의 때문이 아니라, 자본주의의 일반적 논리와 충돌하는 경우에도 일부 사회 부문에서 전통주의를 고수하는 데서 비롯한다.

현대 노예제는 부분적 실패의 두 범주를 결합하고 있다. 사람들이 임금 없이 강제 노동을 당하는 거의 모든 지역에서 이는 불법이다. 그러나 지역 경찰의 부패나 무능함 때문에 노예상들은 악행을 저지르고도 처벌받지 않는다. 그럼에도 우리는 이 전체적인 상황을 두 가지 측면에서 봐야 한다. 첫째, 노예제가 합법이던 시절에 비해 진전된 상황이며, 둘째, 자본주의 논리의 모순이다. 자본주의는 가장 수요가 많은 곳에 (자본뿐만 아니라) 노동을 자유롭게 투입할 수 있기를 요구한다. 일부에서 제품 생산에 필요한 요소를 경쟁하는 대신 법을 피해 취해간다면, 이는 시장 실패를 초래한다. 문제는 권리, 특히 자기 재산권을 제대로 행사하지 못한 데 있다. 케빈 베일스가 현대 노예제에 대한 획기적인 분석에서 조사한 각 나라마다 그 원인은 상이하고 복잡하다.[17] 일부 지역에서는 노예제가 고도로 조직화된 국제 범죄의 한 형태인 반면, 대부분의 지역에서는 전통적 관행의 지속이다. 예를 들어, 파키스탄에서는 아이들이 전통적으로 카펫 제작자에게 묶여 사실상 노예가 되는 경우가 있다. 그러나 두 가지 형태의 현대 노예제에 대한 진짜 질문은, 홈스트롬 교수가 추천하는 민주적 사회주의로 전환한다면 노예제가 사라질지 여부인데, 이는 명확하지 않다. 결국 가장 발전한 자본주의 국가에서 노예제가 가장 적게 나타나기 때문이다.

자본주의가 전쟁을 더 많이 일으키는가? 이는 오랫동안 사회주의자들이 자본주의에 반대하며 제기한 주장 중 하나이지만, 그다지 설득력 있어 보이지는 않는다. 첫째, 20세기의 공산주의 실험들이 자본주의 국가들만큼이나 군국주의적이며 침략 전쟁을 할 수 있었음은 분명하다. 둘째, 흔히 주장하듯이, 그리고 홈스트롬 교수도 이에 동의하리라 생각하는데, 민주주의 국가들은 서로 전쟁을 벌이지 않는다. 그러나 민주주의 국가들은 자본주의로 기울어지며, 이는 사람들이 선택의 기회가 주어졌을 때 자본주의를 선택하는 경향이 있기 때문이다. 노예제와 마찬가지로, 자본주의 논리는 일반적으로 전쟁에 반대한다. 왜냐하면 전쟁은 잠재적인 무역 상대를 없애버리기 때문이다. 자본주의적 경쟁은 제로섬 또는 네거티브섬(negative-sum) 게임이 아니라 포지티브섬 게임이다. 안전 보장은 군사적 안보를 넘어서는 개념이라는 홈스트롬 교수의 주장에 나는 전적으로 동의하는데, 일반적으로 사람과 재산의 안전 보장은 자본주의 발전의 필수 조건이기 때문이다.

홈스트롬 교수는 성장의 단점만 지적한다. 글 초반에 그녀는 자본주의가 빈곤을 막을 만큼 충분히 생산적이지 않다고 비판하고, 마지막 부분에서는 자본주의가 과잉 인구와 과도한 오염을 초래할 만큼 너무 생산적이라고 비판한다. 자본주의가 과잉 인구와 과도한 오염을 일으키는가? 물론 발전은 자본주의의 양날의 검일 수 있다. 자본주의는 엄청난 물질적 생산성을 가능케 하지만, 이 생산성은 천연자원을 사용하고 폐기물을 발생시킨다. 자본주의는 더 많은 사람에게 더 긴 수명을 제공하지만, 그로 인해 인구는 더 많아진다. 그러나 자본주의가 과잉 인구에 책임을 져야 한다고는 할 수 없다. 내 글에서 보여주었듯('영아 사망률 감소와 출생률 저하'에 관한 단락 및 표 1.1 참조), 출생률은 발전할수록 떨어진다. 세계 인구 증가의 실제 원인은 자본주의 국가가 아니라 가장 저개발 국가들의 인구 증가 때문이다.

우리가 오염, 특히 기후 변화를 매우 우려해야 한다는 홈스트롬 교수의 말에 동의하지만, 내 견해로는 이것이 우리를 희소 자원의 집단 소유가 아닌 재산의 사적 소유로 이끌어야 한다고 생각한다. 경험에 의해 여러 차례 입증되었고 이론적으로도 분명하듯이, 재화를 집단적으로 소유할 때 이른바 '공유지의 비극'이 발생하기 쉽다. 공유지의 비극이란 장기적으로 보존하고 보호할 동기가 없기 때문에 희소 자원을 과도하게 사용하는 현상을 말한다. 공동 소유는 다른 사람이 소진하기 전에 자원을 서둘러 사용하게 만드는 경쟁을 유발한다. 자신이 아무리 선의로 행동하더라도, 다른 사람들이 자원을 보존하고 보호할 것이라는 확신이 없다면, 자원이 남아 있는 동안 최대한 이용하는 것이 합리적이다. 게임 이론에서 말하는 '죄수의 딜레마'와 비슷하다. 여기서 자원을 보존하라고 조언하는 균형 전략은 존재하지 않는다. 나중 세대를 위해 자원을 보존하려고 그 사용을 자제하는 사람은 결국 속는 셈이 된다. 공유지의 비극을 보여주는 실제 사례는 무수히 많다. 세계 해양 어업 자원의 고갈, 대기 오염, 목초지에서의 과도한 방목, 땔감의 과도한 채취 등이 그런 예다. 이 마지막 예는 오늘날 아프리카의 많은 지역에서 특히 여성들에게 비극적인데, 이들은 충분한 연료를 찾기 위해 집에서 점점 더 멀리까지 나가야 한다.

재산의 사적 소유는 소유자에게 장기적으로 자기 재산을 보존할 동기를 제공한다. 다른 사람들의 사용을 배제할 수 있는 능력이야말로 목초지를 개선하고, 나무를 보호하며, 어획을 자제하거나, 다 자란 동물만 취하는 등 안정적으로 재산에 투자할 수 있게 한다. 사적으로 소유한 가축이 사라질까봐 걱정하는 사람은 아무도 없지만, 북대서양의 어류인 대구가 사라질까 많은 사람이 걱정한다. 사적 소유는 그 재화를 소비하려는 사람들이 그 재화의 상대적 희소성과 보존 비용을 반영한 가격을 지불할 의사가 있을 때만 그 재화를 시장에 판매할 수 있게 한다. 경쟁 자원을 개인적으로 소유하고 판매할 수 있는 능력은 대체 자원을 마련할 수 있다는 의미이기도 하며, 이는 더 희귀해서 더 비싼 사유 재화에 대한 압박을 어느 정도 완화해준다.

홈스트롬 교수는 공유지의 비극을 집단적인 방법을 통해 완화할 수 있다고 주장한다. 공동 소유자들이 자원 사용을 제한하는 메커니즘과 이를 실행하는 메커니즘에 합의할 수 있으며, 이를 위해서는 감시와 강제력이 필요하다. 또한 집단은 자원을 어느 정도까지 이용할지에 대해 적절한 수준을 결정해야 한다. 마지막으로, 집단 외부인들을 자원 사용에서 배제해야 하며, 이 역시 강제 수단이 필요할 수 있다. 이러한 방식이 성공한 유명한 사례[18]도 있지만, 비극적으로 실패한 사례가 더 많다.

자본주의 경제학에 대한 오해

홈스트롬 교수와 반자본주의자들은 일반적으로 자본주의 경제에 대한 잘못된 관점을 제시한다. 앞서 언급했듯이, 그들은 소비 측면을 고려하지 않고 생산에만 집중하는 경향이 있다. 생산의 목적을 시장에서 소비자가 요구하는 상품의 창출이 아니라 노동자들의 일자리 창출로 본다. 시장의 수요 측면을 간과하면, 자본주의가 그 수요를 통해 정보를 전달하는 효율성도 놓친다. 그러나 이 정보 효율성은 중앙계획 경제보다 시장 경제가 가진 주요한 장점 중 하나다. 또한 반자본주의자들은 혁신이나 변화가 없는 정적인 세계를 가정한다. 자본주의는 정적인 세계에서 완전 고용을 제공하는 데 그리 뛰어나지 않지만, 그것이 자본주의의 내적 논리가 지향하는 바는 아니다. 조지프 슘페터(Joseph Schumpeter)가 언급했듯이, 자본주의는 창조적 파괴를 중심으로 이루어지며, 소비자나 잠재 소비자의 욕구에 의해 움직인다.

홈스트롬 교수가 자본주의의 논리를 잘못 해석한 예는 그녀가 다음과 같이 쓴 부분에서 드러난다. "자본주의의 기본 '규칙' 또는 '작동 법칙'은 이윤 극대화다. 이것이 자본주의에서 생산의 목표다. 이에 따라 무엇을 생산하고, 어떻게 생산하며, 어디서 생산할지 결정한다"(238쪽). 그러나 이와 반대로 무엇을 생산할지 결정하는 것은 소비자들의 선택, 또는 그 선택에 대한 기업의 최선의 추정이다. 기업은 생산과 유통을 위한 투입 비용, 대출 이자 비용, 그리고 소유주의 기회비용을 충당해야 한다. 소유주는 자기 자본을 다른 방식으로 투자할 수 있기 때문이다. 이러한 비용을 충당한 후 남는 이윤은 '경제적 지대(rent)'로, 시장에 상품을 내놓는 데 필수적인 것은 아니다. 소비자들이 구매하려는 상품 생산에 성공하면, 기업은 고용이나 다른 투입 요소들을 놓고 경쟁할 만큼 이윤을 벌 수 있으며, 이 투입 요소들은 공식 시장 안팎에서 다른 기회들과 경쟁한다. 기업은 경제적 지대를 얻을 수도 있고 얻지 못할 수도 있으며, 실제 세계에서는 완벽한 정보가 없기 때문에 반드시 이윤을 극대화하지 못할 수도 있다. 모두가 그저 자기 자원을 사용하는 데 있어 기회비용을 최선으로 추정할 뿐이다.

홈스트롬 교수와 나는 자본주의의 정의에 대해서도 비슷한 차이를 나타낸다. 두 가지 중요한 차이점이 있다. 나는 자유시장과 차별 금지를 강조하는 반면, 그녀는 이윤을 위한 생산을 강조한다. 이상적인 조건에서는 자유시장이 존재할 때 이윤을 위한 생산이 일어날 가능성이 크지만, 이는 생산자가 합리적이고 이윤이 시장에 남아 있기 위한 필수 요소일 때만 그렇다. 이는 매우 경쟁적인 조건에서만 성립한다. 경쟁이 덜한 조건에서는 이윤 극대화가 달성되지 않거나, 시장에서 기업이 생존하는 데 필수적이지 않을 수도 있다. 자연계에서의 진화와 마찬가지로, 경쟁은 '충분히 좋은' 사람만 살아남게 하지만, 반드시 최대 이윤으로 이어지지는 않는다.

홈스트롬 교수와 나의 자본주의 정의에서 두 번째 차이점은 그녀가 자본주의를 "잔인한 경쟁 체제"라고 언급하면서 경쟁의 본질을 오해한다는 점이다. 자연에서의 먹이와 포식자 간 치열한 싸움을 경쟁의 전형으로 받아들이면, 시장 경쟁의 많은 긍정적이고 협력적인 측면을 간과하게 된다. 그러나 스포츠를 인간 경쟁의 전형으로 본다면, 우리는 자본주의의 경쟁적 성격을 더 적절하게 비유할 수 있는 더 섬세한 시각을 가질 수 있다. 경쟁 스포츠는 게임의 규칙(재산권과 무역을 구조화하는 법과 유사)에 따라 진행되며, 선수들은 대부분 그 규칙을 준수하거나 최소한 게임이 계속 진행될 수 있도록 하려는 의도를 가지고 행동한다(그래야 그들이 장기적으로 그 게임에서 이익을 얻을 수 있기 때문). 경쟁 스포츠의 결과에는 대개 승자가 있고 패자나 차점자도 있겠지만, 패자들은 거의 항상 그 경쟁에 참여함으로써 스스로 얻은 것이 있다고 여긴다. 그들은 전쟁에서 패배한 자나 자연의 먹잇감이 아니다. 그리고 아마도 가장 중요한 점은 스포츠와 그 경쟁이 참가자들의 최선을 이끌어낸다는 점이다. 경쟁 스포츠가 가장 잘 작동할 때, (훔볼트의 뒤를 이어) 롤스가 말한 '사회적 연합'이 이루어지는데, 이때 각 구성원은 자신뿐만 아니라 다른 구성원의 성취에서 기쁨을 느낀다. 자본주의 시장도 경쟁하는 기업들이 더 많은, 더 나은 제품을 만들도록 하고, 서로 창조·혁신·투자의 동기를 제공함으로써 이러한 시너지 효과를 내는 공동체 체제를 만들 수 있다. 그리고 자본주의와 스포츠에서는 모두 시장 기회나 게임에 참여하고자 하는 욕구로만 모인 이방인들 사이에서 사회적 연합을 형성할 수 있다.[19] 물론 경기는 고함을 지르거나 싸움으로 변질될 수 있으며, 자본가들은 어떤 대가를 치르더라도 이기기 위해 부정한 전술을 사용할 수 있다. 이는 전술이 불공정해지고 균형을 깨뜨릴 때 좋은 규칙을 고안하고, 선수들을 감독하고 위반자를 처벌할 좋은 심판을 두는 것이 중요함을 시사한다. 우리가 아예 스포츠 경기를 포기해야 한다는 의미는 아닌 것이다.

자본주의는 체제 내의 모든 사람에게 각자가 다른 사람보다 더 잘하고 싶어 하면서도, 모든 참여자가 계속해서 잘 기능하도록 보장할 동기를 제공한다. 홈스트롬 교수는 때때로 마치 마지막에 남는 자본가만이 유일한 승자인 것처럼 쓴다. 그녀는 이른바 사회주의와 비교하면서 자본주의가 여성에게 어떻게 작용하는지에 대해 쓴다.

중국처럼 혁명 전에는 여성이 사실상 노예와 같았던 일부 국가에서는 여성의 삶이 특히 극적으로 개선되었다. 그 이유는 **자본가들처럼** 이 사회의 지배 관료층 역시 여성의 종속에 아무런 이해관계가 없었기 때문이다. 오히려 **자본가들과는 달리** 이들은 여성의 종속을 없애는 데는 분명한 이해관계가 있었다. 그들은 특정 기업이 아닌 사회 전체를 '소유'했기에, 사회 전체의 생산성을 극대화해야 했고, 이를 위해 모든 사람을 최대한 생산에 투입

할 필요가 있었다. (241쪽, 본문 강조)

　쉽게 말해 자본가들은 노동력 공급과 상품 수요를 늘리기 위해 모든 사람이 노동자와 소비자로 활동할 수 있도록 하는 데 이해관계를 가지고 있다고 할 수 있다.

　홈스트롬 교수가 자주 하는 마르크스주의적 과장은 자본주의가 강제 노동 체제라는 것이다. 그 이유는 많은 노동자가 스스로 시장에 내놓을 상품이나 서비스를 생산할 수단이 없어서, 임금을 위해 자기 노동을 계약해야 하기 때문이다. 노동자들에게 외부 선택지가 전혀 없다고 가정하더라도(앞서 내가 의심스럽다고 언급한 바 있다), 어떤 자본가에게 자신의 노동을 팔아야 한다는 것과 특정 자본가에게 얽매여 있다는 것은 큰 차이가 있다. 후자의 상황은 거의 노예제와 다름없지만(임금을 받을 뿐), 전자는 분명 노예제가 아니다. 결국 살기 위해 어느 정도 노력해야 하는 것은 사실이며, 그 노력이 단지 억누르는 것이라 해도 그렇다. 그러나 이로부터 누군가 강제로 억눌러야 한다는 결론이 나오는 것은 아니며, 적어도 도덕적으로 중요한 의미에서 강제라고 할 수는 없다! 외부 선택지가 매우 나쁜 경우(교육받지 못했거나 경작할 땅이 없거나 시장성 있는 기술이 없거나 가족 지원이 없거나 부양가족이 있는 경우)에는 매우 낮은 임금을 받는 일이라도 선택하는 것이 합리적일 수 있다는 반론이 있을 수 있다. 결국 모든 문제는 정도와 선택의 문제다. 홈스트롬 교수가 말한 것처럼, 생산 수단과 소유권이 없을 때만 강제 노동이 있다고 말하는 것은 사실이 아니다. 그 경우에도 여전히 무언가를 생산하고 무언가를 획득해야 하며, 이러한 일을 하기 위해 노동을 해야 한다. 심지어 무엇을 만들고 획득할지 선택하는 것조차 노동이 필요하다. 그래서 그녀가 말한 것처럼 고용 하인 제도와 자본주의의 자유 노동 사이의 유일한 차이가 강제 정도에 불과하다면, 그것은 우리가 상상할 수 있는 모든 체제에 적용될 수 있는 말이다. 인간 또는 인간이 만들어 시행하는 체제에 의한 강제가 없는 것은 자연 상태뿐이다. 그러나 자연 상태는 우리가 자유롭다고 부를 수 있는 상태가 아니며, 그 상태에서 대부분의 사람은 자신의 능력을 실현할 수 없을 것이다.

아마도 홈스트롬 교수가 제시한 대안을 평가하는 데 가장 중요한 점은, 그녀가 자본주의에서 정보 전달의 효율성을 제대로 이해하지 못하며, 비시장 체제에서 이를 대체하는 것이 얼마나 어려운지 간과하고 있다는 점이다. 내가 이 책 90~93쪽에서 주장했듯이, 비시장 체제에서는 무엇을, 어디서, 누가, 어떻게 생산할지, 그리고 누구에게 얼마나 배분할지 결정을 내리기 위해 관료들이 필요하다. 반면, 이러한 결정은 시장에서는 가격 체계를 통해 자동으로 이루어진다. 관료들은 다른 사람들이 가지지 못한 정보에 접근할 수 있기 때문에 시장 체제보다 더 많은 정보 비대칭이 발생하며, 그로 인해 문제가 생길 가능성이 더 크다. 마지막으로, 관료들이 어떤 정보를 바탕으로 분배 및 생산 결정을 내리고자 한다면, 그 정보를 시민들에게 요청해야 할 것이며, 이는 이제 시민들에게 유리한 정보 비대칭을 초래한다. 이 모든 문제는 최소한 시장 체제에서는 피할 수 있다. 시장은 주어진 대안들 속에서 가장 기꺼이 대가를 지불할 수 있는 기업에 생산 투입물을 보내고, 또한 가장 기꺼이 대가를 지불할 수 있는 소비자에게 상품과 서비스를 보낸다. 누구도 무엇을 세거나 결정할 필요가 없고, 생산자나 소비자가 자신의 선호나 필요를 정확하게 드러내야 할 필요도 없다.

마지막으로, 오늘날 세계에서 자본가를 위해 일하지 않기 위해서는 대규모 자본을 통제해야 한다고 주장하는 것은 시대착오적이다. 사실 세계의 빈민 대부분은 자본가를 위해 일하지 않는다. 그러나 이것이 그들을 가난하지 않게 해주지는 않는다. 개인이 생산 수단을 통제하는지 여부는 자본주의가 강제적 체제인지에 대한 논쟁에서 핵심 쟁점이 아니다. 진짜 질문은 사람들이 괜찮은 생활 수준을 구매하거나 창출할 수 있을 만큼 충분히 좋은 선택지를 가지고 있는지 여부다. 일하는 빈민에게 필요한 것은 가난에서 벗어나, 자신이 어떤 노동을 할지 선택하고 어떤 노동을 거부할지 선택할 수 있는 더 나은 협상 위치를 갖는 것이다.

자유주의 페미니즘에 대한 비판

자본주의에 대한 홈스트롬 교수의 페미니스트 비판은 자유주의에 대한 페미니스트 비판이기도 하며, 이는 자유주의적 결혼과 재산권에 대한 비판을 중심으로 한다. 여기서 자유주의 페미니즘을 옹호하는 것이 내 임무라고 생각하지는 않지만, 그녀의 비판 중 자본주의 비판과 밀접하게 연관된 한 가지 측면을 언급하겠다. 여기서 그녀는 재산권 및 부부 권리의 기초에 대한 로크의 해석을 제시하며, 이 두 가지를 연결한다. 그녀의 견해에서 이 논의의 핵심 연결점은 "자유롭고 평등하며 이성적인 사람들이 스스로 자유와 평등을 상실하는 데 동의할 것"임을 입증하려는 것이다(180쪽). 남성의 경우 사유재산권을 보호하는 가장 좋은 방법이기 때문에 법의 지배에 묵시적으로 동의함으로써 자유를 포기한다. 그러나 사유재산권은 제한 없이 사유재산을 획득할 권리이기 때문에, 이는 좋은 땅이 모두 사유화된 뒤에는 많은 남성이 실제로 사유재산을 소유할 수 없게 된다는 의미다. 여성의 경우 남성이 "더 능력 있고 강하"기 때문에 결혼에 동의할 때 자신의 자유를 남편에게 넘겨준다. "따라서 고전적 자유주의 이론은 …… 여성의 권리와 자유에 **필연적으로** 제한을 두는 재산 형태와 그에 기반한 결혼을 옹호"했다(186쪽. 인용자 강조). 그러나 로크식 사유재산이 반드시 여성의 권리와 자유에 제한을 가하는가? 물론 어떤 도덕 체계에서도 권리와 자유에 일정한 제한은 있어야 하기 때문에, 홈스트롬 교수가 여기서 염두에 두는 제한은 성차별과 기타 차별에 따른 제한, 즉 남성에게는 적용되지 않는 제한일 것이다. 남성이 '더 능력 있고 강하다'는 성차별적 가정을 제외하면, 로크식 재산권 이론이 이러한 차별적 권리를 수반한다고 가정할 이유는 없다. 더욱이 홈스트롬 교수가 현재 시제를 사용하여 의미하는 바는 무엇인가? 그녀는 자본주의적 사유재산권이 18세기에 존재했던 것과 동일한 제한을 여성의 권리와 자유에 항상 가한다고 보는 것인가? 아니면 단지 여성의 권리와 자유에 어떤 제한이 있다는 것인가? 물론 이는 사실이며 남성에게도 적용된다. 예를 들어, 우리는 다른 사람의 사유재산을 우리 것으로 취급할 권리나 자유가 없다. 하지만 내가 주장하는 바와 같이, 자본주의적 사유재산권의 전체 체계를 정당화할 수 있다면 이러한 부자유도 정당화할 수 있다. 하지만 홈스트롬 교수는 이어서 자유주의 페미니즘이 다음 결론을 피할 수 없다고 말한다. "오늘날 자유주의 페미니스트들이 원하는 것처럼, 남성과 여성의 평등을 실현하기 위해 로크의 이야기를 다시 쓰는 것이 가능할까? 그렇지 않다. 로렌 클라크가 설명하듯이 '로크의 주요 목표 중 하나는 남성이 자신의 재산을 정당한 상속자에게 물려줄 절대적 권리에 이론적 근거를 마련하는 것'이었기 때문이다"(186~187쪽). 그러나 이것이 그가 성공했다는 의미는 아니다! 결국 누군가는 그의 목적이 노예제나 아메리카 원주민 학살을 옹호하는 것이었다고 말할 수 있지만, 그것이 자유주의 페미니스트의 목적은 아니다.

자본주의의 대안

홈스트롬 교수는 자본주의의 대안으로 실행 가능한 체제를 제시하지 않는다. 하지만 그녀가 인정하듯이, 자본주의가 여성에게 좋은지 여부를 논하려면 '무엇과 비교하는지' 물어야 한다. 홈스트롬 교수는 민주적 사회주의를 제안하는데, 이는 민주적으로 결정이 이루어지는 중앙계획 경제를 포함한다. 그녀의 민주적 사회주의 제안은 대략적 윤곽뿐이지만, 몇 가지 주요 원칙을 제시한다. 첫째, 민주주의는 직접 민주주의여야 하며, 최소한 대표자들이 유권자들의 평균 임금을 받고 즉각적인 소환에 응할 수 있어야 한다. 즉각적인 소환 조항 때문에 이는 본질적으로 직접 민주주의에 해당한다. 그러나 이것은 다수의 폭정 문제를 고려하지 못한 것이다. 직접 민주주의는 웅크려 있거나 억압받는 소수 집단에 다수의 이해관계를 강요할 가능성이 크다. 홈스트롬 교수는 제임스 매디슨이 《연방주의 논설》 10호에서 '파벌' 또는 다수의 폭정 문제를 해결하기 위해 제안한 대의 민주주의를 비판할 때, 이 점의 중요성을 분명 인식하지 못하고 있다. 하지만 이는 직접 민주주의의 정치적 문제일 뿐이다.

홈스트롬 교수가 상상한 사회에서 자유가 존재하는지 판단하려면, 생산과 분배가 실제로 어떻게 조직되는지 살펴봐야 한다. 경제적 무정부 상태? 그렇다면 집단적 생산은 매우 작은 지역 규모에서만 이루어질 것이며, 소수가 아닌 다수가 함께 일하는 상황에서는 노력과 생산물의 할당을 누군가 또는 다수가 결정해야 하기 때문이다. 만약 중앙계획이 있다면, 무엇을 생산하고 소비할지 결정하는 힘이 있어야 한다. 그녀는 사람들이 그러한 모든 결정에서 바로 합의에 이를 것이라고 가정하는가? 이는 인간의 감정적 성향, 물질적 필요, 인식적 및 감정적 능력에 대한 비현실적 가정일 것이다. 그러나 합의가 이루어지지 않는다면 다수의 폭정 가능성이 생길 것이며, 너무 늦게 생산을 지시하는 결정이 내려질 것이다. 이러한 문제들이 없더라도, 민주적으로 통제되는 중앙계획자가 전체 사회의 생산 및 분배 결정을 어떻게 내릴 수 있을지 상상하기 어렵다. 많은 결정은 공학 및 제조에 대한 전문 지식이 필요할 것이며, 다른 결정은 의학에 대한 지식을 요구하고, 또 다른 결정은 식량 생산에 관한 것이다. 시민들이 합리적으로 투표하기 위해 이 모든 것에 대해 방대한 지식을 가져야 할까? 아니면 전문 지식이 없는 문제에 대해서는 투표권을 양도할 것인가? 이는 체제를 엘리트 관리자와 정보가 부족한 사용자로 나누는 두 계층 구조로 기울게 할 것이며, 이는 심각한 정보 비대칭 문제를 야기하고, 더 이상 직접 민주주의가 아니다.

다수의 폭정과 공유지의 비극은 사람들이 이기적 이익보다 사회적 선을 추구할 필요를 느끼지 않을 때, 그리고 그 때문에 발생한다. 홈스트롬 교수는 이러한 이기적 이익을 추구하는 충동이 자본주의에서 발생하지만 사회주의에서는 발생하지 않을 것이며, 사람들은 비자본주의 사회에서 훨씬 더 기꺼이 공익을 위해 일할 것이라고 가정하는 듯하다. 그들은 강요나 억압을 당한다고 느끼지 않을 것이며, 여전히 필요한 위험하거나 더러운 일에 자발적으로 참여할 의향이 있을 것이다. 그러나 이는 설득력이 없다고 본다. 우리의 성격과 욕망이 어느 정도 우리의 경제·사회 체제에 내재해 있더라도 말이다. 우리 각자는 선택과 자율성의 영역을 원하며, 이는 이기적 욕망이다. 일반적으로 억압받는 집단은 그 억압에 분개하고 저항한다는 점이 내 견해를 뒷받침한다. 설령 그 사회의 이념이 그들에게 그 억압 상태가 그들의 자연스러운 위치이거나 마땅히 감수해야 할 것이라고 말할지라도 말이다. 예를 들어, 사회는 오랫동안 여성들에게 가족의 뒷바라지를 맡겨왔고, 사실상 사회의 모든 것은 그것이 여성의 자연스러운 역할이라고 생각하게끔 설계되었다. 하지만 여성들은 여전히 이에 분개하고 저항해왔다. 우리는 때때로 동료애와 이타심을 발휘할 수 있지만, 또한 많은 경우 이기적 성향을 보이기도 한다. 자본주의는 이기적 충동을 이용하고 사람들이 자신의 복지를 극대화하기 위해 낯선 자들의 이해관계, 즉 그들의 필요와 욕구를 고려하도록 유도함으로써 이를 사회적 선으로 전환한다. 반면, 사회주의는 이와 유사한 동기를 제공하지 않기 때문에 이기적 충동이 발생할 때 이를 감수해야 한다.

요약하자면, 우리가 자본주의의 이상이 아닌 현실에 초점을 맞춰야 한다는 홈스트롬 교수의 견해에 나는 동의한다. 그러나 같은 논리로, 우리는 자본주의에 견줄 만한 실현 가능한 대안을 찾아야 하며, 그녀는 그런 대안을 제시하지 않았다. 오히려 그녀는 민주적 사회주의가 어떤 모습일지에 대한 공상적인 그림을 그렸을 뿐, 민주주의나 과거의 사회주의 실험에 대한 현실적 평가도 내놓지 않았다. 이 책에서 나는 자본주의의 현재 모습과 미래 가능성을 평가하려고 노력했다. 이는 자본주의가 없었을 때 어떤 상황이 있었고, 또 어떤 상황이 있을 수 있는지 개념적으로 제시하는 것을 필요로 했다. 나는 우리가 이미 존재하거나 과거에 존재했던 것들을 통해 실현 가능한 자본주의 대안을 볼 수 있다고 주장했다. 예를 들어, 자본주의가 사람들의 삶에 거의 영향을 미치지 못한 농촌 지역이나, 자본주의가 발전하기 전 사람들이 어떻게 살았는지에 대한 역사적 기록, 그리고 20세기의 대규모 공산주의 실험에서 이를 찾아볼 수 있다. 그 각각의 경우, 삶은 끔찍하고 잔혹하며 짧았다. 전통 사회들은 대체로 여성을 가장 심하게 억압해왔으며, 자율성은 물론이고 자녀나 손주들과 함께 오래 건강하게 살기 위한 기본적인 물질적 여건조차 제공하지 않았다. 공산주의 사회에서 여성은 어느 정도 사회적 평등을 달성했지만, 이는 대체로 모든 사람의 수준이 평준화된 결과였으며, 정치적 또는 물질적 측면에서 자본주의 서구 사회의 여성들만큼은 이루지 못했다. 분명 여성과 세계의 빈곤층을 위해 더 나아지도록 자본주의를 다듬고 개혁할 수 있지만, 자본주의는 사람들이 큰 노력을 기울여 혁신을 이끌어내게끔 동기를 부여하며, 그 어떤 경제 체제보다도 효율적인 생산과 분배가 가능하게끔 정보를 제공한다. 자본주의를 정당화하려면, 즉 효율성을 달성하고 부정적 외부효과를 피하려면 규제와 개입이 필요하다. "대안이 없다"고 말하는 것은 잘못이지만, 자본주의가 인류 대다수에게 이익이 되는 다양한 대안을 제시한다는 것도 사실이다. 그러므로 우리가 해야 할 일은 자본주의를 완전히 파괴하기보다는 자본주의의 개혁을 향해 나아가는 것이다.

앤 커드에게 답하다

낸시 홈스트롬

서론: 이상적 이론화 대 비이상적 이론화

페미니즘과 자본주의에 대한 이 논쟁에서 커드 교수와 나는 동의하는 부분이 많다. 가장 기본적으로, 우리는 둘 다 페미니스트로서 여성이 억압받고 있으며, 이것이 도덕적으로 잘못되었다고 믿는다. **적어도 말로는**, 우리는 사회적 자유라는 동일한 목표를 공유한다(다만 그녀의 목표와 그것이 자본주의와 어떤 관계에 있는지는 모호하다). 또한 우리는 자본주의가 여성 해방을 가능케 하는 조건을 만들었다는 점에 동의하며, 자본주의의 많은 개혁에 대해서도 함께 지지할 것이다. 더 나아가, 이전 소련의 관료적 모델이 자본주의의 바람직한 대안이 아니라는 점에서도 의견을 같이한다. 하지만 그 이후로는 의견이 갈린다. 내 주장의 핵심은 자본주의가 한편으로는 진정한 인간 해방의 가능성을 열어주지만, 동시에 그 실현을 방해하는 체계적인 장벽을 만든다는 것이다. 특히 여성에게 더 그렇다. 여성은 모든 사회에서 가장 권력이 미약한 집단에 속하는 편이기 때문이다. 자본주의하에서 개선의 원천은 발전이지만, 이 발전이 자본주의만의 것은 아니다. 따라서 자본주의가 시작된 이후 이룩한 진보는 오늘날 자본주의를 옹호하는 결정적 근거가 될 수 없다. 더욱이 자본주의가 과거에는 인류 역사에서 진보적인 힘이었을지 몰라도, 이제 더는 그렇지 않다. 사실 자본주의는 인류의 미래를 위협하고 있다. 여성은 이익 극대화가 아니라, 민주적으로 결정된 인간의 필요를 충족하는 데 초점을 맞춘, 전혀 다른 방식으로 조직된 사회를 필요로 한다.

우리의 근본적인 의견 차이는 방법론에 있다. 커드 교수는 페미니스트 관점에서 자본주의를 옹호할 때 추상적이고 이상화된 자본주의 모델에 의존한다. 이는 그녀가 완전 경쟁 시장(PCM) 모델을 논의하거나, 자신의 이상인 계몽된 자본주의를 설명할 때뿐만 아니라, (일부 통계를 제외하면) 자본주의가 실제로 어떻게 작동하는지, 또는 어떻게 작동할 수 있는지에 대한 전체 논의에서도 나타난다. 내가 보기에, 그녀는 역사적으로 다양하게 존재해온 경제 체제로서의 실제 자본주의가 아닌, 추상적이고 이상화된 애덤 스미스식 자본주의 모델에 기대고 있다. 또한 그녀가 정확히 무엇을 옹호하는지 명확하지 않을 때가 있다. 어떤 경우에는 '이상적인 자본주의'를 옹호한다고 말하지만, 다른 경우에는 현실 세계의 자본주의를 별다른 수식어 없이 옹호하기도 한다. 하지만 그녀의 글 제목이 '자본주의를 찬성하다: 페미니스트의 이상과 현실로서'인 만큼, 나는 그녀가 자본주의의 이상과 현실 모두를 옹호한다고 해석할 것이다. 이러한 추상적이고 이상화된 접근 방식은 특히 미국의 주류 경제학자들 사이에서 흔히 볼 수 있는 것이므로 놀라운 일은 아니지만, 여전히 심각한 약점이라 할 수 있다. (이는 현실이 그녀의 이론을 뒷받침하지 않기 때문일까?) 내가 제기한 비판이 옳다면, 이 논쟁에서 자본주의가 여성에게 유익한지 여부를 논하는 그녀의 주장은 이른바 이상론의 전형적인 사례가 될 것이다. 오노라 오닐과 찰스 밀스(Charles Mills)가 설명한 바에 따르면,[1] 이상론은 실제 억압적 사회 현실을 무시하거나 주변화하며, 현 상태를 반영하는 방식으로 현실을 개념화해 결국 그것을 이상화하는 이론이다. 의도했든 아니든, 이상론은 기존 지배 구조를 정당화하는 역할을 한다. 페미니스트들은 주류 이론의 이상화를 통찰하는 데 있어 명확한 시각을 가졌으며[이를 강조하기 위해 주류(mainstream)를 '남류(malestream)'라고 부르기도 한다], 그래서 커드 교수 같은 페미니스트가 경제 이론과 현실을 다룰 때 동일한 오류를 범한다는 것은 실망스럽다(적어도 내 주장은 그렇다). 나는 비(非)이상론을 따르기 때문에, 이번 논쟁에서 내가 제시하는 내용은 주류 정치철학에서는 부적절할 수 있겠으나 현재 세계의 복잡하고 불편하며 비철학적인 사실들로 가득 차 있다.[2]

'자본주의'와 '가부장제': 정의와 교차점

자본주의란 무엇인가

분명한 이유에서 커드 교수와 나는 자본주의의 정의로 설명을 시작한다. 여성에게 좋은 체제인지 아닌지 판단하려면, 어떤 사회를 자본주의 사회로 볼 것인지 결정해야 하기 때문이다. 우리는 생산 수단의 사유화가 자본주의의 핵심이라는 점에 동의하며, 정부 규제가 많거나 적은 다양한 형태의 자본주의가 존재한다는 점도 인정한다(순수한 자유방임 자본주의는 실현 불가능한 이상이다). 따라서 스웨덴은 더 자유로운 시장 경제를 지지하는 자본주의 옹호자들이 흔히 사회주의로 묘사하지만, 사실 자본주의 사회라고 보는 데 의견이 일치한다.[3] 스웨덴은 특히 페미니즘 관점에서 매우 매력적인 사회이므로, 이는 커드 교수 측에 유리한 논점이다. 그러나 그 외에는 자본주의의 정의에서 우리 의견이 갈린다. 이는 우리가 자본주의를 정의하는 방식에서 접근이 다르기 때문이라고 생각한다. 커드 교수는 자본주의의 "설명적 이상"을 언급하면서, 이를 자신이 생각하는 이상적인 자본주의와 구분하지만, 부분적으로 재산과 시장, 자유 임금 노동에 대한 규범적 배경을 가정하는 데 기반하고 있다고 말한다. 나는 그녀의 접근 방식이 혼란스러운데(예를 들어, 정의 조건과 배경 조건의 차이는 무엇인가?), 내게는 그녀의 자본주의 정의가 '설득적 정의'처럼 보인다. 즉, 사람을 특정 방향으로 설득하려는 요소를 정의에 포함시킨 것이다. 달리 말하면, '미리 유리한 조건을 깔아놓는' 것이다. 이렇게 생각하는 이유는 그녀가 자본주의 정의에 "시장에서의 소유와 참여가 비차별적이어야 한다"는 가정을 포함하기 때문이다. 이 기준을 통해 그녀는 사우디아라비아를 자본주의 국가 목록에서 제외하는데, 이는 사우디아라비아가 특히 페미니즘 관점에서 매력적이지 않은 사회이기 때문에 그녀의 주장에 유리하게 작용한다. 그녀는 자본주의 사회로 간주할 국가의 기준을 제한하는 근거로 두 가지를 제시한다. 비차별이 더 효율적이고, 더 자유롭다는 점이다. 하지만 내 대답은 이렇다. 그렇다면 어쩌라는 것인가? 이런 논리는 자본주의 **이론**의 일부일 뿐이고, **실제 세계에서는** 많은 자본주의 국가가 시장에서 차별을 허용하거나 심지어 의무화했다는 것을 그녀도 안다. 미국 역사에서 중요한 예로는,

노예 신분이 흑인, 즉 아프리카 혈통의 사람들에게만 한정되었던 인간 매매 시장이 있다. 이런 사례는 미국 역사 전반에 걸쳐 수없이 많다. 그렇다면 미국은 1965년 민권법이 통과된 이후에야 비로소 자본주의 국가가 되었는가? 물론 그렇지 않다. 따라서 현실 세계의 자본주의 경제를 가진 나라 목록에는 스웨덴뿐만 아니라 사우디아라비아도 포함해야 한다.[4] 이는 자본주의가 젠더 평등과 관련해 매우 다양한 스펙트럼을 가지고 있음을 의미한다. 2009년 세계경제포럼의 성평등 보고서에 따르면 아이슬란드와 북유럽의 다른 세 나라가 가장 높은 순위에 올랐고, 미국은 31위였다. 〈뉴욕 타임스〉 기사에서는 사우디아라비아를 언급하지 않았지만, 우리는 그 나라가 최하위에 가깝거나 최하위에 있을 것이라고 짐작할 수 있다.[5]

자본주의와 독재가 공존할 수 있다는 사실은 커드 교수가 인용한 자본주의 개념에 내재된 익숙한 모호성을 드러낸다. 이 모호성은 또 다른 설득적 정의를 만들어낸다. 커드 교수 글의 주 6에서, 필리프 반 파레이스는 사회의 주요 생산 수단이 사유화되는 것 외에도 "어떤 중요한 의미에서 사람들이 스스로를 소유"한다는 조건을 포함했다. 이 표현은 그럴듯하게 들리지만, 내 글에서 길게 논의했듯이, 정확히 무엇을 의미하는가? 만약 자본주의 사회에서 개인들이 반드시 도덕적 권리나 정치적 자유를 가진다는 의미라면, 이는 사실이 아니다. 도덕적 권리가 전혀 없는 자본주의 사회도 존재하며, 다수 또는 대다수가 이런 권리를 가지지 못한 자본주의 '민주'국가들도 존재해왔다. 반면, "스스로를 소유"한다는 말이 단순히 개인들이 자신의 노동력을 팔 수 있다는 것, 즉 임금 노동이 자본주의의 필수 특징이라는 의미라면, 그 점에서는 나도 동의한다. 하지만 이것은 내 자본주의 정의처럼 명확하게 표현되어야 한다. 사실 개인들이 "스스로를 소유"한다는 주장은 자본주의에서 모든 사람이 무언가를 소유하고 있으며, 그들이 단순히 시장에서 자발적으로 서로의 물건을 교환하는 것처럼 보여 평등하고 공정한 거래가 이루어진다는 암시를 주는 데 중요한 역할을 한다. 그러나 이런 동화 같은 그림은 생산 수단을 소유한 이들과, 마르크스의 표현을 빌리자면 "자기 몸뚱이 외에는 아무것도 소유하지 못한" 이들 사이의 **엄청난** 권력 차이를 감춘다. 이 두 집단 간의 관계는 자본주의 사회의 핵심 관계다.

커드 교수가 마르크스의 자본주의 분석을 비판하면서, 오늘날 많은 중산층은 연금 펀드를 통해 부분적인 소유자가 되었기 때문에 마르크스 시대처럼 계급 간의 명확한 구분이 더 이상 존재하지 않는다고 주장할 때도 같은 혼란이 발생한다. 그러나 "그들을 마르크스가 상상한 자본가라고 보기는 어렵다." 맞는 말이다. 사실 이를 '소유권'이라고 부르는 것 자체가 다소 오해를 불러일으킬 수 있다. 소유권이라는 말은 그 대상에 대한 권력을 나타내지만, 앞의 '소유자들'은 그런 권력이 없다.[6] 물론 마르크스도 현대 마르크스주의자도 뉴욕시의 민간 병원에서 일하는 노동자(대부분 유색인종 여성)가 자신이 속한 노조의 연금이 주식 시장에 투자된다고 해서, 이것이 생산 수단을 소유한 계급과 노동을 통해 살아가는 계급 간의 중요한 사회적 권력 차이를 줄일 것이라고는 **전혀** 생각하지 않을 것이다. 오히려 생산 수단을 소유한 계급은 마르크스 시대보다 훨씬 더 부유해지고 강력해졌다. 물론 오늘날 자본주의 사회에는 다른 계급들이 존재하고(역사적으로도 그랬다), 이 두 계급이 가장 근본적이다. 노동자들이 가진 연금이 어디에 투자되었는지는 중요하지 않다(연금이 있는 사람들은 그나마 운이 좋은 경우다).[7] 쟁점은 이 두 집단 간의 권력 차이와 그로 인해 생겨나는 지배와 종속의 관계다.

커드 교수가 마르크스의 분석이 시대에 뒤떨어졌다고 주장하며 제시한 현대 자본주의의 여러 특징도 핵심을 벗어난다. 사유재산에 대한 일부 (제한적) 정부 규제나 산업 생산 대신 금융 자본에 대한 투자가 증가한 사실은 여전히 대부분의 생산 수단(토지·공장·은행 등)이 사적 소유에 있다는 점과 그 소유자들이 중요한 투자 결정을 내린다는 사실을 바꾸지는 않는다. 또한 커드 교수는 물질적 재화의 생산이 금융 재화나 서비스 생산으로 대체된 정도를 과장한다. 글로벌 경제가 어느 정도 재편되어 뉴욕이나 런던에서 금융 서비스에 대한 투자가 집중되는 것은 사실이지만, 세계적으로는 물질적 재화의 생산이 계속해서 증가하고 있으며, 실제로 시티은행, 골드만삭스 등 대형 금융기관들도 그런 곳에 자금을 투자하고 있다. 예를 들어, 2008년 중국 제조업체들은 미국보다 더 많은 차량을 생산했으며, 그들의 목표는 자동차 생산을 계속 늘리는 것이다.

나는 내가 제시한 자본주의 정의가 가장 명료하다고 본다. 즉, 생산 수단 대부분의 사적 소유, 이윤을 위한 생산, 그리고 가장 중요한 노동 형태로서의 임금 노동이다. 이 정의는 17세기 유럽에서 발달해 오늘날 전 세계를 지배하는 경제 체제의 특징을 담고 있다. 시장은 이전에도 존재했지만, 역사상 처음으로 사회 전체가 시장을 중심으로 조직되고 시장에 의존하게 되었다. 노동을 상품으로 취급한 적도, 더 나아가 그 지배적인 노동 형태에 사회가 의존한 적도 그 이전에는 없었다. 마르크스가 이 새로운 체제를 자본주의라고 명명했지만, 자본주의를 이렇게 이해하는 것은 마르크스주의자들만이 아니다. 경제사학자 칼 폴라니(Karl Polanyi)는 고전적 저서 《거대한 전환(The Great Transformation)》[8]에서 시장의 확장과 지배가 지닌 중대한 의미를 이론화하며, 국가가 토지·

노동·화폐를 상품화하는 과정이 "자연스러운" 진화 과정은 아니었다고 설명했다. 오늘날의 자본주의는 모든 사회 구성원이 시장에 의존하고, 그 시장을 움직이는 경쟁이 자본주의 경제 체제의 근본 특징이라는 점에서 과거와 크게 다르다. 내가 사용하는 자본주의 정의는 겉보기에 설명하기 어려운 현상을 이해하는 데 도움을 준다. 왜 이 체제가 환경 재앙에 이르기까지 끊임없이 확장하려 하는지를 말이다. (한 자본주의 비판자는 이를 영구 운동 기계에 비유했고, 한 옹호자는 우리 안의 쥐들 같다고 했다.[9]) 또한 이 정의는 구소련 국가들이 지난 몇십 년 동안 자본주의로 전환한 과정을 이해하는 데도 유용하다. 동유럽 대부분과 러시아, 그리고 어느 정도는 중국에서도 이제 생산 수단을 통제하는 것은 국가라기보다 개인이다. 생산은 시장을 위해 이루어진다. 그리고 개인들은 '자유롭게' 노동을 팔 수 있지만, 사실상 이전에 보장받았던 일자리·주택·의료·교육 같은 사회적 지원이 사라져, **선택의 여지 없이 자기 노동을 팔아야만 한다.**[10]

가부장제란 무엇인가

커드 교수와 나는 현실 세계에서 자본주의가 여성의 종속을 특징으로 해왔다는 점에 동의한다. (그래서 우리는 페미니스트가 된 것이다!) 그녀는 이를 가부장제라고 부른다. 나는 성차별이라는 용어를 사용하며, '가부장제'는 원래 의미인 아버지가 지배하는 사회를 지칭하는 데 더 적합하다고 본다. 단어의 차이는 그리 중요하지 않지만, '가부장제'라는 표현이 그녀로 하여금 이것을 자본주의와 별개의 초역사적 체제로 생각하게 만든다는 점에서 차이가 발생한다. 그녀는 예를 들어 여성에게 더 낮은 임금을 지불함으로써 자본주의가 가부장제를 이용한다고 인정하면서도, 자본주의가 가부장제를 만들어낸 것은 아니라고 본다. 어떤 의미에서는 가부장제를 하나 이상의 경제 체제와 병존할 수 있는 체제로 보는 것이다. 따라서 그녀는 자본주의 사회에서 여성이 겪는 임금 격차 같은 불이익에 대해 페미니스트들이 자본주의보다는 가부장제를 비난해야 한다고 주장한다. "가부장제는 여성에게 강압적인 배경 조건을 만들어내므로, 자본주의에서 여성 착취에 대한 책임은 자본주의가 아니라 가부장제에 있다." 여성이 남성에 비해(또는 흑인이 백인에 비해) 불리할 때만 아니라면, 자본주의에서는 모든 것이 공정하고 문제가 없다는 주장처럼 들린다. 자본주의 경제 체제와 그 배경 조건을 구분하려는 그녀의 시도는 이 경우에 효과가 없다. 다시 말해, 그녀는 성차별(또는 인종차별)을 포함하지 않는 추상적이고 이상화된 자본주의 모델에 의존하고 있다고 생각한다. 내가 언급했듯이, 성차별은 자본주의에만 국한된 것이 아니라 자본주의 이전에도, 그리고 이른바 사회주의 국가에도 존재했다. 그럼에도 실제 세계에서 어떻게 표출되든 정도의 차이는 있어도 성차별은 자본주의의 일부로 존재해왔다. 성차별이 자본주의의 정의에 포함되지는 않기에, 성차별(또는 인종차별) 없는 자본주의를 **상상**할 수는 있다. 그리고 그것이 바로 커드 교수가 생각하는 자본주의로 보인다. 그러나 비성차별적 자본주의가 논리적으로 가능하다고 해서 실제 자본주의가 성차별적이지 않다고 결론내리는 것은 이상론의 사례다. 둘을 논리적으로 구분하는 것만으로는 현실 세계의 자본주의를 변호할 수 없다. **자본주의가 성차별을 유발하진 않았더라도, 성차별과 자본주의 사이에는 인과관계가 존재한다.** 자본가들은 이윤을 극대화하기 위해 노동 계급 내의 분열·편견·취약성을 이용하는(심지어 때로는 이를 조장하는) 것이 이익이다. 동등한 노동에 대한 동일 임금과 무료 보육 제도는 주로 노동계급 여성에게 이익이 되겠지만, 노동계급 남성의 이익과 충돌하지도 않기 때문에 '가부장제'만으로 이러한 개혁이 미국에서 실현되지 않은 이유를 설명할 수 없다. 오히려 이런 개혁은 비용이 많이 들기 때문에, 서유럽에서 제2차 세계대전 이후 노동계급 운동이 매우 강력했던 시기를 제외하고는 실현되기 어려웠다. 따라서 성차별은 단순히 과거 경제 체제의 쓸모없는 잔재가 아니다.

성차별과 자본주의의 관계를 어떻게 이해해야 할까? 내가 앞서 든 예들은 자본주의 사회에서 발생하는 모든 성차별이 자본가들의 이해관계로 설명된다는 뜻은 아니다. 성차별적 억압을 계급 억압으로만 환원할 수는 없다. 자본주의 사회든 비자본주의 사회든 남성이 여성 억압으로 흔히 이득을 보는 것은 분명하다(가장 명백한 예는 여성이 집 밖에서 일하더라도 여전히 대부분의 가사 노동을 담당한다는 사실이다). 때로는 남성과 자본가 모두 여성의 억압에서 이익을 얻고, 때로는 남성 그리고/또는 자본가의 이해관계가 상충할 수도 있다. 커드 교수는 사회주의에 비해 자본주의는 가부장제/성차별에 대해 그리 우호적이지 않다고 주장하는데, 그 이유는 가부장제와 성차별은 집단주의적이지만 자본주의는 개인주의적이기 때문이라는 것이다. 그러나 자본주의의 이런 특성은 가부장제와 결합해 특히 중요한 돌봄 노동이 개인에게 맡겨질 때 여성에게 불리하게 작용할 수 있다. (여성에게는 개인주의와 집단주의가 적절하게 조화를 이룬 사회가 가장 유리할 것이다.) 이런 관계들과 그에 따른 변화들을 이해하기 위해, 커드 교수와 다른 많은 페미니스트들이 생각하듯 자본주의 내에서 여성 억압을 설명하기 위해 가부장제가 다소간 자본주의와 나란히 존재하는 별도의 체제라고 가정하는 것이 도움이 될까? 그렇다면 인종차별에도 별도의 '체제'가 필요할 것이다(그리고 어쩌면 성적 지향 같은 다른 위계질서들에 대해서도 다른 체제들이 필요할 것이다). 하지만 체제를 정확히 무엇으로 정의해야 할까? 그리고 체제가 얼마나 많아야 충분할까? 이는 문제를 복잡하게 만든다. 대부분의 사회가 남성 지배 사회였다는 사실만으로 초역사적 '체제'를 구성한다고 보기는 어렵다고 생각한다. 자본주의 사회의 성차별은 자본주의 이전 사회의 성차별과 매우 다르기 때문이다. 우리가 살아가는 체제를 설명할 때, 자본주의가 성차별적이고 인종차별적이기도 한 하나의 통합된 체제라고 설명하는 것이 더 명확하다고 본다(시기와 장소에 따라 정도의 차이는 있겠지만). 결국 하나의 체제가 다양한 측면을 가진다고 보든, 여러 체제가 있다고 보든, 이 '체제들'이 얼마나 완전히 통합돼 있는지를 인식할 필요가 있다. 교차성 분석의 초기 언명으로 잘 알려진 컴바히 리버 컬렉티브(Combahee River Collective)의 흑인 페미니스트 선언문에서는 "이러한 억압들〔인종·성·이성애·계급의 억압〕의 종합이 우리 삶의 조건을 만든다"[11]고 밝힌다. 이는 남성에 비해 여성의 낮은 임금, 부족한 보육 문제 등을 자본주의보다 가부장제의 책임으로 단순히 돌릴 수 없다는 것을 의미한다.

성·인종·계급, 그리고 정의

만약 자본주의에서 성차별과 인종차별을 없앨 수 있다면, 즉 자본주의 내에서 성별과 인종 간 완전한 평등을 이룰 수 있다면, 이는 위대한 도덕적 승리가 될 것이다. 모든 아이가 남자든 여자든 상관없이, 그리고 인종이라는 개념이 구시대적인 것이 되어 모두가 동등한 기회를 가질 수 있다면, 얼마나 멋진 일일지 말할 필요도 없다. 만약 이런 일이 가능하다면, 이는 많은 투쟁의 결과일 것이므로 자본주의에서 이러한 평등이 가능할지 의문을 가진 페미니스트들조차도 이를 위해 노력할 것이다. 하지만 설령 이것이 실현되어 남성과 여성, 모든 인종의 사람이[12] 경제 피라미드 전반에 걸쳐 고르게 분포한다 해도, 페미니스트들은 이에 만족해서는 안 될 것이다. 왜냐하면 여전히 대부분의 여성은 피라미드 하층부에 남아 있을 것이기 때문이다. 단지 그 차이는 하층부에 여성들(그리고 어두운 피부색을 가진 사람들)이 **불균형하게** 구성되지 않고, 남성도 인구 비율에 맞게 동등하게 존재할 것이라는 점이다. 중요한 점은 이론적으로, 즉 논리적으로 성차별과 인종차별을 자본주의에서 제거할 수 있을지는 몰라도, 계급 차이를 자본주의에서 없애기는 불가능하다는 것이다. 계급 차이는 자본주의 체제의 본질적 요소이기 때문이다. (이 논점을 세계적으로 확장한다면, 성별과 인종으로 인한 불평등과 글로벌 자본주의로 인한 불평등을 구분하기는 더욱 어려울 것이다.) 실제로 성별로 인한 불평등은 계급 불평등보다 훨씬 작다. **같은 계급 내에서** 남성이 여성보다 더 많은 이점을 가지고 있을지라도, 선진 자본주의 국가의 여성은 물질적 조건과 기회 면에서 같은 계급(그리고 같은 인종)의 남성에 훨씬 더 가깝고, 다른 계급의 여성들과는 큰 차이가 있다. 예를 들어, 월마트 직원들의 평균 시급은 10달러인데, 성차별 소송에서 밝혀진 바에 따르면 월마트에서 남성과 여성의 연봉 차이는 약 1100달러에 이른다. 물론 여성 직원들이 더 불리한 상황에 있지만, 월마트에서 일하는 남성과 여성 모두 (미국 최대 고용주인 월마트에서) 빈곤한 생활을 하고 있다. 그리고 그들의 삶은 이 사실에 크게 영향을 받는다. 또 다른 성차별 소송 사례로는 모건스탠리에서 채권 판매사로 일하는 여성이 연간 100만 달러 이상을 벌었지만,

그녀의 남성 동료들은 더 많은 급여를 받아 소송이 발생한 경우다.[13] 그녀가 남성 동료들보다 적은 급여를 받는 것에는 도덕적 정당성이 없지만, 남성**과 여성** 모두 엄청난 부를 축적했고, 이 사실이 그들의 삶을 형성한다. (세계적 격차는 차치하고) 미국 사회의 양극단에서 피라미드 맨 꼭대기에 있는 사람들은 많은 나라의 부를 초과하는 재산을 소유한 반면, 현재 미국에는 3980만 명이 빈곤선 아래에서 살고 있다. 이 빈곤선은 4인 가족 기준 연 소득 2만 2025달러이며, 내년에는 상황이 더 악화될 것으로 보인다.[14]

게다가 계급 간 이동성은 그리 크지 않다. 한 사람이 태어난 계급은 그가 성인이 되어 어디에 위치하게 될지를 결정하는 가장 중요한 요소다. 하지만 이는 결국 우연에 불과하다. 만약 여자아이가 남자아이보다, 흑인이 백인보다 더 적은 기회를 가지는 것이 부당하다면, 가난하거나 노동계급 가정에서 태어난 아이가 상류층 가정에서 태어난 아이보다 더 적은 기회를 가지는 것은 도덕적 관점에서 왜 괜찮다고 여겨야 할까? 물론 사람마다 성격과 지능에 차이는 있지만, 이러한 차이가 결과의 통계적 차이를 설명하지는 못한다. SAT 점수의 가장 큰 예측 변수는 부모의 순자산이라는 사실을 생각해보자. 부자 부모들은 자녀를 학급 수가 적은 학교에 보낼 수 있고, 교사 외에도 과외를 붙여줄 수 있기 때문에 이는 그리 놀라운 일이 아니다.[15] 많은 미국인이 학교는 능력 위주라고 생각하기 때문에, 이는 부자들이 그들의 부를 누릴 자격이 있다고 믿는 신념을 강화해준다. 따라서 부자가 아닌 대다수는 자격이 없다고 여겨진다. 자본주의 사회에서 실패에 대한 책임을 개인에게 돌리는 이런 사고방식은 평등한 기회를 제공하는 데 내적 장벽을 만들기도 한다.[16] 자본주의 이전 사회에서 법과 엄격한 전통이 이동성을 제한했던 것과 달리 자본주의에서는 계급 이동성이 더 크며, 오늘날 미국보다 서유럽에서 계급 이동성이 더 크다. 그런데도 대부분의 사람은 자신이 태어난 계급에 머물게 되는 것이 사실이다. 실제로 그렇지 않다면 어떻게 되겠는가? 모두 자본가가 된다면, 누가 노동자가 될 것인가? 자본주의가 혁신을 촉진하고 성과를 보상하며, 그로 인해 더 공정하다는 커드 교수의 주장에 잘 들어맞는 자본주의 모델은 상속을 없애야 할 것이다. 과연 부유층 자녀가 다른 대다수의 자녀보다 더 많은 주도성을 보이고 사회에 더 크게 기여하는가? 물론 상속 없는 자본주의는 실현 가능한 모델이 아니다. 현재 700만 달러에 이르는 유산은 상속세가 면제되지만, 오늘날 미국에서는 초부유층이 상속세를 완전히 폐지하려는 강력한 움직임이 있다. 이렇게 되면 월마트를 소유한 월튼 가문은 300억 달러에 달하는 유산을 물려받을 것이다.[17] 여성의 억압과 부자유에 관심을 두는 페미니스트라면, 그 원인이 계급 체제이든 성차별이든 똑같이 신경 써야 한다. 커드 교수 같은 자본주의 옹호자들은 개인의 주도성과 경쟁을 믿지만, 그 경쟁이 본질적으로 불공정하다는 증거를 무시한다. 따라서 개인의 자유와 기회를 중요시하는 자유주의적 가치를 공유한다면, 고유한―그리고 점점 더 심화되는―계급 차이를 가진 자본주의를 넘어서는 방향을 모색해야 한다고 나는 주장한다.

계급 차이는 정당한가? 계급과 자유

커드 교수는 이에 동의하지 않는다. 그녀는 대부분의 자본주의 사회가 심각한 불평등을 안고 있음을 인정하면서도, 이는 자본주의의 본질적 부분이 아니며, 그녀의 이상적인 자본주의에서는 복지 최저선을 보장해 그런 불평등이 존재하지 않을 것이라고 주장한다. 그녀는 자본주의가 생산성 덕분에 모두의 삶을 개선할 수 있으며, 경제 피라미드의 바닥을 끌어올리면 심각한 불평등이 사라질 것이라고 본다. 차별이나 '절대 빈곤'이 없는 상황에서는 개인들이 자발적으로 자본 소유자들과 특정 보수를 위해 계약을 맺으며, 노동자도 자본 소유자처럼 생산 잉여분에 대한 자신의 몫을 요구할 수 있다고 주장한다. 그런 경우 착취가 있을 수 있지만, 도덕적으로는 문제되지 않는다고 본다. 내 대답은 두 가지다.

첫째, 복지 최저선은 분명 모든 페미니스트가 지지할 만한 좋은 일이지만, 그것만으로는 자본주의 체제에 내재하는 권력, 자유, 물질적 복지, 기회의 거대한 차이를 없애지는 못할 것이다. 그 최저선이 아무리 높다고 해도, '최저선'은 '천장'이 아니므로 앞서 언급한 불평등을 제거할 수 없다. 나는 이러한 차이를 '심각한 불평등'으로 간주해야 한다고 보며, 이 불평등은 임금 노동 관계의 자유에 영향을 미치고, 일부가 나머지 사람들에게 명령할 수 있는 권력을 부여하며, 이는 도덕적으로 문제가 있다고 봐야 한다. 앤드루 세이어(Andrew Sayer)가 말했듯이, "계급은 번영과 고통의 불평등한 가능성을 만든다."[18] 노동자가 다른 이들과 연대할 수 있는 한 "자신의 몫"을 얻을 수 있다고 커드 교수가 생각하는 이유는 분명하지 않으며, 그녀가 생각하는 "자신의 몫"이 무엇인지도 명확하지 않다. 커드 교수의 견해에 따르면, 두 당사자가 서로 간의 상호작용에서 발생한 잉여를 나누기로 합의하거나, 한쪽이 자발적으로 다른 쪽에서 잉여 전부를 가져가도록 동의하는 것은 도덕적으로 문제가 없다고 본다. 물론 이런 가상의 상황을 상상할 수는 있다. 그러나 문제는, 그녀가 이것을 자본과 노동 간 실제 관계에 어떻게 적용하는지다. 그들이 정확히 **어떻게** 나누는가, 즉 '그들이 생산한 것'에서 누가 얼마나 가져가는가?[19] 이 경우 한쪽이 자발적으로 잉여 전부를 다른 쪽에게 주기로 동의한 것인가? 왜 그렇게 하겠는가? 아니면 진정으로 자발적인 것이 아닌가? 사실 자본과 노동이 어떤 경우에든 합의하는 것은 매우 불평등한 권력을 가진 두 집단 간의 치열한 투쟁 결과다.[20]

노동조합이 노동자들에게 자본에 맞설 힘을 조금 더 주긴 하지만, 노동 시장에서 두 집단의 권력을 동등하게 만들지는 못한다. 그런데도 커드 교수는, 불평등이나 빈곤에 얽매이지 않은 노동자는 "자신의 몫을 요구할 수 있다"고 말하며, "자본주의 이론상 노동자가 혼자서 해결해야 한다는 요구는 없다"고 주장하는 것처럼 보인다. 노동조합에 속해 있더라도, 심지어 더 많은 사회복지를 제공하는 국가에서도, 얼마나 많은 노동자가 고용주와 **동등하게 자신의 몫을 얻을 수 있다**"고 느꼈을까? 커드 교수는 **누구의 관점에서** 말하는 걸까? 더욱이 미국에서 노동조합의 힘은 줄어들고 있으며, 노동조합 가입률은 논평가들이 '고용주의 공세'라 부르는 현상으로 인해 감소해왔다. 미국 법은 노동조합을 조직할 권리를 보호하고 있지만, 실제로는 그 집행이 미약해 노동자들은 협박을 받거나 해고되고, 고용주들은 조합 설립을 막기 위해 공장을 이전하겠다는 위협을 서슴지 않는다. 2004년에는 미국 민간 부문 일자리의 단 8퍼센트만이 노조에 가입돼 있었으나, "미국 밖으로 이전된 일자리 중 39퍼센트는 노조가 있는 사업장에서 발생했다."[21] 현재 미국 노동자의 단 12.4퍼센트만이 노조에 가입해 있다.[22] 이런 사실들이 커드 교수가 말한 자본주의 '이론'의 일부는 아닐지 모르지만, 극심한 불평등과 그에 수반되는 다수를 위한 권력 및 자유의 결핍은 자본주의 현실에서 확실히 중요한 부분이다.[23] 이는 우리 중 가장 특권층을 제외한 대부분이 **경험**하는 현실이기도 하다.

자본-노동 관계에서 자본 측에 대해 커드 교수는 자본주의가 자본가들 간의 담합을 결코 용인하지 않는다고 말한다. 하지만 무엇을 '담합'으로 간주하는가? 그리고 분명 금지할 수 없는 협력과 담합을 어떻게 명확히 구분할 수 있을까? 개별 자본가들은 서로 경쟁하지만, 많은 이해관계를 공유하며, 이를 전미제조업협회 같은 조직이나 다양한 산업별 조직을 통해 행동에 옮긴다. 예를 들어, 화이자(Pfizer)와 머크(Merck)는 경쟁사지만, 제네릭(복제약)이나 대체 의약품을 제한하려는 이해관계를 공유한다. 이를 제한하는 지적재산권법 등을 만드는 데 조직적으로 협력하는 것을 막는 법은 무엇인가? 실제로 미국 법상 기업(법인)은 개인과 같은 지위를 갖고 있어, 그들의 정치적 활동을 제한하려는 시도는 법원에서 언론 자유 침해로 해석돼왔다. 이 공통 이해관계를 감안할 때, 언론에서는 특정 정치인이 '의료 서비스 산업'으로부터 얼마나 기부를 받았는지 보도할 뿐, 각 기업을 따로 구분하지 않는다. 수십 년 동안 막대한 보조금을 확보하기 위해 조직된 기업형 농업도 있다. 그 결과 패스트푸드는 건강한 음식보다 더 저렴하다. 기업들은 북미자유무역협정(NAFTA)을 통과시키기 위해 공장 이전을 위협 수단으로 삼았다고 자랑하기도 했다. 이 주제는 끝없이 이어갈 수 있지만, 자본가들이 결코 자본주의 법을 어기지 않는다고 가정하더라도(그 가정 자체가 틀렸지만), 자본가들은 노동자들처럼 결속해 그들의 힘을 키울 수 있다. 어쨌든 협력/담합이 없더라도, 대기업 하나는 아무리 직원들이 조직화돼 있어도 그 직원들에 비해 엄청난 부와 권력을 가지고 있다. (노동조합이 존재하는 곳에서) 노동조합이 자본주의에서 고용주 및 그들의 조직과 동등한 권력을 가지고 있다고 진지하게 주장할 수 있다는 것이 나로서는 믿기 어렵다.

커드 교수에 따르면, 자본주의에서의 불평등은 주로 지능과 열심히 일한 결과이며(그리고 출생에 따른 유불리를 일부 인정한다), 따라서 독재 사회의 불평등과는 달리 받아들일 수 있다는 것이다. 그러나 독재 사회의 불평등이 도덕적으로 용납되지 않는 이유는 그것이 개인의 통제 밖에 있기 때문이라고 생각한다. 내가 주장하는 바는, 자본주의에서의 불평등 역시 대부분 개인의 통제 밖에 있다는 것이다. 글로벌 금융기관의 소수 개인이 수십억 명의 삶에 영향을 미치는 결정을 내린다. 진정한 민주주의 체제는 물질적으로 완벽히 평등할 필요는 없겠지만, 훨씬 더 평등에 가까워야 하며, 사람들이 물질적 평등과 다른 재화의 균형을 어떻게 이룰지 결정할 수 있어야 한다.[24] 예를 들어, 기계화가 불가능한 불쾌한 일에 사람들을 동원하려면 더 많은 물질적 인센티브가 필요할 수도 있다. 하지만 다른 사람들은 더 많은 물질적 보상 대신 더 많은 여가 시간을 위해 그 불쾌한 일을 선택할 수도 있다.

노동자와 자본가의 관계에서 어떤 강제도 제거할 수 있다는 커드 교수의 주장은 복지 최저선 보장에 기반을 둔다. 흥미롭게도, 1960년대와 1970년대 미국에서 기본소득 보장 개념은 꽤 인기가 있었다(오늘날에도 세계적으로 어느 정도 인기를 끌고 있다). 심지어 리처드 닉슨 대통령도 이를 지지했다. 관련 법안이 1972년 하원에서 약화된 형태로 통과했으나 상원에서 부결된 후, 주류 논의에서 사라졌다.[25] 나는 이러한 복지 최저선을 지지할 것이다. 이는 도움이 필요한 사람들에게 유익할 뿐만 아니라, 공공 차원에서 필요한 것을 제공하는 선례를 세우기 때문이다. 그러나 이것만으로는 모든 강제를 없앨 수 없으리라 생각한다. 자본주의에서 생산 수단과 생계 수단의 사적 소유는 대다수가 생존을 위해 소유자들을 위해 일할 수밖에 없는 구조를 만든다. 반드시 그래야 하는 필연성을 없애려면 복지 최저선이 상당히 관대해야 한다. 하지만 그렇다고 해서 협상력이 **동등**해지지는 않을 것이다.

복지 최저선이 자본-노동 관계에서 모든 강제를 제거할 수 있다는 전제를 인정한다고 해보자. 그렇다면 커드 교수가 자본주의를 이상과 현실로서 옹호하는 데 있어 다음 중요한 단계는, 이 계몽된 자본주의 버전이 글로벌 자본주의 세계에서 실제로 실현 가능함을 보여주는 것이다. 하지만 그녀는 이를 증명하지 않았다. 그녀는 국가와 경제의 관계에 대해 어떤 이론을 제시하는가? 설령 특정 사회에서 실현 가능하다 해도, 글로벌 경쟁 속에서 이를 어떻게 유지할 수 있을까? 다시 말해, 기업들이 복지 수준이 더 낮은 나라로 이전할 동기가 더 커지진 않을까? 이에 대해 그녀는 설명하지 않는다. 최근 연구에 따르면, 미국의 여러 산업에서 특히 여성 저임금 노동자들이 최저임금조차 받지 못하는 경우가 많다. 많은 소규모 사업체는 "경쟁력을 유지하기 위해 임금 법을 어길 **수밖에 없다**"(인용자 강조)고 주장한다.[26] 커드 교수는 물질적 불평등이 정치 과정에 영향을 미칠 만큼 심각할 수 있다고 인정한다. 그렇다면 현재 우리 체제는 명확히 그런 상황이 아닌가? 그리고 그녀가 주장하는 계몽된 자본주의는 실현 불가능하다는 결론에 도달하지 않는가? 만약 자본주의의 이상적인 버전이 실현될 수 없다면, 자본주의를 옹호하는 것은 이상적이고 계몽된 체제와는 거리가 먼, 특히 여성에게 불리한 체제를 옹호하는 것일 뿐이다. (이 문제는 내 글에서 자유와 이상적인 자본주의를 다룬 단락에서 자세히 논의했으니, 어느 주장이 더 설득력 있는지는 독자들이 판단할 수 있을 것이다.)

커드 교수는 현재의 체제가 나쁘다는 점을 인정하면서도, 세 가지 이유로 이를 옹호한다. 그중 두 가지는 내 글에서 논의했던 착취공장 옹호 논리와 같다. 첫째, 이전보다는 나아졌다는 것, 둘째, 앞으로 개선될 것이라는 점이다. 그녀가 이야기하는 다논 요구르트 판매 여성들 사례는 제3세계에서 소액 대출을 통해 마이크로 기업가(micro-entrepreneur)가 된 여성들의 감동적인 이야기와 비슷하다. 물론 개별 여성들이 이런 방식으로 삶을 개선할 수는 있겠지만, 이것이 성공적인 발전 모델이 될 수 있다고 생각하는 것은 비현실적이다(권력자들에게는 위안이 된다). 우선 이 방식은 비공식 부문에만 국한되며, 마이크로 기업가 정신은 전체 사회(서로를 위해 일하며 서로 거래하는 개인들로 이루어진 사회?)에 일반화할 수 있는 모델이 아니다. 경제적 성공과 반가부장제적 성공 사례들이 과장되었다는 증거도 있다.[27] 다시 공식 경제 부문으로 돌아가, 현재의 열악한 노동환경을 기반으로 한 발전 모델에 대한 비판을 반복하지는 않겠다. 단지 그것이 항상 이전보다 나은 것은 **아니라는** 점만 말하고 싶다. (텍사코/셰브론이 에콰도르 아마존 주민의 땅과 건강을 파괴한 후 그 사람들이 더 나아졌는가?)[28] 둘째, 그것이 더 나은 선택이라 해도, 더 나은 다른 대안들이 존재하기 때문에 그것을 정당화할 수는 없다. 마지막으로, 자본주의가 계속될 경우 전 세계 대다수에게 상황이 나아지리라는 보장은 없다. 스칸디나비아 국가들은 커드 교수의 이상에 가장 가까운 나라들로, 작은 나라들이며 풍부한 천연자원이 있고, 매우 특수한 역사적 상황에서 자신들의 사회복지 제도를 발전시켰다. 유엔은 2009년 금융 위기로 인해 인류 역사상 처음으로 10억 명(지구상 7명 중 1명)이 굶주리게 될 것이라고 추산했고,[29] 지구 천연자원이 거의 고갈되는 상황에서 진보주의 모델을 신념으로 받아들여서는 안 된다. 커드 교수가 현재 체제를 옹호하는 세 번째 이유는 이미 신뢰를 잃은 소련의 관료주의 모델 말고는 자본주의의 대안이 없다고 보기 때문이다(이 책 1부에서는 이를 암시할 뿐이지만, 아마

내 글에 대한 답변에서 더 자세히 설명했을 것이다). 나는 이러한 우려를 내 글인 2부의 결론에서 다루었으며, 이 답변의 끝에서도 다시 다룰 것이다.

건강, 복지, 그리고 자본주의: 애덤 스미스식 모델

커드 교수는 자본주의가 물질적 번영과 자유를 촉진하는 데 성공했다는 주장에 대한 이론적 설명을, 경제학자들이 사용하는 이상화된 완전 경쟁 시장(PCM) 모델에 대한 긴 논의로 시작한다. 이 모델의 핵심에는 파레토 최적의 기준(누군가가 더 나빠지지 않으면 다른 누군가가 더 나아질 수 없는 상황)이 있으며, 그녀는 이것이 사회를 도덕적으로 평가하는 데 있어 공리주의보다 낫다고 주장한다. 물론 모든 파레토 결과는, 특히 시작점이 불공정하거나 강제적이면 정의롭지 않다는 것을 그녀도 인정한다. 하지만 그녀는 "자유를 정의의 한 요소로 여기는 사람들에게는 정의와의 연관성이 존재한다"고 본다. 아마 내가 경제적 논리를 제대로 이해하지 못한 것일 수 있지만, 그녀 스스로 인정한 이유들 때문에 이 전체 논의는 매우 설득력이 없어 보인다.

- 이 모델은 그녀가 옹호하는 이상적인 자본주의, 더 나아가 현실 세계의 자본주의와 어떤 연관성이 있는가? 이는 그저 앞서 논의했던 결함, 즉 이상론의 또 다른 예시로 보인다.
- 도덕적 관점에서 볼 때 파레토 최적에서 무엇이 최적인가? 그리고 이것이 페미니스트에게 왜 설득력을 가져야 하는가? 모든 억압적 관계는 억압자가 더 나빠지지 않고는 끝낼 수 없으며(따라서 파레토 최적의 결과가

아니다), 이것이 옳은 일이다. 억압자의 자유를 제한하는 것은 억압받는 자의 자유 확장 등 여러 도덕적 근거로 정당화될 수 있다.

나로서는 이 전체 논의가 적절해 보이지 않으므로, 이제 자본주의에 대한 커드 교수의 이론적 옹호의 다른 측면으로 넘어가겠다.

커드 교수는 자본주의 발전이 지난 몇 세기 동안 기대수명, 영아 사망률, 출생률의 극적인 개선을 이끌었다고 주장하며, 대안적 설명에 반대하는 데 많은 시간을 할애한다. 나도 그녀의 주장에 동의하며, 이는 꽤 자명해 보인다. 그러나 그녀가 원하는 만큼 이를 충분히 입증하지는 못했다고 생각한다. 첫째, 그녀는 자본주의 발전이 **필수적**이었다고 하지만, 다른 사람들은 자본주의가 **불충분하다고** 주장한다. 과학적 발견과 정부의 공중보건 조치가 필요했기 때문이다. 이 두 설명은 서로 양립할 수 있다. 또한 과거와 현재에 이루어진 대부분의 개선은 종종 자본주의의 반대에 맞서 싸운 투쟁의 결과였다. 예를 들어, 에이즈 활동가들이 그러했다. 둘째, 그녀가 말하는 기간 동안 자본주의는 많은 지역에서 중요한 역할을 했지만, 모든 곳에서 필수적인 것은 아니었다. 20세기 러시아와 중국에서도 관료 체제하에서 기대수명, 영아 사망률, 출생률이 개선되었고(참사를 부른 중국의 대약진 운동에도 불구하고), 쿠바의 건강 통계는 미국의 봉쇄에도 불구하고 훌륭한 것으로 알려져 있다. 초점은 커드 교수가 그렇게 하듯이 전근대 사회와 근대 사회를 단순 비교하고 자본주의를 근대성과 동일시할 수 없다는 점이다. 극적인 건강 개선은 **자본주의 자체가 아니라 발전** 덕분이었다.[30] 자본주의는 역사적으로 발전의 첫 번째 원동력이었고 과학혁명을 가능케 했지만, 그렇다고 해서 오늘날 자본주의가 필수적이라는 **결론이 따라나오지는 않는다.** 사실 오늘날 자본주의는 건강과 복지에 있어 기껏해야 혼재된 역할을 한다. 앞서 논의한 바와 같이, **러시아가 자본주의로 전환한 이후 기대수명은 소련 시절보다 오히려 줄어들었다.** 전 세계 수백만 명이 예방 가능한 질병으로 사망하고 있으며, 그 이유는 기아 때문이자 기본 의약품을 살 여유도 없기 때문이다. 그런 사망자 비율은 여성이 남성보다 더 높다. **이들을 구하는 데 필요한 것은 자본주의가 그렇게 뛰어나다고 주장하는 의학 혁신이 아니라, 글로벌 자본을 사적 소유에서 해방시키는 것이다!**

사실 오늘날 제약회사들이 이룬 의학적 진보는 소비자 수요에 대한 자본가들의 대응만으로 설명되지 않는다. 노엄 촘스키는 최근 인터뷰에서 다음과 같이 말했다.

> 거의 모든 것이 국가 주도로 나온다. MIT가 뭔가? MIT는 대부분 납세자의 세금으로 운영되는 기관으로, 공적인 비용과 위험 부담으로 연구와 개발이 이루어진다. 그리고 그 결과 무언가가 나온다면, 일부 민간 기업이 …… 그 이익을 가져갈 것이다. ……경제의 역동적인 부분을 살펴보면, 컴퓨터나 인터넷 같은 것들이 …… 바로 그런 방식으로 나온다. 소비자의 선택은 아무 역할도 하지 않았다![31]

더 나아가, 자본주의가 이룬 의학적 진보는 대부분 이윤 창출이 예상되는 것들이다. 그래서 우리에게 비아그라, 프로작, 그리고 단순히 특허를 연장하기 위해 개발한 여러 약물의 사소한 변형물은 있지만, 말라리아 치료제는 없다. 필요 충족을 기반으로 한 사회는 의학 발전을 이윤 추구의 필요에만 한정하지 않을 것이다.[32] 마지막으로, 오늘날의 많은 건강 문제에 있어서 자본주의 발전은 해결책이 아니라 오히려 문제라고 할 수 있다. 특히 독성 살충제와 대기 오염으로 인한 문제가 그렇다. 따라서 자본주의 **자체가** 물질적 복지와 정치적 권리에 미치는 영향을 논하기는 어렵다. 이는 많은 역사적 요인에 따라 다르며, 비역사적 모델이나 특정 시기와 장소에 기반한 모델로는 이를 충분히 설명할 수 없다.

자본주의와 환경 문제에 대한 커드 교수의 논의는 특히 취약하며, 그녀의 개인주의적 시장 접근 방식의 문제를 잘 보여준다. 비록 그녀가 밀턴 프리드먼 같은 신자유주의자는 아니지만, 사회적 필요에 대한 정부 지원을 지지하는 입장을 취하고 있음에도, 그녀의 논의는 프리드먼의 무관심한 자유시장 접근 방식과 비슷하다. 프리드먼은 "현대 기술이 없었다면 오염은 훨씬 더 심각했을 것이다. 말에서 나오는 오염은 자동차에서 나오는 오염보다 훨씬 더 심각했다. 19세기 뉴욕 거리에 대한 묘사를 읽어보라"[33]고 의견을 밝힌 바 있다. 커드 교수는 자본주의의 생산성(그녀가 '효율성'이라고 호도하는)이 거대한 환경 문제를 야기한다는 비판에 단 한 페이지도 할애하지 않으며, 이 비판을 그저 '폐품처리장 반론'이라 불렀다. 그녀는 이러한 반론의 미학적 해석을 일축하며, "환경 문제는 많은 상품이 노후화될 때 부정적 외부효과를 발생시키기 때문"이라고 말하고, 이상적인 자본주의에서는 이를 재활용과 정화에 대한 세금과 기업을 더 환경친화적으로 행동하게끔 하는 인센티브로 해결할 수 있다고 주장한다. 그러나 자본주의가 초래한 환경 문제는 사람들이 구매한 모든 쓰레기를 처리하는 문제를 훨씬 넘어선다. 문제를 한 문장으로 요약하면, **지구에서 생명을 유지하는 데 필요한 천연자원의 거의 3분의 2가 지구 온난화, 산림 파괴, 사막화, 해양 고갈, 종의 멸종 등으로 훼손되며 파괴되고 있다는 것이다.** 이러한 환경 문제는 주로 자본주의하에서 생산된 쓰레기의 **처리** 문제가 아니라, 애초에 자본주의가 전 세계로 확산하면서 기하급수적으로 증가한 그 **생산** 자체에서 발생한다. 물론 소련 체제가 환경 관점에서 계몽적이지는 않았지만, **시장 경쟁으로 더 많은 물건을 생산하도록 몰아붙이지는 않았다.** 개인들이 소비 선택에서 더 환경 의식을 가져야 하고, 우리가 지금보다 더 많이 재활용해야 하는 것은 맞지만, 이는 더 큰 시스템적 문제에 비하면 사소한 일이다. 커드 교수가 시장과 법률을 통해 문제를 해결할 수 있다고 믿는 것은 매우 순진하다. 그러한 시도가 이미 있었지만, 문제는 계속해서 아주 심각해지고 있다. 2004년 이후 미국의 화학 공장과 기타 오염원에서 미국 청정수법을 50만 건 이상 위반했으나 사실상 처벌받지 않았다.[34] 인류 역사의 이 시점에서, 자본주의의 장점이 결국 우리에게 치명적인 종말을 가져올 수 있다는 사실을 직시해야 한다.[35]

자본주의 시장, 정보, 합리성: 다시 애덤 스미스식 모델

반대로 커드 교수는 오히려 자본주의가 어떤 계획형 체제보다 사람들의 필요를 더 잘 충족시킬 수 있는 이유를 시장 체제가 정보 집적에서 우월하다는 점에서 찾는다. 이것은 어떻게 이루어지는가? 계획에 의해서가 아니라, 시장이 소비자 선택을 통해 정보를 수집하면서 가능해진다. "시장은 소비자의 수요를 충족하기 위해 자원을 이동시킨다." 즉, 애덤 스미스가 오래전에 주장한 것처럼 수요가 공급을 결정한다. 그러나 이 전통적인 스미스식 모델에는 여러 문제가 있다. 첫째, 사람들은 시장에서 구할 수 없는 많은 것들, 예를 들어 저렴한 주택에 대한 욕구를 가지고 있지만, 실제로 소비자 선택에 반영되는 것은 단순한 수요가 아니라 '유효' 수요, 즉 필요한 것을 살 만큼 충분한 돈이 뒷받침된 수요다. (물론 커드 교수도 이를 알겠지만, 이 모델에서는 이 점을 충분히 중요한 문제로 다루지 않는다는 것을 지적할 필요가 있다.) 또한 대중교통처럼 개인이 돈이 있어도 구매할 수 없고, 자본가는 충분한 수익성이 없어 공급하지 못하지만 실제로는 수요가 있어 사회적 계획이 필요한 경우도 있다. 이는 수요가 공급을 결정하는 것만큼이나, **공급이 수요를 결정한다**는 점을 보여준다. 나는 좋은 대중교통을 원하지만, 그것이 제공되지 않아서 차를 산다. 공급(의 부족)이 나의 '수요'를 바꾸게 만든 것이다. 마찬가지로, 전 세계 에너지 수요를 감당하는 충분한 태양광 시스템이 있기를 바라지만,[36] 그 가능성이 실현되지 않았기 때문에 나는 할 수 있다면 비싸고 효율이 낮은 태양광 패널을 지붕에 설치하거나, 더 가능성 높은 선택은 화석연료 에너지를 구매하는 것이다. 다시 공급이 수요를 결정했지만, 이는 시장에 반영되지 않는다. **실제 세계에서 자본주의는 필요한 정보를 최대화하는 데 최고의 시스템이 아니라, 반대로 자본가들이 종종 정보를 억제하는 데 이해관계가 있을 때** 그럴 수 있다. 예를 들어, 자본가들은 수십 년간 니코틴의 위험성을 보여주는 과학적 연구를 억눌러왔고, 그로 인해 수많은 고통과 죽음을 초래했다. 그들은 또한 식품 상표에 'GMO 없음' 또는 '소 성장 호르몬 사용 안 함' 같은 문구를 쓰지 못하게 하려고 싸워왔다. 이 정보는 소비자들에게 매우 중요하지만, 자본가들이 이를 수집하거나 보유하고 있다 해도 제공할 것이라고 기대해서는 안 된다. 자본가들이 잘 수집하는 정보는 자신들이 가장 잘 팔 수 있는 것에 관한 정보다(이를 위해 만들어진 분야가 마케팅이다). 하지만 그들이 가장 잘 팔 수 있는 것이 (완곡하게 말하자면) 반드시 세계에 가장 필요한 것은 아니다. (예를 들어, 경기 침체에도 불구하고 미국은 개발도상국과 거래하는 모든 무기의 70퍼센트를 공급하면서 세계 최대 무기 공급국 역할을 확대해왔다.[37])

스미스식 모델의 또 다른 문제는 자본가들이 단순히 정보를 수집하고 이에 대응하는 것처럼 보이게 한다는 점이다. 하지만 실제로 자본가들은 수동적인 정보 수집자나 대응자가 아니다. 민간 재화/서비스와 공공 재화/서비스 간 선택에 있어서 자본가들은 단순히 상품을 공급하고, 공공 재화의 제공 여부를 정치적 과정에 맡기지 않는다. 오히려 그들은 우리 선택을 제한하기 위해 조직적으로 행동한다. 예를 들어, 연구에 따르면 그들은 로스앤젤레스와 디트로이트에서 대중교통을 없애기 위해 조직적으로 움직였다.[38] 또한 자본가들은 공급할 소비재에 대해서도 중립적이지 않다. 에너지 효율이 높은 전기차가 그들의 휘발유 차량에 위협이 되자, 소비자들이 전기차를 선택할 수 없도록 조치를 취했다.[39] 오늘날 비슷한 싸움이 의료 서비스 분야에서도 벌어지고 있다. 미국의 의료 서비스 산업 자본가들은 미국인들이 공공재로서 의료 서비스를 받거나 공공 의료 서비스와 민간 의료 서비스 중 선택권을 갖지 못하도록 가능한 모든 수단을 동원하고 있다. 문제는 이 체제의 최우선 목표인 **이윤 극대화가 어떤 정보를 수집하고, 어떤 정보에 반응하며, 어떤 정보를 공개할지 결정한다는 점이다.** 다시 커드 교수는 미국 경제학 강의를 지배하는 추상적이고 이상화된 자본주의 모델에 의존하고 있다.

전통/종교, 페티시즘, 욕망

나는 종교와 전통에 대한 커드 교수의 비판에 대체로 동의하지만, 자본주의와 전통·종교의 관계는 그녀가 제시한 것만큼 단순하지 않다. 일반적으로 자본주의는 억압적이고 후진적인 전통을 파괴하며 진보적인 역사적 역할을 해왔지만, 소련 체제 또한 그러했다. 예를 들어, 1980년대 소련이 지원한 아프가니스탄 정부는 여성의 전략적 젠더 이해관계를 증진했고, 그로 인해 강한 반발을 불러일으켰다. 그러나 냉전이라는 이유로 미국은 정부에 맞서 싸운 무자헤딘(오사마 빈 라덴 포함)을 지원했다. 이후 미국은 전쟁을 정당화하기 위해 페미니즘적 수사를 사용했고, 로라 부시(Laura Bush) 같은 저명한 페미니스트를 동원해 메시지를 퍼뜨렸다.[40] 이라크에서는 미국 점령군이 석유 산업을 민영화했다. 이것이 이라크 여성들의 실질적 젠더 이해관계에 부합할 것인가? 또한 미군은 페미니스트의 반대에도 불구하고 이라크에서 종교 단체가 '개인적' 문제에 더 많은 권한을 갖도록 한 법 개정을 지지했다. 더 나아가 자본주의가 초래한 물질적·문화적 황폐화는 때때로 사람들이 종교에서 위안을 찾게 만드는 요인이 되기도 한다. 삶이 개선되지 않는다면, 사람들은 과거에 대한 향수를 느낄 수 있다. 오늘날 나쁜 소련 모델마저 더 이상 존재하지 않는 상황에서 사람들은 어디로 돌아갈 수 있을까? 종교는 종종 유일한 답으로 보인다. 페미니스트들은 커드 교수처럼 종교의 억압적 역할을 단순히 비판하기보다는 종교가 (종종 놀랍게도) 번성하는 맥락을 분석해야 한다. 예를 들어, 그녀는 태국 불교가 성노예들이 운명을 수동적으로 받아들이도록 장려한다고 비판하지만, 성노예가 거대한 사업으로 성장했고, 자본주의 발전으로 인해 그 수가 급증했다는 사실은 언급하지 않는다. 마르크스가 잘 표현했듯이, 종교는 "억압받는 자의 한숨, 비정한 세상의 감정, 영혼 없는 상태의 영혼"이다. "자신들의 상태에 대한 환상을 버리라는 요청은, 그 환상을 필요로 하는 상태

를 버리라는 요청이다."⁴¹

물신주의와 적응적 욕망에 대한 논의는 커드 교수가 자유의 내적 차원을 이해하고, 내적 장애가 억압을 반영하고 강화하는 방식을 설명하는 데 유용한 기여를 한다. 허위의식 개념은 엘리트주의와 사회적 영향을 받지 않는 자아를 암시한다는 이유로, 그리고 진정성 개념을 거부하는 포스트모더니즘의 영향으로 한동안 인기를 잃었지만, 이는 급진적 비판에서 너무 중요한 개념이기에 포기할 수 없다. 제대로 이해한다면, 이 개념은 사회적 영향에서 분리된 진정한 자아를 의미하는 것이 아니라, **억압적인** 사회적 영향에서 벗어났을 때 더 진정한 자아를 실현할 가능성을 내포한다. 내가 커드 교수에게 제기하는 유일한 비판은, 그녀가 이 개념을 자본주의, 즉 위계를 내재한 체제에 충분히 적용하지 않았다는 점이다. 보통 사람들은 의식이 형성되는 과정을 통제하지 않으며, 자본주의하에서는 그 과정을 절대 통제할 수 없을 것이다.⁴²

또 다른 세계는 가능하다: 상상력 발휘하기

자본주의는 제한된 형태의 페미니즘과는 공존할 수 있지만, 페미니즘의 핵심인 급진적 해방 비전과는 공존할 수 없다. 커드 교수는 그 급진적 비전에 끌리는 듯하지만, 이론과 현실에서 자본주의에 대한 그녀의 신념은 그것을 불가능하게 만든다. 내가 이 답변 전체에서 주장했듯이, 그녀가 자본주의를 대체로 물질적 복지와 자유를 증진한 합리적 체제로 보고, 페미니스트 관점에서 이상적으로 개혁할 수 있다고 여기는 것은 이상화된 자본주의에 기초한 것이다. 커드 교수와 비판적인 독자들은 아마도 나에게 비슷한 반론을 제기할 것으로 예상한다. 즉, 나도 이 상론, 순진함, 공상주의에 빠져 있다는 것이다. 이 결론에서 나는 우리가 이 반론에 똑같이 취약하지 않음을 보여주고, 소련식 계획 경제에 대한 그녀의 비판이 모든 비자본주의 모델에 적용되지 않는 이유를 더 설명해보겠다.

먼저, 자본주의의 대안에 대한 내 스케치는 물론 이상적이다. 도덕적 원칙이 촉발한 규범적 이상을 표현한다는 의미에서 그렇다. 이는 페미니즘이나 자유주의 이론도 마찬가지다. 그래서 이런 의미의 이상론은 논란의 여지가 없다. 사실 나처럼 자본주의를 반대하는 사람의 경우에도 서구 세계에서 공언하는 자유·평등·연대라는 동일한 이상이 동기를 부여하지만, 우리는 자본주의보다 이 이상을 실현하는 데 방해가 덜한 대안을 제시할 것이다.[43] 우리의 자본주의 비판은 서양 문명을 어떻게 생각하느냐는 질문에 '좋은 생각일 것'이라고 말한 간디의 대답을 상기시킨다. 그러나 자본주의는 이상만이 아니라 실제로 존재하는 경제 체제다. 커드 교수가 도덕적 이상에 근거해 개혁된 자본주의를 옹호하는 것은 문제될 것이 없지만, 내가 비판하는 점은 이 **실제 체제**에 대한 그녀의 이론이 **이상화되었다**는 것이다. 자본주의가 어떻게 작동하고 어떻게 변화할지에 대한 정확한 설명이 아니라는 점에서 그렇다. 그녀는 자본주의가 **무엇이어야 하고 무엇일 수 있는지** 자신이 믿는 바와 **실제** 자본주의에 대한 설명을 뒤섞어버렸다.

내 입장은 다르다. 내가 옹호하는 체제는 현실에 존재하지 않으므로, 이를 이상화했다고 비판받을 수는 없다. 물론 많은 사람이 소련식 체제의 이상화된 버전을 옹호한 적이 있지만, 나는 자본주의가 이룬 많은 발전을 그들도 이뤘다고 지적했을 뿐, 그 비자본주의 대안을 옹호하는 것이 아님을 아주 분명히 밝혔다. 내 경우에는 이론과 현실 사이에 간극이 있을 수 없다. 왜냐하면 내가 자본주의에 견주려는 체제는 현실에 존재하지 않기 때문이다. 비판자들이 이렇게 말하는 소리가 들린다. "아하! 당신 이론은 유토피아적이군." 하지만 비난으로 이어지지는 않는다. 노예제 폐지나 여성 평등, 또는 '자유' 임금 노동을 지지하는 것이 초기에는 유토피아적이었던 것과 마찬가지다. 이러한 이상과 사회적 관계는 실현되기 전까지 대부분의 사람이 상상조차 할 수 없는 것이었다. 그것은 법(때로는 신의 법)뿐만 아니라 인간 본성, 그리고 '여성의 본성'을 위반하는 것처럼 보였다. 하지만 이는 사실이 아니었다. 미쳤다고 여겨졌던 소수가 옳았다. 이러한 변화에 대한 지지가 나쁜 의미에서 유토피아적이었던 것은, 그 당시 역사적 조건으로는 그러한 변화가 절대 불가능했기 때문이다. 이는 현 상태를 옹호하는 사람들이 항상 주장하는 바지만, 역사는 결국 그들이 틀렸음을 증명해왔다. 해당 사회가 끝에 가까워질 때까지 그 사회가 지닌 불안정하고 취약하며 인위적인 성격을 인식하기는 어렵다. 나를 비롯해 글로벌 정의 운동에 참여하는 다수가 지지하는 대안(이를 자유지상주의적 사회주의, 에코페미니즘 사회주의, 경제민주주의 등 무엇이라 부르든)이 과거에는 불가능했을지 모르지만, 오늘날에는 충분히 가능하다. 일정 부분 자본주의가 창출한 엄청난 부 덕분에, 전 인류는 존엄한 삶을 살 수 있다. 그 부를 끝없는 이윤 축적이 아니라 이러한 목적에 사용한다면 말이다. 이것은 **가능할 뿐만 아니라 반드시 필요하다.** 왜냐하면 현재의 사회적·생태적 조건은 자본주의의 지속을 **불가능하게, 따라서 그 자체를 오히려 유토피아적이게** 만든다는 것이 내 주장이다. "사회주의냐 야만이냐"라는 표현은 위대한 폴란드/독일 사회주의 활동가이자 이론가인 로자 룩셈부르크(Rosa Luxemburg)가 제1차 세계대전 직전, 그녀가 암살되기 전에 세계가 직면한 선택을 평가한 것이다. 이 말은 오늘날 그 어느 때보다 더 적절하다. 따라서 대안을 찾아내는 과제는 나 혼자만의 일이 아니다. 우리 모두가 상상력을 발휘해, 그러한 대안이 어떤 모습일지 함께 모색해야 한다. 성공 가능성이 낮은 도전이라는 점은 인정하지만, 생동감 넘치는 사회주의 작가 바버라 가슨이 말했듯이, "유일한 승리 가능성이 있다면, 성공 확률이 낮다고 해서 그것을 어리석다고 할 수는 없다."[44]

대안적 모델: 시장 대 계획, 관료주의 대 민주주의

소련식 중앙계획 경제(또는 전자본주의적 생산 방식. 이는 현대 세계에서 바람직하지도 실현 가능하지도 않기에 논외로 하겠다) 외에 자본주의의 다른 대안은 없다고 여기는 것이 커드 교수만은 아니다. 자본주의의 특수성을 이해하지 못하면, 자본주의를 단순히 복잡한 거대 시장 사회로 생각한다면, 나아가 시장을 그저 사람들 간의 자연스러운 상호작용 형태로 본다면, 자본주의의 대안을 상상하기는 어렵다. 그래서 자본주의가 불가피해 보일 수 있다. 그러나 시장에는 여러 종류가 있다. 시장은 자본주의 이전에도 존재했고, 자본주의 이후에도 얼마든지 존재할 수 있다. 문제는 시장이 사회의 다른 제도들과 어떤 관계를 맺고 있느냐다. 자본주의에서처럼 시장이 사회를 지배하는가? 자원 배분이 자본가들 간의 경쟁에 따른 의도치 않은 결과인가? 아니면 시장이 사회의 다른 제도에 종속되고, 사회에 내재하며, 통제받고 있는가? 폴라니가 역사의 초기를 설명한 것처럼 말이다.

몇 가지 제시된 사회주의 모델 중 일부는 시장이 중심 역할을 하는 방안을 구상한다. 이 반자본주의 모델의 주창자들은 자본주의가 시장에서 얻는 이점들을 유지하면서도, 이를 민주적으로 통제할 수 있다고 믿는다. 예를 들어, 노동자 협동조합을 통해 자본과 노동의 착취 관계를 없앨 수 있다는 것이다. 이러한 접근은 '시장 사회주의'라고 불리며, 적어도 학계에서는 가장 인기 있는 반자본주의 비전 중 하나다. 일부 모델은 매우 정교하게 구상되었다.[45] 하지만 다른 자본주의 비판자들은 이러한 시장 사회주의적 '중간 지대'의 실행 가능성에 의문을 제기하며, 여전히 시장 체제의 낭비·불평등·불안정성이 존재할 것이라고 주장하거나, 만약 그러한 문제를 민주적으로 통제한다면 결국 민주적 계획 경제(참여 경제 또는 참여 계획 경제라고도 불림)와 다를 바 없을 것이라고 주장한다.[46]

나는 후자의 입장에 가장 공감한다. 컴퓨터 시대에 계획 경제의 기술적 실행 가능성은 이미 입증되었고, 아직 완성된 것은 아니지만 그럴듯한 경제 계획 모델들이 존재한다. 세부사항은 다르지만, 이 모델들은 암묵적 지식을 활용해 생산자와 소비자, 그리고 영향을 받는 다른 사람들 간의 탈중앙화된 협력과 협상을 목표로 한다. 이 협상은 전국적으로 설정된 넓은 경제적 매개변수 내에서 이루어지며, 이는 전문가들이 초안을 작성한 대안적 계획을 민주적 기구가 투표해 결정하는 방식이다. 즉, 수평적 관계와 (민주적으로 통제되는) 수직적 관계의 결합이다. '가격'은 편의상 계획을 위한 회계 장치로 사용할 수 있지만, 사회적 비용을 포함하도록 설정될 것이다. 이 모델들은 국가 차원에서 설계되지만, 국제적으로 확장할 수 있다. 나는 이 탈중앙화된 경제 계획 모델이 시장 지배 시스템에 내재된 문제를 해결할 뿐만 아니라, 자본주의에서만 가능하다고 말해지는 조정과 혁신도 제공할 수 있다고 믿는다. 다만 그 목적은 다르다.

이 모델들은 도덕적으로도 매력적이다. 평범한 사람들이 자신의 운명을 의식적이고 집단적으로 통제할 권리와 능력을 가지고 있다는 믿음을 반영하기 때문이다. 이것은 순진한 생각이 아니며, 단지 우리가 불가능하다고 믿도록 길들여졌을 뿐이다. 파리 코뮌 같은 역사적 혁명 사례 외에도, 이러한 가능성을 보여주는 지역적 투쟁과 실험의 흥미로운 사례들이 존재한다. 전문가들은 각 선택의 결과를 설명하는 데 필요하지만, 그 선택이 개인의 필요와 가치에 비추어 최선인지 여부는 사람들이 직접 결정할 수 있다. 《스리마일섬 이후 민주주의를 요구하며 (Demanding Democracy After Three Mile Island)》(스리마일섬은 원자로가 거의 녹을 뻔한 원자력발전소 사고가 일어났던 곳)라는 강력한 책에서, 한 할머니는 만약 원전이 위험할 수 있다고 알려줬다면 값싼 에너지를 포기하고 밖에서 빨래 말리는 쪽을 택했을 것이라고 설명한다.[47] 이러한 결정에는 전문 지식이 필요하지 않다. 아르헨티나에서 소유주가 버리고 간 공장을 노동자들이 넘겨받은 사례나, 브라질 무토지 농민 운동(MST)의 토지 점유 사례, 10만 명이 동참한 참여 예산제 과정 등은 이 방향을 가리킨다. 이러한 민주적 계획 모델이 실행 가능한지, 그리고 민주적인 비자본주의 사회에서 시장이 얼마나 중요한 역할을 해야 하는지는 이 책의 범위를 벗어나는 문제다. 또한 이론적 탐구가 필요한 문제지만, 궁극적으로는 그런 사회를 구축하려는 사람들이 공동으로 결정해야 할 문제다.

그러나 일부는 소련의 중앙계획 모델의 실패가 계획에 기반한 경제 체제의 불가능성을 보여준다고 반박할 수 있다. (물론 소련이 완전한 실패는 아니었다는 점도 주목해야 한다. 교육과 보건에서 훌륭한 성과를 냈고, 우주 경쟁에서 먼저 앞서 나간 것도 소련이었다.) 소련이 겪은 막대한 비효율성은 그 정치/경제 구조에서 비롯되었다. 소련은 관료를 위해, 관료에 의해 운영된 독재 체제였으며, 사회적 필요를 충족하기보다는 관료들의 이해관계에 더 관심을 기울였다.[48] 이러한 이해 충돌로 불가피하게 정부와 소원해졌고, 이는 결국 큰 비효율성을 초래했다. 당시 격언대로, "우리는 일하는 척했고, 그들은 급여를 주는 척했다." 그래서 내가 자본주의에 대해 주장했듯이, 소련 모델도 사회적 필요를 충족하기 위해 정보를 수집하고 활용하는 데 내부 장벽이 있었다. 민주적으로 결정된 대로 사람들의 필요를 충족하는 데 중점을 둔 경제 체제에서는 실수가 있을지언정 자본주의나 관료적 집단주의의 계급 체제에서 중요한 정보를 수집하고 전달하는 데 나타나는 내부 장벽은 존재하지 않을 것이다. 반대로, 사람들이 자신에게 영향을 미치는 결정 과정에 참여한다면, 그들은 수동적이고 소외된 존재가 아니라 그 과정을 가장 효과적으로 만들기 위해 헌신할 가능성이 크다. 게다가 아래로부터의 집단 통치는 단지 사회를 구성하는 방식일 뿐만 아니라, 평범한 사람들의 창의력과 자기신뢰를 발전시키는 자율적 해방 과정을 통해서만 실현될 수 있다.

마지막으로, 내가 틀렸고 자본주의 외에는 정말 대안이 없다고 가정해보자. 그렇다면 무슨 일이 일어날까? 분명히 말하자면, 그렇다고 해서 페미니스트들이 자본주의를 이론적으로나 현실적으로 지지해야 한다는 결론으로 이어지지는 않는다. 내가 제시한 긍정적 대안이 불가능할지라도, 내 부정적 주장은 옳을 수 있기 때문이다. 만약 나의 가장 비관적인 예측이 옳다면, 인류는 파멸할 것이다. 그렇지 않더라도, 우리는 여전히 지극히 불평등하고 위기에 처한 현 상황을 지속할 것이며, 전 세계 대다수, 특히 여성들이 힘들고 짧은 생을 살아갈 것이다. 만약 이것이 정말로 가능한 전부라면, 좋아진 건 없는 셈이다.

주

1 자본주의를 찬성하다: 페미니스트의 이상과 현실로서

1. James C. Riley, *Rising Life Expectancy: A Global History* (New York: Cambridge University Press, 2001), 32-33. 이 기간의 기대수명 통계는 매우 다양하지만 30세를 넘은 경우는 없었다.

2. Central Intelligence Agency of the United States, *CIA World Factbook*, Central Intelligence Agency, 2008, www.cia.gov/library/publications/the-world-factbook, 2009년 9월 5일 검색. 이 자료에 따르면, 미국의 기대수명은 80.97세, 캐나다는 83.86세, 스위스는 83.63세, 프랑스는 84.23세다.

3. '글로벌 사우스'란 주로 가난한 개발도상국 사회를 지칭하며, 그중 많은 나라가 남반구(사하라 이남 아프리카, 남아메리카)에 위치하지만, 일부는 중앙아메리카와 남아시아, 동아시아를 포함하는 북반구의 남부 지역에 위치한다.

4. Robert Tucker (ed.), *Marx—Engels Reader*, 2nd edn. (New York: W. W. Norton, 1978), 339.

5. 이것은 일반균형의 기본 개념으로, 현대 미시경제학 교과서에서 그 증거를 찾아볼 수 있다.

6. Philippe Van Parijs, *Real Freedom for All: What if Anything can Justify Capitalism?* (Oxford: Clarendon Press, 1995), 3. 반 파레이스는 자본주의를 이와 매우 유사한 방식으로 정의한다. 즉, 한 사회의 생산 수단 대부분이 사적으로 소유되고

어떤 중요한 의미에서 사람들이 스스로를 소유하는 체제다.

7. Harold Demsetz, *From Economic Man to Economic System: Essays on Human Behavior and the Institutions of Capitalism* (New York: Cambridge University Press, 2008), 81.

8. Ann E. Cudd, "How to Explain Oppression," *Philosophy of the Social Sciences* 35(1) (March 2005): 20-49. 이 글은 환원 불가능한 규범적 현상의 이론에 대한 일련의 이론적 전제조건을 옹호한다. 자본주의를 반드시 이러한 규범적 방식으로 모델화할 필요는 없지만, 내가 이 글에서 추구하는 계몽된 자본주의 모델은 바로 그러한 규범적 모델이다.

9. 물론 이것이 차별이 끝났다는 의미는 아니다. 차별은 여전히 존재하지만, 이전보다 덜 명시적이며 법적·사회적 제재를 피하기 위해 감춰져야 한다.

10. Elizabeth Anderson, "Ethical Assumptions in Economic Theory: Some Lessons from the History of Credit and Bankruptcy," *Ethical Theory and Moral Practice* 7 (2004): 347-360. 앤더슨은 자본주의가 점점 더 자유방임적으로 되어가며, 시간이 지나면서 권리와 자유에 대한 모든 사람의 선호와 기대가 높아지는 경향을 보이는 자체 내부 역학으로 인해 변화하고 있다고 주장한다.

11. Amartya Sen, "Capitalism Beyond the Crisis," *New York Times Review of Books*, March 26, 2009.

12. 그렇다고 쿠바가 언론의 자유나 집회의 자유를 존중한다는 의미는 아니다. 사실상 생산 수단의 사적 소유권을 심각하게 제한하면서 다른 소극적 자유를 심각하게 제한하지 않는 나라를 찾기는 불가능하다. 관련 내용은 다음 참조. Amnesty International Report 2009, "State of the World's Human Rights," http://thereport.amnesty.org/en/regions/americas/cuba, 2009년 8월 1일 검색. 싱가포르에 대해서는 http://thereport.amnesty.org/en/regions/asiapacific/singapore, 2009년 8월 1일 검색.

13. William J. Baumol, Robert E. Litan, Carl J. Schramm, *Good Capitalism, Bad Capitalism, and the Economics of Growth and Prosperity* (New Haven, CT: Yale University Press, 2007), ch. 4.

14. J. Megan Greene, *The Origins of the Developmental State in Taiwan* (Cam-

bridge, MA: Harvard University Press, 2008), 10.

15. 한 국가의 지니계수(Gini coefficient)는 로렌츠 곡선(Lorenz curve) 아래의 면적을 기준으로 측정되며, 이 곡선은 인구 비율(일반적으로 가구 단위로 표현되며, 가구 내 성별 불평등을 민감하게 반영하지 않음)별로 벌어들인 총소득의 비율을 나타낸다. 이 값은 완전한 평등을 가정한 인구 비율별 소득 비율(예: 인구 5퍼센트가 소득 5퍼센트, 인구 50퍼센트가 소득 50퍼센트, 인구 75퍼센트가 소득 75퍼센트를 벌어들이는 경우 등)로 나누어 계산된다. 결과값은 0에서 1 사이 숫자로 나오지만, 때로는 이를 100으로 곱해 0에서 100 사이의 값으로 표현하기도 한다. 숫자가 높을수록 더 큰 불평등을 나타낸다. http://en.wikipedia.org/wiki/Gini_coefficient#Definition 참조. 대체로 가난한 나라(1인당 GDP가 낮은 나라)는 지니계수가 40에서 65 사이로 높게 나타나며, 극단적으로는 25에서 71까지 퍼져 있다. 반면, 부유한 나라는 대체로 지니계수가 낮으며(40 이하), 유럽에서 가장 낮은 지니계수(30 이하)가 나타난다. 전반적으로 지니계수와 1인당 GDP 사이에는 명확한 부적 상관관계가 있지만, 미국·홍콩·싱가포르는 부유하면서도 지니계수가 높다. 또한 《2008년 유엔 인간 개발 보고서》, http://hdrstats.undp.org/indicators/147.html 참조. 지니계수는 경제적 불평등을 측정하는 표준 지표지만, 소득이 아닌 재산을 측정하고 가구 단위로 비교하며, 보고된 소득만 측정하므로 비공식 경제 활동에서 발생한 소득을 반영하지 못한다는 점에서 문제가 있다.

16. 주인-대리인 문제는 한 사람(주인)이 다른 사람(대리인)을 고용해, 전문 지식(예: 의사)이나 특권을 가진 서비스를 제공(또는 주인이 대리인에게 재화를 판매)할 때 발생한다. 따라서 서비스(재화)의 품질을 대리인이 완벽하게 평가할 수 없는 경우다.

17. Baumol, Litan, and Schramm, *Good Capitalism, Bad Capitalism, and the Economics of Growth and Prosperity*, 87.

18. Jon Elster and Karl Ove Moene, *Alternatives to Capitalism* (Cambridge University Press, 1989), 26-28.

19. 비차별적 근거로는 소비자 보호를 위해 마련된 의약품 처방 면허를 받기 위한 의사 면허 시험 통과 요건과 같은 면허 제한이 있을 수 있다.

20. WTO는 기본적으로 분쟁 해결 메커니즘으로, 회원국들이 서로의 무역 정책이 합의한 사항(일반적으로 회원국 간 자유 무역을 허용하는 것)을 준수하는지 감시하

고 일부 WTO 회원국에 대한 차별적 대우를 피할 수 있도록 하는 역할을 한다.

21. John Braithwaite, *Regulatory Capitalism* (Northampton: Edward Elgar, 2008).

22. F. A. Hayek, *The Road to Serfdom* (University of Chicago Press, 1944).

23. Van Parijs, *Real Freedom for All*.

24. Amartya Sen, *Development as Freedom* (New York: Random House, 1999).

25. Nancy Hirschmann, *The Subject of Liberty: Toward a Feminist Theory of Freedom* (Princeton University Press, 2003). 허시먼은 자기 삶의 길을 선택할 수 있는 자유와 그 자유에 대한 문화적 지원으로서의 자유를 강조하는 페미니즘 자유 이론을 제시하는데, 내가 생각하기에 거의 옳다. 그 밖에 자유에 관한 유용한 페미니즘 이론으로는 Drucilla Cornell, *At the Heart of Freedom* (Princeton University Press, 2000); Marilyn Friedman, *Autonomy, Gender, Politics* (New York: Oxford University Press, 2003)이 있다.

26. 물론 일부 남성보다 더 많은 부와 권력을 가진 여성도 있을 것이다. 하지만 자본주의의 이상과 현실을 위해 평균적으로, 또는 사회 집단 내에서 비교했을 때 남성이 여성보다 다양한 면에서 더 나은 삶을 살고 있다.

27. Sylvia Walby, *Patriarchy at Work* (Minneapolis, MN: University of Minnesota Press, 1986), 51. 〔April Gordon, *Transforming Capitalism and Patriarchy: Gender and Development in Africa* (Boulder, CO: Lynne Rienner, 1996), 18에서 인용.〕

28. Elizabeth Anderson, "What is the Point of Equality?," *Ethics* 109(2) (January 1999): 287-337.

29. Ed Diener and Eunkook Suh (eds.), *Culture and Subjective Well Being* (Cambridge: MIT Press, 2000); R. Layard, *Happiness: Lessons from a New Science* (New York: Penguin Press, 2005).

30. Ann E. Cudd, "The Paradox of Liberal Feminism: Choice, Rationality and Oppression," in Amy Baehr (ed.), *Varieties of Feminist Liberalism* (Lanham, MD: Rowman & Littlefield, 2004), 37-61.

31. 이 목록은 마사 누스바움(Martha Nussbaum)의 역량 목록〔《여성과 인간 개발 (Women and Human Development)》(Cambridge University Press, 2000), 78-

80〕과 유사하다. 나는 이해관계를 보다 직접적으로 제시하여 이를 측정하고 사회 전반에서 비교할 수 있는 방법을 제시하고자 했다.

32. 러셀 월츠(Russell Walt)는 삶의 양이 충분히 크게 증가할 경우, 그것이 삶의 질 향상보다 어휘적으로 우선시된다면 혐오 결론의 한 형태로 이어질 수 있다는 반론을 제기했다. 예를 들어, 삶을 충분히 연장하더라도 그 삶이 매우 비참해 거의 살 가치가 없다고 가정해보라. 이러한 논의는 추상적으로 고려할 가치가 있지만, 실제 상황에서는 이를 걱정할 필요가 없다. 삶의 질은 거의 또는 전혀 감소하지 않았으며, 수명 연장은 두 번째 세대의 성숙을 경험할 수 있는 능력 덕분에 본질적인 삶의 질 향상을 가져왔다. 그러나 나는 세 번째 세대의 성숙을 경험하는 것이 이번만큼 큰 이득이 되리라고 주장할 수 있을지 확신하지 못하겠다.

33. Maurice Dobb, *Studies in the Development of Capitalism*, rev. edn. (New York: International Publishers, 1963), chs. 5-6.

34. Richard A. Easterlin, "How Beneficent is the Market? A Look at the Modern History of Mortality," *European Review of Economic History*, 3 (1999): 257-294; W. W. Rostow, *The World Economy: History and Prospect* (Austin, TX: University of Texas Press, 1978).

35. Easterlin, "How Beneficent is the Market?"

36. 이스털린은 이에 동의하지 않고 이러한 격차의 차이가 경제 성장과 밀접한 관련이 없음을 보여준다고 주장한다. 그는 소득 증가와 기대수명 증가 사이에 밀접한 관계가 있다면 그 격차는 동일하고 작을 것이라고 주장한다. 그러나 나는 소득의 초기 증가가 건강상의 이득을 창출하는 데 가장 오랜 시간이 걸릴 것으로 예상해야 한다고 주장하고 싶다. 또한 도시 인구가 많으면 전염병이 확산되기 때문에 각 국가의 도시 인구가 얼마나 많은지도 장수국가로 도약하는 시점에 영향을 미친다.

37. 과거 데이터는 *Monitoring the World Economy 1820-1992*, OECD, Paris 1995; *The World Economy: A Millennial Perspective*, OECD Development Centre, Paris 2001; *The World Economy: Historical Statistics*, OECD Development Centre, Paris 2003에서 확인할 수 있다. 이 자료는 앵거스 매디슨(Angus Maddison)의 〈세계 경제의 역사적 통계: 서기 1-2003년(Historical Statistics for the World Economy: 1-2003 AD)〉에서 수집 및 보고되었으며, wwvr.ggdc.net/maddison

에서 확인할 수 있다.

38. Gap Minder Foundation, "Gapminder World," www.gapminder.org/gapminder world/documentation/#gd004, 2009년 9월 5일 검색.

39. Riley, *Rising Life Expectancy*, 143.

40. Riley, *Rising Life Expectancy*, 137.

41. Easterlin, "How Beneficent is the Market?," 257-294.

42. Easterlin, "How Beneficent is the Market?," 259. 이 가설은 토머스 맥커운 (Thomas McKeown)의 《인구의 현대적 증가(The Modern Rise of Population)》 (New York: Academic Press, 1976)에서 제시되었다.

43. Jonathan B. Tucker, *Scourge: The Once and Future Threat of Smallpox* (New York: Atlantic Monthly Press, 2001).

44. P. J. G. Ransom, *The Victorian Railway and How it Evolved* (London: Heine-mann, 1990), 79.

45. Easterlin, "How Beneficent is the Market?," 230-231.

46. Easterlin, "How Beneficent is the Market?," 231-232.

47. Alfred D. Chandler Jr., "How High Technology Industries Transformed Work and Life Worldwide from the 1880s to the 1990s," *Capitalism and Society* 1(2) (2006), 1: 1-55.

48. Easterlin, "How Beneficent is the Market?," 288.

49. Riley, *Rising Life Expectancy*, 185.

50. Riley, *Rising Life Expectancy*, 185.

51. Riley, *Rising Life Expectancy*, 186.

52. Neil Cummins, "Marital Fertility and Wealth in Transition Era France, 1750-1850," Paris School of Economics Working Paper 2009-16, 2009. 커민스는 프랑스 자본주의 발전의 결정적 시기에 부의 증가, 아동 사망률 감소, 출생률 감소의 상관관계를 조사했다.

53. Kathleen London, "The History of Birth Control," *Yale-New Haven Teachers Institute*, 6 (1982), www.yale.edu/ynhti/curriculum/units/1982/6, 2009년 8월 6일 검색.

54. Demsetz, *From Economic Man to Economic System*, ch. 4.

55. Demsetz, *From Economic Man to Economic System*, 55.

56. Planned Parenthood Federation of America, "History and Success." www. plannedparenthood.org/about-us/who-we-are/history-andsuccesses.htm #Sanger, 2009년 9월 5일 검색.

57. Demsetz, *From Economic Man to Economic System*, 61.

58. George Alter, "Theories of Fertility Decline: A Nonspecialist's Guide to the Debate," in John R. Gillis, Louise A. Tilly, and David Levine (eds.), *The European Experience of Declining Fertility, 1850-1970* (Cambridge, MA: Blackwell, 1992), 13-27.

59. 1905년 3월 의회 연설에서 루스벨트 대통령은 피임과 이를 사용하는 여성들을 공격하며 도덕성이 부족하다고 비난하고 모든 여성이 엄격한 성적 분업을 준수할 것을 촉구했다. Theodore Roosevelt, "Theodore Roosevelt on Motherhood and the Welfare of the State," *Population and Development Review* 13(1) (March 1987), 141-147.

60. Juliet Schor, *The Overworked American* (New York: Basic Books, 1992), 45.

61. Angus Maddison, "World Development and Outlook 1820-2030: Evidence Submitted to the House of Lords," February 20, 2005, www.ggdc.net/maddison.

62. Organization for Economic Cooperation and Development, 2003, *OECD Employment Outlook, Statistical Annex*, 322. 여기에는 오스트레일리아, 오스트리아, 벨기에, 캐나다, 체코, 덴마크, 핀란드, 프랑스, 독일, 그리스, 헝가리, 아이슬란드, 아일랜드, 이탈리아, 일본, 한국, 룩셈부르크, 멕시코, 네덜란드, 뉴질랜드, 노르웨이, 폴란드, 포르투갈, 슬로바키아, 에스파냐, 스웨덴, 스위스, 터키, 영국, 미국 등 세계에서 가장 발전한 30개국이 포함돼 있다.

63. Valerie A. Ramey, "Time Spent in Home Production in Twentieth-Century United States: New Estimates from Old Data," *Journal of Economic History*, 69 (March 2009): 1-47; Elster and Moene, *Alternatives to Capitalism*.

64. Ramey, "Time Spent in Home Production in Twentieth-Century United States," 6-7.

65. Catherine Hakim, *Key Issues in Women's Work*, 2nd edn. (London: Glasshouse Press, 2004), 48.

66. Peter Kirby, *Child Labour in Britain, 1750-1870* (New York: Palgrave Macmillan, 2003), 4.

67. UNDP, "Measuring Inequality: Gender-related Development Index (GDI) and Gender Empowerment Measure (GEM)," Human Development Reports 2007/2008. http://hdr.undp.org/en/media/HDR_20072008Tech_Note_l.pdf, 2009년 9월 5일 검색.

68. UNDP, "Measuring Inequality: Gender-related Development Index (GDI) and Gender Empowerment Measure (GEM)," Human Development Reports 2007/2008. http://hdr.undp.org/en/statistics/indices/gdi_gem, 2009년 9월 5일 검색.

69. Amnesty International, "State of the World's Human Rights 2009".

70. Peter Fallon and Zafiris Tzannatos, "Child Labor: Issues and Directions for the World Bank," The World Bank, 1998. http://info.worldbank.org/etools/docs/library/76309/dc2002/proceedings/pdfpaper/module9pfzt. pdf.

71. Human Rights Watch, "Fingers to the Bone: United States Failure to Protect Child Farmworkers," 2000, section III, www.hrw.org/en/reports/2000/06/02/fingers-bone-0.

72. Fallon and Tzannatos, "Child Labor," 1.

73. 이스털린 외에 다음 글에서도 이 주장을 하고 있다. Janet Thomas, "Women and Capitalism: Oppression or Emancipation?," *Comparative Studies in Society and History* 30(3) (July 1988), 534-549.

74. Julian Le Grand, "Equity versus Efficiency: The Elusive Trade-off," *Ethics* 100 (1990): 554-568에서 파레토 최적과 효율을 식별하는 데 따른 몇 가지 문제에 대한 논의 참조. Vilfredo Pareto, *Manual of Political Economy* (New York: Austus M. Kelley, 1971), ch. 6.

75. Derek Parfit, *Reasons and Persons* (Oxford University Press, 1987), 388.

76. John Rawls, *A Theory of Justice* (Cambridge, MA: Harvard University Press,

1971), 27.

77. 나는 아마르티아 센의 《윤리와 경제에 대하여(On Ethics and Economics)》(Oxford: Blackwell, 1987)》를 참조해 사회 정의나 선이 전적으로 그 사회에 속한 개인의 효용으로 결정된다고 보는 이론을 가리키는 의미에서 '복지주의자'란 표현을 사용한다.

78. 복지경제학자가 파레토 최적을 규범적 기준으로 사용하는 사례는 Gordon Tullock, "Inheritance Justified," *Journal of Law and Economics* 13 (1970): 465-474 참조.

79. 이러한 기준은 어느 정도 중복된다. 특히 Cl, C3, C4, C5는 PCM의 특성을 제대로 이해하기에 충분할 것이다. 조건을 명확히 하기 위해 다른 기준을 추가했다.

80. Amartya Sen, "Markets and Freedoms," *Oxford Economic Papers* 45 (October 1993). 519-541.

81. 인간 행동에 대한 경제적 가정의 위반에 대한 실험적 증거를 검토하려면 Richard Thaler, "Psychology of Choice and the Assumptions of Economics," in Alvin Roth (ed.), *Laboratory Experimentation in Economics* (Cambridge University Press, 1987), 99-130 참조.

82. J. S. Mill, *On Liberty* (London: Longman, Roberts & Green, 1859), ch. 4.

83. Sen, *On Ethics and Economics*, ch. 2.

84. 거래 비용이 없으므로 거래에 무관심한 사람도 거래하지 않을 이유가 없으며, 이러한 경우 무관심한 당사자가 거래를 한다고 가정해보겠다.

85. 그러나 자유 교환이 **처음 보기에** 좋은 것이라는 개념에 대한 비판으로는 Allan Gibbard, "What's Morally Special About Free Exchange?," in E. F. Paul, F. D. Miller, Jr., and J. Paul (eds.), *Ethics and Economics* (Oxford University Press, 1985), 20-29 참조.

86. Hal R. Varian, "Distributive Justice, Welfare Economics, and the Theory of Fairness," *Philosophy and Public Affairs* 4 (1974-75): 223-247.

87. 코즈 정리(Coase theorem)는 재산권을 충분히 명확하게 정의할 경우 이러한 거래 중 일부가 이루어질 수 있음을 보여준다. 그러나 이는 정부가 깨끗한 공기처럼 관리하기 어려운 방식으로 재산권을 할당하고 모니터링할 수 있어야 함을 요구한다. 외부효과를 내재화하는 이러한 방식은 오염시키지 않는 대가로 보상받기 위해 오

히려 오염을 유발할 요인을 생성할 수도 있다.

88. 등대의 예상 가치가 등대의 예상 비용보다 적을 때 등대를 건설하는 것이 합리적이다. 규모가 크고 수익성이 충분한 해운회사의 경우 일부 지역에서는 그럴 수 있다.

89. 경제학 문헌에서 외부효과가 거래 당사자 아닌 제3자에게 해를 끼친다는 의견은 반드시 만장일치는 아니다. 그러나 외부효과가 무해하다는 주장은 자발적 합의를 맺는 비용이 시장 전체에서 완전히 균일하다는 가정에 의존하는데, 이는 현실 세계에서 명백히 위배된다. James M. Buchanan, "The Relevance of Pareto Optimality," *Journal of Conflict Resolution* 6 (1962): 341-354, 특히 349쪽 참조.

90. Joseph Stiglitz, "The Contributions of the Economics of Information to Twentieth Century Economics," *The Quarterly Journal of Economics* 115(4) (November 2000): 1441-1478.

91. Joseph Stiglitz, "The Contributions of the Economics of Information to Twentieth Century Economics," 1469.

92. Joseph Stiglitz, "The Contributions of the Economics of Information to Twentieth Century Economics," 1470.

93. Drusilla K. Brown, Alan Deardorff, and Robert Stern, "The Effects of Multinational Production on Wages and Working Conditions in Developing Countries," in Robert E. Baldwin and L. Alan Winters (eds.), *Challenges to Globalization: Analyzing the Economics* (University of Chicago Press, 2004), 279-330.

94. Elster and Moene, *Alternatives to Capitalism*, 8.

95. James B. Davies, Susanna Sandström, Anthony Shorrocks, and Edward N. Wolff, "Estimating the Level and Distribution of Global Household Wealth," UN-Wider, Research Paper No. 2007/77, 2007.

96. Elster and Moene, *Alternatives to Capitalism*, 5.

97. Sen, *Development as Freedom*, 112.

98. Gerald F. Gaus, "Backwards into the Future: Neorepublicanism as a Postsocialist Critique of Market Society," *Social Philosophy and Policy* 20 (Winter 2003): 59-91, 61.

99. Mill, *On Liberty*, ch. 4.

100. Sen, *Development as Freedom*, ch. 5.

101. Sen, "Markets and Freedoms."

102. P. N. Mari Bhat, "Returning a Favor: Reciprocity Between Female Education and Fertility in India," *World Development* 30(10) (October 2002), 1791-1803. 대부분의 연구는 여성 교육 증가가 출생률을 낮춘다는 것을 보여주는 데 초점을 맞추지만, 이 글은 인과관계가 양방향으로 작용함을 보여준다.

103. Isaiah Berlin, "Two Concepts of Liberty," in Henry Hardy (ed.), *Liberty* (Oxford University Press, 2002).

104. 나는 《억압 분석(Analyzing Oppression)》 (New York: Oxford University Press, 2006)에서 억압의 심리적 힘과 그것이 억압받는 집단에 미치는 영향에 대해 자세히 논의했다. 심리적 억압이 여성에게 미치는 영향에 대한 중요한 논의는 Sandra Bartky, *Femininity and Domination: Studies in the Phenomenology of Oppression* (New York: Routledge, 1990)에서 찾아볼 수 있다.

105. Quentin Skinner, "A Third Concept of Liberty," *Proceedings of the British Academy* 117 (2002): 237-268.

106. Gaus, "Backwards into the Future."

107. Cynthia Willett, *Irony in the Age of Empire: Comic Perspectives on Democracy and Freedom* (Bloomington, IN: Indiana University Press, 2008).

108. Willett, *Irony in the Age of Empire*, 60.

109. Wendy Donner, "John Stuart Mill on Education and Democracy," in Nadia Urbinati and Alex Zakaras (eds.), *J. S. Mill's Political Thought* (New York: Cambridge University Press, 2007), 250-275.

110. Ann E. Cudd, "Sporting Metaphors: Competition and the Ethos of Capitalism," *Journal of the Philosophy of Sport* 34 (May 2007): 52-67.

111. Sen, *Development as Freedom*, 42-43.

112. Muhammad Yunus, *Creating a World Without Poverty* (New York: Public Affairs, 2007), 151.

113. William H. Dietz, "Sugar-sweetened Beverages, Milk Intake, and Obesity in

Children and Adolescents," *The Journal of Pediatrics* 148 (February 2006): 152-154.

114. Zillah Eisenstein, "Developing a Theory of Capitalist Patriarchy," *Capitalist Patriarchy and the Case for Socialist Feminism* (New York: Monthly Review Press, 1979); Heidi Hartmann, "The Unhappy Marriage of Marxism and Feminism: Toward a More Progressive Union," in Lydia Sargent (ed.), *Women and Revolution* (Cambridge: South End Press, 1981), 1-41.

115. 그러나 나는 이것이 착취 피해, 특히 여성들이 겪는 착취 피해에 대한 최선의 설명이라고 주장하고 싶지 않다. 루스 샘플(Ruth Sample)의《착취: 착취란 무엇이고 왜 잘못인가(Exploitation: What it is and Why it's Wrong)》(Lanham, MD: Rowman & Littlefield, 2003)는 착취를 비하(degradation)로 더 잘 설명한다. 그러나 내가 사용하는 좀더 제한된 마르크스주의적 의미로는 착취라는 말이 **자본주의** 비판에 더 적합하다.

116. Karl Marx, "Wage Labor," *Economic and Philosophic Manuscripts of 1844*, trans. Martin Mulligan (Moscow: Progress Publishers, 1959).

117. 마르크스가 보기에, 노동자가 노동을 통해 모든 잉여 가치를 창출하기 때문에 이러한 전유는 강압적이다. 이는 모든 가치가 노동으로 창출된다는 노동 가치론에 의해 필연적으로 요구되는 것이다. 그러나 노동 가치론은 현재 불신받는 경제 이론이므로 착취 분석에서 이 이론에 의존하지 않겠다. 그러나 본문에서 설명하는 것처럼 시장과 협상력이라는 개념을 통해 착취가 강압적일 수 있음을 알 수 있다.

118. Barbara Bergmann, *The Economic Emergence of Women*, 2nd edn. (New York: Palgrave Macmillan, 2005).

119. John Roemer, *Free to Lose* (Cambridge, MA: Harvard University Press, 1988).

120. 착취에 대한 자유주의적 개념도 존재한다. Robert Goodin, "Exploiting a Situation and Exploiting a Person," in Andrew Reeve (ed.), *Modern Theories of Exploitation* (London: Sage, 1987)은 착취를 취약한 타인을 이용하는 것으로 이해한다. 앨런 워트하이머(Alan Wertheimer)의《착취(Exploitation)》(Princeton University Press, 1996)에서는 한 사람이 다른 사람에게 부당한 이득을 취하는 거래로 착취를 이해한다. 워트하이머의 설명은 착취가 부당하거나 억압적인 상황

을 이용할 때 잘못이라는 나의 주장과 호환된다. 구딘의 설명은 부당함이나 억압의 결과가 아닌 취약성까지 포함하기 때문에 나에게는 지나치게 포괄적이다. 마지막으로, 루스 샘플의 《착취: 착취란 무엇이고 왜 잘못인가》는 착취를 비하, 즉 타인의 가치를 적절하게 대우하지 않는 것으로 설명한다. 이 설명 역시 나의 설명보다 더 포괄적이다. 이는 거래를 포함하지 않고 사람을 나쁘게 대우하는 방식을 포함하기 때문이다. 그러나 그녀의 설명은 내가 착취적인 것으로 논하는 해롭지 않은 형태의 착취를 포함하지 않는다. 그녀에게는 착취가 항상 잘못이고, 내가 해롭다고 주장하는 형태를 착취로 간주할 것이다.

121. Francine du Plessix Gray, *Soviet Women: Walking the Tightrope* (New York: Doubleday, 1989); Olga Voronina, "Soviet Patriarchy Past and Present," trans. Nicole Svobodny and Maude Meisel, *Hypatia* 8 (1993): 97-111.

122. F. A. Hayek, *The Constitution of Liberty* (University of Chicago Press, 1978), ch. 6.

123. Cudd, *Analyzing Oppression*, ch. 5. 《모두를 위한 진정한 자유》에서 반 파레이스는 좌파 자유주의 원칙에서 이 주장에 대한 확장된 논거를 제공한다.

124. Jeremy Waldron, "Property Rights and Welfare Distribution," in R. G. Frey and Christopher Wellman (eds.), *A Companion to Applied Ethics* (Malden, MA: Blackwell, 2003), 38-49, 47.

125. John Locke, *Second Treatise of Government*, C. B. Macpherson (ed.) (Indianapolis, IN: Hackett, 1980), ch. 7.

126. Robert Nozick, *Anarchy, State, and Utopia* (New York: Basic Books, 1974), 160.

127. 윌리엄 그라이더(William Greider)는 《자본주의의 영혼: 도덕경제로 나아가는 길 열기(The Soul of Capitalism: Opening Paths to a Moral Economy)》(New York: Simon & Schuster, 2003)에서 직원 주식 소유 계획이나 노동자 협동조합과 같이 생산 수단의 소유권이 분산되고 민주적인 여러 가능한 형태를 고찰한다.

128. 애드리언 파이퍼(Adrian M. S. Piper)는 〈고차원 차별(Higher Order Discrimination)〉〔Amelie Oksenberg Rorty (ed.), *Identity, Character, and Morality* (Cambridge, MA: MIT Press, 2000), 285-309〕에서 이러한 종류의 차별을 '고차원 차

별'이라 명명한다.

129. 하지만 실제로 살아있는 자본주의는 이 문제가 완전히 자기봉쇄적인 것은 아니라는 희망을 어느 정도 제공한다고 볼 수 있다. 즉, 자본주의는 실제로 가부장적 전통에 맞서 싸우는 모습을 보여주었으며, 여성이 정해진 역할에서 벗어나 임금을 위해 일하면서 자신과 가족의 생활 수준을 향상시키도록 동기를 부여했다.

130. Gordon, *Transforming Capitalism and Patriarchy*, 23. 고든은 자본주의에 대한 페미니스트의 표준적인 우려를 설명하지만, 그녀 자신은 이를 지지하지 않는다. J. K. Gibson-Graham, *The End of Capitalism (as we knew it): A Feminist Critique of Political Economy* (Cambridge, MA: Blackwell, 1996), 8: 자본주의는 "사회적 차별화 체계에서 남근 또는 지배의 용어다." 이 비판은 자본주의 자체보다는 자본주의 이데올로기를 더 겨냥하는 것으로 보인다.

131. Eva Feder Kittay, *Love's Labor* (New York: Routledge, 1999).

132. Karl Marx, "The Fetishism of the Commodity and its Secret," *Capital: Vol. I*, trans. Samuel Moore and Edward Aveling (Moscow: Progress Publishers, 1887), Book I, ch. 1, section 4.

133. 이 교환 가치에 대한 '집착'은 물론 현대 경제학의 주요한 이론적 진전으로 간주된다. 현대 가격 이론은 사물의 가격이 어떻게 연관되는지를 더 잘 설명하지만, 이러저러한 필요를 충족하기 위해 얼마나 많은 노동이 소모되는지, 한 사람이 수행하는 노동의 양이 그들의 필요를 충족하는 능력과 어떻게 관련되는지 같은 질문들을 무의미하게 만든다. 따라서 신고전주의 경제 이론은 마르크스(그리고 그 이전의 고전 경제학자들)가 중요하다고 여겼던 질문들과는 매우 다른 질문들에 답한다고 할 수 있다. 나는 정의에 관한 효과적 이론이 이러한 두 종류의 질문을 모두 제기하고 거기에 답할 수 있어야 한다고 생각한다.

134. 소스타인 베블런(Thorstein Veblen)의 금전적 모방과 과시적 소비 개념은 자본주의가 욕망을 왜곡하는 유사한 방식을 설명한다. Veblen, *The Theory of the Leisure Class* (Boston, MA: Houghton Mifflin, 1973) 참조.

135. 아이리스 영(Iris Young)의 용어로 이러한 사람들은 '주변화'를 겪으며, 이는 그녀가 제시한 다섯 가지 형태의 억압 중 하나다. Iris Marion Young, *Justice and the Politics of Difference* (Princeton University Press, 1990), ch. 5.

136. 엘리자베스 앤더슨은 〈여성의 노동은 상품인가?〉라는 글에서 상업적 대리모를 통한 여성 재생산 노동의 상품화를 비판한다. Elizabeth Anderson, "Is Women's Labor a Commodity?," *Philosophy and Public Affairs* 19 (Winter 1990): 71-92.

137. 마찬가지로, 착취와 불평등의 관점에서 자본주의를 비판한 마르크스에 대해서는 적절한 출발점과 공정한 법적 틀을 갖춘다면 이러한 문제들이 자유시장 체제에서 극복될 수 있음을 보여줌으로써 반박할 수 있다. 그러나 상품 물신주의 관점에서 자본주의를 비판하는 마르크스의 견해는 여전히 유효해 보인다. 이러한 형태의 허위의식과 적응적 선호 형성은 자본주의나 자유시장 체제에 내재된 것이다.

138. Des Gasper and Irene van Staveren, "Development as Freedom—And as What Else?," *Feminist Economics* 9 (July/November 2003): 137-161.

139. Jon Elster, *Sour Grapes* (Cambridge University Press, 1983).

140. '왜곡된 욕망'이라는 용어는 다음 논문에서 사용된다. Anita Superson, "Deformed Desires and Informed Desire Tests," *Hypatia* 20 (Fall 2005): 109-126. 적응적 선호 또는 왜곡된 선호에 대한 다른 중요한 논의로는 Elster, *Sour Grapes*; Amartya Sen, "Gender Inequality and Theories of Justice," in Martha Nussbaum and Jonathon Glover (eds.), *Women, Culture, and Development* (New York: Oxford University Press, 1995); Bina Agarwal, "Bargaining and Gender Relations: Within and Beyond the Household," *Feminist Economics* 3 (1997): 1-51.

141. Cass Sunstein, *The Partial Constitution* (Cambridge, MA: Harvard University Press, 1993).

142. John D. Walker, "Liberalism, Consent, and the Problem of Adaptive Preferences," *Social Theory and Practice* 21 (Fall, 1995): 457-471.

143. 나는 《억압 분석》 5장에서, 여성들이 종종 사회 구조를 통해 억압을 심화하는 생활 방식을 선택하도록 하는 유인에 직면한다고 주장했다. 이를 설명하기 위해 사용한 예시는 부부가 무급 노동과 유급 노동을 어떻게 분담할지 결정하는 것이었다. 나는 성별 임금 격차(또는 다른 여러 구조적 유인)가 최소한 가계 전체의 관점에서 아내가 무급 가사 노동을 하고 남편이 유급 시장 노동을 하는 것을 합리적이게 만든다고 주장했다. 그러나 이 선택이 각 배우자에게 제공하는 탈출 옵션

을 고려하면, 결혼 생활 및 물품 구매 협상에서 자원과 결과에 대한 여성의 통제력은 심각하게 줄어들 것이다. 따라서 선택을 야기하는 억압적 조건은 그 선택으로 강화될 가능성이 크다. 그러나 반대 선택을 하려면 남성과 여성 간 상대적 협상 지위에 의해 이미 배제당한 결혼 내 권력이 어느 정도 필요할 수 있다. 여성은 이러한 억압의 배경 속에서 가사 노동을 선호하게 된다.

144. Bartky, *Femininity and Domination*.

145. 그러나 왜곡된 욕망은 욕망이 감정 및 신체 상태와 얽혀 있는 방식 때문에 잘못된 신념보다 개인에게 더 오래 남을 수 있다. 이와 관련해서는 Bartky, *Femininity and Domination*, ch. 4 참조.

146. Andrew Kernohan, *Liberalism, Equality, and Cultural Oppression* (Cambridge University Press, 1998), ch. 1 참조.

147. Kevin Bales, *Disposable People: New Slavery in the Global Economy* (Berkeley, CA: University of California Press, 1999), 62.

148. Evelyn P. Stevens, "Marianismo: The Other Face of Machismo in Latin America," in Anne Minas (ed.), *Gender Basics: Feminist Perspectives on Women and Men* (Belmont, CA: Wadsworth, 1993).

149. 나는 일부 지역의 종교 이해가 그 종교에 대한 '진실한' 또는 진정한 해석인지를 둘러싼 논쟁에 끼어들고 싶지 않다. 종교는 모두 인공물이기 때문에 어떤 해석은 지어낸 것이고 어떤 해석은 진짜 또는 진실이라고 생각할 이유가 없다. 종교는 여성을 대하는 방식에 따라 크게 다르며, 일부 진보적 종교는 더 근본주의적인 유형에서 성차별을 근원적으로 없애는 쪽으로 발전해왔다.

150. Riley, *Rising Life Expectancy*, 115.

151. Nussbaum, *Women and Human Development*. 누스바움은 과부로서의 삶을 규정하는 규범 때문에 집을 떠날 수 없는 인도 여성들에 대해 언급한다. 이들이 집을 떠나려면 사회적 배척과 폭력을 당할 각오를 해야 한다.

152. Human Development Reports 2007/2008. 통계 업데이트 2008년.

153. 자본주의와 가부장제의 경우에서 주장했듯이, 전통 문화의 토대를 형성하는 종교와 배후의 가부장제를 분리할 수 있을까? 이것이 페미니스트 정치 변혁일까? 마사 누스바움은 남성과 여성을 구분하지 않고 동성 결혼을 허용하는 개혁 유대교

의 긍정적이고 페미니즘적인 가치를 주장해왔다. 그러나 이는 출생 여부에 따라 지위와 선택권이 결정되지 않기 때문에 전통 문화로 인정할 수 없다. 예를 들어, 유대교를 공부하고 관련 수련을 하면 누구나 랍비가 될 수 있다. 이는 민주적 사회주의나 자본주의와 양립할 수 있어 보이지만, 종교 지도자가 결정하는 경제는 분명 아니다.

154. Gordon, *Transforming Capitalism and Patriarchy*.

155. David Gauthier, *Morals by Agreement* (Oxford University Press, 1986).

156. Helen Longino, *Science as Social Knowledge: Values and Objectivity in Scientific Inquiry* (Princeton University Press, 1989). 롱기노는 과학이 비판에 대한 개방성을 통해 절차적으로 객관성을 달성하는 방식을 보여준다. 자본주의는 본질적으로 이와 비슷하게 경쟁에 대한 개방성을 수반하기 때문에 아이디어에 대한 끊임없는 평가와 선별이 이루어진다. 비록 진리를 위한 것은 아니지만, 진실한 믿음은 아이디어 경쟁의 행복한 부산물일 수 있다.

157. Bergmann, *The Economic Emergence of Women*.

158. Nancy Folbre, *The Invisible Heart: Economics and Family Values* (New York: New Press, 2002).

2 자본주의를 반대하다: 이론과 현실의 관점에서

1. *The Communist Manifesto*, in Robert C. Tucker (ed.), *Marx-Engels Reader*, 2nd edn. (New York: W. W. Norton, 1978), 476 이하.

2. Francis Fukuyama, "The End of History," *National Interest*, Summer 1989.

3. 예를 들어, 로버트 브레너(Robert Brenner)는 1973년 이후 실물 경제의 지속적인 하락을 지적하며 이를 '긴 침체'라고 불렀다. *The Economics of Global Turbulence* (New York: Verso, 2006) 참조. 브레너 같은 마르크스주의자들을 제외하면, 현재의 위기를 예견한 사람은 거의 없었다. 예외적으로 누리엘 루비니(Nouriel Roubini)는 2006년 국제통화기금(IMF)에서 한 연설에서 이를 예견했다. Stephen Mihm, "Dr. Doom," *New York Times*, August 15, 2008 참조.

4. Paul Krugman column, *New York Times*, January 5, 2009, 21.

5. 〈데모크라시 나우(Democracy Now)〉 인터뷰, Pacifica Radio, November 17, 2009.

6. 같은 날 〈뉴욕 타임스〉는 월스트리트 금융회사 직원들의 보너스가 기록상 여섯 번째로 큰 금액이라고 보도했고, 맞은편 페이지에는 레베카 캐스카트(Rebecca Cathcart)의 "살인-자살 사건에서 가족에게 짐이 된 빚"이라는 제목의 기사가 실렸다(2009년 1월 29일자, 1쪽과 18쪽). 승자와 패자로 나뉘는 이 같은 상황은 전 세계에서 벌어진다. 가난한 인도 농민들 사이에서 자살이 가상 전염병처럼 퍼지고 있는데, 1997년 이후 20만 명이 자살했다. Vandana Shiva, "Why are Indian Farmers Committing Suicide and How Can We Stop This Tragedy?," Voltairenet.org, May 23, 2009. 〈뉴욕 타임스〉는 2009년 9월 11일 골드만삭스 직원 3만 명이 올해 평균 70만 달러를 벌어들일 것으로 예상된다고 보도했다. Alex Berenson, "A Year After a Cataclysm, Little Change on Wall St," 1.

7. Patricia Cohen, "Ivory Tower Unswayed by Crashing Economy," *New York Times*, March 5, 2009, C1.

8. Rasmussen Poll, April 2009, www.rasmussenreports.com에서 확인.

9. 〈쿠리에르 앵테르나시오날(Courier International)〉 제924호(2008년 7월 17-23일)의 표지는 "마르크스, 귀환(Marx, le retou)"이라는 제목을 달았으며, 〈뉴욕 리뷰 오브 북스(The New York Review of Books)〉, 〈파이낸셜 타임스(The Financial Times)〉 등에서 발행한 기사들의 요약본을 실었다. 2009년 3월, 영국 신문 〈인디펜던트(The Independent)〉의 마크 스틸(Mark Steele)은 "그래서 결국 카를 마르크스가 옳았다(So Karl Marx Was Right After All)"라는 제목의 기사에서 대부분의 신문이 경제면에서 마르크스를 다루었으며, 마르크스가 〈타임스(The Times)〉 1면에 등장했다고 보도했다. 더 놀라운 것은 위기가 발생하기 전인 1997년, 21세기의 '다음(the next)'을 주제로 한 〈뉴요커(The New Yorker)〉 특집호에서 '다음 사상가'로 마르크스를 다룬 기사가 실렸다는 것이다. John Cassidy, "The Return of Karl Marx," October 20, 1997.

10. Edmund L. Andrews, "Report Projects a Worldwide Economic Slide," *New York Times*, March 9, 2009, B1.

11. Arlie Hochschild, *The Managed Heart: Commercialization of Human Feeling*, 2nd edn. (Berkeley, CA: University of California Press, 2003); *The Commer-*

cialization of Intimate Life (Berkeley, CA: University of California Press, 2003); Rachel P. Maines, *The Technology of Orgasm: "Hysteria," the Vibrator, and Women's Sexual Satisfaction* (Baltimore, MD: Johns Hopkins University Press, 1999) 참조. 한 이론가는 자본주의를 "세계가 지금까지 겪어본 가장 종합적인 체제"라고 기술한다. Ellen Meiksins Wood, *Democracy Against Capitalism: Renewing Historical Materialism* (New York: Cambridge University Press, 1995), 2.

12. Charles Mills, "'Ideal Theory' as Ideology," in Peggy DesAutels and Margaret Urban Walker (eds.), *Moral Psychology* (Lanham MD: Rowman & Littlefield, 2004) 참조. 추상적 규범을 실제 세계에 위치시키고 평가하는 것의 중요성에 대한 철학적 논의는 Louise Antony, "Naturalized Epistemology, Morality and the Real World," *Canadian Journal of Philosophy* 26 (2000): 103-137 참조. 정의와 가난한 여성의 문제에 적용된 사례로는 Onora O'Neill, "Justice, Gender and International Boundaries," in Martha C. Nussbaum and Amartya Sen (eds.), *The Quality of Life* (New York: Oxford University Press, 1993) 참조.

13. Adam Smith, *The Wealth of Nations* (New York: Modern Library, 1937).

14. 생각할 수 있는 예외는 사유재산 없는 공산주의적 아나키즘일 수 있지만, 이 대안에 대한 충분한 논의는 여기서 다루기 어렵다.

15. Chalmers Johnson, *Miti and the Japanese Miracle* (Stanford University Press, 1982); Alice Amsden, *Escape from Empire: The Developing World's Journey Through Heaven and Hell* (Cambridge, MA: MIT Press, 2007); *The Rise of "the Rest": Challenges to the West from Late Industrializing Countries* (Oxford University Press, 2001).

16. Joan Scott, *Gender and the Politics of History* (New York: Columbia University Press, 1988); Louise Tilly, "Gender, Women's History and Social History," *Pasato e Presente* (1989): 20-21. 〔Eleni Varikas, "Gender, Experience and Subjectivity: The Tilly-Scott Disagreement," *New Left Review* 211 (May/June, 1995), 89-101에서 인용.〕

17. Paula M. L. Moya, "Post-Modernism, 'Realism,' and the Politics of Identity: Cherrie Moraga and Chicana Feminism," in M. Jacqui Alexander and Chandra

Talpade Mohanty (eds.), *Feminist Genealogies, Colonial Legacies, Democratic Futures* (New York: Routledge, 1997).

18. Xinran, *The Good Women of China: Hidden Voices* (New York: Anchor, 2003).

19. Anna G. Jónasdóttir, "On the Concept of Interest, Women's Interests, and the Limitations of Interest Theory," in Kathleen Jones and Anna G. Jónasdóttir (eds.), *The Political Interests of Gender Revisited: Developing Theory and Research with a Feminist Face* (London: Sage, 2009), 33-65 참조.

20. Maxine Molyneux, "Mobilization Without Emancipation? Women's Interests, State and Revolution," *Feminist Studies* 11(2) (1985): 227-254; 더 짧은 버전 인 〈여성의 이해관계 개념화(Conceptualizing Women's Interests)〉는 Nancy Holmstrom (ed.), *The Socialist-Feminist Project* (New York: Monthly Review Press, 2002)에 재인쇄됨. 몰리뉴의 구분은 매우 큰 영향을 미쳤고, 앤 퍼거슨 같 은 학자들에게 비판받기도 했는데, 퍼거슨은 전략적 젠더 이해관계를 '비전 재설정 (re-visionary)' 젠더 이해관계로, 실질적 젠더 이해관계를 필요(needs)로 개념화하 며 이를 논의한다. Ann Ferguson, "Empowerment, Development and Women's Liberation," in Kathleen Jones and Anna Jónasdóttir (eds.), *The Political Interests of Gender Revisited* (Manchester University Press, 2009).

21. 자본주의를 정의로운 체제로 옹호하는 다른 논거들은 주로 자본주의 외에 실질적 대안이 없다는 주장에 기초하는 경향이 있으며, 자본주의가 원칙적으로 다른 모든 가능성보다 더 정의롭다는 주장에 기초하는 것은 아니다. 예를 들어, 존 롤스의 정 의론은 특정 경제 체제를 옹호하는 것이 아니라 추상적인 정의의 원칙을 방어한 다. 따라서 자본주의가 그의 정의 원칙을 다른 대안보다 더 잘 충족한다면, 롤스 가 믿었던 것처럼 자본주의는 정의로운 체제가 되겠지만, 만약 다른 체제가 그 원 칙을 더 잘 충족한다면, 그 체제가 가장 정의로운 체제일 것이다. John Rawls, *A Theory of Justice* (Cambridge, MA: Harvard University Press, 1971) 참조. 하이 에크는 심지어 자본주의를 정의의 관점에서 방어하려는 시도 자체에 대해 경고한 다. Friedrich A. Hayek, *The Fatal Conceit* (University of Chicago Press, 1988) 참조.

22. Paul Krugman, "How Did Economists Get It So Wrong?," *New York Times Magazine*, September 6, 2009, 38.

23. 구직을 포기한 사람들과 불완전 고용자를 포함하면 실업률은 17.5퍼센트에 달한다. 흑인 미국인의 공식 실업률은 15퍼센트다. David Leonhardt, "Jobless Rate Hits 10.2%, with More Underemployed," *New York Times*, November 7, 2009, 1.

24. Orlando Patterson, *Freedom in the Making of Western Culture* (New York: Basic Books, 1991).

25. Milton Friedman, *Capitalism and Freedom* (University of Chicago Press, 1962).

26. 마르크스와 엥겔스는 정치 권력이 경제 권력을 반영한다고 주장했으며, 자본주의 사회에서 정부는 "부르주아 계급의 집행위원회"에 불과하다고 보았다.

27. Ellen Meiksins Wood, *Peasant-Citizen and Slave: The Foundations of Athenian Democracy* (London: Verso, 1988); "The Demos Versus 'We, the People': from Ancient to Modern Conceptions of Citizenship," in Wood, *Democracy Against Capitalism*, 204-237. C. B. 맥퍼슨은 정치 정당 체제가 보통 선거권 도입 이후에도 반대자들이 우려했던 것처럼 수적으로 더 많은 노동 계급의 지배로 이어지지 않도록 어떻게 막았는지에 초점을 맞춘다. C. B. Macpherson, *The Life and Times of Liberal Democracy* (Oxford University Press, 1978), 64 이하 참조.

28. Aristotle, *Politics 1290b.* (Wood, *Democracy Against Capitalism*, 220에서 인용.)

29. Wood, *Democracy Against Capitalism*, 224-225.

30. Karl Marx, *The Civil War in France*, in Tucker (ed.), *Marx-Engels Reader.* 이러한 특징들은 러시아 혁명과 1956년 헝가리 혁명 동안 생겨난 노동자 평의회에서도 나타났다.

31. Wood, *Democracy Against Capitalism*, 215-216.

32. Edward S. Herman and Noam Chomsky, *Manufacturing Consent: The Political Economy of the Mass Media* (New York: Pantheon, 2002); Robert McChesney, *Rich Media, Poor Democracy: Communication Politics in Dubious Times* (Champaign, IL: University of Illinois Press, 1999).

33. Cohen, "Ivory Tower Unswayed by Crashing Economy," C1.

34. www.CommonDreams.org, 2009년 5월 6일 검색.

35. 일부 작가가 개인적 자율성과 정치적 자율성에 대해 논할 때, 경제를 자연스러운 배경 조건으로 여기며 보이지 않게 다루기 때문에 이 논의는 충분하지 않다. 다른 작가들은 시민적 자유나 민주적 자유라는 용어를 사용하지만, 이 역시 경제를 명확히 포함하지 않는다.

36. 이 부분에서 로버트 노직에 더 집중하는 이유는 그의 주장이 전적으로 자유에 기반을 두기 때문이다. 반면 하이에크, 프리드먼, 그리고 대다수의 이른바 자유지상주의자들은 공리주의적 고찰을 혼합하는데, 노직은 이를 명확히 거부한다. 경험적 쟁점들은 '현실 속 자본주의' 절에서 따로 다룰 예정이다.

37. 마르크스와 엥겔스는 《공산당 선언》에서 이렇게 말한다. "당신들은 우리가 사유재산을 없애려는 것에 경악한다. 그러나 …… 사유재산은 이미 인구의 90퍼센트에게 사라졌다. 소수에게만 존재하는 이유는 그 90퍼센트에게 사유재산이 존재하지 않기 때문이다. 그러므로 당신들은 사회의 거대 다수에게 존재하지 않는 재산을 그 필요조건으로 하는 재산 형태를 없애려 한다고 우리를 비난하는 것이다." *The Communist Manifesto*, in Tucker (ed.), *Marx-Engels Reader*, 486.
이들이 보기에 재산과 권력의 불평등은 자본주의의 두 가지 악, 즉 착취와 소외의 근본적 토대이며, 이에 대한 정확한 분석은 여기서 필요하지 않다.

38. Robert Nozick, *Anarchy, State, and Utopia* (New York: Basic Books, 1974); Philippe Van Parijs, *Real Freedom for All: What if Anything can Justify Capitalism?* (Oxford: Clarendon Press, 1995), 3.

39. 마르크스는 이 전환 과정을 "원시적 축적"이라 부르며, 이는 자본주의의 필수 조건이 형성된 과정을 의미한다. 한편에는 "자금을 소유한 자들"이 있어야 하고, 다른 한편에는 "자유로운 노동자들"이 있어야 하는데, 이들은 "이중의 의미에서 자유로워야 한다. 즉, 법적으로 자유로워야 하고, 동시에 자신의 생산 수단이 없는 자유로운 상태"여야 한다. 마르크스는 "원시적 축적이 …… 생산자를 생산 수단에서 분리시키는 역사적 과정"이라고 설명한다. *Capital: Vol. I*, in Tucker (ed.), *Marx-Engels Reader*, 432.

40. Karl Polanyi, *The Great Transformation* (Boston, MA: Beacon Press, 1957)

참조.

41. 이들은 1649년에 서리의 조지 힐과 다른 공유지에서 평화롭게 "땅을 파고(dig), 비료를 주고, 옥수수를 심기" 시작하면서 '디거스'라고 불렸다. 그들은 이 땅에서 공동으로 일하며 살 계획이었다. 이와 유사한 행동은 최근 라틴아메리카의 여러 무토지 농민 운동에서도 이루어졌으며, 특히 브라질의 무토지 농민 운동(MST)이 대표적인 사례다.

42. Gerrard Winstanley, *Winstanley: "The Law of Freedom" and Other Writings*, Christopher Hill (ed.) (Harmondsworth: Penguin Classics, 1973), 77.

43. *Winstanley: "The Law of Freedom,"* 89.

44. *Winstanley: "The Law of Freedom,"* 85.

45. *Winstanley: "The Law of Freedom,"* 89.

46. 이 시기의 급진적 사상과 운동에 대한 최고의 역사는 크리스토퍼 힐의 《거꾸로 뒤집힌 세계(The World Turned Upside Down)》(Harmondsworth: Penguin Classics, 1972)다. 피터 라인보우(Peter Linebaugh)의 《마그나카르타 선언(The Magna Carta Manifesto)》(Berkeley, CA: University of California Press, 2008)은 13세기부터 21세기까지 공유지에 대한 권리를 위한 투쟁의 역사를 추적하며, 경제적 권리가 정치적 자유에 필수적이라는 강력한 주장을 펼친다.

47. *The Levellers in the English Revolution*, G. E. Aylmer (ed.) (London: Thames & Hudson, 1975), 68 이하.

48. Elizabeth Potter, "Locke's Epistemology and Women's Struggles," in Bat-Ami Bar On (ed.), *Modern Engendering: Critical Feminist Readings in Modern Western Philosophy* (Albany: SUNY Press, 1994), 31.

49. 홉스의 철학적 중요성은 변함이 없지만, 학자들은 로크의 절대군주제 비판의 주요 대상이 당시 영향력 있는 인물인 로버트 필머였을 가능성이 더 높다고 보았다. 로크의 《통치론 제1론》은 필머가 성경을 근거로 절대군주제를 옹호한 논리를 반박하는 데 전념한다. 또한 《통치론 제2론》의 첫 장에서 로크는 필머가 혼동한 정치 권력과 가부장적 권력을 명확히 구분하며 비판한다.

50. Ellen Meiksins Wood and Neal Wood, *A Trumpet of Sedition* (New York University Press, 1997); Hill, *The World Turned Upside Down*; C. B. Macpherson,

The Political Theory of Possessive Individualism (Oxford University Press, 1964).

51. 예를 들어, 캐럴 페이트먼 같은 일부 학자는 이것이 단지 홉스의 이론이 시장 체제에 내재된 권력 관계를 더 적나라하게 드러냈기 때문이라고 주장한다.

52. "단순하고 가난한 생활방식의 평등은 각자의 적은 재산 안에서 욕망을 제한했기 때문에 논쟁이 거의 없었고, 이를 해결하기 위한 많은 법이나, 절차를 감독할 다양한 관리도 필요하지 않았다. 범법 행위가 적고, 범죄자도 적었기 때문이다." John Locke, Second Treatise of Government, C. B Macpherson (ed.). (Indianapolis, IN: Hackett Publishing, 1980), 57.

53. Locke, Second Treatise of Government, 19.

54. "노동 활동과 그에 수반되는 모든 미덕은 주인의 속성이다. …… 여기서 자본가의 경제 활동으로 노동이 완전히 가려지기까지는 금방이다." Ellen Meiksins Wood, Democracy Against Capitalism, 157-158.

55. Locke, Second Treatise of Government, 29.

56. 마르크스는 로크와 같은 설명을 "유치한 이상향"이라며 비판했고, "실제 역사에서는 정복·노예화·강탈·살인, 요컨대 힘이 큰 역할을 한다는 것은 주지의 사실"이라고 했다. Capital: Vol. I, in Tucker (ed.), Marx-Engels Reader, 432.

57. Locke, Second Treatise of Government, 23-34.

58. Section 119-122. 로크는 다른 저술에서 재산 없는 사람들은 이 책임을 질 만한 이성적 능력이 부족하다고 더 명확하게 주장한다. 다만 그가 이를 본성에 따른 것이라고 생각하는지, 아니면 삶의 환경 때문이라고 보는지는 불분명하다. 로크는 세 살(!) 이상의 재산 없는 비고용인(남자든 여자든)이라면 일을 하게 해야 한다고 제안한다. C. B. Macpherson, The Political Theory of Possessive Individualism: Hobbes to Locke (Oxford University Press, 1962), 222-238. 이 문제에 대한 자세한 논의는 Nancy Hirschmann, Gender, Class and Freedom in Modern Political Theory (Princeton University Press, 2008), 80-106 참조.

59. Section 57.

60. Amartya Sen, Poverty and Famines (Oxford: Clarendon Press, 1981) 및 기타 저작들.

61. Geoffrey Lean, "Year of the Hungry: 1,000,000,000 Afflicted," *The Independent*, December 28, 2008.

62. 1960년대 개발도상국 농업에 적용된 생물기술 혁신은 '녹색 혁명'이라고 불리며, 이는 명시적으로 '적색 혁명'을 막기 위한 목표를 가지고 있었다고 미국 국제개발처(USAID) 국장이 설명했다. John Perkins, *Geopolitics and the Green Revolution: Wheat, Genes and the Cold War* (New York: Oxford University Press, 1997) 참조. 이 기간에 생산량은 증가했지만 기아도 함께 증가했다(중국을 제외하고). 1960년대에는 식량을 수출했던 아프리카가 현재는 25퍼센트의 식량을 수입하고 있다. Raj Patel, *Stuffed and Starved* (Brooklyn, NY: Melville House Publishing, 2008); Eric Holt-Gimenez, Raj Patel, and Annie Shattuck, *Food Rebellions! Crisis and the Hunger for Justice* (Oakland, CA: Food First Books, 2009); Raj Patel, Eric Holt-Gimenez, and Annie Shattuck, "Ending Africa's Hunger," *The Nation*, September 21, 2009; Walden Bello, *The Food Wars* (London: Verso, 2009) 참조.

63. Patricia Higgins, "The Reactions of Women, with Special Reference to Women Petitioners," in B. Manning (ed.), *Politics, Religion and the English Civil War* (New York: St Martin's Press, 1973).

64. Macpherson, *The Life and Times of Liberal Democracy*, 143-146, 296.

65. Macpherson, *The Life and Times of Liberal Democracy*, 44.

66. Macpherson, *The Life and Times of Liberal Democracy*, 43.

67. Mary Astell, "Some Reflections Upon Marriage," in *Women and Men Political Theorists: Enlightened Conversations*, Kristin Waters (ed.) (Malden, MA: Blackwell, 2000), 48.

68. Lorenne M. G. Clark, "Women and Locke: Who Owns the Apples in the Garden of Eden?," in Clark and Lynda Lange (eds.), *The Sexism of Social and Political Philosophy* (University of Toronto Press, 1979), 27. 아버지가 자기 재산을 원하는 사람에게 상속할 수 있는 권리는 1939년까지 영국 법에 남아 있었다. 사회계약이 성적 계약이라는 강력한 주장은 Carole Pateman, *The Sexual Contract* (Stanford University Press, 1988) 참조. 그리고 Nancy Hirschmann,

*Gender, Class, and Freedom in Modern Political Theory*도 참조.

69. 철학적 논증과 역사적 문서를 결합하면서 찰스 밀스는 사회계약론이 인종적 계약 이론이기도 하다고 주장한다. Charles Mills, *The Racial Contract* (Ithaca, NY: Cornell University Press, 1997) 참조. 마르크스는 봉건제에서 자본주의로의 전환에 대해 "유럽에서 임금 노동자의 가려진 노예제는 신세계에서의 순수하고 단순한 노예제를 기반으로 했다"고 썼다. *Capital: Vol. I*, in Tucker (ed.), *Marx-Engels Reader*, 760. 에릭 윌리엄스(Eric Williams)는 이 관계를 《자본주의와 노예제(Capitalism and Slavery)》(New York: Capricorn, 1966)에서 상세히 설명한다.

70. G. A. Cohen, *Self-Ownership, Freedom and Equality* (Cambridge University Press, 1995); Van Parijs, *Real Freedom for All*; Richard J. Arneson, "Lockean Self-Ownership: Towards a Demolition," *Political Studies* XXXIX (1991): 36-54.

71. Paul Warren, "Self-Ownership, Reciprocity, and Exploitation, or Why Marxists Shouldn't Be Afraid of Robert Nozick," *Canadian Journal of Philosophy* 24 (1994): 33-56; Nancy Holmstrom, "Review of Self-Ownership, Freedom and Equality," *Philosophical Review* 106 (October 1997): 583-586.

72. 도나 디킨슨(Donna Dickensen)은 《재산, 여성, 그리고 정치(Property, Women and Politics)》(New Brunswick, NJ: Rutgers University Press, 1997)에서 페미니스트를 위한 계약 이론을 지지한다. Jennifer Church, "Ownership and the Body," in Diana Tietjens Meyers (ed.), *Feminists Rethink the Self* (Boulder, CO: Westview, 1997).

73. Janet Radcliffe Richards, *The Sceptical Feminist: A Philosophical Inquiry* (Harmondsworth: Penguin, 1980); Karen Lehrman, *The Lipstick Proviso: Women, Sex and Power in the Real World* (New York: Doubleday, 1997).

74. Margaret Jane Radin, "Market Inalienability," *Harvard Law Review* 100 (1987): 1849-1937; Church, "Ownership and the Body." 엘리자베스 앤더슨은 성적 서비스나 여성의 (생식) 노동을 경제적 재화로 간주하는 것은 다른 인간적 가치를 침해하기 때문에 적절하지 않다고 주장한다. Elizabeth Anderson, "The Ethical Limitations of the Market," *Economics and Philosophy* 6 (1990): 179-205; "Is

Women's Labor a Commodity?," *Philosophy and Public Affairs* 19 (Winter, 1990): 71-92.

75. Carole Pateman, *The Sexual Contract*. 더 자세한 논의와 계약 이론이 해방 목적으로 사용될 수 있는지에 대한 논쟁은 Carole Pateman and Charles Mills, *Contract and Domination* (Cambridge: Polity, 2007) 참조.

76. Pateman, *The Sexual Contract*, 200. 그녀는 자신의 비판을 Carole Pateman and Charles Mills, *Contract and Domination*에서 "세계적 인종-성적 계약"으로 확장한다.

77. Rosalind Pollack Petchesky, "The Body as Property: A Feminist Re-vision," in Faye D. Ginsburg and Rayna Rapp (eds.), *Conceiving the New World Order: The Global Politics of Reproduction* (Berkeley, CA: University of California Press, 1995). 페체스키는 개인의 통제권을 소유 개념으로 재구성하려 시도하지만, 일부 초기 사상가들이 공동 소유를 지지하고 사유재산에 반대했다는 점에서 이 시도는 특히 까다롭다. 그녀는 이러한 사상가들이 자아와 공동체를 명확히 구분하지 않았을 것이라고 주장하면서 이 문제를 해결하려 하지만, 이에 대해서는 더 많은 논의가 필요하다.

78. 이 논쟁에 대한 한 가지 접근법은 두 가지 소유 개념, 즉 통제 소유권(control ownership)과 소득 소유권(income ownership)을 구분하는 것이다. 어떤 것에 대한 통제권을 가질 수 있고, 그만큼 그것을 소유한다고 할 수 있지만, 그렇다고 반드시 그것을 처분하거나 그것으로 소득을 창출할 권리를 가지는 것은 아니다. John Christman, *The Myth of Ownership: Toward an Egalitarian Theory of Owner-ship* (New York: Oxford University Press, 1994) 참조. 이러한 구분은 역사적으로 재산법에서 흔하게 나타났다. 체이니 라이언(Cheyney Ryan)은 소유권이 "권리들의 묶음"으로 구성되며, 이 권리들은 항상 함께 결합되지는 않는다고 주장한다. "Yours, Mine and Ours: Property Rights and Individual Liberty," *Ethics* 87 (1977): 126-141.

79. Marx, *Capital: Vol. III* (New York: International Publishers, 1967), 776.

80. 앤 퍼거슨은 이 명확한 설명의 필요성을 지적했다.

81. Christopher Hill, *Liberty Against the Law* (London: Verso, 1996), 243, 19.

82. Mary Wollstonecraft, *Works*. (Hill, *Liberty Against the Law*, 242에서 인용.)

83. Percy Bysshe Shelley, *The Mask of Anarchy*. 〔Paul Foot, "Poetry of Protest," *Socialist Review* 55 (July-August 1992): 18-20에서 인용.〕

84. Barbara Smith, *The Truth That Never Hurts*. 〔Robin D. G. Kelley, *Freedom Dreams* (Boston, MA: Beacon Press, 2002), 136에서 인용.〕

85. Patterson, *Freedom in the Making of Western Culture*, ix.

86. 내 설명은 주로 Gerald C. MacCallum Jr., "Negative and Positive Freedom," *Philosophical Review* 76 (1967), 312-334; Gertrude Ezorsky, *Freedom in the Workplace?* (Ithaca, NY: Cornell University Press, 2007); G. A. 코언(G. A. Cohen)의 여러 논문, 특히 《역사, 노동, 그리고 자유(History, Labour and Freedom)》(Oxford University Press 1988)에 수록된 논문들; Jeffrey Reiman, "Exploitation, Force and the Moral Assessment of Capitalism: Thoughts on Roemer and Cohen," *Philosophy and Public Affairs* 16 (Winter 1987): 3-41; David Zimmerman, "Coercive Wage Offers," *Philosophy and Public Affairs* 10 (1981): 121-145; Nancy Holmstrom, "Free Will and a Marxist Concept of Natural Wants," *Philosophical Forum* 6 (1975): 423-445; "Firming Up Soft Determinism," *The Personalist* 58 (1977): 39-51에 기반한다. 이 글들이 명시적으로 페미니즘 관점에서 쓰인 것은 아니지만, 대부분이 Nancy Hirschmann, *The Subject of Liberty: Toward A Feminist Theory of Freedom* (Princeton University Press, 2003)에 부합하는 점에 나는 만족한다.

87. 존 롤스는 돈 부족을 자유에 대한 제약으로 보지 않지만, 그것이 누군가의 자유의 "가치"에 영향을 미칠 수 있다고 말한다. John Rawls, *A Theory of Justice*, 204. 필립 페팃은 《자유 이론: 심리학에서 정치로(A Theory of Freedom: From the Psychology to the Politics of Agency)》(New York: Oxford University Press, 2001)에서 빈곤을 "장애나 질병" 같은 자유의 "자연적 한계"(130)로 분류하며, "자연 질서나 사회적 조직 방식"(132)이 제기하는 한계를 극복하려는 사람들의 자유를 제한하는 것이 항상 더 나쁘다고 주장한다.

88. 나는 특히 뉴욕 센트럴파크에서 밤늦게 조깅하던 한 젊은 여성이 집단 성폭행을 당하고 거의 목숨을 잃을 뻔한 사건에 대한 사회의 폭넓은 반응을 떠올린다.

89. 이사야 벌린은 '적극적 자유' 개념을 이보다 더 복잡하게 이해했지만, 나는 이보다 단순한 개념을 선호한다. Isaiah Berlin, "Two Concepts of Liberty," in Henry Hardy (ed.), *Liberty* (Oxford University Press, 2002).

90. 매캘럼은 〈소극적 자유와 적극적 자유(Negative and Positive Freedom)〉에서 개인 행동의 자유와 관련해 이렇게 말한다. "자유란 항상 무엇(행위자나 행위자들)**의** 자유, 무엇**으로부터의** 자유, 무엇을 하거나 하지 않기 **위한**, 또는 무엇이 되거나 되지 않기 **위한** 자유다. 그것은 삼원적 관계다. ……이 셋 중 하나라도 누락된다면, 그것은 맥락상 그 의미가 이해된다고 보기 때문이다."

91. 존 그레이는 〈적극적 자유와 소극적 자유에 관하여(On Positive and Negative Liberty)〉[*Political Studies* 28 (1980): 507-526] 에서 매캘럼이 제시한 자유 개념이 소극적 자유에 편향돼 있다고 주장하는데, 이는 그가 오직 제약하는 조건들만 언급했기 때문이다. 낸시 허시먼은 《자유의 주체(The Subject of Liberty)》에서 나처럼 적극적 자유와 소극적 자유를 모두 강조하지만, 이 둘을 단순히 무엇으로부터의 자유와 무엇을 위한 자유로 구분하기보다, 우리를 제약하거나 우리로 하여금 할 수 있게 만드는 외적 요인과 내적 요인의 구별로 해석한다.

92. Rhonda Copelon, "From Privacy to Autonomy: The Conditions for Sexual and Reproductive Freedom," in Marlene Gerber Fried (ed.), *From Abortion to Reproductive Freedom: Transforming a Movement* (Boston, MA: South End Press, 1990), 38 이하.

93. 자율성과 자유에 대해서는 매우 폭넓은 문헌이 존재하며, 둘의 관계에 대해 다양한 해석이 있다.

94. 이 주제에 관한 문헌은 방대하므로, 관심 있는 독자들은 내가 다른 곳에서 인용한 저술들에 나오는 자료를 참고하기 바란다.

95. Ezorsky, *Freedom in the Workplace?*, 12.

96. Nozick, *Anarchy, State, and Utopia*, 55, 178-182. 하이에크 또한 도덕적으로 해석한 개념으로 자유를 이해한다. John Gray, "Hayek on Liberty, Rights and Justice," *Ethics* 92 (October 1981): 73-84 참조.

97. 두 번째 예에서는 자본주의 그 자체보다는 '자유지상주의' 또는 자유시장 버전의 자본주의가 자유를 제한한다.

98. 자유에 대해 쓴 일부 작가는 기존의 재산 관계를 자연스러운 배경 조건으로 받아들이며, 이를 기준으로 행동의 자유를 판단한다. 이는 명백히 자본주의에 편향된 시각으로, 다른 재산 관계 체제가 더 많은 자유를 제공할 수 있는지조차 질문하지 못하게 한다.

99. Cohen, *History, Labour and Freedom*, 256. 제프리 라이먼의 〈착취, 강제, 그리고 자본주의의 도덕적 평가(Exploitation, Force, and the Moral Assessment of Capitalism)〉에서도 노직의 주장이 순환 논법임을 보여준다.

100. Ezorsky, *Freedom in the Workplace?*, 29 이하. 위협, 강요, 제안, 강제 제안에 관한 방대한 문헌이 있으며, 이를 논의한 학자로는 로버트 노직, 해리 프랑크푸르트(Harry Frankfurt), 로저 워트하이머(Roger Wertheimer), 힐렐 스타이너(Hillel Steiner), 버지니아 헬드(Virginia Held), 데이비드 짐머만(David Zimmerman) 등이 있다.

101. 이성애 관계에서 여성에게 기대하는 젠더화된 역할이 이러한 결정에 기여할 수 있지만, 이는 주된 설명이 아니다. 독신 여성이나 레즈비언 어머니도 똑같은 문제에 직면하기 때문이다.

102. Reiman, "Exploitation, Force, and the Moral Assessment of Capitalism," 15.

103. Holmstrom, "Free Will and a Marxist Concept of Natural Wants"; "Firming Up Soft Determinism"; Hirschmann, *The Subject of Liberty*; Pettit, *Theory of Freedom*.

104. 이 내용은 거트루드 에조르스키의 자유에 대한 장애물 관점의 논지를 따르지만, 그녀는 이를 내적 장애물로 확장하지 않는다. 마거릿 맥라렌이 강조했듯이, 내적 장애물이 성차별에 대한 반응일 때는 이를 외적 장애물과 분리하기 어려울 수 있다. 물론 외적 장애물은 제거되어야 하지만, 때로 내적 장애물은 스스로도 제거할 수 있다.

105. Terry Eagleton, *Ideology* (London: Verso, 1991), xiv. 허시먼은 《자유의 주체》에서 이러한 과정이 여러 차원에서 이루어진다고 탐구하며, 우리의 자아 자체가 젠더화된 기대를 통해 구성된다고 주장한다.

106. Barbara Smith, *The Truth That Never Hurts*. (Kelley, *Freedom Dreams*, 136 에서 인용.)

107. Hill, *Liberty Against the Law*, 276. 《자유의 법(The Law of Freedom)》은 윈스 탠리의 가장 유명한 저작이다.

108. 에조르스키의 《직장 내 자유(Freedom in the Workplace)》에 수록된 20세기 미국 노동법에 관한 유용한 부록 참조.

109. 밀의 《정치경제학 원리와 그 사회철학적 적용(Principles of Political Economy with Some of their Applications to Social Philosophy)》[C. B Macpherson (ed.), *Property: Mainstream and Critical Positions* (University of Toronto Press, 1978)에서 발췌]과 《자유민주주의의 생애와 시대(The Life and Times of Liberal Democracy)》에서 이에 대한 맥퍼슨의 비판 참조.

110. Morris Cohen, "Property and Sovereignty," in Macpherson (ed.), *Property: Mainstream and Critical Positions*, 173.

111. 이 주장은 제러미 월드런의 《사유재산권(The Right to Private Property)》(New York: Oxford University Press, 1988)에서 찾아볼 수 있으며, 필리프 반 파레이스의 《모두를 위한 진정한 자유(Real Freedom for All)》에서 제안하는 보장된 개인 소득 주장과 유사하다. 이 최소 소득이 보장 소득의 형태를 취할지, 아니면 광범위한 공공재 형태를 취할지에 대한 문제는 추가 논의가 필요하다. 전자의 지지자('좌파 자유지상주의자들')는 더 많은 선택의 자유를 제공한다고 주장하고, 후자를 지지하는 입장은 엘리자베스 앤더슨의 주장에 기반한다. "퇴출의 자유는 목소리 상실을 대체할 수 없다. ……어떤 자유는 공적 접근이 보장된 재화에 대한 발언권 제도를 통해서만 보장될 수 있다. ……공동체에서 매우 중요하게 여기는 재화가 그 구성원 중 누구에게라도 부족하다면 이는 수치스러운 일일 것이다." Elizabeth Anderson, "Ethical Limitations of the Market," in Charles K. Wilber (ed.), *Economics, Ethics and Public Policy* (Lanham, MD: Rowman & Littlefield, 1998), 236, 239.

112. Locke, *First Treatise of Government*, section 42. 〔Virginia Held, "John Locke on Robert Nozick," *Social Research* 43 (Spring 1976): 169-195, 173에서 인용.〕 헬드의 설명에 따르면, 이는 로버트 노직이 로크의 사상을 따른다고 주장할 수 없음을 의미한다. 하지만 로크의 정책 제안을 읽어보면, 그가 제안한 최소 기준이 얼마나 빈약했는지 알 수 있다.

113. Pateman, *The Sexual Contract*, 49.

114. 로빈슨 크루소 이야기는 흔히 그로부터 도출되는 도덕적 교훈과는 정반대 사례를 보여준다. 크루소는 노예 무역선이 난파된 후, 장부를 정리하고 자신이 만난 유일한 타인과 주종 관계를 맺는다. 그는 새로운 '자연 상태'를 만드는 것이 아니라, 자신이 속해 있던 사회를 그대로 되풀이한다.

115. 연구자들에 따르면, 우리와 가장 가까운 영장류는 심지어 도덕성을 가지고 있다. Frans De Waal, *Good Natured: The Origins of Right and Wrong in Humans and Other Animals* (Cambridge, MA: Harvard University Press, 1996) 참조.

116. 아마르티아 센의 많은 저작 중에서 가장 관련성 높은 것은 《자유로서의 발전 (Development as Freedom)》(New York: Alfred A. Knopf, 1999)일 것이다. 피터 싱어의 저작 중에서는 특히 《당신이 구할 수 있는 생명: 지금 행동하여 세계 빈곤을 끝내라(The Life You Can Save: Acting Now to End World Poverty)》 (New York: Random House, 2009)를 참고할 만하며, 토머스 포기의 《세계 빈곤과 인권: 세계 시민의 책임과 개혁(World Poverty and Human Rights: Cosmopolitan Responsibilities and Reforms)》(Cambridge: Polity, 2002)도 중요한 자료다.

117. O'Neill, "Justice, Gender and International Boundaries," 303.

118. Hill, "Editor's Introduction," *Winstanley*, 22.

119. *The Public Papers and Addresses of Franklin D. Roosevelt: Vol. XII*, Samuel Rosenman (ed.) (New York: Harper, 1950), 40-42.

120. Frances Fox Piven and Richard A. Cloward, *Poor Peoples' Movements: Why They Succeed and How They Fail* (New York: Random House, 1979); Irving Bernstein, *The Lean Years: A History of the American Worker, 1920-1933* (Baltimore, MD: Penguin, 1970); *The Turbulent Years: A History of the American Worker, 1933-1941* (Boston, MA: Houghton Miffl in, 1971); Art Preis, *Labor's Giant Step: 20 Years of the CIO* (New York: Pioneer Publishers, 1964).

121. 내가 말하는 자유의 최대화는 더 많은 사람이 더 적은 제약을 받는 조건을 만든다는 의미다. 노직은 '도덕적 측면의 제약'에 기반해 자유 최대화 주장을 거부하

며, 자유의 확장을 가져오더라도 개인 자유의 제한은 항상 잘못이라고 주장한다. 하지만 이는 비합리적으로 보인다. 게다가 그는 모든 경우에 이 입장을 고수하지 않는다. 예를 들어, 공유지가 사유지로 전환되기 전 사람들이 누리던 사냥과 채집의 자유와 같은 자유의 상실을 인정하면서도, 그는 사유재산 제도가 사람들에게 더 많은 물질적 혜택을 제공한다는 이유로 이를 정당화한다. 하지만 이는 개인의 자유를 더 큰 복지를 위해 제한할 수 있다는 결과주의적 주장으로, 그가 말하는 도덕적 측면의 제약과 모순된다. 체이니 라이언은 〈너의 것, 나의 것, 우리의 것: 재산권과 개인의 자유(Yours, Mine and Ours: Property Rights and Individual Liberty)〉에서 이 점을 지적한다(126-141, 139).

122. 이 경제학자들 대부분은 2008년 가을까지 자유시장 옹호자들이었다. 예를 들어, 오바마 대통령의 경제 고문이었던 로렌스 서머스(Lawrence Summers)는 금융기관의 규제 완화에 핵심적인 역할을 했으며, 이를 통해 예금 은행들이 이전에 글래스-스티걸법(Glass-Steagall Act)에 의해 금지되었던 투기적 투자에 진출할 수 있도록 허용했다.

123. 낸시 폴브레(Nancy Folbre)는 〈은행가들을 위한 복지(Welfare for Bankers)〉 (*The New York Times Economix Blog*, April 20, 2009)에서 은행가들과 복지 수급자들에 적용되는 도덕적 이중 잣대를 지적한다. "올해 구제된 은행의 최고 경영자들 약 600명이 2007년에 받은 보너스는 약 16억 달러로 추산된다. 이는 그 해 160만 가구가 TANF(저소득 가정을 위한 임시 지원)에서 받은 현금의 약 3분의 1에 해당하는 금액이다." http://economix.blogs.nytimes.com/2009/04/20/welfare-for-bankers 참조.

124. 미국 경제의 작동 방식을 가장 잘 요약한 자료로는 Jonathan Teller-Elsberg, Nancy Folbre, and James Heintz, *Field Guide to the U.S. Economy: A Compact and Irreverent Guide to Economic Life in America* (New York: New Press, 2006) 참조.

125. 아이러니하게도 예외는 식민지 법률에서 발견된다. 이 법률들은 임금을 제한하고 조직화를 금지했다. 실제로 식민지 시대에는 소득을 제한하는 법이 있었지만, 그 법은 **임금을 받는 사람들**에게만 적용됐다! Piven and Cloward, *Poor Peoples' Movements*, 102.

126. Bob Herbert, "Safety Nets for the Rich," *New York Times*, October 20, 2009.

127. Branko Milanovic, "Global Inequality of Opportunity: How Much of Your Income is Determined by Birth?," World Bank Report, February 2009. 이 글에 따르면, 두 가지 변수(출생지와 가정 배경)가 소득 변동성의 80퍼센트를 결정한다고 결론짓는다. "따라서 전 세계적으로 볼 때, 소득 위치를 개선하는 데 있어 노력이나 운의 역할은 크지 않다."(1)

128. 이 두 가지 요점은 롤스의 정의론의 근간을 이루며, 그에 따르면 사회경제적 불평등은 반드시 정당화되어야 한다. 하지만 롤스가 생각하는 정의의 원칙을 가장 잘 충족하는 사회경제적 체제가 무엇인지는 명확하지 않다.

129. Amy Farmer, Jill Tiefenthaler, and Amandine Sambira, "The Availability and Distribution of Services for Victims of Domestic Violence in the US," www.waltoncollege.uark.edu/lab/AFarmer/services%20RR.%202004.doc.

130. Walden Bello, "Reforming the WTO is the Wrong Agenda," in Kevin Danaher and Roger Burbach (eds.), *Globalize This! Ten Ways to Democratize the World Economy* (Monroe, ME: Common Courage, 2000) 및 기타 저작들.

131. Nancy Holmstrom, "A Marxist Theory of Women's Nature," *Ethics* 94 (April 1984): 456-473; "Humankind(s)," *Biology, Behavior and Society, Canadian Journal of Philosophy* suppl. vol. 20 (1994): 69-105.

132. Hirschmann, *The Subject of Liberty*.

133. 필립 페팃은 《자유 이론》에서 "장애·질병·빈곤 등으로 인한 자연적 한계"(130)를 언급한다. 그러나 사실 빈곤은 순전히 사회적 한계이며, 사회적 조건이 종종 질병과 장애를 유발하거나 악화시킨다. (일부 이론가는 장애에 대해서도 사회적 분석을 제시한다.)

134. Everett Carl Ladd and Karlyn H. Bowman, *Attitudes Toward Economic Inequality* (Washington, DC: AEI Press, 1998).

135. Jonathan Kozol, *Savage Inequalities* (New York: Crown Publications, 1992); Richard Sennett and Jonathan Cobb, *The Hidden Injuries of Class* (New York: W. W. Norton, 1993).

136. Dorothy Allison, "A Question of Class," *Trash: Short Stories* (Ithaca, NY:

Firebrand Books, 1988). 〔Holmstrom (ed.), *The Socialist-Feminist Project*에 재수록.〕 만약 그녀가 백인이 아닌 흑인이었다면, 그녀의 인종이 그만큼 또는 더 중요한 문제가 되었을 것이다. 그녀는 남부의 가난한 백인들이 인종차별을 얼마나 집요하게 고수했는지 설명하면서, 적어도 그들은 다른 사람들보다 자신들이 더 낫다고 느낄 수 있었기 때문이라고 말한다.

137. 예를 들면, Pettit, *A Theory of Freedom*, 155. 앞서 논의했듯이, '자유지상주의자들'은 사적 경제 권력이 자유를 제한한다는 점을 전혀 인정하지 않는다.

138. Karl Marx, *Capital: Vol. III*, 819.

139. 뒤에서 논의할 내용이지만, 노예제는 법적 소유권 없이도 폭력을 통한 통제로 존재할 수 있다.

140. 일부는 자본주의가 필연적으로 노예 노동, 죄수 노동, 고용 하인 노동, 그리고 계약 노동과 같은 비자유 노동 형태와 맞물린다고 주장해왔다. Robert Miles, *Capitalism and Unfree Labor: Anomaly or Necessity?* (London: Tavistock, 1987) 참조.

141. 이러한 이유로 노직은 누군가가 자신을 노예로 팔 권리를 가져야 한다고 인정할 것이다. Nozick, Anarchy, *State and Utopia*, 133 참조.

142. 실제로는 이런 자유의 외관조차 존재하지 않는 경우가 많다. 왜냐하면 종종 부모가 아이의 노동을 위해 주인과 계약을 맺기 때문인데, 이는 단기 노예제에 더 가깝다.

143. 예를 들면, Pateman, *The Sexual Contract*; Nicole-Claude Mathieu, "When Yielding is Not Consenting," *Gender Issues* 10 (1990): 3-49.

144. 반노예제 인터내셔널(Anti-Slavery International)의 조 빈드먼(Jo Bindman)은 성매매의 범죄화에 반대하며 다음과 같이 주장한다. "〔우리는〕 그들이 이 직업을 선택할 권리를 빼앗아, 다른 분야에서 더 나쁜 조건에 처하게 해야 하는가?" "An International Perspective on Slavery in the Sex Industry," in Holmstrom (ed.), *The Socialist-Feminist Project*, 209-210. 또한 많은 여성의 선택이 이루어지는 사회적·경제적 조건에 대한 매우 섬세한 논의는 Hirschmann, *The Subject of Liberty*, 또는 구체적인 노동 사례에 대해서는 Barbara Ehrenreich, *Nickel and Dimed: On (Not) Getting By in America* (New York: Metropolitan

Books, 2001) 참조.

145. Wood, *Democracy Against Capitalism*, 221 참조.

146. Tucker (ed.), *Marx-Engels Reader*, 441. 터커는 이 부분을 "필연성의 영역과 자유의 영역"이라고 부른다. 플라톤과 아리스토텔레스에 따르면, 생계를 위해 일해야 하는 물질적 필연성에 얽매이는 것은 정치적 자유와 양립할 수 없다.

147. Karl Marx, *Grundrisse*, trans. Martin Nicolaus (Harmondsworth: Penguin, 1973), 611.

148. Mihaly Csikszentmihalyi, *Flow: The Psychology of Optimal Experience* (New York: Harper & Row, 1990).

149. 《자본》의 '기계와 현대 산업' 장에서, 마르크스는 존 스튜어트 밀의 다음 말을 인용한다. "지금까지 만들어진 모든 기계적 발명품이 과연 어느 인간의 일과를 덜어주었는지는 의문이다." 그리고 각주에서 밀은 "다른 사람들의 노동으로 먹고살지 않는 사람"에 대해 말했어야 한다고 농담조로 언급한다(371). 기술 발전의 원동력이 이윤이라는 점은 몇몇 기술에서 발전이 거의 없었다는 비정상적 사례를 보면 알 수 있다. 예를 들어, 재봉기는 지난 100년간 거의 변하지 않았는데, 이는 국내외에서 여성들이 너무 저렴한 임금으로 일을 해왔기 때문에 자본가들이 노동 시간을 줄일 동기가 없었기 때문이다.

150. Robert Paul Wolff, *The Poverty of Liberalism* (Cambridge, MA: Harvard University Press, 1968).

151. 미국 수정헌법 제1조는 "**의회**는 언론의 자유를 침해하는 법을 제정할 수 없다"고 명시하고 있으며, 미국 권리장전을 주(州)에 적용하는 수정헌법 제14조의 적법절차 조항은 "어떠한 **주**도 법적 절차 없이 누구의 생명, 자유, 또는 재산을 박탈해서는 안 된다"고 규정한다(인용자 강조). 그러나 이러한 조항들은 **사적 고용주**가 언론 및 집회의 권리를 행사했다는 이유로 노동자들을 해고하는 것을 금지하지 않는다. 〔직장 내 언론의 자유를 보호하는 것으로 수정헌법 제13조를 해석해야 한다는 주장은 James Gray Pope, Peter Kellman, and Ed Bruno, "Free Labor Today," *New Labor Forum* (Spring 2007): 8-18 참조.〕

152. 비슷한 비판을 관료적인 소련 체제에도 제기할 수 있으며, 그 이유는 동일하다. 즉, 생산을 통제하는 사람이 실제 생산자가 아니라는 점이다.

153. Smith, *The Wealth of Nations*, 4-5.

154. Marx, *Capital: Vol. I*, 361 이하.

155. Marx, *Capital: Vol. I*, 360.

156. Marx, *Capital: Vol. I*, 423.

157. Harry Braverman, *Labor and Monopoly Capital: The Degradation of Work in the Twentieth Century* (New York: Monthly Review, 1974), 102에서 인용.

158. Braverman, *Labor and Monopoly Capital*, 113.

159. The Bureau of Labor Statistics, *Occupational Outlook Handbook*, 2010-11 edition; *Career Guide to Industries*, 2010-11 edition 참조. 한 경제학자 친구의 말처럼, "형편없는 일자리가 정말 압도적이다."

160. Peter Bain and Phil Taylor, "Entrapped by the 'Electronic Panopticon'? Workers Resistance in the Call Centre," *New Technology, Work and Employment* 15 (2000): 2-18.

161. Braverman, *Labor and Monopoly Capital*; Barbara Garson, *All the Livelong Day: The Meaning and Demeaning of Routine Work* (New York: Penguin, 1994); *The Electronic Workshop: How Computers Are Transforming the Office of the Future into the Factory of the Past* (New York: Simon & Schuster, 1988).

162. Hochschild, *The Managed Heart*.

163. 내가 속한 학계에서 나는 원격 학습, 녹화된 강의, 그리고 저임금과 고용이 불안 정한 비정규 교수들이 정규 교수들을 대체하는 경향에 대해 우려한다. 이 분야의 고유한 보상이 비정규 교수들의 노동 소외를 완화하지만, 그로 인해 이들은 착취 당한다.

164. Ake Sandberg, "Enriching Production: Perspectives on Volvo's Uddevalla Plant as an Alternative to Lean Production," MPRA Paper No. 10785, University Library of Munich Germany(2007년 개정).

165. Juliet Schor, *The Overspent American* (New York: Basic Books, 1998).

166. Robert Blauner, *Alienation and Freedom: The Factory Worker and His Industry* (University of Chicago Press, 1964).

167. James R. Bright, *Automation and Management* (Boston, MA: Division of Research, Graduate School of Business Administration, Harvard University, 1958). (Braverman, *Labor and Monopoly Capital*, 213-223에서 논의.)

168. David Montgomery, "Social Choice in Machine Design: The Case of Automatically Controlled Machine Tools and a Challenge for Labor," *Politics and Society*, 3/4 (1978): 313-337. David F. Noble, *Forces of Production: A Social History of Industrial Automation* (Oxford University Press, 1986). 또한 Noble, *Progress Without People: In Defense of Luddism* (Chicago: Charles H. Kerr, 1993) 참조.

169. Garson, *All the Livelong Day*, 263.

170. Howard Gardner, Mihaly Csikszentmihalyi, and William Damon, *Good Work: When Excellence and Ethics Meet* (New York: Basic Books, 2002).

171. Marx, *Capital: Vol. I*, 178.

172. Hill, *Liberty Against the Law*. 또한 Linebaugh, *The Magna Carta Manifesto*.

173. 오늘날 줄어드는 공유지에 대한 논의는 Anatole Anton, "Public Goods as Commonstock," in Anatole Anton, Milton Fisk and Nancy Holmstrom (eds.), *Not for Sale: in Defense of Public Goods* (Boulder, CO: Westview, 2000) 참조. 데이비드 하비(David Harvey)는 《신제국주의(The New Imperialism)》(New York: Oxford University Press, 2005)에서 '수탈을 통한 축적(accumulation by dispossession)' 개념을 발전시켰다. 특히 전 세계적으로 물의 사유화 문제는 매우 중요한 사안이다.

174. C. B. Macpherson, *The Rise and Fall of Economic Justice and Other Essays* (New York: Oxford University Press, 1985), 77; Linebaugh, *The Magna Carta Manifesto*.

175. 마르크스에 따르면, 자본주의에서 사람들 사이의 관계는 사물들 사이의 관계로 인식되며, 이를 상품 물신주의라고 부른다.

176. Cohen, "Property and Sovereignty," 159.

177. Mills, "'Ideal Theory' as Ideology" 참조.

178. Deniz Kandiyoti, "Bargaining with Patriarchy," in Holmstrom (ed.), *The*

Socialist-Feminist Project, 137-151에서는 세 번째 사항이 어떻게 많은 노년 여성으로 하여금 가부장제를 내면화하고 강화하게 만드는지 설명해준다.

179. Veronika Bennholdt-Thomsen and Maria Mies, *The Subsistence Perspective: Beyond the Globalised Economy* (London: Zed Books, 1999); Silvia Federici, *Caliban and the Witch: Women, the Body and Primitive Accumulation* (Brooklyn, NY: Autonomedia, 2004).

180. Robin Broad with John Cavanaugh, *Plundering Paradise: The Struggle for the Environment in the Philippines* (Berkeley, CA: University of California Press, 1993).

181. Juliet B. Schor, *The Overworked American: The Unexpected Decline of Leisure* (New York: Basic Books, 1992), 43.

182. 쇼어가 인용한 자료: H. S. Bennett, *Life on the English Manor* (Cambridge University Press, 1960); Jacques Le Goff, *Time, Work and Culture in the Middle Ages* (Chicago University Press, 1980); Marshall Sahlins, *Stone Age Economics* (New York: Aldine, 1972).

183. Temma Kaplan, "The Disappearing Fathers Under Global Capitalism," in Holmstrom (ed.), *The Socialist-Feminist Project*, 152-157.

184. 이 점에 대해 《공산당 선언》에서는 다음과 같이 말한다. "현대 산업이 발전할수록 남성의 노동은 점점 여성의 노동으로 더욱 대체된다. 연령과 성별의 차이는 더 이상 노동계급에 대해 독특한 사회적 유효성을 지니지 않는다. 모든 이가 노동의 도구일 뿐이며, 그들의 연령과 성별에 따라 사용 비용이 더 비싸거나 더 저렴하다." Tucker (ed.), *Marx-Engels Reader*, 479.

185. 실제로 많은 학자는 현대 자본주의의 가장 심각한 형태의 인종차별이 **자본주의 때문**이라고 보았다. 정복과 노예제는 자본주의 발전에 기여했지만, 인간 평등이라는 새로운 이상과는 전혀 상반되는 것이었기 때문이다. 이론과 현실 간의 이러한 모순은 노예들이 본질적으로 비인간으로 격하되어 도덕성의 범위를 벗어나야 한다는 필요성을 초래했다. 엘런 메익신스 우드는 《자본주의와 인간 해방: 인종, 성별, 민주주의(Capitalism and Human Emancipation: Race, Gender and Democracy)》에서 이 주장을 명시적으로 제기한다. 이는 찰스 밀스의 《인종 계약

(The Racial Contract)》과 일맥상통하며, 이 책에서는 암시적으로 표현된다.

186. 이 주제에 대한 방대한 문헌이 있다. 그중 다음 참조. Wally Secombe, "The Housewife and Her Labor Under Capitalism," *New Left Review* 83 (January 1973): 3-24; Jean Gardiner, "Women's Domestic Labor," *New Left Review* 89 (January-February 1975): 47-57; Margaret Coulson, Branka Magas, and Hilary Wainwright, "'The Housewife and Her Labor Under Capitalism'—A Critique," *New Left Review* 89 (January-February 1975), 59-71; Ian Gough and John Harrison, "Unproductive Labor and Housework Again," *Bulletin of the Conference of Socialist Economists* IV (February 1975); Nancy Holmstrom, "'Women's Work,' the Family and Capitalism," *Science and Society* XLV (Summer 1981): 186-211. 일부는 남성이 여성을 착취하는, 가부장제와 유사한 체제가 있다고 믿는다. 예를 들어, Christine Delphy, *Close to Home: A Materialist Analysis of Women's Oppression* (London: Hutchinson, 1984); Heidi Hartmann, "The Unhappy Marriage of Marxism and Feminism," in Linda Sargent (ed.), *Women and Revolution* (Boston, MA: South End, 1981) 이 있다.

187. 내 생각에 이러한 사회는 '관료적 집단주의'라고 부르는 것이 가장 정확하다. 이들 사회의 경제는 집단적으로 조직되고 재산도 집단 소유다. 명목상으로는 전체 사회가 소유하지만 완전히 관료 집단이 통제하기 때문에, 마르크스와 엥겔스 및 다른 고전적 사회주의자들이 구상한 사회주의와는 매우 다르다.

188. Sonia Kruks, Rayna Rapp, and Marilyn B. Young (eds.), *Promissory Notes: Women in the Transition to Socialism* (New York: Monthly Review, 1989)는 사례 연구를 모아놓은 유용한 책이지만, 나는 저자들이 이러한 사회를 사회주의로 규정하는 것에 동의하지 않는다.

189. 여성의 이해관계가 종속되는 현상은 자본주의에서도 흔히 나타난다. 미국은 아프가니스탄에서의 정책 목표 중 하나로 여성 해방을 내세웠지만, 최근 역사를 보면 미국은 사실 탈레반의 권력 장악에 책임이 있다. 소련이 지원한 아프가니스탄 정부에 맞서고자 미국은 오사마 빈 라덴이 포함된 무자헤딘을 지원했기 때문이다. 그들 눈에 아프가니스탄 정부의 범죄 중 하나는 여성을 위한 개혁을 실시했다는

점이다.

190. Nancy Holmstrom and Richard Smith, "The Necessity of Gangster Capitalism: Primitive Accumulation in Russia and China," *Monthly Review* (February 2000): 1-15.

191. Elizabeth Olson, "'Free Markets Leave Women Worse Off,' Unicef Says," *New York Times*, September 23, 1999.

192. '착취공장'의 정확한 정의는 정립돼 있지 않다. 미국 노동부는 이를 두 개 이상의 미국 노동법을 위반한 작업장으로 정의한다. 국제노동기구(ILO)는 발전 수준과 상관없이 모든 국가에서 모든 노동자에 대해 지켜야 할 8대 핵심 노동 기준을 제시한다. 이 기준들은 최저임금, 최대 근로 시간, 안전 조건, 노조 결성권 등과 관련된다. 개발도상국의 경우 때로는 법률이 매우 잘 마련돼 있어도(예를 들어, 방글라데시는 유급 출산 휴가가 있다) 제대로 시행되지는 않는다. 많은 국가는 외국 기업을 유치하기 위해 자국의 노동법, 특히 결사의 자유와 단체 교섭권을 회피할 수 있는 특별 수출 구역을 설정했다.

193. *New York Times*, June 6, 2006. 그 밖에 특히 "착취공장이 꿈인 곳(Where Sweatshops Are a Dream)"(*New York Times*, January 15, 2009)이란 글도 있다. 주류 경제학자들은 비판자들에 맞서 착취공장을 옹호하고자 국제무역학술컨소시엄(Academic Consort on International Trade, ACIT)을 조직했다.

194. 예를 들어, ACIT 등 일부는 다국적 기업들이 개발도상국의 통상 임금보다 더 높은 임금을 지급하기 때문에 하향 경쟁은 없다고 주장하려 한다. 맞을 수도 있지만, 그것은 다른 문제다. 기업들은 더 높은 임금을 주는 나라를 떠나 더 낮은 임금을 주는 나라로 이동해왔다. 미국에서 멕시코로, 멕시코에서 필리핀으로, 필리핀에서 중국으로, 그리고 다시 베트남으로 이동하는 식이다. 또한 이는 도덕적으로 강력한 논거가 되지 못하는데, 그 지역의 현지 상황이 매우 열악할 수 있기 때문이다.

195. Ellen Israel Rosen, *Making Sweatshops: The Globalization of the US Apparel Industry* (Berkeley, CA: University of California Press, 2002), 241-244. 또한 전 세계에서 광범위하게 보내온 국가노동위원회(National Labor Committee) 보고서 참조(www.nlc.org). 개발로 인해 악화된 열악한 노동 조건은 공장에만 국

한되지 않는다. 중국의 광부들이 처한 상황은 특히 끔찍하다. 정부 정책과 부패로 인해 잘 보도되지 않지만, 매일 9명의 광부가 사망하며 이는 미국의 40배에 달한다. Edward Wong, "China Charges 58 with Covering Up Deadly Mine Blast," *New York Times*, December 1, 2009.

196. Chris Meyers, "Wrongful Beneficence: Exploitation and Third World Sweatshops," *Journal of Social Philosophy* 35(3) (2004): 319-333.

197. Jim Stanford, "The Economics, and Politics, of Auto Workers' Wages," www.theglobeandmail.com, 2009년 4월 20일 검색. 나오미 클라인(Naomi Klein)의 《쇼크 독트린: 재난 자본주의의 출현(The Shock Doctrine: The Rise of Disaster Capitalism)》(New York: Henry Holt, 2007)은 이것이 최근 글로벌 자본주의의 지배적 패턴이라고 주장한다.

198. Anannya Bhattacharjee, Sarita Gupta, and Stephanie Luce, "Raising the Floor: The Movement for a Living Wage in Asia," *New Labor Forum* 18 (Summer 2009): 72-82. 더 자세한 내용은 아시아 최저임금(Asia Floor Wage) 캠페인 관련 문서 참조. Bhattacharjee, Gupta, and Luce. "Raising the Floor: The Movement for a Living Wage in Asia," *New Labor Forum* 18(3) (Fall 2009), www.asiafloorwage.org/documents/Press/Bhattacharjee%20et%5Bl%5Dal. pdf. 또한 2001년 영화 〈삶과 빚(Life and Debt)〉 참조. 개발이라는 이름으로 빈곤이 어떻게 재생산되는지에 대한 더 많은 정보는 Sarah Bracking, *Money and Power: Great Predators in the Political Economy of Development* (London: Pluto Press, 2009) 참조.

199. Rosen, *Making Sweatshops*, 245.

200. 예를 들어, Patricia Fernandez-Kelly and Diane Wolf, "A Dialogue on Globalization," *Signs* 126 (2001): 1243-1249. 나일라 카비르(Naila Kabeer)는 특정한 사회·경제 조건이 방글라데시 다카와 영국 런던의 여성 의류 노동자들의 삶에 어떻게 영향을 미치는지 상세히 설명한다. *The Power to Choose* (New York: Verso, 2002).

201. 여기서 권한과 권력의 차이는 루스 캐번디시(Ruth Cavendish)로도 알려진 미리엄 글럭스먼(Miriam Glucksmann)의 《생산라인의 여성들(Women on the

Line)》(London: Routledge, 2009)에서 잘 설명된다. 일반적으로 권한 부여는 개인이 특정한 심리적 자질을 갖는다는 의미로 이해되지만, 그녀가 1980년대에 일했던 공장의 여성들은 자신들의 잠재적 **집단 권력**을 인식하고, 이를 통해 영국 자동차 산업과 경제 전반에 영향을 미칠 수 있다고 느꼈다.

202. Bhattacharjee, Gupta, and Luce, "Raising the Floor."

203. Rosen, *Making Sweatshops*, 241-242.

204. Rosen, *Making Sweatshops*, 244. 경쟁 심화로 로웰에서 노동 조건이 악화되자, 토착 노동자들이 항의했고 이들은 이민 노동자들로 대체되었다.

205. 초기 유럽의 자본주의 발전 또한 기만과 물리적 폭력에 의존했으며, 그 예로 아편 전쟁을 들 수 있다. Ha-Joon Chang, *The Bad Samaritan: The Myth of Free Trade and the Secret History of Capitalism* (London: Bloomsbury Press, 2008) 참조.

206. Bhattacharjee, Gupta, and Luce, "Raising the Floor," 76.

207. Rosen, *Making Sweatshops*, 1에서 인용.

208. Rosen, *Making Sweatshops*, 227.

209. 기업과 노동자 간 정치적·법적 권력 불균형의 또 다른 예는 기업이 파산할 때 법원이 노동자 임금 지급보다 은행 및 기타 담보 채권자에 대한 부채 상환을 우선시한다는 점이다.

210. Sen, *Development as Freedom*, 22 이하.

211. Nick Bunkley and Bill Vlasic, "With Plants Shutting, the SUV Lumbers Near the End of the Line," *New York Times*, December 24, 2008, B4.

212. 영화 〈더 코퍼레이션(The Corporation)〉(2009)은 우리 시대의 지배적 제도로 불리는 병리적인 법'인격'을 강력하게 폭로한 작품이다.

213. Stephanie Luce and Mark Brenner, "Women and Class: What Has Happened in Forty Years?," *Monthly Review* July-August (2006): 83. 그들은 또한 최근 연구에서 여성과 남성 간 평생 임금 격차가 실제로 38퍼센트에 달한다는 점을 지적한다. 풀타임 노동에서 여성은 남성이 벌어들이는 임금의 80퍼센트를 번다. Catherine Rampell, "As Layoffs Surge, Women May Pass Men in Job Force," *New York Times*, February 6, 2009.

214. Nancy Maclean, "Post-War Women's History: The 'Second Wave' or the End of the Family Wage?," in Jean-Christophe Agnew and Roy Rosensweig (eds.), *A Companion to Post-1945 America* (Malden, MA: Blackwell, 2002).

215. Schor, *The Overworked American*, 29.

216. Schor, *The Overworked American*, 21.

217. David Leonhardt, "Scant Progress on Closing Gap in Women's Pay," *New York Times*, December 26, 2006.

218. Felix Rohatyn, "Saving American Capitalism," *International Herald Tribune*, June 29, 2009. 또한 Michael Perelman, "Some Economics of Class," *Monthly Review* July-August (2006): 18-28 참조. 미국 내 불평등에 대한 훌륭한 자료는 엠마누엘 사에즈(Emmanuel Saez)의 홈페이지(http://elsa.berkeley.edu/~saez)와 UFE(United for a Fair Economy) 웹사이트(www.faireconomy.org)에 있다.

219. Dalton Conley, "America is⋯ # 15?," *The Nation*, March 23, 2009, 29.

220. Francine D. Blau, "Gender and Economic Outcomes: The Role of Wage Structure," *Labor* 7 (1993): 73-92, 85. (Maclean, "Post-War Women's History," 237에서 인용.)

221. Johanna Brenner, *Women and the Politics of Class* (New York: Monthly Review Press, 2000).

222. Rampell, "As Layoffs Surge, Women May Pass Men in Job Force."

223. 서유럽과 아시아의 선진국에서도 이러한 현상이 나타난다. 한 작가는 대만에서 이를 "효도의 하청(subcontracting filial duty)"이라고 묘사한다. Pei-Chia Lan, "Among Women: Migrant Domestics and their Taiwanese Employers Across Generations," in Barbara Ehrenreich and Arlie Russell Hochschild (eds.), *Global Woman: Nannies, Maids, and Sex Workers in the New Economy* (New York: Henry Holt, 2002).

224. 중요한 수치와 분석에 대해서는 Luce and Brenner, "Women and Class" 참조.

225. Jason Deparle and Robert Gebeloff, "Food Stamp Use Soars Across US, and Stigma Fades," *New York Times*, November 29, 2009.

226. 전미흑인여성협의회(United Council of Negro Women) 연구이사 에이비스 존

스디위버(Avis Jones-DeWeever)의 말. (Dominique Haoson, "Few Safety Nets for Women of Color," *Interpress News Service*, March 4, 2009에서 인용.)

227. 국제노동기구(ILO) 보고서. 〔Ehrenreich and Hochschild (eds.), *Global Woman*, 8에서 인용.〕

228. 이 수치는 2008년 9월에 발표되었지만, 2005년의 데이터를 기반으로 한 것이며, 이는 식료품과 연료 가격 상승, 그리고 진행 중인 글로벌 경제 위기 이전의 상황을 반영하고 있다. 이러한 수치는 거의 확실히 더 악화되었을 것이다. World Bank, "World Development Indicators Poverty Data," 2009, http://siteresources.worldbank.org/DATASTATISTICS/Resources/WDI08supplem, 2009년 10월 5일 검색. 유엔 개발 보고서는 www.hdr.undp.org/publications/papers.cfm에서 확인할 수 있다. 유엔개발계획(UNDP)의 한 연구에 따르면, 1999년에는 60개국이 1980년보다 더 나쁜 상황에 처해 있었다. 1990년대에 대한 내용은 다음 참조. Robert Wade, "Global Inequality," *The Economist*, April 28, 2001, 72-74; Judith Miller, "Globalization Widens Rich-Poor Gap, UN Says," *New York Times*, June 29, 1999.

229. 메리 로빈슨(Mary Robinson)과의 인터뷰, *Democracy Now*, radio March 9, 2009. 로빈슨은 아일랜드 최초의 여성 대통령, 유엔 인권 고등판무관, 옥스팜(Oxfam)과 국제법률가위원회(International Commission of Jurists) 회장을 역임했다.

230. Saskia Sassen, "Global Cities and Survival Circuits," in Ehrenreich and Hochschild (eds.), 254-272.

231. Pankaj Mishra, "The Myth of the New India," *New York Times*, July 6, 2006; Somini Sengupta, "Indian Prosperity Creates Paradox; Many Children are Fat, Even More are Famished," *New York Times*, December 31, 2006; "As Indian Growth Soars, Child Hunger Persists," *New York Times*, March 13, 2009.

232. Richard C. Longworth, *Global Squeeze: The Coming Crisis for First World Nations* (Chicago: Contemporary Books, 1998) 참조.

233. Ehrenreich and Hochschild (eds.), *Global Woman*, 5.

234. Arlie Hochschild, "Love and Gold," in Ehrenreich and Hochschild (eds.), *Global Woman*.

235. Joy M. Zarembka, "America's Dirty Work: Migrant Maids and Modern-Day Slavery," in Ehrenreich and Hochschild (eds.), *Global Woman*, 144. 이주에는 경제적 요인 외에도 불행하거나 학대적인 가정 상황과 같은 비경제적 요인, 모험과 자기계발에 대한 욕구와 같은 긍정적인 이유도 있다. 연구는 이러한 범주에서 각각의 비율을 명확히 보여주지 않지만, 기존 연구는 대다수가 빈곤에 의해 이주를 선택한다는 사실을 보여준다.

236. Justicepourconstantinakouneva@gmail.com.

237. 이어지는 통계와 인용문은 모두 다음 참조. Kevin Bales, "Thailand: Because She Looks Like a Child," *Disposable People: New Slavery in the Global Economy* (Berkeley, CA: University of California, 1999).

238. Bales, "The New Slavery," *Disposable People*, 1-33. 이 추정치는 정부 추정치보다 크지만, 활동가 단체들이 제시한 수치보다는 작다. 이 단락의 모든 인용문과 수치는 이 장에서 가져온 것이다.

239. Miles, *Capitalism and Unfree Labor*.

240. Mike Davis, *Late Victorian Holocausts: El Niño, Famines and the Making of the Third World* (New York: Verso, 2001) 참조. 토머스 포기의《세계 빈곤과 인권(World Poverty and Human Rights)》에서는 오늘날 부유한 국가의 개인들이 빈곤층이 겪는 피해의 **지속**에 책임이 있다고 주장한다.

241. 가장 중요한 것은 법적 소유권의 부재와 이를 경제적 논리가 아닌 다른 방식으로 정당화하려는 시도들이다.

242. 예를 들어, 마틴 패클러(Martin Fackler), "일본에서 새로운 실업자는 안전망이 없다(In Japan, New Jobless May Lack Safety Net)". "전례 없는 세계 경제 침체는 일본의 온화한 자본주의 버전이 지난 10년간의 경제 변혁으로 어떻게 약화되었는지 보여주었다. 과거에는 기업들이 직원 해고를 최후의 수단으로만 사용했다." *New York Times*, February 8, 2009, 6.

243. Walter Pincus and Joby Warrick, "Financial Crisis Called Top Security Threat to US," *Washington Post*, February 13, 2009.

244. Nelson Schwartz, "Job Losses Pose a Threat to Stability Worldwide," *New York Times*, February 14, 2009.

245. Chalmers Johnson, *The Sorrows of Empire: Militarism, Secrecy and the End of the Republic* (New York: Metropolitan, 2004).

246. 이 수치에 대한 자료와 그 돈이 어디에 더 쓰일 수 있었는지에 대한 정보는 2010년 2월 전쟁저항자연맹(War Resisters League)에서 발행한 〈당신의 소득세는 실제로 어디로 가는가(Where Your Income Tax Money Really Goes)〉 참조. 해당 문서는 www.warresisters.org에서 확인 가능.

247. David Armstrong and Joseph J. Trento, *America and the Islamic Bomb: The Deadly Compromise* (New York: Random House, 2007).

248. 〈데모크라시 나우(Democracy Now)〉 2009년 8월 28일자에 보도된 이스라엘에서의 발언.

249. www.charitywater.org, 2010년 7월 19일 검색.

250. Mike Davis, *Planet of Slums* (London: Verso, 2006); Laurie Garrett, *The Coming Plague: Newly Emerging Diseases in a World Out of Balance* (New York: Penguin, 1995); Mike Davis, *The Monster at Our Door: The Global Threat of Avian Flu* (New York: New Press, 2005).

251. 2005년 3월 30일, www.millenniumassessment.org. 이 보고서는 95개국 1360명의 과학자가 준비했다.

252. Jared Diamond, *Collapse: How Societies Choose to Fail or Succeed* (New York: Viking, 2005).

253. Jonathon Porrit, *Capitalism As If the World Matters* (London: Earthscan, 2005), 77.

254. 여기서 내가 논의하는 대부분은 다음 글들을 근거로 한다. Richard Smith, "Capitalism and Collapse: Contradictions of Jared Diamond's Market Meliorist Strategy to Save the Humans," *Ecological Economics* 55(2) (November 2005): 294-306; "The Eco-suicidal Economics of Adam Smith," *Capitalism Nature Socialism* 19(2) (June 2007): 22-43; Nancy Holmstrom and Richard Smith, "Their Rationality and Ours," in Anatole Anton and Richard Schmitt

(eds.), *Toward a New Socialism* (Lanham MD: Lexington Books, 2006).

255. Kate Galbraith, "Dark Days for Green Energy," *New York Times*, February 4, 2009, B1.

256. John Whitelegg, "Dirty from Cradle to Grave," www.worldcarfree.net/resources/freesources/DirtyfromCradletoGrave.rtf에서 확인.

257. Lester Thurow, *The Future of Capitalism: How Today's Economic Forces Shape Tomorrow's World* (New York: Penguin Books, 1996), 302 이하.

258. John Broder and Jad Mouawad, "Energy Firms Find No Unity on Climate Bill," *New York Times*, October 19, 2009, 1.

259. Smith, "The Eco-suicidal Economics of Adam Smith," 36.

260. Michael Albert and Robin Hahnel, *Looking Forward: Participatory Economics for the Twenty-First Century* (Boston, MA: South End, 1991), 13에서 인용.

261. Hal Draper, Marxists Internet Archives, "The Two Souls of Socialism," www.marxists.org에서 확인, 2010년 7월 22일 검색. 그의 5권으로 된 《카를 마르크스의 혁명 이론(Karl Marx's Theory of Revolution)》(New York: Monthly Review Press, 1977-90) 참조.

262. Barbara Taylor, *Eve and the New Jerusalem: Socialism and Feminism in the Nineteenth Century* (London: Virago Press 1983) 참조. 사회주의-페미니즘 '선구자들'의 발췌문은 Holmstrom (ed.), *The Socialist-Feminist Project*에서 찾아볼 수 있다.

263. 후자의 접근법의 예로는 Hilary Wainwright, *Reclaim the State: Experiments in Popular Democracy* (London: Verso 2003) 참조.

264. 이것은 기술 간 선택이 권력 관계를 반영한다는 앞의 내 주장과 일치한다. AAAGRrrr!(2010년 7월 22일 검색) 참조. "식량 주권을 위한 아프리카 농업생태 대안 정보를 제공하는 전자 뉴스레터: 모든 사람이 생태적으로 건전하고 지속 가능한 방법으로 생산된 건강하고 문화적으로 적합한 음식을 가질 권리, 그리고 자신만의 식량 및 농업 체계를 정의할 권리." 이 뉴스레터는 아프리카신녹색혁명연합(Alliance for a New Green Revolution in Africa, AGRA)에 대한 최신 정보를 제공하며, 이는 아프리카 식량 체계에 수십 년 된 녹색 혁명을 다시 도입하

기 위한 5억 달러 프로젝트다. 이 새로운 녹색 혁명은 종자 및 비료 회사들이 주도하고 있으며, 아프리카의 전통적인 식량 작물을 목표로 하고, 아프리카 농업이 유전자 변형 종자의 광범위한 도입을 준비하도록 계획하고 있다. 자세한 내용은 http://pambazuka.org/en/category/enewsl/53590 참조. 또한 Beverley Bell and the Other Worlds Collaborative, "Who Says You Can't Change the World: Just Economies on an Unjust Planet," vol. 1, June 2009, www.otherworldsarepossible.org 참조.

265. 영국 경제학자 팻 드바인(Pat Devine)은 《민주주의와 경제계획: 자치 사회의 정치경제(Democracy and Economic Planning: The Political Economy of a Self-Governing Society)》(Cambridge: Polity, 1988)에서 민주적이고 참여적인 계획 모델을 개발했다. 또 다른 모델은 Albert and Hahnel, *Looking Forward* 참조. 더 많은 논의는 Raymond L. Goldsteen and John K. Schorr, *Demanding Democracy After Three-Mile Island* (Gainesville, FL: University of Florida Press, 1991); Adolf Gundersen, *The Environmental Promise of Democratic Deliberation* (Madison, WI: University of Wisconsin Press, 1995); Greg Palast et al., *Democracy and Regulation: How the Public Can Govern Essential Services* (London: Pluto, 2003); William Fisher and Thomas Ponniah, *Another World is Possible* (London: Pluto Books, 2003); George Monbiot, *The Age of Consent: A Manifesto for a New World Order* (London: Flamingo, 2003); 마이클 폭스(Michael Fox)의 다큐멘터리 영화 〈선거를 넘어: 아메리카의 민주주의 재정의(Beyond Elections: Redefining Democracy in the Americas)〉(2008) 참조. 또한 최초의 노동자 정부인 파리 코뮌에 대한 마르크스의 논의도 참조.

266. "생산 수단을 소유한 대중이 공통의 목표를 위해 일하고 그들의 생산물을 공동으로 나누며, 임금 없이 노동에 기여하고 그 결과물을 무료로 누릴 때, 그것을 사회주의라고 부르는 것은 비합리적이지 않다." Kevin Kelly, "The New Socialism: Global Collectivist Society is Coming Online," 2009년 5월 22일, www.wired.com.

267. Rosalind P. Petchesky, "Human Rights, Reproductive Health and Economic Justice: Why They are Indivisible", in Holmstrom (ed.), *The Socialist-Feminist*

Project 참조. 생식 권리의 광범위한 개념은 1970년대 흑인 페미니스트들과 사회
주의 페미니스트들에 의해 발전했으며, 이는 주류(백인) 여성운동에서 낙태권에
만 초점을 맞추는 데 반대하는 것이었다. Jael Silliman, Marlene Gerber Fried,
Loretta Ross, and Elena R. Gutierrez (eds.), *Undivided Rights: Women of
Color Organize for Reproductive Justice* (Cambridge: South End, 2004) 참조.
268. Anton, "Public Goods as Commonstock."
269. Bell, "Who Says You Can't Change the World."

3 낸시 홈스트롬에게 답하다

1. "Tracking the Millennium Development Goals," 2007, www.mdgmonitor.org/
   goal1.cfm. '구매력 평가(PPP)'는 서로 다른 지역에서 동일한 상품 묶음의 화폐 가
   치 추산을 의미한다. 이 추산치는 상품의 명목 가격 차이를 제거하고, 각 개인이 이
   용할 수 있는 자원이 무엇인지에 대한 질문에 다가가게 한다. 문헌에서는 PPP 데이
   터를 수집하고 계산하는 최선의 방법에 대해 논란이 있지만, 세계 빈곤율 변화를 추
   산하기 위해 일정한 PPP를 사용하는 필요성에 대해서는 실질적인 논쟁이 없다.

2. Shaohua Chen and Martin Ravallion, "How Have the World's Poorest Fared
   Since the Early 1980s?," World Bank Policy Research Working Paper No. 3341,
   June 2004, table 1.

3. US Census Bureau International Data Base, www.census.gov/ipc/www/idb/
   worldpop.php, 2009년 8월 24일 검색.

4. Chen and Ravallion, "How Have the World's Poorest Fared Since the Early
   1980s?," table 2.

5. Chen and Ravallion, "How Have the World's Poorest Fared Since the Early
   1980s?," table 4.

6. International Labor Organization, *World Employment Report*, 2004-5, 121.

7. Martha Chen et al., "Progress of the World's Women 2005: Women, Work and
   Poverty," United Nations Development Fund for Women, 2005, 46.

8. Chen et al., "Progress of the World's Women 2005," tables 3.1 and 3.2.

9. 나는 '이른바 착취공장'이라고 표현하는데, 이는 이 용어가 모호하며, 이 용어로 널리 지칭되는 자본주의 공장이나 다국적 기업의 옹호자들은 이 말을 사용하지 않기 때문이다. 만약 '착취공장'이 노동법을 위반하는 공장을 의미한다면, 그 공장을 옹호할 사람은 아무도 없을 것이다. 하지만 단순히 다른 나라 공장보다 낮은 임금을 지급하는 공장을 의미한다면, 그것이 도덕적으로 잘못되었다고 암시하는 것은 논점을 흐리는 일이다.

10. International Labor Organization, *Global Wage Report*, 2008-9, 13.

11. Drusilla K. Brown, Alan Deardorff, and Robert Stern, "The Effects of Multinational Production on Wages and Working Conditions in Developing Countries," in Robert E. Baldwin and L. Alan Winters (eds.), *Challenges to Globalization: Analyzing the Economics* (University of Chicago Press, 2004).

12. Donald M. Fisk, "American Labor in the Twentieth Century," US Bureau of Labor Statistics, www.bls.gov/opub/cwc/cm20030l24ar02p1.htm#l3dptj, 2009년 8월 29일 검색.

13. Fisk, "American Labor in the Twentieth Century."

14. Fisk, "American Labor in the Twentieth Century."

15. *Global Wage Report*, 28.

16. 참고문헌은 Dalton Conley, "America is… #15?," *The Nation*, March 23, 2009.

17. Kevin Bales, *Disposable People: New Slavery in the Global Economy* (Berkeley, CA: University of California Press, 1999).

18. J. E. M. Arnold and J. G. Campbell, "Collective Management of Hill Forests in Nepal: The Community Forestry Development Project," *Common Property Resource Management* (Washington, DC: National Academy Press, 1984), 415-454.

19. 나는 자본주의 경쟁에 대한 이 스포츠 비유를 다음 논문에서 자세히 설명한다. "Sporting Metaphors: Competition and the Ethos of Capitalism," *Journal of the Philosophy of Sport* 34 (May 2007): 52-67.

4 앤 커드에게 답하다

1. Onora O'Neill, "Justice, Gender, and International Boundaries," in Martha C. Nussbaum and Amartya Sen (eds.), *The Quality of Life* (New York: Oxford University Press 1993); Charles Mills, *The Racial Contract* (Ithaca, NY: Cornell University Press, 1997); "'Ideal Theory' as Ideology," in Peggy DesAutels and Margaret Urban Walker (eds.), *Moral Psychology* (Lanham, MD: Rowman & Littlefield, 2004).

2. 나는 과학 철학이나 마음 철학 같은 철학 분야가 관련 경험 과학과 밀접한 연관이 있는 반면, 윌러드 콰인(Willard Quine)이 인식론을 자연주의적 방향으로 이끌었음에도, 윤리학과 정치철학은 여전히 추상적이고 이상적인 방식에 머물러 있다는 것이 오랫동안 이상하게 느껴졌다.

3. 커드 교수는 일관성이 없어 보인다. 이후에 인도를 "1990년대까지 사회주의 국가"로 기술하기 때문이다. 하지만 이 시기 인도의 변화는 사회주의에서 자본주의로의 변화가 아니라, 더 국가 개입적인 자본주의에서 더 자유시장 지향의 자본주의로의 변화였다. 인도의 공공 부문은 스웨덴보다 적었다. Vivek Chibber, *Locked in Place: State Building and Late Industrialization in India* (Princeton University Press, 2003) 참조. 이 시기의 인도 정부가 스스로를 사회주의라 부른 것이 실제로 사회주의였다는 증거가 되지 않는 것은, 동독이 공산주의하에서 스스로를 '독일 민주 공화국'이라 불렀다 해서 민주국가인 이유가 되지 않는 것과 같다.

4. 커드 교수는 또한 사우디아라비아가 명확한 사유재산 제도의 사례가 아니라고 주장하는데, 그 이유는 동일한 가문이 정부와 경제 영역을 모두 지배하기 때문이다. 그러나 이것은 그녀가 언급한 다른 사례들처럼 과두제 자본주의의 한 예일 뿐이다.

5. Reuters: World Briefing Europe, "Iceland: Nordic Countries Lead in Gender Equality, Report Says," *New York Times*, October 28, 2009.

6. Edward Wolff, *Top Heavy: The Increasing Inequality of Wealth in America and What Can Be Done About it*, 2nd edn. (New York: New Press, 1996) 참조.

7. 계급에 대한 마르크스의 견해를 이해하는 데 좋은 자료는 핼 드레이퍼의 저술이다. 마르크스에게 영향을 받은 현대 최고의 계급 분석은 에릭 올린 라이트(Erik Olin Wright)의 연구, 특히 《계급(Classes)》(London: Verso, 1985)에서 찾을 수 있다.

8. Karl Polanyi, *The Great Transformation* (Boston, MA: Beacon Press, 1957).

9. 비판자는 《반자본주의 선언(An Anti-Capitalist Manifesto)》(Cambridge: Polity, 2003)의 알렉스 캘리니코스(Alex Callinicos)이며, 옹호자는 폴 크루그먼으로, 그는 쥐들이 우리 안에서 계속 뛰어다니는 본질적 이유를 설명해나간다. Paul Krugman, "Money Can't Buy Happiness. Er, Can It?," *New York Times*, June 1, 1999.

10. 이 원시적 축적이 어떻게 이루어졌는지는 "1억 위안(1460만 달러) 이상의 자산을 보유한 3220명의 중국 시민 중 91퍼센트가 고위 공산당 관리 자녀"라는 사실에서 드러난다. *Newsweek*, July 20, 2009, 10. 즉, 한 지배 계급의 구성원들이 또 다른 지배 계급으로 이동한 것이다.

11. Combahee River Collective 1977. 〔Gloria T. Hull, Patricia Bell Scott, and Barbara Smith (eds.), *But Some of Us Were Brave* (Old Westbury, NY: The Feminist Press, 1982), 13에 재수록.〕 영향력 있는 이중 체계 분석에 대해서는 Christine Delphy, *Close to Home: A Materialist Analysis of Women's Oppression* (London: Hutchinson, 1984)과 Heidi Hartmann, "The Unhappy Marriage of Marxism and Feminism: Toward a More Progressive Union," in Lydia Sargent (ed.), *Women and Revolution* (Cambridge: South End Press, 1981); 《여성과 혁명(Women and Revolution)》에서 하트먼의 논의와 비판 참조. 캐럴 페이트먼은 자본주의 및 전자본주의 사회에 대해 '가부장제' 용어를 사용하지만, 그녀의 분석에서 "시민 사회에는 봉건적 유물이 없다"고 명확히 밝힌다. Carole Pateman and Charles Mills, *Contract and Domination* (Cambridge: Polity, 2007), 209. 또한 그녀의 교차성 분석에 대해서는 5장 참조. 교차성 논의는 종종 계급을 배제하며, 유색인종, 특히 흑인 여성이 빈곤층과 노동계급을 대변하는 경우가 많다. 이는 본래 분석적으로 정확하지 않았으며, 여성과 흑인 미국인들 사이에 계급 격차가 확대되는 오늘날에는 그 부적절함이 더욱 명백해진다. 콘돌리자 라이스(Condoleeza Rice) 같은 인물들이 그 극단적인 예시다. 수정 논의를 위해서는 Johanna Brenner, "Intersections, Locations and Capitalist Class Relations: Intersectionality from a Marxist Perspective," in *Women and the Politics of Class* (New York: Monthly Review Press, 2000) 참조.

12. 이것은 인종차별이 종식되었을 때의 의미를 쉽게 표현한 것이지만 정확하지는 않

다. 인종이 실제로 사회적 구성물이라면, 내가 생각하기에 이미 입증되었듯이, 인종차별이 사라지면 우리는 더 이상 사람들을 인종으로 분류하지 않을 것이다. 우리가 말할 수 있는 것은 단지 다양한 신체적 특성을 지닌 사람들이 경제 피라미드 전반에 걸쳐 존재한다는 것뿐이다.

13. Walter Benn Michaels, *The Trouble with Diversity: How We Learned to Love Identity and Ignore Inequality* (New York: Henry Holt, 2007), 114-117 참조.

14. Erik Eckholm, "Last Year's Poverty Rate was Highest in 12 Years: Median Family Income Fell," *New York Times*, September 11, 2009, A12.

15. Dalton Conley, *Being Black, Living in the Red* (Berkeley, CA: University of California Press, 1999), 7. 내가 아는 뉴욕의 한 지인은 사립학교 학생들을 대상으로 수학 과외를 하며 고수익을 올리고 있다. 그녀는 여름을 햄프턴에서 보내면서 방학 동안에도 학생들의 휴가용 집에서 과외를 한다. 그녀는 종종 다른 과외 교사들이 자신의 수업 전후에 와서 학생들의 에세이 작성을 도와주거나 다른 필요한 도움을 제공한다고 전했다. 이러한 과외 혜택은 작은 학급 규모와 같은 사립학교(또는 부유한 지역의 공립학교)의 많은 혜택에 추가되는 것이다. 한 신생 회사는 4세와 5세 아이들에게 사립 유치원 입학에 필요한 시험을 준비시킨다. Susan Dominus, "Connecting Anxious Parents and Educators, at $450 an Hour," *New York Times*, August 18, 2009.

16. Everett Carl Ladd and Karlyn H. Bowman, *Attitudes Toward Economic Opportunity* (Washington, DC: AEI Press, 1998) 참조.

17. 마이클 크롤리(Michael Crowley)는 〈'상속세' 사기(The 'Death Tax' Scam)〉라는 글에서, 이것이 대략 요르단의 GDP와 비슷하다고 지적한다. *Rolling Stone*, June 11, 2009. 또한 크롤리는 아칸소주와 워싱턴주의 진보 성향 상원의원들이 상속세 면제 한도를 1000만 달러로 올리는 제안을 지지하는 이유를 설명하는데, 이는 상속세 폐지를 추진한 주요 조직자 중 둘이 이들 주 출신이고, 이 정책이 그들의 재선에 필수적이기 때문이다.

18. Andrew Sayer, *The Moral Significance of Class* (Cambridge University Press, 2005), 218.

19. 나는 '그들이 생산한 것'에 주의 환기용 따옴표를 추가했는데, 그 이유는 자본주의

에서 이윤이 어디서 오는지에 대한 복잡하고 논쟁적인 문제에 깊이 들어가고 싶지 않기 때문이다. 자본가들이 그들의 소유권 덕분에 생산적 기여를 하고, 그로 인해 대부분의 이윤을 차지할 자격이 있다는 가정을 비판하는 날카로운 분석은 David Schweickart, *Against Capitalism* (New York: Cambridge University Press 1993), ch. 1 참조. 착취에 대한 나의 견해는 "Exploitation," in Will Kymlicka (ed.), *Justice in Political Philosophy* (Cheltenham: Edward Elgar, 1992); "Coercion, Exploitation and Labor," *APA Newsletter on Philosophy and Law* 94(1) (Fall 1994), 84-88; "Exploitation" in *International Encyclopedia of Ethics*(출간 예정) 참조.

20. 때때로 특정한 종류의 노동이 부족하면서도 수요가 많을 때 예외적으로 노동자들이 더 유리한 협상 위치에 서는 경우가 있기는 하지만, 이런 상황은 일시적이다.

21. Kim Moody, *Workers in a Lean World* (New York: Verso, 1997). 2000년 보고서에서 휴먼라이츠워치는 "노조를 결성하거나 가입하려는 요양원 노동자들에 대한 협박·위협·해고 패턴과 노동자들이 노조 결성에 성공했을 때 고용주가 협상을 거부하는 사례"를 발견했다. 〔Gertrude Ezorsky, *Freedom in the Workplace?* (Ithaca, NY: Cornell University Press, 2007)에서 인용.〕 이 문제에 대한 지속적인 보도는 *Labor Notes* (www.labornotes.org) 참조. 2010년 7월 21일 검색.

22. www.bls.gov/CPS, 2010년 7월 23일 검색.

23. 내 생각에 그녀는 이것들이 자본주의의 일부가 아니라 배경 조건에 속한다고 말할 것 같지만, 나는 이 구분이 또 다른 이상론으로의 후퇴 없이 유지될 수 있는지 잘 이해되지 않는다.

24. 그러나 불평등이 민주주의를 방해할 정도로 커지지는 않을 것이라는 주장은 그럴 듯하다. 왜냐하면 사람들이 민주적으로 결정하는 상황에서 그런 불평등을 허용할 이유가 없기 때문이다.

25. 미국 기본소득보장네트워크(USBIG) 조정위원회의 일원인 칼 위더퀴스트(Karl Widerquist)와의 인터뷰. "A BIG Idea: A Minimum Income Guarantee," *Multinational Monitor*, May/June 2009, 30-34. 그는 이 제도가 보수주의자들과 이를 충분하지 않다고 생각한 사람들 간의 연합으로 좌초했으며, 그들 중 다수는 이 제도가 다른 복지 프로그램을 위협할까 우려했다고 설명한다. 일부 기본소득 보장(BIG) 제안은 가장 필요로 하는 빈곤층에 국한하지만, 다른 제안들은 보편적 기본

소득으로 더 폭넓은 지지를 얻고자 한다.

26. Steven Greenhouse, "Low-Wage Workers Are Often Cheated, Study Says," *New York Times*, September 2, 2009. 최저임금보다 적게 받았다고 응답한 노동자 비율은 가정 건강 관리 부문의 12퍼센트부터 가사, 수리 서비스, 의류 및 섬유 산업의 42~43퍼센트 이상까지 다양하며, 이는 평균 15퍼센트의 임금 손실을 의미한다. 연구자들은 "직원들이 산재 보상 신청을 하지 못하도록 저임금 고용주들이 얼마나 성공적으로 압력을 가하는지"에 놀랐다. 심각한 부상을 당한 근로자 중 오직 8퍼센트만이 산재 보상을 청구했다.

27. Uma Narayan, "Informal Sector Work, Microcredit and Women's Empowerment: A Critical Overview," unpublished, October 18, 2006 참조.

28. 2009년 영화 〈크루드(Crude)〉 참조. 또는 아마존워치(Amazon Watch)의 정보 참조. www.amazonwatch.org, 2010년 7월 23일 검색.

29. Geoffrey Lean, "Year of the Hungry: 1,000,000,000 Afflicted," *The Independent*, December 28, 2008.

30. 그녀가 여성 기대수명과 출생률을 1인당 소득과 연관시킨 2008년 그래프는 다소 어색하다. 2008년에 비자본주의 선진국이 있는가? 없다. 이를 소득과 연관짓는 것은 전혀 놀랍지 않다. 실제로 자본주의 국가 내에서도 동일한 상관관계가 존재한다. 부유한 여성은 가난한 여성보다 더 오래 살고 자녀도 적게 낳는다.

31. 인터뷰. 〔Wallace Shawn, *Essays* (Chicago: Haymarket Books, 2009), 66 이하에 재수록.〕

32. Jim Dwyer, "A Lifesaver Out of Reach, For Want of a Profit," *New York Times*, October 18, 2009.

33. Carla Ravaioli, *Economists and the Environment* (London: Zed Books, 1995), 11.

34. Charles Duhigg, "Clean Water Laws Neglected, at a Cost in Human Suffering," *New York Times*, September 13, 2009, 1.

35. Richard Smith, "The Eco-suicidal Economics of Adam Smith," *Capitalism Nature Socialism* 19(2) (June 2007): 22-43.

36. Dr. David Mills, "Solar Thermal Electricity as the Primary Replacement for

Coal and Oil in the US Generation and Transportation," www.ausra.com, 2010년 7월 23일 검색. 이 잠재력은 화석연료 산업 복합체의 막대한 정치적 영향력 때문에 실현되지 못했다.

37. Thom Shanker, "Despite Slump, US Role as Top Arms Supplier Grows," *New York Times*, September 7, 2009.

38. Stanley I. Fischler, *Moving Millions: An Inside Look at Mass Transit* (New York: Harper & Row, 1979).

39. 영화 〈누가 전기차를 죽였는가?(Who Killed the Electric Car?)〉(2006) 참조.

40. 제한된 페미니스트 비전이 자본주의와 맞물리고, 미국 정부가 페미니즘적 수사를 냉소적으로 활용하면서 일부 사회주의 페미니스트들은 페미니즘이 자본주의 이해관계에 탈취당하고 있다고 경고해왔다. Hester Eisenstein, *Feminism Seduced: How Global Elites Use Women's Labor and Ideas to Exploit the World* (Boulder, CO: Paradigm Publishers, 2009); Nancy Fraser, "Feminism, Capitalism and the Cunning of History," *New Left Review* 56 (March/April 2009).

41. Karl Marx, "Contribution to the Critique of Hegel's Philosophy of Right: Introduction," in Robert C. Tucker (ed.), *Marx-Engels Reader*, 2nd edn. (New York: W. W. Norton, 1978), 53.

42. Nancy Holmstrom, "Free Will and a Marxist Concept of Natural Wants," *Philosophical Forum* 6 (1975): 423-445; "Firming Up Soft Determinism," *The Personalist* 58 (1977): 39-51 참조.

43. 이 표현은 알렉스 캘리니코스의 《반자본주의 선언》에서 가져왔다.

44. Barbara Garson, *All the Livelong Day: The Meaning and Demeaning of Routine Work* (New York: Penguin 1994), 271.

45. 초기 고전 중 하나는 Oscar Lange, "On the Economic Theory of Socialism," in Benjamin Evans Lippincott (ed.), *On the Economic Theory of Socialism* (Minneapolis, MN: University of Minnesota Press, 1938). 시장 사회주의의 가장 중요한 옹호자들은 다음과 같다. Alec Nove, *The Economics of Feasible Socialism* (London: Routledge, 1983); J. Le Grand and S. Estrin (eds.), *Market Socialism* (Oxford: Clarendon Press, 1989); P. Bardan and J. Roemer (eds.), *Market*

Socialism (New York: Oxford University Press, 1993); David Schweickart, *After Capitalism* (Lanham, MD: Rowman & Littlefield 2002); Diane Elson, "Market Socialism or the Socialization of the Market?," *New Left Review* 172 (November/December 1988).

46. 민주적 계획의 가장 중요한 모델들을 제시하는 저술은 다음과 같다. David McNally, *Against the Market: Political Economy, Market Socialism and the Marxist Critique* (New York: Verso, 1993); Fikret Adaman and Pat Devine, "On the Economic Theory of Socialism," *New Left Review* 221 (January/February 1997): 54-80; M. Albert and R. Hahnel, *The Political Economy of Participatory Economics* (Princeton University Press, 1991); Pat Devine, *Democracy and Economic Planning: The Political Economy of a Self-Govern-ing Society* (Cambridge: Polity, 1988).

47. Raymond L. Goldsteen and John K. Schorr, *Demanding Democracy After Three-Mile Island* (Gainesville, FL: University of Florida Press, 1991).

48. 커드 교수는 정부가 노조를 금지하거나 파업을 탄압할 수 있다는 비판에 대해서는 '사회주의'(그녀에게는 관료적 소련 모델을 의미한다)와 자본주의 경제 체제를 모두 옹호한다. 그러나 내 생각에는 어느 쪽의 옹호도 타당하지 않다. 자본주의 사회에서는 정부와 경제가 별개지만, 정부는 자본가의 이익을 반영한다. 반면, 관료적 모델에서는 경제 권력과 정치 권력이 비민주적 방식으로 결합돼 있다.

참고문헌

Adaman, Fikret and Pat Devine. "On the Economic Theory of Socialism," *New Left Review* 221 (January/February 1997): 54-80.

Agarwal, Bina. "Bargaining and Gender Relations: Within and Beyond the Household," *Feminist Economics* 3 (1997): 1-51.

Aguilar, Delia D. and Anne E. Lacsamana (eds.). *Women and Globalization.* Amherst, NY: Humanities Books, 2004.

Albert, Michael and Robin Hahnel. *Looking Forward: Participatory Economics for the Twenty-First Century.* Boston, MA: South End Press, 1991.

_____. *The Political Economy of Participatory Economics.* Princeton University Press, 1991.

Allison, Dorothy. "A Question of Class," *Trash: Short Stories.* Ithaca, NY: Firebrand Books, 1988. Reprinted in Holmstrom (ed.), *The Socialist-Feminist Project.*

Alter, George. "Theories of Fertility Decline: A Nonspecialist's Guide to the Debate," in John R. Gillis, Louise A. Tilly, and David Levine (eds.), *The European Experience of Declining Fertility, 1850-1970.* Cambridge, MA: Blackwell, 1992.

Amsden, Alice. *Escape from Empire: The Developing World's Journey through Heaven and Hell.* Cambridge, MA: MIT Press, 2007.

_____. *The Rise of "the Rest": Challenges to the West from Late Industrializing Countries*. Oxford University Press, 2001.

Anand, Sudhir, Paul Segal and Joseph E. Stiglitz (eds.). *Debates on the Measurement of Global Poverty*. New York: Oxford University Press, 2010.

Anderson, Elizabeth. "Ethical Assumptions in Economic Theory: Some Lessons from the History of Credit and Bankruptcy." *Ethical Theory and Moral Practice* 7 (2004): 347-60.

_____. "What is the Point of Equality?," *Ethics* 109(2) (January 1999): 287-337.

_____. "Ethical Limitations of the Market," in Charles K. Wilber (ed.), *Economics, Ethics and Public Policy*. Lanham, MD: Rowman & Littlefield, 1998, 236 and 239.

_____. "The Ethical Limitations of the Market," *Economics and Philosophy* 6 (1990): 179-205.

_____. "Is Women's Labor a Commodity?," *Philosophy and Public Affairs* 19 (Winter 1990): 71-92.

Andrews, Edmund L. "Report Projects a Worldwide Economic Slide," *New York Times*, March 9, 2009.

Anton, Anatole. "Public Goods as Commonstock," in Anatole Anton, Milton Fisk, and Nancy Holmstrom (eds.), *Not for Sale: In Defense of Public Goods*. Boulder, CO: Westview, 2000.

Antony, Louise. "Naturalized Epistemology, Morality and the Real World," *Canadian Journal of Philosophy* 26 (2000): 103-37.

Armstrong, David and Joseph J. Trento. *America and the Islamic Bomb: The Deadly Compromise*. New York: Random House, 2007.

Arneson, Richard J. "Lockean Self-Ownership: Towards a Demolition," *Political Studies* XXXIX (1991): 36-54.

Arnold, J. E. M. and J. G. Campbell. "Collective Management of Hill Forests in Nepal: The Community Forestry Development Project," *Common Property Resource Management*. Washington, DC: National Academy Press, 1984.

Astell, Mary. "Some Reflections Upon Marriage," in *Women and Men Political Theorists: Enlightened Conversations*, Kristin Waters (ed.). Malden, MA: Blackwell, 2000.

Bain, Peter and Phil Taylor. "Entrapped by the 'Electronic Panopticon'? Worker Resistance in the Call Centre," *New Technology, Work and Employment* 15 (2000): 2-18.

Bales, Kevin. *Disposable People: New Slavery in the Global Economy*. Berkeley, CA: University of California Press, 1999.

Bardan, Pranab and John E. Roemer (eds.). *Market Socialism: The Current Debate*. New York: Oxford University Press, 1993.

Bartky, Sandra. *Femininity and Domination: Studies in the Phenomenology of Oppression*. New York: Routledge, 1990.

Baumol, William J., Robert E. Litan, and Carl J. Schramm. *Good Capitalism, Bad Capitalism, and the Economics of Growth and Prosperity*. New Haven, CT: Yale University Press, 2007.

Bello, Walden. *The Food Wars*. London: Verso, 2009.

_____. "Reforming the WTO is the Wrong Agenda," in Kevin Danaher and Roger Burbach (eds.), *Globalize This! The Battle Against the World Trade Organization and Corporate Rule*. Monroe, ME: Common Courage, 2000.

Beneria, Lourdes. *Gender, Development and Globalization, Economics as if all People Matter*. New York: Routledge, 2003.

Beneria, Lourdes and Savitri Bisnath (eds.). *Global Tensions. Challenges and Opportunities in the World Economy*. New York: Routledge, 2003.

Bennett, H. S. *Life on the English Manor*. Cambridge University Press, 1960.

Bennholdt-Thomsen, Veronika and Maria Mies *The Subsistence Perspective: Beyond the Globalised Economy*. London: Zed Books, 1999.

Berenson, Alex. "A Year After a Cataclysm, Little Change on Wall St," *New York Times*, September 12, 2009.

Bergmann, Barbara. *The Economic Emergence of Women*, 2nd edn. New York:

Palgrave Macmillan, 2005.

Berlin, Isaiah. "Two Concepts of Liberty," in Henry Hardy (ed.), *Liberty*. Oxford University Press, 2002.

Bernstein, Irving. *The Turbulent Years: A History of the American Worker, 1933-1941*. Boston: Houghton Mifflin, 1971.

____. *The Lean Years: A History of the American Worker, 1920-1933*. Baltimore: Penguin Books, 1970.

Bhat, P. N. Mari. "Returning a Favor: Reciprocity Between Female Education and Fertility in India," *World Development* 30(10) (October 2002): 1791-803.

Bhattacharjee, Anannya, Sarita Gupta, and Stephanie Luce. "Raising the Floor: The Movement for a Living Wage in Asia," *New Labor Forum* 18(3) (Fall 2009), www.asiafloorwage.org/documents/Press/Bhattacharjee%20et%5B1%5Dal.pdf.

____. "Raising the Floor: The Movement for a Living Wage in Asia," *New Labor Forum* 18 (Summer 2009): 72-82.

Bindman, Jo. "An International Perspective on Slavery in the Sex Industry," in Holmstrom (ed.), *The Socialist-Feminist Project*.

Blau, Francine D. "Gender and Economic Outcomes: The Role of Wage Structure," *Labor* 7 (1993): 73-92.

Blauner, Robert. *Alienation and Freedom: The Factory Worker and His Industry*. University of Chicago Press, 1964.

Bollier, David. *Silent Theft: The Private Plunder of Our Common Wealth*. New York: Routledge, 2002.

Bracking, Sarah. *Money and Power: Great Predators in the Political Economy of Development*. London: Pluto Press, 2009.

Braithwaite, John. *Regulatory Capitalism*. Northampton: Edward Elgar, 2008.

Braverman, Harry. *Labor and Monopoly Capital: The Degradation of Work in the Twentieth Century*. New York: Monthly Review, 1974.

Brenner, Johanna. "On Feminism and Global Justice," *New Politics* New Series IX(2), (34) (Winter 2003): 78-87.

____. "The Best of Times, the Worst of Times: US Feminism Today," in *Women and the Politics of Class*. New York: Monthly Review Press, 2000.

____. "Intersections, Locations and Capitalist Class Relations: Intersectionality from a Marxist Perspective," in *Women and the Politics of Class*. New York: Monthly Review Press, 2000.

Brenner, Johanna and Nancy Holmstrom. "Socialist Feminism versus Communitarian Conservatism," in *Women and the Politics of Class*. New York: Monthly Review Press, 2000.

Brenner, Robert. *The Economics of Global Turbulence*. New York: Verso, 2006.

Bright, James R. *Automation and Management*. Boston, MA: Division of Research, Graduate School of Business Administration, Harvard University, 1958.

Broad, Robin with John Cavanaugh. *Plundering Paradise: The Struggle for the Environment in the Philippines*. Berkeley, CA: University of California Press, 1993.

Broder, John and Jad Mouawad. "Energy Firms Find No Unity on Climate Bill," *New York Times*, October 19, 2009.

Brown, Drusilla K., Alan Deardorff, and Robert Stern. "The Effects of Multinational Production on Wages and Working Conditions in Developing Countries," in Robert E. Baldwin and L. Alan Winters (eds.), *Challenges to Globalization: Analyzing the Economics*. University of Chicago Press, 2004.

Buchanan, James M. "The Relevance of Pareto Optimality," *Journal of Conflict Resolution* 6 (1962): 341-54.

Bunkley, Nick and Bill Vlasic. "With Plants Shutting, the SUV Lumbers Near the End of the Line," *New York Times*, December 24, 2008.

Bureau of Labor Statistics. *Occupational Outlook Handbook*, 2010-11 edition, and the *Career Guide to Industries*, 2010-11 edition, Washington, DC.

Callinicos, Alex. *An Anti-Capitalist Manifesto*. Cambridge: Polity, 2003.

Cassidy, John. "The Return of Karl Marx," *The New Yorker*, October 20, 1997.

Cathcart, Rebecca. "Burden of Debt Weighed on Family in Murder-Suicide,"

New York Times, January 29, 2009.

Chandler, Alfred D., Jr., "How High Technology Industries Transformed Work and Life Worldwide from the 1880s to the 1990s," *Capitalism and Society* 1(2) (2006): 1-55.

Chang, Ha-Joon. *The Bad Samaritan: The Myth of Free Trade and the Secret History of Capitalism*. London: Bloomsbury, 2008.

Chen, Martha, Joann Vanek, Francie Lund, and James Heintz. "Progress of the World's Women 2005: Women, Work and Poverty," United Nations Development Fund for Women, 2005.

Chen, Shaohua and Martin Ravallion. "How Have the World's Poorest Fared Since the Early 1980s?," World Bank Policy Research Working Paper No. 3341, June 2004.

Chibber, Vivek. *Locked in Place: State Building and Late Industrialization in India*. Princeton University Press, 2003.

Chomsky, Noam. Interview with Wallace Shawn. *Essays*. Wallace Shawn. Chicago: Haymarket Books, 2009.

Christman, John. *The Myth of Ownership: Toward an Egalitarian Theory of Ownership*. New York: Oxford University Press, 1994.

Church, Jennifer. "Ownership and the Body," in Diana Tietjens Meyers (ed.), *Feminists Rethink the Self*. Boulder, CO: Westview Press, 1997.

Clark, Lorenne M. G. "Women and Locke: Who Owns the Apples in the Garden of Eden?," in Clark Lange and Lynda Lange (eds.), *The Sexism of Social and Political Philosophy*. University of Toronto Press, 1979.

Cohen, G. A. *Self-Ownership, Freedom and Equality*. Cambridge University Press, 1995.

_____. *History, Labour and Freedom*. Oxford University Press 1988.

Cohen, Morris. "Property and Sovereignty," in Macpherson (ed.), *Property*.

Cohen, Patricia. "Ivory Tower Unswayed by Crashing Economy," *New York Times*, March 5, 2009.

Collins, Patricia Hill. *Black Feminist Thought: Knowledge, Consciousness and the Politics of Empowerment*, 2nd edn. New York: Routledge, 2000.

Combahee River Collective, 1977, in Gloria T. Hull, Patricia Bell Scott and Barbara Smith (eds.), *But Some of Us Were Brave*, Old Westbury, NY: The Feminist Press, 1982.

Conley, Dalton. "America is ··· # 15?," *The Nation*, March 23, 2009.

_____. *Being Black, Living in the Red: Race, Wealth, and Social Policy in America*. Berkeley, CA: University of California Press, 1999.

Copelon, Rhonda. "From Privacy to Autonomy: The Conditions for Sexual and Reproductive Freedom," in Marlene Gerber Fried (ed.), *From Abortion to Reproductive Freedom: Transforming a Movement*. Boston, MA: South End Press, 1990.

Cornell, Drucilla. *At the Heart of Freedom*. Princeton University Press, 2000.

Coulson, Margaret, Branka Magas, and Hilary Wainwright. "'The Housewife and Her Labor Under Capitalism'—A Critique," *New Left Review* 89 (January/ February 1975): 59-71.

Crowley, Michael. "The 'Death Tax' Scam," *Rolling Stone*, June 11, 2009.

Csikszentmihalyi, Mihaly. *Flow: The Psychology of Optimal Experience*. New York: Harper & Row, 1990.

Cudd, Ann E. "Sporting Metaphors: Competition and the Ethos of Capitalism," *Journal of the Philosophy of Sport* 34 (May 2007): 52-67.

_____. *Analyzing Oppression*. New York: Oxford University Press, 2006.

_____. "How to Explain Oppression," *Philosophy of the Social Sciences* 35(1) (March 2005): 20-49.

_____. "The Paradox of Liberal Feminism: Choice, Rationality and Oppression," in Amy Baehr (ed.), *Varieties of Feminist Liberalism*. Lanham, MD: Rowman & Littlefield, 2004.

Cummins, Neil. "Marital Fertility and Wealth in Transition Era France, 1750-1850," Paris School of Economics Working Paper No. 2009-16, 2009.

Davies, James B., Susanna Sandström, Anthony Shorrocks, and Edward N. Wolff. "Estimating the Level and Distribution of Global Household Wealth," UN-Wider, Research Paper No. 2007/77, 2007.

Davis, Mike. *Planet of Slums*. London: Verso, 2006.

____. *The Monster at Our Door: The Global Threat of Avian Flu*. New York: New Press, 2005.

____. *Late Victorian Holocausts: El Niño, Famines and the Making of the Third World*. New York: Verso, 2001.

De Waal, Frans. *Good Natured: The Origins of Right and Wrong in Humans and Other Animals*. Cambridge, MA: Harvard University Press, 1996.

Delphy, Christine. *Close to Home: A Materialist Analysis of Women's Oppression*. London: Hutchinson, 1984.

Demsetz, Harold. *From Economic Man to Economic System: Essays on Human Behavior and the Institutions of Capitalism*. New York: Cambridge University Press, 2008.

Deparle, Jason and Robert Gebeloff. "Food Stamp Use Soars Across US, and Stigma Fades," *New York Times*, November 29, 2009.

Devine, Pat. *Democracy and Economic Planning: The Political Economy of a Self-Governing Society*. Cambridge: Polity, 1988.

Diamond, Jared. *Collapse: How Societies Choose to Fail or Succeed*. New York: Viking, 2005.

Dickensen, Donna. *Property, Women and Politics*. New Brunswick, NJ: Rutgers University Press, 1997.

Diener, Ed and Eunkook Suh (eds.). *Culture and Subjective Well Being*. Cambridge, MA: MIT Press, 2000.

Dietz, William H. "Sugar-sweetened Beverages, Milk Intake, and Obesity in Children and Adolescents," *The Journal of Pediatrics* 148 (February 2006): 152-54.

Dobb, Maurice. *Studies in the Development of Capitalism*, revised edition. New

York: International Publishers, 1963.

Dominus, Susan. "Connecting Anxious Parents and Educators, at $450 an Hour," *New York Times*, August 18, 2009.

Donner, Wendy. "John Stuart Mill on Education and Democracy," in Nadia Urbinati and Alex Zakaras (eds.), *J. S. Mill's Political Thought*. New York: Cambridge University Press, 2007.

Draper, Hal. *Karl Marx's Theory of Revolution: Vols. 1-5*. New York: Monthly Review Press, 1977-90.

Duhigg, Charles. "Clean Water Laws Neglected, at a Cost in Human Suffering," *New York Times*, September 13, 2009.

Dwyer, Jim. "A Lifesaver Out of Reach, For Want of a Profit," *New York Times*, October 18, 2009.

Eagleton, Terry. *Ideology*. London: Verso, 1991.

Easterlin, Richard A. "How Beneficent is the Market? A Look at the Modern History of Mortality," *European Review of Economic History* 3(3) (1999): 257-94.

Eckholm, Erik. "Last Year's Poverty Rate was Highest in 12 Years," *New York Times*, September 11, 2009.

Ehrenreich, Barbara. *Nickel and Dimed: On (Not) Getting By in America*. New York: Metropolitan Books, 2001.

Ehrenreich, Barbara and Arlie Russell Hochschild (eds.). *Global Woman: Nannies, Maids, and Sex Workers in the New Economy*. New York: Henry Holt, 2002.

Eisenstein, Hester. *Feminism Seduced: How Global Elites Use Women's Labor and Ideas to Exploit the World*. Boulder, CO: Paradigm Publishers, 2009.

Eisenstein, Zillah. "Developing a Theory of Capitalist Patriarchy," *Capitalist Patriarchy and the Case for Socialist Feminism*. New York: Monthly Review Press, 1979.

Elson, Diane. "Market Socialism or the Socialization of the Market?," *New Left Review* 172 (November/December 1988).

Elster, Jon. *Sour Grapes*. Cambridge University Press, 1983.

Elster, Jon and Karl Ove Moene. *Alternatives to Capitalism*. Cambridge University Press, 1989.

Ezorsky, Gertrude. *Freedom in the Workplace?* Ithaca, NY: Cornell University Press, 2007.

Fackler, Martin. "In Japan, New Jobless May Lack Safety Net," *New York Times*, February 8, 2009.

Federici, Silvia. *Caliban and the Witch: Women, the Body and Primitive Accumulation*. Brooklyn, NY: Autonomedia, 2004.

Ferguson, Ann. "Empowerment, Development, and Women's Liberation," in Kathleen B. Jones and Anna G. Jónasdóttir (eds.), *The Political Interests of Gender Revisited: Redoing Theory and Research with a Feminist Face*. Manchester University Press, 2009.

Fernandez-Kelly, Patricia and Diane Wolf. "A Dialogue on Globalization," *Signs* 126 (2001): 1243-249.

Fischler, Stanley I. *Moving Millions: An Inside Look at Mass Transit*. New York: Harper & Row, 1979.

Fisher, William and Thomas Ponniah. *Another World is Possible*. London: Pluto Books, 2003.

Folbre, Nancy. *The Invisible Heart: Economics and Family Values*. New York: New Press, 2002.

Foot, Paul. "Poetry of Protest," *Socialist Review* 55 (July/August 1992): 18-20.

Fraser, Nancy. "Feminism, Capitalism and the Cunning of History," *New Left Review* 56 (March/April 2009).

Friedman, Marilyn. *Autonomy, Gender, Politics*. New York: Oxford University Press, 2003.

Friedman, Milton. *Capitalism and Freedom*. University of Chicago Press, 1962.

Fukuyama, Francis. "The End of History," *National Interest*, Summer 1989.

Galbraith, Kate. "Dark Days for Green Energy," *New York Times*, February 4, 2009.

Gardiner, Jean. "Women's Domestic Labor," *New Left Review* 89 (January/ February 1975): 47-57.

Gardner, Howard, Mihaly Csikszentmihalyi, and William Damon. *Good Work: When Excellence and Ethics Meet.* New York: Basic Books, 2002.

Garrett, Laurie. *The Coming Plague: Newly Emerging Diseases in a World Out of Balance.* New York: Penguin, 1995.

Garson, Barbara. *All the Livelong Day: The Meaning and Demeaning of Routine Work.* New York: Penguin, 1994.

____. *The Electronic Workshop: How Computers Are Transforming the Office of the Future into the Factory of the Past.* New York: Simon & Schuster, 1988.

Gasper, Des and Irene van Staveren. "Development as Freedom—And as What Else?," *Feminist Economics* 9 (July/November 2003): 137-61.

Gaus, Gerald F. "Backwards into the Future: Neorepublicanism as a Postsocialist Critique of Market Society," *Social Philosophy and Policy*, 20 (Winter 2003): 59-91.

Gauthier, David. *Morals by Agreement.* Oxford University Press, 1986.

Gibbard, Allan. "What's Morally Special About Free Exchange?," in E. F. Paul, F. D. Miller, Jr., and J. Paul (eds.), *Ethics and Economics.* Oxford University Press, 1985.

Gibson-Graham, J. K. *The End of Capitalism (as we knew it): A Feminist Critique of Political Economy.* Cambridge, MA: Blackwell, 1996.

Glucksmann, Miriam aka Ruth Cavendish. *Women on the Line.* London: Routledge, 2009.

Goldsteen, Raymond L. and John K. Schorr. *Demanding Democracy After Three-Mile Island.* Gainesville, FL: University of Florida Press, 1991.

Goodin, Robert. "Exploiting a Situation and Exploiting a Person," in Andrew Reeve (ed.), *Modern Theories of Exploitation.* London: Sage, 1987.

Gordon, April. *Transforming Capitalism and Patriarchy: Gender and Development in Africa.* Boulder, CO: Lynne Rienner, 1996.

Gough, Ian and John Harrison. "Unproductive Labor and Housework Again," *Bulletin of the Conference of Socialist Economists* IV (February 1975).

Gray, Francine du Plessix. *Soviet Women: Walking the Tightrope*. New York: Doubleday, 1989.

Gray, John. "Hayek on Liberty, Rights and Justice," *Ethics* 92 (October 1981): 73-84.

____. "On Positive and Negative Liberty," *Political Studies* 28 (1980): 507-26.

Greene, J. Megan. *The Origins of the Developmental State in Taiwan*. Cambridge, MA: Harvard University Press, 2008.

Greenhouse, Steven. "Low-Wage Workers Are Often Cheated, Study Says," *New York Times*, September 2, 2009.

Greider, William. *The Soul of Capitalism: Opening Paths to a Moral Economy*. New York: Simon & Schuster, 2003.

Gundersen, Adolf. *The Environmental Promise of Democratic Deliberation*. Madison, WI: University of Wisconsin Press, 1995.

Hakim, Catherine. *Key Issues in Women's Work*, 2nd edn. London: Glasshouse Press, 2004.

Haoson, Dominique. "Few Safety Nets for Women of Color," Interpress News Service, March 4, 2009.

Hartmann, Heidi. "The Unhappy Marriage of Marxism and Feminism: Toward a More Progressive Union," in Lydia Sargent (ed.), *Women and Revolution*. Cambridge: South End Press, 1981.

Harvey, David. *The New Imperialism*. New York: Oxford University Press, 2005.

Hassoun, Nicole. "Free Trade, Poverty, and Inequality," *The Journal of Moral Philosophy*. forthcoming.

Hayek, Friedrich A. Von. *The Fatal Conceit*. University of Chicago Press, 1988.

____. *The Constitution of Liberty*. University of Chicago Press, 1978.

____. *The Road to Serfdom*. University of Chicago Press, 1944.

Held, David and Ayse Kaya (eds.). *Global Inequality: Patterns and Explanations*.

Cambridge: Polity Press, 2007.

Held, Virginia. "John Locke on Robert Nozick," *Social Research* 43 (Spring 1976): 169-95.

Herbert, Bob. "Safety Nets for the Rich," *New York Times*, October 20, 2009.

Herman, Edward S. and Noam Chomsky. *Manufacturing Consent: The Political Economy of the Mass Media*. New York: Pantheon, 2002.

Hicks, Joe and Grahame Allan, "A Century of Change: Trends in the UK Statistics since 1900," House of Commons Library Research Paper No. 99/111, 1999.

Higgins, Patricia. "The Reactions of Women, with Special Reference to Women Petitioners," in B. Manning (ed.), *Politics, Religion and the English Civil War*. New York: St. Martins Press, 1973.

Hill, Christopher. *Liberty Against the Law*. London: Verso, 1996.

____. *The World Turned Upside Down: Radical Ideas During the English Revolution*. Harmondsworth: Penguin Classics, 1972.

Hirschmann, Nancy. *Gender, Class and Freedom in Modern Political Theory*. Princeton University Press, 2008.

____. *The Subject of Liberty: Toward a Feminist Theory of Freedom*. Princeton University Press, 2003.

Hochschild, Arlie. *The Managed Heart: Commercialization of Human Feeling*, 2nd edn. Berkeley, CA: University of California Press, 2003.

____. *The Commercialization of Intimate Life*. Berkeley, CA: University of California Press, 2003.

Hochschild, Arlie Russell. "Love and Gold," in Ehrenreich and Hochschild (eds.), *Global Woman*.

Holmstrom, Nancy. "Exploitation," in *International Encyclopedia of Ethics*, forthcoming.

____. (ed.). *The Socialist-Feminist Project: A Contemporary Reader in Theory and Politics*. New York: Monthly Review Press, 2002.

____. "Review of *Self-Ownership, Freedom and Equality*," *Philosophical Review*,

106 (October 1997): 583-86.

____. "Humankind(s)," *Biology, Behavior and Society, Canadian Journal of Philosophy* supplementary volume 20 (1994): 69-105.

____. "Coercion, Exploitation and Labor," *APA Newsletter on Philosophy and Law* 94(1) (Fall 1994): 84-88.

____. "Exploitation," in Will Kymlicka (ed.), *Justice in Political Philosophy*. Cheltenham: Edward Elgar, 1992.

____. "A Marxist Theory of Women's Nature," *Ethics* 94 (April 1984): 456-73.

____. "'Women's Work,' the Family and Capitalism," *Science and Society* XLV (Summer 1981): 186-211.

____. "Firming Up Soft Determinism," *The Personalist* 58 (1977): 39-51.

Holmstrom, Nancy and Richard Smith. "Their Rationality and Ours," in Anatole Anton and Richard Schmitt (eds.), *Toward a New Socialism*. Lanham, MD: Lexington Books, 2006.

____. "The Necessity of Gangster Capitalism: Primitive Accumulation in Russia and China," *Monthly Review* (February 2000): 1-15.

Holt-Gimenez, Eric, Raj Patel, and Annie Shattuck. *Food Rebellions! Crisis and the Hunger for Justice*. Oakland, CA: Food First Books, 2009.

International Labor Organization, *Global Wage Report*, 2008-9.

____. *World Employment Report*, 2004-5.

Jaggar, Alison (ed.), *Philosophical Topics* (issue devoted to global gender justice) 37(1) (Spring 2009).

____. "A Feminist Critique of the Alleged Southern Debt," *Hypatia* 17(4) (Fall 2002): 119-42.

____. *Feminist Politics and Human Nature*. Totowa, NJ: Rowman & Allanheld, 1983.

Johnson, Chalmers. *The Sorrows of Empire: Militarism, Secrecy and the End of the Republic*. New York: Metropolitan, 2004.

____. *Miti and the Japanese Miracle*. Stanford University Press, 1982.

Jónasdóttir, Anna G. "On the Concept of Interest, Women's Interests, and the Limitations of Interest Theory," in Kathleen Jones and Anna G. Jónasdóttir (eds.), *The Political Interests of Gender: Developing Theory and Research with a Feminist Face*. London: Sage, 1988.

Kabeer, Naila. *The Power to Choose*. New York: Verso, 2002.

Kandiyoti, Deniz. "Bargaining with Patriarchy," in Holmstrom (ed.), *The Socialist-Feminist Project*.

Kaplan, Temma. "The Disappearing Fathers Under Global Capitalism," in Holmstrom (ed.), *The Socialist-Feminist Project*.

_____. *Crazy for Democracy: Women in Grassroots Movements*. New York: Routledge, 1997.

Kelley, Robin D. G. *Freedom Dreams*. Boston, MA: Beacon Press, 2002.

Kernohan, Andrew. *Liberalism, Equality, and Cultural Oppression*. Cambridge University Press, 1998.

Kirby, Peter. *Child Labour in Britain, 1750-1870*. New York: Palgrave Macmillan, 2003.

Kittay, Eva Feder. *Love's Labor*. New York: Routledge, 1999.

Klein, Naomi. *The Shock Doctrine: The Rise of Disaster Capitalism*. New York: Henry Holt, 2007.

Kozol, Jonathan. *Savage Inequalities*. New York: Crown Publications, 1992.

Kristof, Nicholas. "Where Sweatshops are a Dream," *New York Times*, January 15, 2009.

_____. "In Praise of the Maligned Sweatshop," *New York Times*, June 6, 2006.

Krugman, Paul. Column, *New York Times*, January 5, 2009.

_____. "How Did Economists Get It So Wrong?," *New York Times Magazine*, September 6, 2009.

_____. "Money Can't Buy Happiness. Er, Can It?," *New York Times*, June 1, 1999.

Kruks, Sonia, Rayna Rapp, and Marilyn B. Young (eds.). *Promissory Notes: Women in the Transition to Socialism*. New York: Monthly Review, 1989.

Ladd, Everett Carl and Karlyn H. Bowman. *Attitudes Toward Economic Inequality*. Washington, DC: AEI Press, 1998.

Lan, Pei-Chia. "Among Women: Migrant Domestics and their Taiwanese Employers Across Generations," in Ehrenreich and Hochschild (eds.), *Global Woman*.

Lange, Oscar. "On the Economic Theory of Socialism," in Benjamin Evans Lippincott (ed.), *On the Economic Theory of Socialism*. Minneapolis, MN: University of Minnesota Press, 1938.

Layard, R. *Happiness: Lessons from a New Science*. New York: Penguin Press, 2005.

Le Goff, Jacques. *Time, Work and Culture in the Middle Ages*. Chicago University Press, 1980.

Le Grand, Julian. "Equity versus Efficiency: The Elusive Trade-off," *Ethics* 100 (1990): 554-68.

Le Grand, Julian and Saul Estrin (eds.). *Market Socialism*. Oxford: Clarendon Press, 1989.

Lean, Geoffrey. "Year of the Hungry: 1,000,000,000 Afflicted," *The Independent*, December 28, 2008.

Lehrman, Karen. *The Lipstick Proviso: Women, Sex and Power in the Real World*. New York: Doubleday, 1997.

Leonhardt, David. "Jobless Rate Hits 10.2%, with More Underemployed," *New York Times*, November 7, 2009.

_____. "Scant Progress on Closing Gap in Women's Pay," *New York Times*, December 26, 2006.

Levine, Andrew. *Arguing for Socialism: Theoretical Considerations*. Boston, MA: Routledge & Kegan Paul, 1984.

Linebaugh, Peter. *The Magna Carta Manifesto*. Berkeley, CA: University of California Press, 2008.

Locke, John. *Second Treatise of Government*, C. B. Macpherson (ed.). Indianapolis, IN: Hackett Publishing, 1980.

Longino, Helen. *Science as Social Knowledge: Values and Objectivity in Scientific Inquiry*. Princeton University Press, 1989.

Longworth, Richard C. *Global Squeeze: The Coming Crisis for First World Nations*. Chicago: Contemporary Books, 1998.

Luce, Stephanie and Mark Brenner. "Women and Class: What Has Happened in Forty Years?," *Monthly Review* (July/August, 2006): 80-93.

MacCallum, Gerald C., Jr. "Negative and Positive Freedom," *Philosophical Review* 76 (1967): 312-34.

Maclean, Nancy. "Post-War Women's History: The 'Second Wave' or the End of the Family Wage?," in Jean-Christophe Agnew and Roy Rosensweig (eds.), *A Companion to Post-1945 America*. Malden, MA: Blackwell, 2002.

Macpherson, C. B. *The Rise and Fall of Economic Justice and Other Essays*. New York: Oxford University Press, 1985.

____. *The Life and Times of Liberal Democracy*. Oxford University Press, 1978.

____. (ed.). *Property: Mainstream and Critical Positions*. University of Toronto Press, 1978.

____. *The Political Theory of Possessive Individualism: Hobbes to Locke*. Oxford University Press, 1962.

Maines, Rachel P. *The Technology of Orgasm: "Hysteria," the Vibrator, and Women's Sexual Satisfaction*. Baltimore, MD: Johns Hopkins University Press, 1999.

Mander, Jerry and Edward Goldsmith (eds.). *The Case Against the Global Economy and for a Turn Toward the Local*. San Francisco, CA: Sierra Club Books, 1996.

Marx, Karl. *Grundrisse*, trans. Martin Nicolaus. Harmondsworth: Penguin, 1973.

____. *Capital: Vol. III*. New York: International Publishers, 1967.

____. "Wage Labor," in *Economic and Philosophic Manuscripts of 1844*, trans. Martin Mulligan. Moscow: Progress Publishers, 1959.

____. *Capital: Vol. I*, trans. Samuel Moore and Edward Aveling. Moscow: Progress Publishers, 1887.

Marx, Karl and Friedrich Engels. *Marx-Engels Reader*, 2nd edn., Robert C. Tucker (ed.). New York: W. W. Norton, 1978.

Mathieu, Nicole-Claude. "When Yielding is Not Consenting," *Gender Issues* 10 (1990): 3-49.

McChesney, Robert. *Rich Media, Poor Democracy: Communication Politics in Dubious Times*. Champaign, IL: University of Illinois Press, 1999.

McKeown, Thomas. *The Modern Rise of Population*. New York: Academic Press, 1976.

McNally, David. *Against the Market: Political Economy, Market Socialism and the Marxist Critique*. New York: Verso, 1993.

Meyers, Chris. "Wrongful Beneficence: Exploitation and Third World Sweatshops," *Journal of Social Philosophy*. 35(3) (2004): 319-33.

Michaels, Walter Benn. *The Trouble with Diversity: How We Learned to Love Identity and Ignore Inequality*. New York: Henry Holt, 2007.

Mihm, Stephen. "Dr. Doom," *New York Times*, August 15, 2008.

Milanovic, Branko. "Global Inequality of Opportunity: How Much of Your Income is Determined by Birth?," World Bank Report, February 2009.

Miles, Robert. *Capitalism and Unfree Labor: Anomaly or Necessity?* London: Tavistock, 1987.

Mill, John Stuart. *On Liberty*. London: Longman, Roberts & Green, 1859.

Miller, Judith. "Globalization Widens Rich-Poor Gap, UN Says," *New York Times*, June 29, 1999.

Mills, Charles. "'Ideal Theory' as Ideology," in Peggy DesAutels and Margaret Urban Walker (eds.), *Moral Psychology*. Lanham, MD: Rowman & Littlefield, 2004.

The Racial Contract. Ithaca, NY: Cornell University Press, 1997.

Mishra, Pankaj. "The Myth of the New India," *New York Times*, July 6, 2006.

Moghadam, Valentine M. *Globalizing Women: Transnational Feminist Networks*. Baltimore, MD: Johns Hopkins University Press, 2005.

Molyneux, Maxine. "Mobilization Without Emancipation? Women's Interests, State and Revolution," *Feminist Studies* 11(2) (1985): 227-54. Reprinted as "Conceptualizing Women's Interests," in Holmstrom (ed.), *The Socialist-Feminist Project*.

Monbiot, George. *The Age of Consent: A Manifesto for a New World Order*. London: Flamingo, 2003.

Montgomery, David. "Social Choice in Machine Design: The Case of Automatically Controlled Machine Tools and a Challenge for Labor," *Politics and Society* 3/4 (1978).

Moody, Kim. *Workers in a Lean World*. New York: Verso, 1997.

Moya, Paula M. L. "Post-Modernism, 'Realism,' and the Politics of Identity: Cherríe Moraga and Chicana Feminism," in M. Jacqui Alexander and Chandra Talpade Mohanty (eds.), *Feminist Genealogies, Colonial Legacies, Democratic Futures*. New York: Routledge, 1997.

_____. *Multinational Monitor*. "A BIG Idea: A Minimum Income Guarantee," interview with Karl Widerquist, May/June 2009.

Narayan, Uma. "Informal Sector Work, Microcredit and Women's Empowerment: A Critical Overview," unpublished, October 18, 2006.

_____. *Dislocating Cultures: Identities, Traditions and Third World Feminism*. New York: Routledge, 1997.

Noble, David F. *Progress Without People: In Defense of Luddism*. Chicago: Charles H. Kerr, 1993.

_____. *Forces of Production: A Social History of Industrial Automation*. Oxford University Press, 1986.

Nove, Alec. *The Economics of Feasible Socialism*. London: Routledge, 1983.

Nozick, Robert. *Anarchy, State, and Utopia*. New York: Basic Books, 1974.

Nussbaum, Martha. *Women and Human Development: The Capabilities Approach*. Cambridge University Press, 2000.

Olson, Elizabeth. " 'Free Markets Leave Women Worse Off,' Unicef Says," *New*

York Times, September 23, 1999.

O'Neill, Onora. "Justice, Gender and International Boundaries," in Martha C. Nussbaum and Amartya Sen (eds.), *The Quality of Life*. New York: Oxford University Press, 1993.

Organization for Economic Cooperation and Development. *OECD Employment Outlook, Statistical Annex*, 2003.

Overton, Richard. "An Arrow Against All Tyrants," in G. E. Aylmer (ed.), *The Levellers in the English Revolution*. London: Thames & Hudson, 1975.

Palast, Greg, Jerrold Oppenheim, and Theo MacGreggor. *Democracy and Regulation: How the Public Can Govern Essential Services*. London: Pluto, 2003.

Pareto, Vilfredo. *Manual of Political Economy*. New York: Austus M. Kelley, 1971.

Parfit, Derek. *Reasons and Persons*. Oxford University Press, 1987.

Patel, Raj. *Stuffed and Starved: The Hidden Battle for the World Food System*. Brooklyn, NY: Melville House Publishing, 2008.

Patel, Raj, Eric Holt-Gimenez, and Annie Shattuck. "Ending Africa's Hunger," *The Nation*, September 21, 2009.

Pateman, Carole. *The Sexual Contract*. Stanford University Press, 1988.

Pateman, Carole and Charles Mills. *Contract and Domination*. Cambridge: Polity, 2007.

Patterson, Orlando. *Freedom in the Making of Western Culture*. New York: Basic Books, 1991.

Perelman, Michael. "Some Economics of Class," *Monthly Review* (July/August 2006): 18-28.

Perkins, John. *Geopolitics and the Green Revolution: Wheat, Genes and the Cold War*. New York: Oxford University Press, 1997.

Petchesky, Rosalind Pollack. "Human Rights, Reproductive Health and Economic Justice: Why They are Indivisible," in Holmstrom (ed.), *The Socialist-Feminist Project*.

_____. "The Body as Property: A Feminist Re-vision," in Faye D. Ginsburg and

Rayna Rapp (eds.), *Conceiving the New World Order: The Global Politics of Reproduction*. Berkeley, CA: University of California Press, 1995.

Pettit, Philip. *A Theory of Freedom: From the Psychology to the Politics of Agency*. New York: Oxford University Press, 2001.

Pincus, Walter and Joby Warrick. "Financial Crisis Called Top Security Threat to US," *Washington Post*, February 13, 2009.

Piper, Adrian M. S. "Higher Order Discrimination," in Amelie Oksenberg Rorty (ed.), *Identity, Character, and Morality*. Cambridge, MA: MIT Press, 2000.

Piven, Frances Fox and Richard A. Cloward. *Poor People's Movements: Why They Succeed and How They Fail*. New York: Random House, 1979.

Pogge, Thomas. *World Poverty and Human Rights: Cosmopolitan Responsibilities and Reforms*. Cambridge: Polity, 2002.

Polanyi, Karl. *The Great Transformation*. Boston, MA: Beacon Press, 1957.

Pope, James Gray, Peter Kellman, and Ed Bruno. "Free Labor Today," *New Labor Forum* (Spring 2007): 8-18.

Porrit, Jonathon. *Capitalism As If the World Matters*. London: Earthscan, 2005.

Potter, Elizabeth. "Locke's Epistemology and Women's Struggles," in Bat-Ami Bar On (ed.), *Modern Engendering: Critical Feminist Readings in Modern Western Philosophy*. Albany, NY: SUNY Press, 1994.

Preis, Art. *Labor's Giant Step: 20 Years of the CIO*. New York: Pioneer Publishers, 1964.

Radin, Margaret Jane. "Market Inalienability," *Harvard Law Review* 100 (1987): 1849-937.

Ramey, Valerie A. "Time Spent in Home Production in Twentieth-Century United States: New Estimates from Old Data," *Journal of Economic History*, 69 (March 2009): 1-47.

Rampell, Catherine. "As Layoffs Surge, Women May Pass Men in Job Force," *New York Times*, February 6, 2009.

Ransom, P. J. G. *The Victorian Railway and How it Evolved*. London: Heinemann,

1990.

Ravaioli, Carla. *Economists and the Environment*. London: Zed Books, 1995.

Rawls, John. *A Theory of Justice*. Cambridge, MA: Harvard University Press, 1971.

Reiman, Jeffrey. "Exploitation, Force and the Moral Assessment of Capitalism: Thoughts on Roemer and Cohen," *Philosophy and Public Affairs* 16 (Winter 1987): 3-41.

Richards, Janet Radcliffe. *The Sceptical Feminist: A Philosophical Inquiry*. Harmondsworth: Penguin, 1980.

Riley, James C. *Rising Life Expectancy: A Global History*. New York: Cambridge University Press, 2001.

Roemer, John. *Free to Lose*. Cambridge, MA: Harvard University Press, 1988.

Rohatyn, Felix. "Saving American Capitalism," *International Herald Tribune*, June 29, 2009.

Roosevelt, Franklin D. *The Public Papers and Addresses of Franklin D. Roosevelt: Vol. XII*, Samuel Rosenman (ed.). New York: Harper, 1950.

Roosevelt, Theodore. "Theodore Roosevelt on Motherhood and the Welfare of the State," *Population and Development Review* 13(1) (March 1987): 141-47.

Rosen, Ellen Israel. *Making Sweatshops: The Globalization of the US Apparel Industry*. Berkeley, CA: University of California Press, 2002.

Rostow, W. W. *The World Economy: History and Prospect*. Austin, TX: University of Texas Press, 1978.

Ryan, Cheyney. "Yours, Mine and Ours: Property Rights and Individual Liberty," *Ethics* 87 (1977): 126-41.

Sachs, Jeffrey. *The End of Poverty: Economic Possibilities for Our Time*. New York: Penguin, 2005.

Sahlins, Marshall. *Stone Age Economics*. New York: Aldine, 1972.

Sample, Ruth. *Exploitation: What it is and Why it's Wrong*. Lanham, MD: Rowman & Littlefield, 2003.

Sandberg, Ake. "Enriching Production: Perspectives on Volvo's Uddevalla Plant as an Alternative to Lean Production," MPRA Paper No. 10785, University Library of Munich Germany, revised 2007.

Sassen, Saskia. "Global Cities and Survival Circuits," in Ehrenreich and Hochschild (eds.), *Global Woman*.

Sayer, Andrew. *The Moral Significance of Class*. Cambridge University Press, 2005.

Schor, Juliet. *The Overspent American*. New York: Basic Books, 1998.

_____. *The Overworked American: The Unexpected Decline of Leisure*. New York: Basic Books, 1992.

Schwartz, Nelson. "Job Losses Pose a Threat to Stability Worldwide," *New York Times*, February 14, 2009.

Schweickart, David. *After Capitalism*. Lanham, MD: Rowman & Littlefield, 2002.

_____. *Against Capitalism*. New York: Cambridge University Press, 1993.

Scott, Joan. *Gender and the Politics of History*. New York: Columbia University Press, 1988.

Secombe, Wally. "The Housewife and Her Labor Under Capitalism," *New Left Review* 83 (January 1973): 3-24.

Sen, Amartya. "Capitalism Beyond the Crisis," *New York Times Review of Books*, March 26, 2009.

_____. *Development as Freedom*. New York: Random House, 1999.

_____. "Gender Inequality and Theories of Justice," in Martha Nussbaum and Jonathon Glover (eds.), *Women, Culture, and Development*. New York: Oxford University Press, 1995.

_____. "Markets and Freedoms," *Oxford Economic Papers* 45 (October 1993): 519-41.

_____. *On Ethics and Economics*. Oxford: Blackwell, 1987.

_____. *Poverty and Famines*. Oxford: Clarendon Press, 1981.

Sengupta, Somini. "As Indian Growth Soars, Child Hunger Persists," *New York Times*, March 13, 2009.

_____. "Indian Prosperity Creates Paradox; Many Children are Fat, Even More are

Famished," *New York Times*, December 31, 2006.

Sennett, Richard and Jonathan Cobb. *The Hidden Injuries of Class*. New York: W. W. Norton, 1993.

Shanker, Thom. "Despite Slump, US Role as Top Arms Supplier Grows," *The New York Times*, September 7, 2009.

Shawn, Wallace. Interview on *Democracy Now*, Pacifica Radio, November 17, 2009.

Shiva, Vandana. "Why are Indian Farmers Committing Suicide and How Can We Stop This Tragedy?," available at: Voltairenet.org, May 23, 2009.

Silliman, Jael, Marlene Gerber Fried, Loretta Ross, and Elena R. Gutierrez (eds.). *Undivided Rights: Women of Color Organize for Reproductive Justice*. Cambridge: South End, 2004.

Singer, Peter. *The Life You Can Save: Acting Now to End World Poverty*. New York: Random House, 2009.

Skinner, Quentin. "A Third Concept of Liberty," *Proceedings of the British Academy* 117 (2002): 237-68.

Smith, Adam. *The Wealth of Nations*. New York: Modern Library, 1937.

Smith, Richard. "The Eco-suicidal Economics of Adam Smith," *Capitalism Nature Socialism* 19(2) (June 2007): 22-43.

_____. "Capitalism and *Collapse*: Contradictions of Jared Diamond's Market Meliorist Strategy to Save the Humans," *Ecological Economics* 55(2) (November 2005): 294-306.

Steel, Mark. "So Karl Marx Was Right After All," *The Independent*, March 4, 2009.

Stevens, Evelyn P. "Marianismo: The Other Face of Machismo in Latin America," in Anne Minas (ed.), *Gender Basics: Feminist Perspectives on Women and Men*. Belmont, CA: Wadsworth, 1993.

Stiglitz, Joseph. *Freefall: America, Free Markets, and the Sinking of the World Economy*. New York: W. W. Norton, 2010.

_____. "The Contributions of the Economics of Information to Twentieth Century Economics," *The Quarterly Journal of Economics* 115(4) (November 2000):

1441-478.

_____. *Whither Socialism?* Cambridge, MA: MIT Press, 1994.

Sunstein, Cass. *The Partial Constitution*. Cambridge, MA: Harvard University Press, 1993.

Superson, Anita. "Deformed Desires and Informed Desire Tests," *Hypatia* 20 (Fall 2005): 109-26.

Taylor, Barbara. *Eve and the New Jerusalem: Socialism and Feminism in the Nineteenth Century*. London: Virago Press, 1983.

Teller-Elsberg, Jonathan, James Heintz, and Nancy Folbre. *Field Guide to the U.S. Economy: A Compact and Irreverent Guide to Economic Life in America*. New York: New Press, 2006.

Thaler, Richard. "Psychology of Choice and the Assumptions of Economics," in Alvin E. Roth (ed.), *Laboratory Experimentation in Economics: Six Points of View*. Cambridge University Press, 1987.

Therborn, Gorän. *Between Sex and Power*. London: Routledge, 2004, 293.

Thomas, Janet. "Women and Capitalism: Oppression or Emancipation?," *Comparative Studies in Society and History* 30(3) (July 1988): 534-49.

Thurow, Lester. *The Future of Capitalism: How Today's Economic Forces Shape Tomorrow's World*. New York: Penguin, 1996.

Tilly, Louise. "Gender, Women's History and Social History," *Pasato e Presente* (1989): 20-21.

Tucker, Jonathan B. *Scourge: The Once and Future Threat of Smallpox*. New York: Atlantic Monthly Press, 2001.

Tullock, Gordon. "Inheritance Justified," *Journal of Law and Economics* 13 (1970): 465-74.

Van Parijs, Philippe. *Real Freedom for All: What if Anything can Justify Capitalism?* Oxford: Clarendon Press, 1995.

Varian, Hal R. "Distributive Justice, Welfare Economics, and the Theory of Fairness," *Philosophy and Public Affairs* 4 (1974-75): 223-47.

Varikas, Eleni. "Gender, Experience and Subjectivity: The Tilly-Scott Disagreement,"
  New Left Review 211 (May/June, 1995): 89-101.

Veblen, Thorstein. *The Theory of the Leisure Class*. Boston, MA: Houghton Mifflin,
  1973.

Visvanathan, Nalini, Lynn Duggan, Laurie Nisonoff, and Nan Wiegersma (eds.).
  Women Development and Gender Reader. London: Zed Books, 1997.

Voronina, Olga. "Soviet Patriarchy Past and Present," trans. Nicole Svobodny and
  Maude Meisel, *Hypatia* 8 (1993): 97-111.

Wade, Robert. "Global Inequality," *The Economist*, April 28, 2001, 72-74.

Wainwright, Hilary. *Reclaim the State: Experiments in Popular Democracy*. London:
  Verso, 2003.

Walby, Sylvia. *Patriarchy at Work*. Minneapolis, MN: University of Minnesota Press,
  1986.

Waldron, Jeremy. "Property Rights and Welfare Distribution," in R. G. Frey and
  Christopher Wellman (eds.), *A Companion to Applied Ethics*. Malden, MA:
  Blackwell, 2003.

_____. *The Right to Private Property*. New York: Oxford University Press, 1988.

Walker, John D. "Liberalism, Consent, and the Problem of Adaptive Preferences,"
  Social Theory and Practice 21 (Fall, 1995): 457-71.

Warren, Paul. "Self-Ownership, Reciprocity, and Exploitation, or Why Marxists
  Shouldn't Be Afraid of Robert Nozick," *Canadian Journal of Philosophy* 24
  (1994): 33-56.

Weir, David R. "Family Income, Mortality, and Fertility on the Eve of the Demo-
  graphic Transition: A Case Study of Rosny-Sous-Bois," *Journal of Economic
  History* 55 (1995): 1-26.

Wertheimer, Alan. *Exploitation*. Princeton University Press, 1996.

Willett, Cynthia. *Irony in the Age of Empire: Comic Perspectives on Democracy
  and Freedom*. Bloomington, IN: Indiana University Press, 2008.

Williams, Eric. *Capitalism and Slavery*. New York: Capricorn, 1966.

Winstanley, Gerrard. *Winstanley: "The Law of Freedom" and Other Writings*, Christopher Hill (ed.). Harmondsworth: Penguin Classics, 1973.

Wolff, Edward. *Top Heavy: The Increasing Inequality of Wealth in America and What Can Be Done About it*, 2nd edn. New York: New Press, 1996.

Wolff, Robert Paul. *The Poverty of Liberalism*. Cambridge, MA: Harvard University Press, 1968.

Wong, Edward. "China Charges 58 with Covering Up Deadly Mine Blast," *New York Times*, December 1, 2009.

Wood, Ellen Meiksins. *Democracy Against Capitalism: Renewing Historical Materialism*. New York: Cambridge University Press, 1995.

____. *Peasant-Citizen and Slave: The Foundations of Athenian Democracy*. London: Verso, 1988.

Wood, Ellen Meiksins and Neal Wood. *A Trumpet of Sedition*. New York University Press, 1997.

Wright, Erik Olin. *Classes*. London: Verso, 1985.

Xinran. *The Good Women of China: Hidden Voices*. New York: Anchor, 2003.

Young, Iris Marion. *Justice and the Politics of Difference*. Princeton University Press, 1990, ch. 5.

Yunus, Muhammad. *Creating a World Without Poverty*. New York: Public Affairs, 2007.

Zarembka, Joy M. "America's Dirty Work: Migrant Maids and Modern-Day Slavery," in Ehrenreich and Hochschild (eds.), *Global Woman*.

Zimmerman, David. "Coercive Wage Offers," *Philosophy and Public Affairs* 10 (1981): 121-45.

영화

Beyond Elections: Redefining Democracy in the Americas, directed by Michael Fox, Progressive Films, 2008.

Crude: The Real Price of Oil, directed by Joe Berlinger, Entendre Films, 2009.

Life and Debt, directed by Stephanie Black, Tuff Gong Pictures Production, 2001.

The Corporation, directed by Mark Achbar, Jennifer Abbott, and Joel Barcan, HelloCoolWorld, 2009.

Who Killed the Electric Car?, directed by Chris Paine, Papercut Films, 2006.

웹사이트

AAAGRrrr!, http://pambazuka.org/en/category/enewsl/53590, 2010년 7월 22일 검색.

Amazon Watch, www.AmazonWatch.org, 2010년 7월 23일 검색.

Amnesty International Report 2009. "State of the World's Human Rights, Cuba," http://thereport.amnesty.org/en/regions/americas/cuba, 2009년 8월 1일 검색.

____. "State of the World's Human Rights, Singapore," http://thereport.amnesty. org/en/regions/asia-pacific/singapore, 2009년 8월 1일 검색.

Bell, Beverley and the Other Worlds Collaborative. "Who Says You Can't Change the World: Just Economies on an Unjust Planet," www.otherworldsarepos sible.org.

Bureau of Labor Statistics, Current Population Survey, www.bls.gov/CPS, 2010년 7월 23일 검색.

Central Intelligence Agency, *CIA World Factbook*, 2008, www.cia.gov/library/ publications/the-world-factbook, 2009년 9월 5일 검색.

Charity: Water, www.charitywater.org.

Draper, Hal. "The Two Souls of Socialism," Marxists Internet Archives, www. marxists.org, 2010년 7월 22일 검색.

Fallon, Peter and Zafiris Tzannatos. "Child Labor: Issues and Directions for the World Bank," the World Bank, 1998, http://info.worldbank.org/etools/docs/ library/76309/dc2002/proceedings/pdfpaper/module9pfzt.pdf.

Farmer, Amy, Jill Tiefenthaler, and Amandine Sambira. "The Availability and

Distribution of Services for Victims of Domestic Violence in the US," www.waltoncollege.uark.edu/lab/AFarmer/services%20RR%202004.doc.

Fisk, Donald M. "American Labor in the Twentieth Century," US Bureau of Labor Statistics, www.bls.gov/opub/cwc/cm20030124ar02p1.htm#13, 2009년 8월 29일 검색.

Folbre, Nancy. "Welfare for Bankers," *The New York Times Economix Blog*, April 20, 2009, http://economix.blogs.nytimes.com/2009/04/20/welfare-for-bankers.

Gap Minder Foundation. "Gapminder World," www.gapminder.org/gapminder-world/documentation/#gd004, 2009년 9월 5일 검색.

Gini coefficient, at: http://en.wikipedia.org/wiki/Gini_coefficient#Definition.

Haines, M. "Fertility and Mortality in the United States," February 4, 2010, http://eh.net/encyclopedia/article/haines.demography.

Human Rights Watch. "Fingers to the Bone: United States Failure to Protect Child Farmworkers," 2000, www.hrw.org/en/reports/2000/06/02/fingers-bone-0.

Kelly, Kevin. "The New Socialism: Global Collectivist Society is Coming Online," www.wired.com, 2009년 5월 22일 검색.

Labor Notes, www.labornotes.org.

London, Kathleen. "The History of Birth Control," *Yale-New Haven Teachers Institute* 6 (1982), published online www.yale.edu/ynhti/curric-ulum/units/1982/6, 2009년 8월 6일 검색.

Maddison, Angus. "World Development and Outlook 1820-2030: Evidence Submitted to the House of Lords," February 20, 2005, www.ggdc.net/maddison.

____. "Historical Statistics for the World Economy: 1-2003 AD," www.ggdc.net/maddison.

Mills, Dr. David. "Solar Thermal Electricity as the Primary Replacement for Coal and Oil in the US Generation and Transportation," www.ausra.com, 2010년 7월 23일 검색.

Planned Parenthood Federation of America. "History and Success," www.plan

nedparenthood.org/about-us/who-we-are/history-and-successes.htm#Sanger, 2009년 9월 5일 검색.

Rasmussen Poll, April 2009, www.rasmussenreports.com.

Stanford, Jim. "The Economics, and Politics, of Auto Workers' Wages," www.the globeandmail.com, 2009년 4월 20일 검색.

United Nations Development Programme (UNDP), Human Development Reports 2009, http://hdr.undp.org/en, 2009년 9월 5일 검색.

_____. "Human Development Reports 2007/2008, Statistical Update 2008," http:// hdr.undp.org/en/statistics.

_____. "Measuring Inequality: Gender-related Development Index (GDI) and Gender Empowerment Measure (GEM)," Human Development Reports 2007/2008, http://hdr.undp.org/en/media/HDR_20072008_Tech_Note_1.pdf, 2009년 9월 5일 검색.

_____. "Tracking the Millennium Development Goals," http://www.mdg-monitor. org/goal1.cfm.

United Nations Human Development Report 2008, http://hdrstats.undp.org/ indicators/147.html.

_____. www.hdr.undp.org/publications/papers.cfm.

United Nations Millennium Ecosystem Assessment, www.millenniumassessment.org.

US Census Bureau, US Census Bureau International Data Base, www.census. gov/ipc/www/idb/worldpop.php, 2009년 8월 24일 검색.

War Registers League, February 2010, www.warresisters.org.

Whitelegg, John. "Dirty from Cradle to Grave," www.worldcarfree.net/resources/ freesources/DirtyfromCradletoGrave.rtf.

World Bank. "World Development Indicators Poverty Data," 2009, http://sitere sources.worldbank.org/DATASTATISTICS/Resources/WDI08supplem, 2009년 10월 5일 검색.

www.aclu.org/workplacerights.

www.CommonDreams.org, 2009년 5월 6일 검색.

옮긴이의 글

―――――――

앤 커드와 낸시 홈스트롬은 2006년 12월 미국철학회 학회에서 열린
'페미니즘과 자본주의' 토론회에서 각각 발표를 맡으며 처음 만났다. 자
본주의를 페미니즘 관점에서 바라보는 두 학자의 상반된 시각은 자본
주의와 '여성'의 관계를 둘러싼 논의가 부족했던 여성학계에 새로운 통
찰을 제시했다. 이후 이들은 단순한 논의에 그치지 않고 이를 더욱 구
체화해 2011년 2월 이 책을 출간했다.

이 책은 20세기 후반부터 페미니즘 내에서 전개된 두 가지 입장―자
본주의를 옹호하는 시각과 비판하는 시각―을 철학적·역사적·정치적
맥락에서 체계적으로 논증하며, 이러한 논쟁의 근원과 변화를 이해하는
데 중요한 입문서 역할을 한다. 앤 커드는 자본주의를 정의하는 것은 규
범적이고 설명적인 과제이며, 동시에 정치적인 과제라고 설명한다. 즉,
자본주의를 단순한 경제 체제가 아니라 사회적 가치와 정책적 방향을
결정하는 핵심 요소로 봐야 한다는 것이다. 한편, 낸시 홈스트롬은 이
책이 자본주의를 페미니즘 관점으로 살펴보는 하나의 사례라고 설명하
며, 경제 구조가 여성의 삶에 미치는 영향을 분석하는 것이 단순한 경제

논의가 아니라 페미니즘적 비판과 대안 모색의 출발점임을 강조한다.

책의 1부는 자본주의를 옹호하는 커드의 주장으로 시작한다. 커드는 자본주의가 여성의 경제적 독립과 사회적 지위를 강화할 잠재력을 지니며, 성차별적 억압에서 벗어나기 위한 도구가 될 수 있다고 본다. 그녀는 자본주의가 개인의 자유와 자율성을 핵심 가치로 삼기 때문에 본질적으로 가부장제와 결합할 필요가 없으며, 오히려 가부장제를 약화시킬 수 있다고 주장한다. 또한 경제 성장과 시장 확장은 여성에게 더 많은 기회를 제공할 수 있으며, 이를 실현하기 위해서는 현재 존재하는 불평등을 완화하고 모든 개인에게 공정한 경쟁의 장을 마련해야 한다고 강조한다. 이에 따라 커드는 자본주의의 자원을 보다 포용적이고 공정한 방식으로 배분하며, 협력적이고 민주적인 경제 구조를 통해 자본주의를 개혁해야 한다고 제안한다.

반면, 2부에서 홈스트롬은 마르크스주의 페미니즘 시각에서 자본주의를 반대한다. 홈스트롬은 자본주의가 여성 억압과 계급 착취를 심화시키는 구조적 문제를 내포한다고 지적한다. 그녀는 여성에 대한 억압의 종식을 '해방'으로 정의하며, 이를 실현하기 위해 자본주의의 구조적 한계를 철저히 검토해야 한다고 주장한다. 나아가 자본주의는 본질적으로 성차별적 구조를 유지하기 때문에 단순한 제도 개혁만으로 성평등을 달성할 수 없다고 강조하며, 대안으로 사회주의적 체제나 탈자본주의적 경제 체제를 통해 성평등과 계급 평등을 실현할 수 있다고 제안한다.

3부에서는 커드와 홈스트롬이 서로의 주장에 반론을 제기하며 자본주의와 여성의 관계에 대한 논의를 심화한다. 커드는 자본주의가 여성 억압의 근본 원인이 아니며, 오히려 적절한 개혁을 통해 여성의 권리와 평등한 기회를 증진할 가능성이 크다고 주장한다. 그녀는 자본주의가 본질적으로 성차별을 초래하는 것이 아니라, 그것이 운영되는 방식과 사회적 조건이 불평등을 만들어낸다고 본다. 반면, 홈스트롬은 자본주의가 구조적으로 계급 착취와 성차별을 지속시키기 때문에 단순한 개혁으로는 성평등을 실현할 수 없다고 반박한다. 두 학자는 자유주의 페미니즘과 마르크스주의 페미니즘의 이론적 기반, 자본주의의 본질, 불평등과 빈곤, 여성 억압의 원인, 그리고 성평등 실현을 위한 대안 등을 보다 치밀하게 논의한다.

이 책이 출판된 지 어느덧 14년이 지났다. 그동안 여성의 사회·경제 진출이 확대되었고, 미투(Me Too) 운동 같은 글로벌 페미니즘 운동을 통해 젠더 인식이 확산되는 등 다양한 사회 변화가 뒤따랐다. 그럼에도 두 저자가 지적한 가부장제의 억압과 자본주의의 문제는 여전히 세계 곳곳에서 드러나고 있다. 특히 한국 사회에서는 자본주의와 페미니즘의 관계를 성별 임금 격차, 소득 불평등, 고용 불안정, 육아와 돌봄 문제와 연결해 논의해볼 수 있다.

한국의 성별 임금 격차〔경제협력개발기구(OECD)의 《고용 전망 2022》에 따르면 31.1퍼센트로, OECD 회원국 중 가장 높은 수준〕는 여성의 경제적 불평등과 밀접하게 연결된다. 또한 여성의 비정규직 비율이 높고, 육아와 돌봄 책임이 여성에게 집중된 현실은 자본주의와 가부장제가 교차하는 지점을 보여준다. 이러한 문제를 커드의 관점에서 보면, 복지 및 노동 정책과 돌봄 서비스의 확대를 통한 제도적 해결이 가능하다고 해석할 수 있다. 반면, 홈스트롬의 관점에서는 자본주의 자체가 여성 억압의 구조적 문제를 내포하기 때문에 보다 근본적인 경제 체제의 전환이 필요하다고 본다. 특히 그녀의 민주적 사회주의는 공동체 경제, 협동조합, 돌봄 공동체 같은 페미니즘 대안 경제 모델과 연결해볼 수 있다.

이에 계명대학교 여성학연구소의 '전환의 시대, 지역, 여성 그리고 삶의 생산' 연구사업단은 이 책을 번역 총서 두 번째 책으로 선정했다. 연구사업단은 2022년 9월, 교육부와 한국연구재단이 주관하는 '2022년도 인문사회연구소 지원사업'에 선정되어 '정치 공간', '경제 공간', '사회·문화 공간'의 차원에서 기존 생활양식을 분석하고, 이에 대한 전환의 필요성을 탐구하는 연구를 수행하고 있다. 이번 번역서 발간은 자본주의 체제의 문제점과 한계를 면밀하게 살피고 전환의 시대, 대안적 생활양식의 가능성과 필요성을 모색하는 데 의의가 있다.

커드는 자본주의를 페미니스트 정치 변혁을 통해 변화할 수 있는 체제로 바라본다. 반면, 홈스트롬은 자본주의를 사회적 생산과 부의 분배가 소수의 자본 소유자에게 집중되며, 노동자 계층과 여성에 대한 구조적 착취를 동반하는 체제로 본다. 따라서 그녀는 자본주의를 개혁할 것이 아니라 이를 넘어서는 새로운 경제 체제가 필요하다고 주장한다.

끝으로, 커드와 홈스트롬의 논쟁은 자본주의의 가능성과 한계를 다각적으로 다룬다. 커드는 자본주의의 개혁 가능성을 강조하는 반면, 홈스트롬은 자본주의의 억압 구조를 비판하고 대안적 체제의 필요성을 주장한다. 이 논쟁은 페미니즘과 자본주의가 교차하는 문제를 다루며, 체제에 대한 옹호나 비판을 넘어 보다 복합적이고 다층적으로 논의를 확장한다.

전 지구적 기후 위기, 여성 빈곤과 불평등, 혐오 현상이 심화되는 오늘날, 이 책이 현재의 사회 체제를 분석하고 비판적으로 재고하는 계기가 되기를 바란다.

2025년 2월

성수진, 장지은

찾아보기